KB219287

해석학이란 무엇인가

HERMENEUTICS

Richard E. Palmer

해석학이란 무엇인가

리차드 팔머 지음 | 이한우 옮김

문예출판사

차 례

3 문학 해석을 위한 해석학적 선언

* 이 책에서 원주는 1 2 3 ……으로, 역주는 ① ② ③ ……으로 하였음.

머리말

이 책은 그 내용상 '해석학이란 무엇인가?' 혹은 '해석학의 의미'라고 불릴 수 있을 것이다. 왜냐하면 이 책은 무엇보다도 대부분의 식자층에는 아직 익숙치 않은 용어이면서 동시에 해석, 특히 텍스트 해석을 주요 과제로 삼는 많은 분야들(주로 인문학 분야들)에 대해 잠재적으로 큰 의의를 지니는 용어인 해석학을 이해하기 위한 본인의 탐구 기록이기 때문이다.

이 연구는 원래 문학이론에 대해 불트만의 성서해석이론이 지니는 의의를 밝히기 위한 전문적인 기획에서 비롯된 것이다. 그동안에 해석학 자체의 발전과 의미 그리고 그 전망에 대한 몇 가지 근본적인 해명을 해야 할 필요성이 절박하게 제기되어왔다. 사실상 이러한 해명은 본래의 기획을 위해서는 필수적인 전제조건이었다. 내가 이 예비적인 저작에 착수했을 때, 일반적이고 비신학적인 해석학(이것은 실제로 불트만의 이론과 '신해석학(new hermeneutics)'의 기초이다)의 풍부한 가능성들 때문에 나는 신학이전적인(pretheological)[1] 형

---

1 여기에서 '신학이전적'이라고 하는 것은 대체적으로 R. 불트만 이전의 해석학을 말한다. 따라서 이 책에서 다루고 있는 슐라이어마허, 딜타이, 하이데거 등은 이 범주에 속한다고 볼 수 있다.

태의 해석학에 초점을 맞추었다. 그것도 문학 해석의 이론과 관계되는 한에서만 그렇게 했다.

이처럼 상대적으로 잘 알려져 있지 않은 분야라 할 수 있는 해석학의 일차 자료들은 대부분 독일어로 되어 있기 때문에, 나는 우선적으로 그 자료들을 충분히 규명하는 일에 매달리지 않을 수 없었다. 그리고 '해석학'에 대한 정의 자체가 열띤 논쟁의 주제였기 때문에, 네 명의 주요 이론가들을 논의하기에 앞서 정의상의 문제를 상세하게 다루는 것이 필요했다. 마지막으로, 문학 해석에 대한 해석학의 갖가지 함축성들—바로 이것이 본래의 기획이 의도했던 최우선적인 목표였다—에 대한 상세한 조명은 다음 책을 위해 유보되었다. 하지만 이 책의 첫째 항과 마지막 두 개의 장은 이 문제에 대해 관심을 가진 독자에게 약간의 시사를 줄 것이다.

아마도 내가 해석학의 분야를 지칭하기 위해 'hermeneutic'이란 단어를 쓰지 않고 'hermeneutics'를 선택한 데 대해서 약간의 기술상의 설명을 덧붙이는 것이 독자들에게 도움을 줄 것이다. 제임스 M. 로빈슨은 자신의 저서 《신해석학 The new Hermeneutic》에서 해석학이라는 영어 단어의 끝에 s를 꼭 붙여야만 하는 문헌학적 이유는 없다고 주장한 바 있다. 그 이유는 '대수학(arithmetic)'이나 '수사학(rhetoric)'도 끝에 s가 붙어 있지 않으면서 일반적인 분야를 가리키는 뜻으로 사용될 수 있기 때문이다. 게다가 '해석학(hermeneutics)'은 다른 나라의 현대어로는 여성 단수 명사이며—독일어로는 Hermeneutik이고 프랑스어로는 herméneutique이다—라틴어 hermeneutica에서 온 것이다. 로빈슨은 또 s를 탈락시키는 것이

해석학 이론에 있어서의 새로운 전환—이는 이제 '신해석학(New Hermeneutic)'이라고 불리고 있다—을 표시하는 데 적절한 것이라고 말한 바가 있다.

나는 이 지도적인 미국의 신학자에 의해 개진된 주장의 문헌학적 설득력에 대해 의문을 제기할 생각은 없지만, 그렇다고 해서 내가 '해석학(hermeneutics)'에 s를 붙여 쓰는 것이 '신해석학'에 의해 대표되는 해석학적 입장을 거부하는 것으로 간주되어서도 안 된다. 오히려 이와 반대로, 해석학에 대한 하이데거와 가다머의 기여는 '신해석학'의 토대이며, 나는 해석학이란 단어에 대한 협소한 문헌학적 접근방법을 벗어나 해석학적 문제에 대한 현상학적인 견해가 갖는 풍부함에 주목할 것을 제안한다. 그러나 나는 아주 실제적인 이유 때문에 '해석학(hermeneutics)'을 그것의 문헌학적 죄악상태로부터 구출해내기로 결심하였다. 왜냐하면 이 단어는 새로 추가된 이 같은 난점이 없더라도 매우 어색하고 익숙치 못한 것이기 때문이다.

또한 s를 붙여 씀으로써 용어 사용의 유연성에 있어서 몇 가지 진전이 이루어졌다. 예를 들면, 우리는 일반적으로는 해석학(hermeneutics)의 분야를 지칭할 수 있고, 불트만 특유의 이론에 대해서는 불트만의 해석학(hermeneutic)이라고 말할 수 있다. 게다가 형용사형은 해석학적 이론이나 해석학적 신학에서처럼 '해석학적(hermeneutic)'도 되고 '해석학적(hermeneutical)'도 된다는 이유도 있다. '해석학(hermeneutic)'은 만일 앞에 정관사 'the'나 그와 유사한 것들이 붙지 않는다면 형용사처럼 들릴 수도 있지만, 이에 반해 s는 '규칙들'이나 '이론'을 지시하기 때문에 나는 표준적인 사용법을 따랐다.

나는 취리히 대학의 '해석학 연구소'와 하이델베르크 대학에서 1964년부터 1965년까지 연구를 할 수 있도록 도움을 준 '박사학위 취득자를 위한 미국 학술위원회'에 감사드린다. 또한 당시의 연구소 소장이었던 게르하르트 에벨링 교수와 그의 조교 프리드리히 헤르텔에게 각별한 사의를 표한다. 이 두 사람은 내가 하루 종일 연구하고 타자를 칠 수 있도록 해주었을 뿐만 아니라 너무나도 고마운 정중함과 도움을 베풀어주었다. 하이델베르크에서 가다머 교수는 친절하게도 나에게 자신의 '헤겔 모임'에 참석하여 〈가다머의 '진리와 방법(Wahrheit und Methode)'이 문학에 끼친 영향〉이라는 논문을 발표할 수 있는 기회를 제공해주었다. 그 자리에서 가다머 교수가 행한 비판과 성찰은 나에게 큰 도움이 되었다. 또한 하이데거에게 나를 소개해준 가다머의 호의에 감사드리며, 문학 해석에 대한 현상학적 접근방법의 기초로서 자신의 이해이론을 이용하려는 저자의 생각에 대해 격려를 해준 하이데거에게도 감사를 표한다.

그리고 나와 함께 나의 가족을 유럽에 보내주고 또 최종의 원고를 끝낼 수 있도록 좀 더 많은 후원을 부탁해준 맥머레이 대학의 이사들에게도 감사드린다. 이하의 동료들은 아주 친절하게도 원고의 여러 부분들을 읽고 비평까지 해주었다. 지면 관계로 이름만 기록하겠다. 루이스 S. 포드(레이먼드 대학), 시베리안 브륀(보스턴 대학), 윌리엄 E. 엄배취와 윌리엄 W. 메인(레드랜즈 대학), 존 F. 스몰코(미국 가톨릭 대학), 고든 E. 미캘슨(클레어먼트 신학대학), 칼 라이트, J. 웰든 스미스, 기셀라 헤스, 필립 데커, 루스 O. 로즈(모두 다 맥머레이 대학), 제임스 E. 에디(노스웨스턴 대학), 또한 여러 기회에 원고 전체를 읽어준 다음의 동료들에 대해서는 좀 더 특별한 감사를 표하고 싶다. 캘빈 슈락(퍼듀 대학), 테오도로 키질(캐니슈스 대학), 루스 코박스(멕머레이 대학), 로저 웰스(브라인 모어 대학을 정년 퇴직하고 지금은 맥머레이 대학에 재직 중). 특히 로저 웰스는 이 책의 편집에 대해 많은 조언을 해주었다. 저자는 지속적으로 본인에게 편의를 제공한 맥머레이 대학 도서관의 빅토리아 하그레이브 양과 글레나 커스타인 여사에서 고마움을 전하고 싶다. 또 원고를 타자 쳐주고 여러 가지 조언을 해준 맥머레이 대학의 학생들인 잭키 메니피, 앤 백스터, 샤밈 랄지, 샐리쇼, 피터 브라운, 론 하이니거에게도 감사한다.

끝으로 나의 아내와 아이들은 내가 연구에 전념하는 동안 아무런 불평없이 참아주었다. 특히 나의 아내는 원고 전체를 꼼꼼하게 읽어주었다. 또한 나의 원고를 세심하게 읽어준 '노스웨스턴 대학 출판부'에 에드워드 서로벨 씨에게도 고마움을 전한다.

맥머레이 대학, 1968년 1월

R. E. P

약어 목록

단행본

《AAMG》 Betti, 《정신과학의 일반적 방법론으로서의 해석론 Allgemeine Auslegungslehre als Mothodik der Geisteswissenschaften》

《D》 Bollnow, 《딜타이 : 그의 철학에 대한 입문 Dilthey : Eine Einführung in seine Philosophie》

《DI》 Ricoeur, 《해석론 De l'interprétation》

《DT》 Heidegger, 《사유에 관한 담론 Discourse on Thinking》

《EB》 Heidegger, 《실존과 존재 Existence and Being》

《EHD》 Heidegger, 《횔더린의 시에 대한 해명 Erläuterungen zu Hölderlins Dichtung》

《FH》 Fuchs, 《해석학 Hermeneutik》

《G》 Heidegger, 《위임 Gelassenheit》

《G&V》 Bultmann, 《신앙과 이해 Glauben und Verstehen》

《GGHK》 Ast, 《문법학, 해석학 그리고 비평의 기초 원리들 Grundlinien der Grammatik, Hermeneutik und Kritik》

《GS》 Dilthey, 《전집 Gesammelte Schriften》

《H》 Schleiermacher, 《해석학 Hermeneutik》, ed. Heinz Kimmerle.

《H&K》 Schleiermacher, 《해석학과 비판 Hermeneutik und Kritik》,

ed. Friedrich Lücke.

《HAMG》 Betti, 《정신과학의 일반적 방법론으로서의 해석학 Die Hermeneutik als allgemeine Methodik der Geisteswissenschaften》

《HE》 Bultman, 《역사와 종말론 History and Eschatology》

《HH》 《역사와 해석학 History and Hermeneutic》, ed. Robert W. Funk and Gerhard Ebeling.

《Ho》 Heidegger, 《숲속길 Holzwege》

《HPT》 Fuchs, 《신학에 있어서 해석학적 문제에 관하여 Zum hermeneutischen Problem in der Theologie》

《IINT》 Ernesti, 《신약성서의 해석 Institutio Interpretis Novi Testamenti》

《IM》 Heidegger, 《형이상학 입문 An Introduction to Metaphysics》

《KPM》 Heidegger, 《칸트와 형이상학의 문제 Kant and das Probem der Metaphysik》

《L》 Bollnow, 《삶의 철학 Die Lebensphilosophie》

《NH》 《신해석학 The New Hermeneutic》, ed. James M. Robinson and John B. Cobb, Jr.

《PhWD》 Hodges, 《빌헬름 딜타이의 철학 The Philosophy of Wilhelm Dilthey》

《PL-BH》 Heidegger, 《플라톤의 진리론 : '휴머니즘'에 관한 서한과 함께 Platons Lehre von der Wahrheit : Mit einem Brief über den 'Humanismus'》

《SZ》 Heidegger, 《존재와 시간 Sein und Zeit》

《TGI》 Betti, 《해석의 일반이론 Teoria generale della interpretazione》

《TPhT》 Richardson, 《하이데거 : 현상학에서 사유로 Heidegger : Through Phenomenology to Thought》

《UK》 Heidegger, 《예술작품의 근원 Der Ursprung des Kunstwerkes》,

ed. H. -G. Gadamer.

《US》 Heidegger, 《언어에의 도상 Unterweges zur Sprache》

《V》 Wach, 《이해 Das Verstehen》

《VA》 Heidegger, 《강연집 Vorträge und Aufsätze》

《VEA》 Wolf, 《고대학의 집대성에 관한 강의 Vorlesung über die Enzyklopädie der Altertumswissenschaft》

《VII》 Hirsch, 《해석의 타당성 Validity in Interpretation》

《WF》 Ebeling, 《말과 신앙 Word and Faith》

《WM》 Gadamer, 《진리와 방법 Wahrheit und Methode》 별다른 언급이 없으면 1판을 말한다.

정기간행물, 사전, 백과사전

《ERE》 《종교·윤리 백과사전 Encyclopedia of Religion and Ethics》

《GEL》 《그리스어-영어 사전 Greek-English Lexikon》, ed. Liddell and Scott.

《ISN》 《일리노이 회화소식 Illinois Speech News》

《JAAR》 《미국 종교연구지 Journal of the American Academy of Religion》

《M&W》 《인간과 세계 Man and World》

《MLR》 《현대언어지 Modern Language Review》

《OED》 《옥스퍼드 영어사전 Oxford English Dictionary》

《OL》 《Orbis Litterarum》

《PhR》 《철학평론 Philosophische Rundschau》

《RGG》 《역사와 현재로서의 종교 Die Religion in Geschichte und Gegenwart》, 3d ed.

《RM》 《형이상학지 Review of Metaphysics》

《RPTK》 《개신교의 교리와 교회를 위한 백과사전 Realenzyklopädie für protestantische Theologie und Kirche》, 3d ed.

《TDNT》 《신약성서의 이론적 사전 Theological Dictionary of the new Testament》, ed. G. Kittel.

《YES》 《예일 불어 연구 Yale French Studies》

《ZThK》 《교리와 교회를 위한 정기간행물 Zeitschrift für Theologie und Kirche》

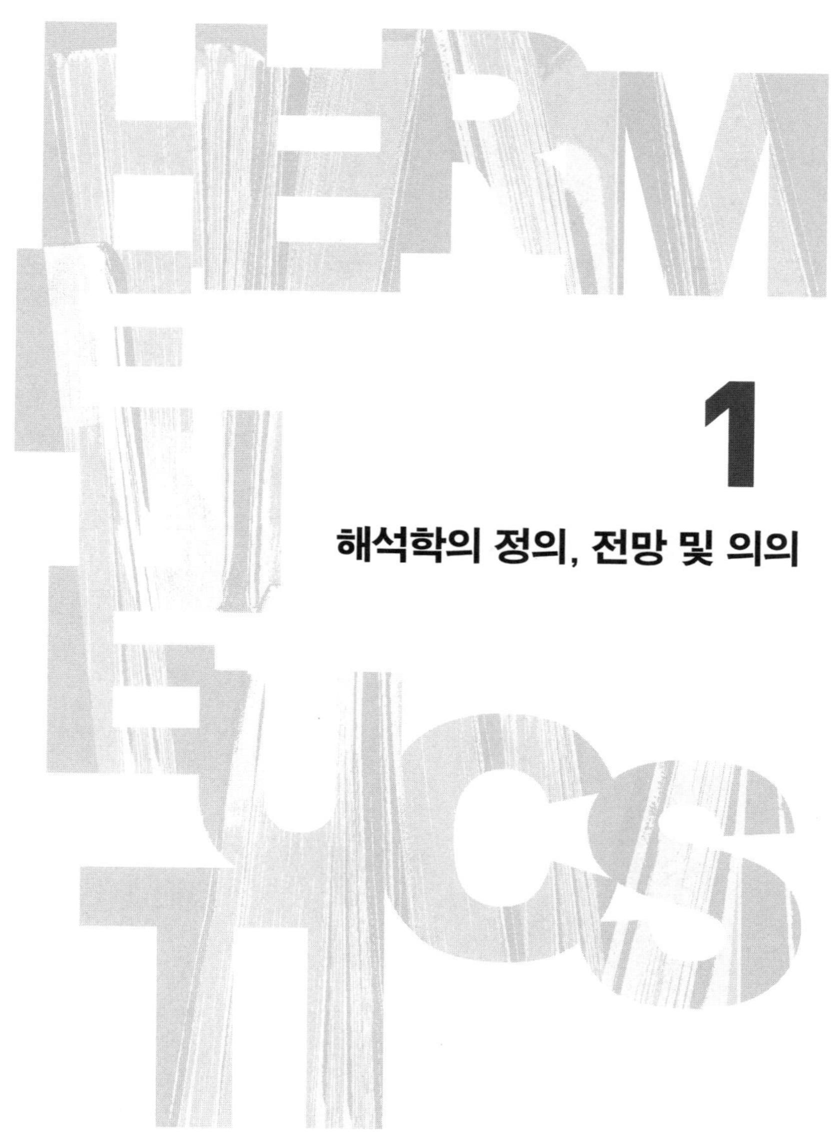

1

해석학의 정의, 전망 및 의의

1. 서론

해석학(hermeneutics)은 신학과 철학 그리고 문학의 영역에서 점차 빈번하게 다루어지고 있는 새로운 분야이다. '신해석학(New Hermeneutics)'은 해석학이야말로 현대의 신학 문제의 '초점'이라는 기치 하에 유럽의 개신교 신학에 있어 지배적인 운동으로 출현하였다.[1] 세 개의 국제적인 '해석학 회의(Consultation on Hermeneutics)'가 드류 대학에서 개최된 바 있으며,[2] 최근에는 해석학 분야의 몇 가지 책이 신학적 맥락에서 영어로 번역되었다.[3] 마르틴 하이데거는

1 '해석학은 현대의 신학적 제 문제의 초점'이라는 Gerhard Ebeling의 주장을 보라. 〈개신교의 교회와 신학에 대해 비판적-역사적 방법이 지니는 의의(The Significance of the Critical-Historical Method for Church and Theology in Protestantism)〉, 《WF》, p. 27. 이 논문은 원래 《ZThK》, XLVII(1950), pp. 1~46에서 강령적인 에세이로 출판되었다.

2 1962년과 1964년 그리고 1966년의 세 차례. 1962년에 발표된 논문들은 《NH》로 출판되었고, 1966년의 모임에서 나온 논문들은 Stanley R. Hopper와 David L. Miller의 편집하에 《해석 : 의미의 시 Interpretation : The Poetry of Meaning》라는 제목으로 출판되었다. 이 회의들과 밀접하게 관련된 저작은 James M. Robinson과 John B. Cobb이 편집한 《후기 하이데거와 신학 The Later Heidegger and Theology》이다.

3 《NH》 및 보다 최근에 나온 Robert W. Funk의 《언어, 해석학 그리고 신의 말씀 Language, Hermeneutic, and Word of God》 이외에 Robert W. Funk와 Gerhard Ebeling이 편집한 신학 잡지들이나 일련의 교회 관계 저서들, 특히 《성서 해석의 불트만 학파 : 새로운 방향인가? The Bultmann School of Biblical Interpretation : New

최근에 출판된 자신의 논문집에서 자신의 사유의 초기와 후기를 지속적으로 관통하는 해석학적 성격에 대해 언급하였다.[4] 그의 주장에 따르면 철학은 그 자체 '해석학적'일 뿐만 아니라 해석학적이어야 한다. 그리고 해석학으로부터 유난히 고립되어 있던 미국의 문학비평은 1967년 E. D. 히어쉬의 저서《해석의 타당성 Validity in Interpretation》이 출판됨으로써 어느 정도 그 고립을 극복하였다. 해석학에 관한 히어쉬의 상세한 논문은 기존의 비평에서 널리 받아들여지고 있던 대부분의 생각들에 대한 주목할 만한 도전이었다. 히어쉬에 따르면, 해석학은 모든 문헌적 해석을 위한 기초적이고 예비적인 분야일 수 있을 뿐만 아니라 당연히 그러한 분야이어야 한다.

오늘날 세 개의 인문학 분야—신학, 철학 그리고 문학 해석—에서 해석학이 갖는 중심적 의의가 점증해감에 따라 이 분야가 앞으로 미국의 사고에 있어서 더욱 중요해질 것이라는 것은 너무나 명백하다. 하지만 해석학이란 용어는 철학이나 문학비평에 있어서 익숙한 용어가 아니다. 심지어는 신학에 있어서조차도 이 용어의 사용은 오늘날의 신학적인 '신해석학'의 폭넓은 사용과 대비되는 제한적 의미에서만 가끔 나올 뿐이다. 그래서 종종 '해석학이란 무엇인가?'라는 문제가 제기되곤 한다. 이에 대해서《웹스터 제3국제사전》은 다음과 같이 서술하고 있다. '해석과 설명의 방법론적 제 원리에 대한 연구 ; 특히 성서 해석의 제 원리에 대한 연구'. 이러한 정의는 단순히 해석학이란 단어 자체만을 이해하고자 하는 사람에게는 도움이 될

Directions?》와《역사학과 해석학 History and Hermentic》을 보라.

4 〈언어에 관한 대화에서(Aus einem Gespräch von der Sprache)〉,《US》, 특히 pp. 95~99, 120~132, 136, 150~155.

는지 모르지만, 그러나 해석학이 다루고 있는 분야를 알고 싶어 하는 사람은 이보다 더 많은 것을 필요로 한다. 그러나 불행하게도 '해석학'을 신학의 맥락에서 소개한 훌륭한 책들은 몇 권 있지만, 일반적인 분야로서의 해석학을 자세하게 해설한 영어판 책은 거의 없다. 따라서 일반적이고 비신학적인 측면에서 해석학의 본성과 의의를 이해할 수 있는 적절한 기초를 제공해줄 수 있는 책은 전무한 실정이다.

그 결과 해석학의 의미와 전망을 폭넓게 밝혀줄 수 있는 비신학적인 맥락에서 해석학을 입문으로 소개할 필요가 점점 늘어가고 있다. 본서는 이러한 필요를 충족시키기 위한 것이다. 이 책은 독자들에게 해석학의 다양성에 관한 몇 가지 정보를 제공해주고, 또 해석학을 정의하는 데 포함된 복잡한 문제들에 대해서도 약간 언급할 것이다. 그리고 이 책은 해석학에 있어서 가장 중요한 네 명의 사상가와 관련된 기본적인 문제들에 대한 논의를 제공할 뿐만 아니라 보다 심화된 탐구를 위하여 기초적인 참고 문헌들도 제시해줄 것이다.

그러나 필자에게 이 책은 다른 기획의 맥락에서 중요성을 갖는다. 본인의 원래 의도는 문학 해석에 보다 적합한 접근 방법을 모색하려는 것이다. 문학 해석에 있어서의 여러 문제들을 철저하게 그리고 포괄적으로 이해하기 위한 철학적 기반들은 독일의 해석학적 이론에서 찾아질 수 있다. 따라서 이 책에서 해석학을 탐구하는 목적은 또다른 목적을 위한 것이었다. 그 목적이란 바로 미국의 문학이론가들이 문학적 분석의 기술들에 응용하고 있는 모든 해석학적 고찰들에 선행하여, 철학적인 수준에서 해석의 문제를 다시 의미있게 제기할 수 있는 여러 고찰들의 모델을 상세하게 서술하는 것이다. 강령적으로 말한다면, 이 책의 목적은 미국의 문학 해석에 대해 '해석이란 무엇인가'의 문제를 현상학적 맥락에서 다시 탐구하도록 촉구하려는 것이다. 궁극적으로 이 책은 그러한 문제에 대한 특정한 방향성—즉 현상학적 접근 방법—을 함축하고 있다. 그래서 이 책은 '해석이란 무엇인가'의 문제를 탐구할 수 있는 가장 적절한 맥락을 다른 게 아닌 현상학적 해석학(phenomenological hermeneutic)에서 발견한다.

문학 해석과 관련한 이 책의 강령적인 목적에 비추어 볼 때, 이하의 두 절은 미국의 문학비평의 상황 및 미국의 문학적 사고에 있어서 철학적 재평가의 필요성에 대한 몇 가지 예비적인 고찰을 제시해 줄 것이다.

미국의 문학비평에 있어 상식적 객관성이 가져온 몇몇 결과

영국과 미국의 문학 해석은 철학적으로 말해서 주로 리얼리즘(실재론)①의 틀에서 이루어졌다.[5] 예를 들면, 영·미에서는 문학작품이 관찰자와 본질적으로 독립하여 '외부에' 실재하고 있다고 전제하는 경향이 있다. 한 사람이 작품을 경험하는 것은 작품 자체와는 분리

① 영어 realism은 문학에서는 사실주의로 번역되고, 철학에서는 실재론(實在論)으로 번역된다. 이 경우에는 내용상 분명히 실재론이지만, 문학과 관련되어 있기 때문에 양자를 포괄하여 그냥 리얼리즘이라고 옮겼다.

5 Neal Oxenhandler, 〈미국과 프랑스에 있어서 존재론적 비평(Ontological Criticism in America and France)〉, 《MLR》, LV(1960), pp. 17~18을 보라.

되어 있는 것으로 간주되며, 바로 이 '작품 자체'에 대해서 말하고자 하는 것이 문학 해석의 과제가 된다. 또한 저자의 의도들도 작품 자체와는 엄격하게 분리되어 있는 것으로 간주된다. 왜냐하면 작품은 그 자체로서 하나의 '존재'이며, 더욱이 자기 자신의 힘과 역동성을 지닌 존재이기 때문이다. 전형적인 현대의 해석자는 일반적으로 문학 작품의 '존재의 자율성'을 옹호하면서, 텍스트 분석(textual analysis)을 통하여 이 존재 속에 파고드는 일을 자신의 과제로 파악한다. 리얼리즘에서의 공리라 할 수 있는 주체와 객체의 예비적인 분리는 문학 해석을 위한 철학적인 기초이자 틀이 된다.

이러한 틀이 갖는 엄청난 성과는 최근 들어 고도로 발달된 텍스트 분석의 기술에서 잘 나타나고 있다. 이 기술은 그것의 기술적인 힘과 섬세함에서 보면, 서구 문학 해석의 역사에서 그 어느 것과도 비교될 수 없을 정도로 정교하고 탁월하다. 하지만 시간이 지남에 따라 이 틀이 암묵리에 가정하고 있던 전제들의 토대가 문제시되기 시작했다. 이는 리얼리즘적인 전망 내부에서보다는 이 전망의 외부에서 그것을 검토할 때 더욱 잘 드러난다. 서구적인 사고에 있어서 자각과 해석에 대한 리얼리즘적 견해를 가장 철저하게 비판한 흐름들 중의 하나가 현상학이다. 현상학은 영국과 미국의 문학 해석이 기초를 두고 있는 전제들을 재평가할 수 있는 단서를 제시함으로써, 미국에서의 해석의 이론과 실제가 결정적으로 진전해 나갈 수 있는 추진력을 제공할 수 있었다.

현상학에 대한 연구는 특히 리얼리즘과 '과학적' 전망 사이의 본질적인 연관성을 분명하게 드러내주었으며, 또한 문학 해석이 얼마나 과학자의 사고방식에 함몰되어 있었던가를 극명하게 밝혀주었다. 문학 해석에 파고든 과학자의 사고방식을 보면 다음과 같다. 저급한 객관성, 정태적인 개념화, 역사의식의 부재, 분석에의 몰두. 이렇게 된 이유는 '기술의 시대'에서 시(詩)를 지키고 옹호하려는 휴머니즘적 가식에도 불구하고, 현대의 문학비평은 스스로가 점차 기술적으로 되었기 때문이다. 게다가 그것은 과학자의 접근 방법을 모방해 왔다. 문학작품의 텍스트는(그것의 자율적인 '존재'에도 불구하고) 하나의 대상—미학적 대상—으로 간주되는 경향이 있다. 텍스트는 지각하는 주체와 엄격히 분리된 상태에서 분석되며, 이 '분석(analysis)'은 좋은 의미에서 '해석(interpretation)'과 동의어로 간주된다.

심지어 계몽적인 형식주의의 형태로 이루어진 최근의 사회 비판과의 화해조차도 분석 속에 사회적 맥락을 포함시키기 위하여 대상에 대한 정의를 확대하는 데 그쳤을 뿐이다.[6] 대체적으로 문학 해석은 아직까지도 문학적 대상(혹은 '존재')에 대한 개념적 해부(생물학적 뉘앙스를 풍긴다)를 행하는 것으로 간주되고 있다. 물론 이러한 존재나 대상은 '미학적인' 대상이기 때문에, 그것을 해부한다고 하는 것은 실험실에서 개구리를 해부하는 것이라기보다는 오히려 '인간화'하는 것으로 간주된다. 하지만 대상이 어떻게 이루어져 있는가를 알기 위하여 그 대상을 분리시키는 과학자의 상(像)은 해석 기술의 지배적인 모델이 되고 있다. 문학 수업을 받는 학생들은 종종 한 작품에 대한 개인적인 경험이 그 작품에 대한 분석과는 무관한 일종의 오류라고 하는 소리를 듣게 된다.[7] 그리고 낡은 인습에 사로잡혀 있

---

6 Walter Sutton의 《현대 미국 비평 Modern American Criticism》에서 아주 중요한 마지막 장 〈사회적 행위로서의 비평(Criticism as Social Act)〉, pp. 268~290을 보라.

는 교수들은 자신들의 학생들이 문학을 '무관심하게' 생각하고 있는 데 대해 의례적으로 애석하게 생각한다. 하지만 해석에 대해 교수들이 갖고 있는 기술주의적 견해는 이를 뒷받침해주는 리얼리즘의 형이상학과 더불어 자신들이 쓸데없이 애석해하고 있는 바로 그 무관심을 현실적으로 더욱 촉진하고 있다.

프랑스의 현상학자 모리스 메를로 퐁티는 '과학은 사물들을 조작할 뿐 그것들 속에서 사는 것을 포기하였다'고 말하였다.[8] 한마디로 말해서 이는 바로 미국의 문학 해석에서 일어난 사태를 지칭하는 것이다. 우리는 문학작품이 완전히 우리 마음대로 조작할 수 있는 대상이 아니라 과거로부터 생겨난 인간의 목소리이며, 또한 어느 정도는 생활 속으로 옮겨져야 할 목소리라는 사실을 망각해왔다. 문학작품의 세계를 열어주는 것은 해부가 아니라 대화이다. 무관심한 객관성은 문학작품의 이해를 위한 적절한 접근법이 될 수 없다. 물론 오늘날의 비평가는 열정을 찬양하기도 하고 심지어는 작품의 '자율적인 존재'를 인정하기도 한다. 그러나 대부분의 현대 비평가는 작품을 분석의 대상으로 취급하고 있다. 그러나 문학작품은 일차적으로 분석의 대상이 아니라 인간이 창조해낸 말하는 텍스트로 간주되는 것이 가장 바람직하다. 만일 우리가 위대한 서사시나 소설 그리고 연극의 생활세계 속으로 들어가고자 한다면, 우리는 자신의 개인적인 '세계'를 내걸어야 한다. 이를 위해 필요한 것은 인위적인 과학적 방

---

7 예를 들면, 나는 William K. Wimsatt의 《언어의 우상 The Verbal Icon》에 나오는 유명한 '정서적 오류(affective fallacy)'를 생각하고 있다.

8 James M. Edie가 편집한 《지각의 우위 및 기타의 논문 The Primacy of Perception and Other Essays》에서 Carleton Dallery가 번역한 〈눈과 마음(Eye and Mind)〉, p. 159.

법이나 가장 탁월하고 섬세한 유형론과 분류법에 의한 '비평의 해부학(anatomy of criticism)'[9]이 아니라 한 작품의 해석에 포함되어 있는 것에 대한 인간주의적인 이해이다.

문학 해석, 해석학 그리고 작품에 대한 해석

해석의 과제와 이해의 의미는 '대상'과의 관련보다는 작품과의 관련에서 볼 때—보다 난해하고 역사적이라는 점에서—서로 구별된다. 하나의 '작품'은 항상 인간적인 특징과 관계를 갖고 있다. 작품이라는 말 자체는 이를 암시하고 있다. 왜냐하면 작품이란 항상 인간(혹은 신)의 작품이기 때문이다. 이와 달리 '대상'이라고 하면 그것은 작품도 될 수 있지만 자연적 대상일 수도 있다. 하나의 작품에 대해 '대상'이란 말을 사용하게 되면, 매우 중요한 한 가지 구별이 흐려지게 된다. 왜냐하면 우리는 그 작품을 하나의 대상으로서가 아니라 하나의 '작품'으로 볼 필요가 있기 때문이다. 문학비평은 하나의 작품에 새겨진 인간적인 각인, 즉 그 작품의 '의미(meaning)'를 해독하기에 아주 적합한 '방법'이나 '이론'을 찾으려고 노력한다. 이러한 '해독(deciphering)' 과정, 다시 말해서 한 작품의 의미에 대한 '이해'는 해석학의 초점이다. 해석학이란 이해에 대한 연구이며, 특히 텍스트에 대한 이해를 그 과제로 하고 있다. 자연과학은 자연적 대상들을 이해하는 방법을 갖고 있다. 이와 달리 '작품'은 해석

9 이는 Northrop Frye의 《비평의 해부 Anatomy of Criticism》가 탁월하다.

학, 즉 작품을 작품으로서 적절하게 이해할 수 있는 '과학(혹은 학문)'을 필요로 한다. 물론 '과학적 분석'의 여러 방법들이 작품에 응용될 수 있으며, 또 그렇게 되어야 한다. 그러나 이렇게 되면 작품은 침묵하는 자연적 대상으로 취급되는 데 그치고 만다. 작품이 대상으로 그치는 한에 있어서, 작품은 과학적인 해석방법에 의해서 수정을 받게 된다. 왜냐하면 이 경우 작품은 보다 미묘하고 포괄적인 이해방식들을 필요로 하기 때문이다. 해석학이란 분야는 이런 이해방식들—좀 더 구체적으로 말하자면 '역사적인' 이해방식과 '인문주의적인' 이해방식—을 서술하려는 노력으로서 성장하였다.

다음의 장들에서 보게 되는 바와 같이, 해석학은 텍스트 해설을 위한 장치와 기술의 집적으로부터 벗어나 해석 자체에 대한 일반적 설명의 지평 내에서 해석학적 문제를 보려고 시도하기 시작하면서 진정한 해석학적 차원들을 마련하였다. 그래서 해석학은 서로 다르면서도 상호작용하는 두 가지 관심의 초점을 포함한다. 하나는 텍스트 이해라고 하는 일이고, 다른 하나는 이해와 해석은 그 자체에 있어서 무엇인가라는 보다 포괄적인 문제이다.

적절한 해석학 이론, 더 나아가서 문학 해석에 적합한 이론을 위한 본질적인 요소들 중의 하나는 해석 자체에 대한 매우 폭넓은 견해이다.[10] 그러면 잠시 동안 해석학의 편재성 및 이 말의 광범위한 사용에 대해서 생각해보자. 과학자는 자신의 자료에 대한 분석을 '해석'이라고 부른다. 문학비평가는 작품에 대한 연구를 '해석'이라

10 이에 대해서는 나의 논문, 〈해석의 보다 넓은 개념을 위하여(Toward a Broader Concept of Interpretation)〉, 《ISN》(1967년, 11월) pp. 3~14와, 《JAAR》, XXXVI, (1968년 9월)에서 《VII》에 대한 나의 서평 pp. 243~246을 보라.

부른다. 또 한 언어를 번역하는 사람은 '해석자'라 불린다. 뉴스 해설자는 뉴스를 '해석한다.' 여러분들은 친구의 말이나 집에서 온 편지 그리고 거기에 있는 표시를 해석—혹은 잘못 해석—한다. 사실 여러분들은 아침에 일어나서 잠자리에 들 때까지 계속적으로 '해석'을 한다. 여러분들은 눈을 뜨자마자 침대 곁에 있는 시계를 보고서 그것의 의미를 해석한다. 또 여러분들은 지금이 무슨 날인지를 생각해본 다음, 그날의 의미를 파악하는 가운데 여러분들이 세계 속에서 처해 있는 위치와 미래를 위한 여러분들의 계획을 생각해본다. 여러분들은 일어나서 매일매일 주위에서 만나는 사람들의 말과 동작들을 해석하지 않으면 안 된다. 따라서 해석이란 아마도 인간 사고의 가장 기초적인 작용이라 할 수 있을 것이다. 왜냐하면 산다고 하는 것은 바로 끊임없는 해석의 과정이라고 말할 수 있기 때문이다.

해석은 인간이 살아가는 언어 세계에 비해서 훨씬 포괄적이다. 왜냐하면 동물들도 해석을 통해서 살아가기 때문이다. 동물들은 세계 속에서 자신이 처해 있는 방식들을 이해한다. 침팬지나 개 혹은 고양이는 자기 앞에 있는 음식물을 자신의 고유한 경험과 욕구에 의해 해석할 것이다. 새들은 자신들에게 남쪽으로 날아가도록 말해주는 기호들을 알고 있다.

물론 다양한 비(非)언어적 수준들에서 이루어지는 지속적인 해석은 모든 인간 생활의 조직체와 서로 결부된다. 요아힘 바하(Joachim Wach)가 관찰한 바와 같이, 인간 생활은 언어가 없이도 생각될 수 있다. 그러나 인간 상호간의 이해, 즉 해석이 없이는 상상조차 할 수 없다.[11] 그러나 우리가 알고 있는 바와 같이, 인간 생활은 사실상 언제나 언어를 포함하고 있다. 따라서 인간의 해석행위에 대한 모든 이론은 반드시 언어라고 하는 현상(phenomenon)을 다루어야 한다. 그리고 인간이 사용하는 다양화된 상상적 표현매체들 중에서 그 어느 것도 의사소통적 유연성과 그 힘에 있어서, 그리고 일반적인 중요성에 있어서 언어를 넘어설 수 없다.[12] 언어는 인간의 감각을 형성시켜줄 뿐만 아니라 인간 자신과 세계에 대한 생각을 형성시켜준다(자신에 대한 생각과 세계에 대한 생각은 외관상 보이는 것만큼 그렇게 분리된 것은 아니다). 현실에 대한 인간의 시각은 바로 언어에 의해 형성된다.[13] 인간은 자신이 자각하고 있는 것보다 훨씬 더 심화되고 다양한 삶의 차원에서—예를 들면 무언가를 숭배하고 사랑하는 행위, 사회적 행동, 추상적 사고 등의 차원에서—언어를 통해 매개되고 있다. 심지어는 인간의 감정들의 형성까지도 언어에 의해 이루어진다. 이 문제를 더욱 깊게 숙고해보면, 언어란 우리가 살고 있고 움직이며 우리의 존재를 유지하는 '매개체(medium)'라는 사실은 아주 분명해진다.[14]

그러므로 해석은 복잡하고도 광범위한 현상이다. 하지만 문학비평가는 자신의 이해 속에서 이루어지는 해석을 얼마나 복잡하고 심도있게 성찰하는가? 여기서 우리는 문학비평가들이 분석을 해석과 동일시하는 경향이 있지 않은가 하는 의문을 제기할 필요가 있다. 또 우리는 대부분의 현대 문학비평의 근저에 놓여 있는 리얼리즘적

---

11 《V》, 제1부 제1장을 보라.

12 Ernst Cassirer의 《상징적 형식의 철학 Philosophy of Symbolic Forms》과 그의 저서 《인간론 An Essay on Man》에서 언어에 관한 장을 보라.

13 Benjamin Whorf의 《언어, 사고 그리고 실재 Language, Thought, and Reality》를 보라.

14 이 책의 하이데거와 가다머에 관한 장들을 보라.

인 형이상학과 가정들은 해석에 대해 지나치게 단순화되고 심지어는 왜곡되기까지 한 견해를 제시하고 있지나 않은가에 대한 의문을 제기해볼 필요도 있다. 하나의 문학작품은 우리가 그것을 개념화하거나 분석함으로써 이해하게 되는 대상[②]이 아니다. 오히려 문학작품은 우리가 귀 기울여 들어야만 하는 목소리이며, 또한 (보기seeing보다는) '듣기(hearing)'를 통해서 이해해야 할 목소리이다. 이하의 장들에서 보게 되겠지만, 이해란 인식론적 현상임과 동시에 존재론적인 현상이다. 문학에 대한 이해는 보다 근원적이고 포괄적인 이해방식들에 근거를 두고 있으며, 이러한 근원적이고 포괄적인 이해방식들은 바로 우리 인간의 세계-내-존재(being-in-the-world)[③]와 연결된다. 따라서 문학작품을 이해한다고 하는 것은 실존으로부터 벗어나 개념의 세계로 도피하는 과학적인 인식방식이 아니라, 바로 이 세계 속에 있다고 하는 개인의 내밀한 체험을 설명해주는 역사적 만남이다.

해석학은 후자와 같은 종류의 이해에 대한 연구이다. 해석학은 이해이론의 두 영역을 함께 다루고자 시도한다. 하나는 텍스트 이해라고 하는 사건[④] 속에는 무엇이 포함되어 있는가 하는 문제이고, 다른

---

② 여기에서 대상(對象)이란 object의 역어인데, 객체 혹은 객관과 동의어이며, 과학적-인식론적 차원에서의 주관 혹은 주체(subject)에 대립되는 말이다. 이하의 글에서 나오는 대상이란 용어는 모두 이런 의미에서 이해되어야 한다.

③ 이는 하이데거의 용어로서 현존재(Dasein)의 근본 구조를 가리키는 말이다. 하이데거가 이처럼 인간을 세계-내-존재로 규정한 까닭은 칸트 이후의 인식론적 이분법—주관과 객관의 이분법—을 극복하기 위함이다.

④ 이는 영어 event의 역어로서 해석학적으로 독특한 중요성을 갖는 개념이다. 원래 이 말은 독일어 Geschehen을 영어로 옮긴 것인데, Geschehen은 생기(生起, 일어남)나 사건을 뜻한다. 이 책에서는 이를 event라 하기도 하고 happening이라고 옮기기도

하나는 가장 근본적이고 '실존론적인(existential)' 의미에 있어서 이해 자체란 무엇인가 하는 문제이다. 독일의 사상 조류로서 해석학은 독일의 현상학과 실존철학에 의해 깊은 영향을 받았다. 그리고 당연히 미국의 문학 해석에 대해 해석학이 갖는 의의는 텍스트 해석의 문제에 해석학적 사고를 적용함으로써 더욱 높아졌다.

이해라는 현상을 단순한 텍스트 해석의 차원을 넘어서서 다루려고 하는 지속적인 노력은, 통상적으로 인문학이라 불리우는 모든 분야들에 대해서 해석학이 가질 수 있는 의의를 잠재적으로나마 크게 높여 놓았다. 해석학은 그것이 인간의 갖가지 작품들의 이해에 대한 연구로 정의되는 순간 언어로 된 해석들을 초월한다. 이런 의미에서의 해석학의 제 원리는 문자로 표현된 작품들에 대해서 뿐만 아니라 어떠한 종류의 예술작품에 대해서도 적용된다. 그렇기 때문에 해석학은 인간이 만든 '모든 작품들'에 대한 해석을 주된 과제로 하는 분야인 인문학 전체를 위한 토대가 된다. 해석학은 학문들 상호간의 단순한 연결이 아니다. 왜냐하면 해석학의 제 원리는 제반 인문학을 위한 이론적 토대를 이루기 때문이며,[15] 또한 그것은 모든 인문학 분야들을 위해 요구되는 기초적인 연구여야 하기 때문이다.

우리가 위에서 행한 과학적인 것과 역사적인 것(혹은 해석학적인 것) 간의 구별은 인문학에 있어서의 해석적 과제가 갖는 독특한 성격을 아주 분명하게 보여준다. 그리고 이는 또한 과학들에서 행해지는 해석의 성격도 해명해준다. 인문학은 해석학적 이론을 통해서만

했기 때문에 역자는 event를 사건으로, happening을 생기로 옮기긴 했지만 양자 사이의 큰 차이는 전혀 없다고 보아도 무방할 것이다.

15 《HAMG》와 《AAMG》를 보라.

자기인식의 보다 완전한 척도 및 인문학적 과제가 지니는 성격에 대한 보다 나은 이해를 성취할 수 있다.

그러나 이 책은 문학 해석에 대해 해석학이 지니는 의의를 탐구하기 위한 철학적 기초를 놓으려는 시도이다. 이러한 기초는 해석학 자체에 대한 적절한 이해여야만 한다. 이 책은 이러한 이해를 위하여 '해석학(hermenutics)'이란 현대어의 그리스적 뿌리에서 시작하여 근대에 있어서 해석학적 이론에 대한 몇 가지 견해들의 발전을 추적해보고(물론 해석학이라고 불려온 것에 한해서) 끝으로 해석학에 대한 네 명의 주요 사상가들이 다룬 문제들을 약간 상세하게 규명해 볼 것이다. 이러한 탐구는 결코 완전한 것이 아니라 예비적인 것이다. 왜냐하면 이 책에서는 현대 신학에서의 해석학이 취급되지 않을 뿐더러[16] 오늘날 프랑스에서 이루어진 발전에 대해서도 아무런 언급이 없기 때문이다.[17] 결론 부분에 가서는 현상학적 해석학이 문학 해석에 대해 갖는 의미를 몇 가지 암시할 것이다. 이 책은 원칙적으로 해석학에 대한 철학적 입문으로 의도된 것이다. 하지만 이 책은 문학이론과 관련되는 해석학을 다루게 될 본인의 다음 책을 위한 기초가 될 수 있을 것이다.

---

16 이 영역의 참고 문헌을 알기 위해서는 앞의 주 3을 보라.

17 Ricoeur의 《DI》의 제5장에 있는 논의에서 극소수의 예외와 함께, 《대화 Dialogue》, IV(1965~1966)에 실린 그의 논문 〈실존과 해석학(Existence et herménetique)〉, pp. 1~25와, 《M&W》, I(1968)에 실린 그의 논문 〈구조, 말, 사건(La Structure, le mot, l'événement)〉, pp. 10~30을 보라.

2. '헤르메네웨인'과 '헤르메네이아'

'해석학(Hermeneutics)'이란 단어의 어원은 일반적으로 '해석하다(to interpret)'로 번역되는 그리스어 동사 '헤르메네웨인'과 '해석(interpretation)'으로 번역되는 명사 '헤르메네이아'이다. 이 두 단어의 기원 및 이 두 단어가 고대적 용법에서 전달했던 의미의 세 가지 기본적인 방향의 기원은 신학과 문학에서 행해지는 해석의 본성에 대해 놀라운 빛을 비춰줄 뿐만 아니라 현재의 맥락에서도 현대 해석학을 이해하기 위한 소중한 단서가 될 수 있을 것이다.

'헤르메네웨인'과 '헤르메네이아'는 고대로부터 이어져 내려온 상당수의 텍스트들에서 다양한 형태로 나타난다. 아리스토텔레스는 《기관 Organon》에 있는 주요 논문인 〈해석에 관하여(Peri hermēneias)〉에서 이 문제의 중요성을 인식하였다.[1] 이 단어는 《콜로누스의 오이디푸스 Oedipus at Colonus》에서도 명사형으로 나오며, 플라톤의 저작들에서는 여러 번 반복되어 나온다. 참으로 이 단어의 다양한 형

1 Aristotle, 《기초 저작집 The Basic Works》, pp. 40~61. 최근에는 St. Thomas Aquinas의 주석이 붙어 있는 아리스토텔레스의 《해석론 On Interpretation》이 Cajetan에 의해 번역되었다. 그리고 또 이 영역본에서 Jean T. Oesterle의 서론이 붙어 있다.

태들은 우리가 잘 알고 있는 고대의 작가들인 크세노폰, 플루타르크, 에우리피데스, 에피쿠루스, 루크레티우스, 롱기우스 등과 같은 대부분의 사람들에게서도 발견된다.[2] 각각의 경우에 있어서 의미의 뉘앙스를 결정지어주는 모든 사건의 맥락을 아는 데만도 하나의 연구가 충실하게 이루어져야 할 정도이다. 하지만 이 장은 단지 '헤르메네웨인'과 '헤르메네이아'라고 하는 두 단어가 헤르메스(Hermes) 신과 연결되어 있다는 사실에 주목하여, 이 두 단어의 의미의 세 가지 기본적인 방향을 지적하고, 그리고 나서 이것들이 지닌 현대적 의의—특히 문학 해석과 성서 해석에 대한 이것들의 의의—를 제시할 것이다.

'헤르메네웨인'과 '헤르메네이아'의 의미의 기원과 세 방향

그리스어 '헤르메이오스(hermeios)'는 델피 신탁의 사제를 말하는 것이었다. 이 단어와, 또 이보다 더욱 자주 사용되는 동사 '헤르메네웨인'과 명사 '헤르메네이아'는 날개 달린 사자신(使者神) 헤르메스에까지 거슬러 올라간다. 앞의 세 단어는 헤르메스로부터 파생되어 나온 것이다(혹은 그 반대일 수도 있을 것이다). 어쨌든 중요한 사실은 헤르메스가 인간의 이해능력을 초월해 있는 것을 인간의 지성이 파악할 수 있도록 전환시켜주는 기능과 관련되어 있다는 점이

2 '헤르메네이아(Hermēneia)'와 '헤르메네웨인(hermēneuein)', 《GEL》, 그 밖에 Johannes Behm의 'Ermēneuo', 'ermēneia', 《TDNT》 II, pp. 661~666을 보라.

다. 이 단어의 여러 다양한 형태들은 어떠한 사물이나 상황이 이해불가능한 것에서 이해가능한 것으로 옮겨지는 과정을 보여주고 있다. 그리스인들은 인간의 이해능력이 의미를 파악하고 이를 다른 사람들에게 전달하기 위해 사용하는 도구인 언어가 헤르메스의 덕택이라고 믿었다.

철학 자체를 '해석'이라고 보는 마르틴 하이데거는 해석학-으로서의-철학(philosophy-as-hermeneutics)을 명시적으로 헤르메스와 연관지었다. 헤르메스는 '운명의 메시지를 가져다준다. 〈헤르메네웨인〉은 폭로되는 것이 메시지일 수 있는 한에 있어서, 메시지를 담고 있는 무언가를 개시(開示)하는 것이다. 이러한 〈개시〉는 〈밖으로-내어놓다(laying-out)〉①라는 뜻이며, 이는 곧 시인들—이들은 플라톤의 대화편 《이온 Ion》에서의 소크라테스의 말에 따르자면, 그들 스스로가 곧 신의 사자(使者)이다—을 통하여 이미 말해진 것을 설명한다는 의미이다.'[3] 그래서 가장 초기의 그리스어까지 거슬러 올라가게 되면, 오늘날의 '해석학'과 '해석학적'이라고 하는 말의 기원은 '이해에 이르는' 과정을 보여주며, 특히 이러한 과정은 언어를 포함하고 있다. 왜냐하면 언어는 이러한 과정에 있어서 가장 특출한 매개체이기 때문이다.

이처럼 헤르메스와 관련된 '이해에 이르는' 과정의 매개적 성격과 메시지-전달적 성격은 고대적인 용법의 '헤르메네웨인'과 '헤르

---

① 여기서 '밖으로-내어놓다(laying-out)'는 독일어 aus-legne(해석하다)을 옮긴 것으로 생각된다. 저자가 '해석하다(laying-out)'를 개시(Erschließung)와 관련짓는 것은 하이데거를 따른 결과이다.

3 《US》, pp. 121~122.

메네이아'가 지닌 의미의 세 가지 기본적인 방향들 모두에 함축되어 있다. 이들 세 가지 방향이란, 예를 들기 위하여 동사형(헤르메네웨인)만 사용해서 말해보면, (1) 말로 크게 '표현하다', 즉 '말하다(to say)', (2) 하나의 상황을 설명할 때와 같이 '설명하다(to explain)' 그리고 (3) 외국어를 번역할 경우에서처럼 '번역하다(to translate)'이다.[4] 이 세 가지 의미는 영어의 동사 '해석하다(to interpret)'로 표현될 수 있겠지만, 이들 세 가지 의미 각각은 나름대로 해석의 독립적이고 중요한 의미를 구성하고 있다. 그러므로 해석은 세 가지 서로 다른 문제들과 관련될 수 있다. 하나는 입으로 소리내는 것이고, 다른 하나는 합리적인 설명을 하는 것이며, 나머지 하나는 다른 언어로부터 번역해내는 것이다.

이 세 가지 용법은 그리스어나 영어 모두에서 타당하다. 하지만 이 셋 모두에서는 '해석 과정(Hermes process)'이 그 근저에서 작용하고 있다는 사실에 주목해야 할 것이다. 왜냐하면 지금 말한 세 가지 용법 모두에서는 무언가 낯설고 어색하며 시간적-공간적으로 떨어져 있는 것이 친숙하고 이해가능한 것으로 바뀌게 되며, 언어적 표현이나 설명 혹은 번역을 필요로 하는 것은 이제야 '이해에 이르게 되기'—즉 '해석되기'—때문이다.

서두에서 말한 바 있지만, 문학 해석은 이들 과정 중에서 앞의 두 가지를 포함하며, 가끔은 세 번째 것도 포함한다. 문학이란 '이해되어야 할' 무엇인가를 언어적으로 표현하는 것이다. 텍스트는 그 주제에 있어서 우리와 분리되어 있다. 왜냐하면 시간과 공간 그리고 언

---

4 이들 세 가지 방향의 의미에 대해서는 Gerhard Ebeling의 유익한 논문 〈해석학(Hermeneutik)〉, 《RGG》, III을 보라.

어의 차이 등과 같은 이해를 위한 장애들로 인하여 우리는 원문의 주제와 떨어져 있을 수밖에 없기 때문이다. 이는 성서 원문에 대한 이해에도 그대로 적용된다. 해석의 과제는 의미상으로 익숙하지 못하고 거리감이 있으며 불명료한 어떤 것을, 현실적이고 친숙하며 명료한 것으로 바꾸는 것이다.

이러한 해석 과정의 다양한 측면들은 문학과 신학에 있어서 아주 생생하게 나타난다. 이제 우리는 이러한 해석 과정이 문학 해석과 신학 해석 양자에 대해 갖는 의의를 각각 살펴보자(오늘날 대부분의 문학비평가들이 현대 기독교 신학에서 볼 수 있는 해석의 과제에 대한 접근에 대해 얼마나 무지한가를 주목해보는 것도 아주 흥미 있는 일이다).

'말하다'로서의 '헤르메네웨인'

'헤르메네웨인'의 의미가 갖는 최초의 기본적인 방향은 '표현하다(to express)', '진술하다(to assert)', '말하다(to say)' 등이다. 이는 헤르메스 신의 '공표하는' 기능과 관련되어 있다.

어원에 대한 고찰은 특히 신학에 있어서 커다란 중요성을 지닌다. '헤르메네웨인'의 어두 부분인 '헤르메(hermē)'는 '말하다(to say)'라는 뜻의 라틴어 '세르모(sermo)' 및 '말(word)'이라는 뜻의 라틴어 '베르붐(verbum)'과 밀접하게 연관된다.[5] 이는 '하나님의 말씀

---

5 앞의 책, James M. Robinson은 《NH》, pp. 2~3에서 '헤르메네이아(hermēneia)'란 단어는 그리스 시대에 논리적 구성이나 예술적인 낭송, 즉 '구어 해석(oral interpretation)' 등을 가리키는 데도 사용되었다는 사실에 주목한다.

(Word)'을 전달해주는 역할을 맡고 있는 성직자는 무언가를 '공표하고' 또 '진술하고' 있음을 암시해준다. 그의 기능은 단순히 설명하는 것이 아니라 선포하는 것이다. 그래서 성직자는 헤르메스 신이나 델피 신탁의 사제와 마찬가지로 신으로부터 운명에 관한 소식을 사람들에게 전해주는 기능을 떠맡고 있다. 그래서 성직자는 '말하거나' 선포를 한다는 점에서 헤르메스 신과 마찬가지로 하나님과 인간의 '중재자'이다. 심지어는 지극히 단순한 말이나 진술 혹은 선포조차도 '해석'의 중요한 작용이라 할 수 있다.

처음으로 동일한 의미 방향에서 약간의 차이를 드러내는 것은 '표현하다(to express)'이다. 이 말은 여전히 '말하다'라는 뜻을 담고 있지만, 좀 더 나아가 그 자체 해석이라 할 수 있는 '말하다'를 뜻한다. 바로 이런 이유 때문에 우리는 어떤 것이 표현되는 방식—즉 수행의 '스타일(style)'—에 주목하게 된다. 우리는 '해석'이란 단어가 갖는 이러한 뉘앙스를, 성악가가 노래를 해석한다거나 지휘자가 교향곡을 해석한다고 말할 때에 사용한다. 이런 의미의 해석은 '말하는 것'의 한 형태이다. 이와 마찬가지로 입으로 말하거나 노래하는 것도 하나의 해석이다. 예를 들면, 그리스 시대에 있어서 '헤르네메이아'라고 하는 것은 호머의 시를 암송하는 것을 지칭할 수 있다. 플라톤의 대화《이온 Ion》을 보면 한 젊은 해석가가 호머를 낭송하는 부분이 있는데, 그는 억양의 변화를 통하여 호머를 표현하고 심지어는 미묘한 부분까지 설명하고 있으며 때로는 호머 자신이 이해하고 깨닫고 있었던 것보다도 훨씬 더 심오하게 그 의미를 전달하고 있다. 이렇게 해서 그는 헤르메스 신과 마찬가지로 호머의 메시지를 당대의 사람들에게 전달해주는 매개자의 역할을 담당한다.

물론 호머 자신도 신들과 인간의 매개자였으며, 밀턴의 말에 따르자면 '신이 인간에게로 향하는 여러 가지 길을 정당화해주는 해석자'였다. 따라서 호머는 보다 근원적인 의미에서 해석자였다. 왜냐하면 호머 이전에는 그러한 말들이 아직 사용되지 않았기 때문이다(분명히 그 전에도 여러 가지 전설들은 존재했다. 그렇기 때문에 호머는 전설들을 창조해낸 것이 아니라 단지 '해석'만 하였을 뿐이며 또한 전설들을 수집한 데 불과하다고 말할 수 있는 것이다). 호머 자신은 신들에 의해 영감을 받고 있다고 생각되었다. 그래서 그는 '말을 함'에 있어서 신들에 대한 해석자였던 것이다.

대부분의 문학자들은 말하는 것이나 암송을 '해석'으로만 간주하는 습관에 젖어 있기 때문에 그것이 지닌 너무나도 많은 다양한 차원들을 무시하거나 망각하는 경향이 있다. 그러나 실제로 문학은 그 원동력을 구어(口語)의 힘으로부터 알고 있다. 태곳적부터 언어로 이루어진 위대한 작품들은 큰 소리를 내어 말하고 듣도록 되어 있던 것이었다. 구어가 지닌 여러 가지 위력을 통해서 우리는 아주 중요한 현상인 문어(文語)의 약점을 쉽게 간파하게 된다. 문어는 구어가 지닌 원초적인 '표현력'을 결여하고 있다. 물론 문어는 언어를 고정시키고 보존하여 이에 지속성을 부여함으로써 역사학(과 문학)의 기초가 되기도 하지만, 동시에 문어는 언어를 약화시킨다. 플라톤은 자신의 《제7서한 Seventh Letter》과 《파이드로스 Phaedrus》에서 문어의 약점과 무익성을 강조하고 있다. 모든 문어는 다시 구어의 형태로 변형되지 않으면 안 된다. 그래야만 언어는 상실된 힘을 되찾을 수 있다. 언어를 문자화하는 것은 '언어의 자기소외(Selbstentfremdung der Sprache)'[6], 즉 언어로부터 그것의 생명력을 뺏는 것이다('언어

language'에 해당하는 독일어 Sprache는 구어적인 의미의 언어를 뜻하는 근원적인 형태를 담고 있다).

구술된 말은 거의 마술적인 힘을 갖지만, 일단 이것이 시각적 형상으로 되면—즉 문자화되면—이러한 힘을 거의 상실한다. 문학은 말의 효과를 극대화하기 위해 무진 애를 쓰지만, 듣기가 읽기라고 하는 시각적 과정으로 바뀌는 순간 마술적인 힘은 거의 사라져버린다. 물론 이제 우리는 구어적 형태의 문학으로 되돌아갈 수는 없다. 하지만 근원적인 형태의 언어는 보는 것이 아니라 듣는 것이라는 사실과, 구어가 문어에 비해서 쉽게 '이해되는' 데에는 그럴 만한 충분한 이유들이 있다는 이 두 가지 사실을 잊어서는 안 된다.

이제 우리는 소리 내어 읽는 행위에 관해서 고찰해보자. 구어 해석(oral interpretation)② 은 기록작용을 하는 사진처럼 종이 위에 있는 문자들에 대해 수동적으로 반응하는 것이 아니다. 오히려 그것은 한 곡의 음악을 연주하는 피아노 연주처럼 창조적인 행위이다. 연주자에게 악보는 단순한 껍데기에 불과할는지 모르지만, 자신이 연주하는 음악을 해석하기 위해서는 반드시 악보에 있는 보표들의 '의미'가 파악되어야 한다. 이것은 문어를 소리 내어 읽는 것과 거의 동일하다. 구어 해석자는 원래의 것의 단순한 껍데기—즉 음의 고저와 강조 그리고 태도 등이 전혀 나타나 있지 않은 소리들의 '윤곽'—만을 갖고 있다. 하지만 그는 그것들을 살아 있는 소리로 '재생'해야만 한다. 또한 재생자는 단 하나의 문장을 표현하기 위해서도 단어들의 의미를 정확히 파악하지 않으면 안 된다. 이처럼 신비스러운 의미의

---

6 《WM》 pp. 370~371을 보라.

② 구어 해석은 문어를 구어로 바꾸는 것을 말한다.

파악은 어떻게 이루어지는가? 이 과정은 아주 까다로운 역설이다. 즉 제대로 읽기 위해서는 앞으로 읽을 바를 미리 이해하고 있어야 하는데, 그러한 이해는 그것을 읽어감으로써 얻어지기 때문이다. 여기서 나타나게 되는 것은 모든 이해에 포함되어 있는 아주 복잡한 변증법적 과정이다. 그리고 이러한 과정만이 문장의 의미를 제대로 파악할 수 있으며, 동시에 문어에 의미를 부여할 수 있는 유일한 바탕이라 할 수 있는 태도와 강조점을 제공해준다. 그래서 구어 해석은 두 가지 측면을 갖게 된다. 하나는 무언가를 표현하기 위해서는 그것을 이해하고 있어야 한다는 것이며, 다른 하나는 그 이해 자체는 해석적인 읽기—즉 표현—로부터 이루어진다는 점이다.

그 자체 해석적인 현상으로서의 구어는 '문학 해석'에 전문적으로 관여하고 있는 사람들, 특히 문학 교사들에게 무엇을 의미하는가? 기본적으로 이는 모든 문학 교육에서 구어 해석이 갖는 역할에 대한 재검토의 필요성을 보여주고 있다. 학생이 문학작품을 읽는다는 것은 음악을 해석하는 것에 비유될 수 있는 '수행'[③]이 아닌가? 우리는 다음과 같은 질문을 해볼 필요가 있다. 원래부터 아무런 소리도 없이 눈으로만 읽혀지기 위해서 쓰여진 문학은 과연 얼마나 되겠는가? 소설이나 최근의 몇몇 시는 종종 시각적 효과에 의존하고 있다. 그러나 이런 경우에서조차도 우리는 우리가 읽는 소리를 종종 상상하지 않는가?

예를 들어 도스토예프스키의 소설을 읽을 때, 우리는 '내면적인

③ 수행(遂行)은 영어로는 performance이고 독일어로는 Vollzug이다. 이 책에서 사용된 수행이란 말의 의미는 연극에서의 공연, 음악에서의 연주, 문학에서의 독서 등을 모두 포괄한다. 이를 해석학에서는 근원적이라고 한다.

귀'를 통해서 대화를 듣지 않는가? 따라서 '문맥적인 의미의 순환'—이는 책을 읽어 가는 과정에서 형성된다—에 맞춰서 주어지는 청각상의 억양들은 의미와 분리될 수 없지 않은가? (지금 말한 이 순환이 바로 우리가 앞으로 보게 될 '해석학적 순환 hermeneutical circle'이다.) 여기에서 변증법은 다시 역방향으로 진행된다. 독자는 텍스트에 대한 자신의 '이해'에 조응하여 '표현'을 해나간다. 분명 구어 해석의 과제는 의미를 충분히 재생하여 표현한다고 하는 기술적인 것이 아니라 철학적이면서도 분석적인 것이기 때문에 이해 자체의 문제와 결코 분리될 수 없다. 보다 상세하게 말하면, '이해의 문제', 특히 언어 이해의 문제는 모든 '문학 해석'에서 본질적인 문제이다. 바로 이 문제야말로 해석학의 가장 핵심적인 주제이다.

이는 다음과 같이 하나의 원리로서 서술될 수 있다. 문학 텍스트를 아무런 소리도 내지 않고 읽는다는 것은 구어 해석의 왜곡된 형태이다. 그리고 훌륭한 구어 해석에서 나타나는 이해의 제 원리는 문학 해석 전체에도 적용될 수 있다. '권능을 부여하는 행위'라 할 수 있는 문학비평은 부분적으로 문어의 약점과 무능함을 보완하려는 노력이다. 동시에 문학비평은 작품 속에 '구어'의 여러 차원들을 다시 집어넣으려는 시도이다. 다음 물음을 잘 생각해보자. 문학비평가는 문자화된 소네트를 볼 때와 낭송되는 소네트를 들을 때 서로 다른 해석적 수행을 하지 않겠는가? 만일 그 소네트가 구어적이라면 그는 자신이 생각했던 해석과 그것을 비교하지 않겠는가? 그리고 그것이 문어적이라면 그는 그 단어들의 소리와 함께 사라져 버린 것을 대체하기 위하여 또 다른 문자화된 단어들을 찾지 않겠는가? 어떤 의미에서 문학비평가는 순수한 소리의 매개 속에서 훌륭한 구어 해석이 제공해주는 바를 제시하고 있지 않은가?

특히 '신비평(New Criticism)'에서는 텍스트를 그것에 대한 전기적, 역사적 혹은 심리학적 배경 자료가 전혀 없이 오직 그 자체만을 소리 내어 읽는 것이 하나의 관례로 되어 있다. 신비평에서 텍스트 자체는 거기에 있는 단어들 자체 속에, 그리고 그 단어들의 배열과 의도 속에, 혹은 작품은 전체의 의도 속에 그 자신의 '존재(being)'를 갖고 있다. 만일 사정이 이러하다면, 비평가는—이때의 비평가는 이상적으로 말해서 작품을 지배하는 사람이 아니라 그 작품의 존재에 복종하는 사람이다—문자화됨으로써 상실되어버린 언어의 위력을 되찾는 데 도움을 주지 않겠는가? 비평가가 자신의 도구인 개념적 요소들을 일단 (형식적이건 실질적이건 간에) 고찰의 대상으로 삼게 되면, 이는 곧 그가 의미의 맥락(해석학적 순환)을 구성하는 것이 아닌가? 왜냐하면 보다 적절한 구어 해석은—설사 아무 소리도 내지 않는 해석적 독해에 의해 은폐된 상태에서조차—바로 이 의미의 맥락으로부터 이루어질 것이기 때문이다. 이는 '의역의 이단'으로부터 작품 자체의 존재가 지닌 순수성을 보존하려고 하는 신비평가의 의도를 여전히 충족시켜주고 있다. 왜냐하면 이래야만 그는 작품 자체가 말을 할 수 있도록 하기 때문이다. 이런 맥락에서 보면, 신비평가는 틀림없이 이하의 두 가지 사실에 전적으로 동의할 것이다. 첫째는 진정으로 '권능을 부여하는' 비평이란 원문 자체를 보다 적절하게 입으로 소리 내어 읽는 것을 목표로 하는 비평이라는 것이며, 둘째로 이렇게 되면 텍스트는 다시 시간 속에서 일어난 유의미한 구어적 사건이며 동시에 하나의 존재라는 사실이다. 이렇게 되면 이러한 존재의 진정한 본성과 순수성은 해명받을 수 있게 된다. 문학비평이 한 작품의 '존재'에 대한 정의를 정태적이고 개념적인 사물이나 말로 표현된 개념으로서의 사물이라 할 수 있는 무시간적 '본질(essence)'로서가 아니라 작품의 존재가 갖는 힘을 시간 속에서의 구어적 사건으로 자각하는 하나의 존재로서 파악하게 되면, 그 자신의 내적 의도를 회상함으로써 구어 해석에 의해 도움을 받게 된다. 이렇게 되면 말은 더 이상 (시각적이고 개념적인) 말이기를 멈추게 되고 하나의 '사건(event)'이 된다. 왜냐하면 문학작품의 존재는 '말에 의한 사건'이며 이 사건은 구어적 수행으로서 생기하기 때문이다.[7] '진정한 문학비평은 그것이 초점을 맞추고 있는 작품에 대한 구어 해석을 지향한다.' 문학작품의 '존재의 자율성'에서 이러한 원리와 모순되는 것은 하나도 없다. 오히려 이와 반대로 존재의 자율성은 이 원리와 조화를 이루게 된다.[8]

또한 구어의 힘은 텍스트 중심적인 종교, 즉 기독교에서도 매우 중요하다. 성 바울과 루터는 모두 구원은 귀를 통해 얻어질 수 있다고 말한 점에서 아주 유명하다. 바울의 서한들은 소리 내어 읽도록 구성되어 있다. 여기서 우리는 아주 빠른 속도의 묵독은 인쇄술의 발달이 가져다준 근대적 현상이라는 사실을 상기할 필요가 있다. 오늘날 우리는 무조건 빠른 것을 지향하는 시대에 살고 있기 때문에 '속독'을 미덕으로 삼고 있다. 그래서 우리는 읽기를 배우고 있는 어

---

7 나는 여기에서 의도적으로 '언어 사건(speech-event)'의 신학이라고 하는 익숙한 어휘를 사용하였다. 이에 대해서는 《WF》, pp. 295n, 313, 318~319, 그리고 여러 곳을 참고하라.

8 구어 해석에 관한 현대의 몇몇 이론들은 '언어 사건(word-event)'에 중점을 두는 방향으로 나아가고 있다. Don Geiger, 《음성, 의미 그리고 문학활동 The Sound, Sense, and Performance of Literature》을 보라.

린애들이 흔히 저지르는 반모음화를 고쳐주느라고 애를 먹기 일쑤다. 하지만 이러한 현상은 과거에는 지극히 정상적인 것이었다. 성 아우구스티누스는 자신도 이런 식으로 글을 읽는다고 말하고 있다. 기독교의 신학은 다음과 같은 사실, 즉 '말씀의 신학'은 문자로 기록된 말씀의 신학이 아니라, 우리는 '언어 사건(language event)'과 직면케 하는 구어적 말씀의 신학이라는 사실을 항상 염두에 두지 않으면 안 된다. 성서는 (특히 불트만의 신학에서) '케류그마(kerygma)', 즉 선포되어야 할 메시지이다. 분명히 신학의 과제는 하나님의 말씀을 각 시대의 언어와 맥락으로 설명하는 것이지만, 그것은 또한 하나님의 말씀을 그 시대의 어휘로 표현하고 선포해야 한다. 만일 성서가 일차적으로 하나의 계약서나 법률 서류 혹은 세계에 대한 개념적 설명으로 간주된다면, 인쇄된 성서를 널리 전파하려는 노력은 자기 패배에 그치게 될 것이다. 성서의 언어는 보고서를 작성하기 위해 사용되는 매개체와는 전혀 다른 기능을 한다. '보고(Information)'는 중요한 단어다. 왜냐하면 그것은 성서에서 사용되는 것과는 전혀 다른 언어 사용을 지적해주는 말이기 때문이다. 그것은 합리적 능력에 호소할 뿐 전체적 인격과는 상관하지 않는다. 왜냐하면 우리는 정보를 이해하고자 할 때 결코 우리의 인격적인 체험에 호소할 필요가 없기 때문이다. 다만 정보는 아무런 소리도 내지 않고 눈으로 읽어 내려가는 것만으로 족하다. 그러나 성서는 정보가 아니다. 그것은 메시지이며 '선포'이기 때문에 큰 소리를 내어 읽어야 하며 귀로 들어야 한다. 그리고 성서는 과학적 원리들을 모아 놓은 것이 아니다. 왜냐하면 성서는 과학적 진리가 다루는 현실과는 전혀 다른 질서의 실재성과 관계하기 때문이다. 그것은 들어야만 하는 하나의 사건, 즉 역사적 이야기로서 이해되어야 하는 실재성이다. 원리는 과학적인 반면에 사건은 역사적이다. 이처럼 '역사적'이라고 하는 말을 보다 심오한 차원에서 보면, 문학과 신학은 '과학적인' 분야라기보다는 '역사적인' 분야이다.[9] 과학에 적합한 해석 과정은 역사적 사건, 혹은 신학이나 문학이 이해하려고 애쓰는 사건들에 적합한 해석 과정과 서로 구별된다.

고대적 용법에서의 '헤르메네웨인'의 첫 번째 의미—'말하다'와 '표현하다'로서의 해석—에 대한 이 고찰은 문학 해석과 신학 해석 양자의 보다 근본적인 원리들을 진술한 단계에까지 이르렀다. 이를 통해 우리는 의미 있는 발화(發話)의 힘으로 충만된 살아 있는 소리로서의 언어가 갖는 근원적인 형태와 기능을 살펴보았다. 비존재로부터 처음에 생겨나는 그대로의 언어는 기호가 아니라 소리에 불과하다. 그런데 이 언어가 시각적 형상들—아무런 소리도 없는 공간의 세계—로 축소되면, 그것은 자신의 표현력(과 의미)을 일부 상실하게 된다. 따라서 문학 해석과 신학 해석은 글을 말로 다시 바꾸어 놓아야 한다. 이러한 변형을 가능하게 하는 이해의 제 원리는 현대 해석학적 이론의 주요 관심사를 이룬다.

'설명하다'로서의 '헤르메네웨인'

'헤르메네웨인'의 의미의 두 번째 방향은 '설명하다(to explain)'

---

9 Carl Michalson, 《신앙의 합리성 The Rationality of Faith》.

이다. 설명으로서의 해석은 이해의 담화적 측면에 강조점을 둔다. 왜냐하면 이는 해석의 표현적 차원들보다는 설명적 차원을 지적하는 말이기 때문이다. 결국 말이라고 하는 것은 단순히 무언가를 '말하는' 것만이 아니다(비록 말은 무언가를 말하는 것이며, 동시에 이는 해석의 일차적인 운동이기는 하지만). 오히려 말은 무언가를 설명하고 합리화하며 명료하게 한다. 사람들은 어떤 상황을 설명함이 없이도 그 상황을 표현할 수 있다. 왜냐하면 그 상황을 표현하는 것도 하나의 해석이지만, 그것을 설명하는 것도 '해석'의 한 형태이기 때문이다. 이제 우리는 해석의 이 두 번째이자 보다 분명한 형태의 여러 차원들과 이 차원들이 갖는 현대적 의의를 고찰해보자.

델피의 신탁에서 얻어지는 은밀한 메시지는 이미 존재하고 있는 텍스트를 해석한 것이 아니었다. 오히려 이 메시지는 하나의 상황에 대한 '해석이었다'(그래서 메시지 자체는 해석을 필요로 했었다). 이 메시지는 무언가를 표현해주었지만(일차적이며 보다 근원적인 의미 방향에서), 동시에 이것이 표현하는 바는 무언가에 대한 설명이기도 했다. 이때 이 무언가는 예전에는 설명된 바가 없는 것이다. 메시지는 한 상황의 '의미'를 언어로 정식화하였다. 메시지는 종종 은폐되거나 드러나는 말로써 그 상황을 설명했다. 메시지는 상황과 현실에 대하여 말로써 무언가를 말했다. 의미는 말의 종류나 방식 속에 숨겨져 있지 않았다. 왜냐하면 이는 중심 문제가 아니었기 때문이다. 오히려 중심 문제는 무언가에 대해서 무언가를 말한다는 의미에 있어서의 설명이었다. 그래서 어떤 의미에서는 신탁은 무언가를 설명하기 위하여 그것을 말했을 뿐이다. 왜냐하면 신탁은 해석의 두 번째 계기인 설명을 지향했기 때문이다.

아리스토텔레스의 논문 〈해석에 관하여(Peri hermēneias)〉는 해석을 '언명(enunciation)'이라고 정의한다. 이러한 정의는 의미의 첫 번째 방향, 즉 '말하다'나 '천명하다'의 뜻을 암시한다. 하지만 텍스트를 좀 더 깊게 파고 들어가 보면, 발화는 두 번째 의미 방향에도 적용될 수 있음을 알 수 있다(영어권의 독자들은 토마스 아퀴나스의 주석[10]과 함께 텍스트가 최근에 번역된 데 대해 다행스럽게 생각해야 할 것이다).

아리스토텔레스는 '헤르메네이아'를 한 사물의 참 혹은 거짓과 관련된 진술을 하는 정신의 작용을 지시하는 것이라고 정의한다. 이런 의미에서의 '해석'은 하나의 사물에 대한 참된 판단을 할 때 이루어지는 지성의 원초적 작용이다. 아리스토텔레스에 따르면 기도나 명령 혹은 의문이나 감탄문은 진술이 아니라 진술로부터 파생된 것이다. 즉 그것들은 지성이 원래 진술의 형태로 지각한 상황에 적용된 문장의 부차적인 형태이다(전형적으로 아리스토텔레스에게 지성은 진술로서 의미를 지각한다). '저 나무는 갈색이다'라고 하는 원래의 진술 혹은 해석은 이 나무에 대한 바람이나 사용을 표현하는 어떠한 진술에도 선행한다. 따라서 '해석'이란 어떠한 사용—기도나 명령—을 목적으로 하는 진술이 아니라 참과 거짓을 판별할 수 있는 사물에 대한 진술이다. 아리스토텔레스는 해석을 '참과 거짓을 판별할 수 있는 발화행위'라고 정의한다(17a2). 해석을 이렇게 정의함으로써 수사학과 시학은 해석론의 전망에서 배제된다. 왜냐하면 수사학이나 시학은 청중을 감동시키는 것을 목적으로 할 뿐 참·거짓의

10 주 1을 보라.

판별문제와는 전혀 관계없기 때문이다(17a5).

아리스토텔레스에 의하면 언명(즉 해석)은 논리학과 혼동되어서는 안 된다. 왜냐하면 논리학은 비교되는 언명된 진술들로부터 비롯되는 것이기 때문이다. 언명은 알려진 것으로부터 모르는 것에 이르는 추론과정이 아니라 진술의 형성 그 자체이다. 일반적으로 아리스토텔레스는 지성의 기본적인 작용을 1) 단순한 대상들에 대한 이해, 2) 종합과 분석의 작용, 3) 알려진 것으로부터 모르는 것에 이르는 추론작용으로 나눈다. 〈해석에 관하여〉에서 논의되는 언명은 오직 2)만을 다룬다. 다시 말해서 언명이란 참과 거짓을 판별할 수 있는 진술들을 형성할 때 일어나는 구성작용과 분할작용에만 관련된다. 따라서 언명이란 결코 논리학이나 수사학 혹은 시학일 수 없다. 언명은 이것들보다 훨씬 더 근본적이다. 왜냐하면 그것은 사물의 참(혹은 거짓)에 대한 진술이기 때문이다.

이처럼 해석에 대한, 제한적이긴 하지만 상당히 풍부한 결실을 가져다주는 상세한 정의는 어떻게 이루어지는가? 첫째로, 언명은 '단순한 사물들에 대한 이해'가 아니라 참인 진술들을 구성하는 과정들을 다룬다는 사실이 중요하다. 언명은 언어의 수준에서 기능하지만 그러나 아직 논리학은 아니다. 왜냐하면 언명은 사물의 진리에 다가가서 이 진리를 진술로써 구체화하기 때문이다. 이러한 과정의 '목적(telos)'은 정서를 동요케 한다거나(시학), 정치적 행위를 야기하는 것(수사학)이 아니라 사물에 대한 이해를 진술로 옮기는 것이다.

어떤 것의 진리를 명제적 진술을 표현하고자 할 때 언명은 정시의보다 고차적이고 순수한—실천적이기보다는 이론적인—작용에 속한다. 왜냐하면 언명은 유용성보다는 참과 거짓에 관심을 두기 때문이다. 그렇다면 이는 해석의 두 번째 의미 방향이라기보다는 첫 번째 의미 방향이 아닌가? 아마 그럴 수도 있을 것이다. 하지만 우리는 표현한다고 하는 것은 스타일(양식)과 관계되었고, 말한다고 하는 것은 신성한 기능이었다는 사실을 주목하지 않으면 안 된다. 왜냐하면 표현하는 것이나 말하는 것은 합리적인 것보다는 신적인 것을 천명하는 것이었기 때문이다. 이에 반해 아리스토텔레스에게 언명은 신으로부터의 메시지가 아니라 합리적 지성의 작용이다. 언명은 이미 그 자체로서 부지불식간에 설명을 하기 시작한다. 이미 사람들은 한 진술의 진리를 찾아내기 위하여 종합하고 분할하는 작용을 하고 있다. 또 이미 말하는 것은 진술로 간주되기 때문에 합리적인 요소는 그 스스로를 주장하고 있으며 진리는 정태적이고 정보전달적으로 변한다. 사물의 본질(essence)과 대응되는 것은 바로 그 사물에 대한 진술이다. 이미 진리는 '대응(correspondence)'이며 말하는 것(saying)은 '진술'이다. 왜냐하면 우리가 알지 못하는 사이에 '사건'의 진리는 원리와 진술들로 이루어진 정태적 진리로 후퇴해버렸기 때문이다.

하지만 해석의 계기가 논리적 분석의 제 과정에 선행한다는 사실을 주장한 점에서 아리스토텔레스는 옳았다. 이는 해석을 너무도 재빨리 논리적 분석의 계기에 자동적으로 고정시켜버리는 경향이 있는 근대적 사유의 오류에 대해 관심을 갖도록 해준다. 논리적 제 과정도 역시 해석이다. 하지만 이에 앞서는 보다 근본적인 '해석'이 있다는 사실을 상기해야 한다. 예를 들면 과학자는 소여된 자료를 분석하기 위하여 해석을 필요로 할 것이다. 하지만 이에 앞서는 자료에 대한 그의 관찰이 해석되어야 한다는 것도 역시 옳을 것이다. 심지어는 자료가 진술되는 순간에서도 해석은 발생한다. 이와 마찬가지로 문학비평가는 한 작품에 대한 자신의 분석을 위해서 해석을 필요로 할 뿐만 아니라 그가 작품을 보는 방식 자체도 해석되어야 한다.

그러나 해석을 위한 기초가 되는 '이해'는 이미 스스로 해석을 형성하면서 제약하고 있다. 이런 점에서 이해 자체는 예비적인 해석이 된다. 그러나 이해는 이후에 계속될 해석을 위한 발판이 된다는 점에서 일반적인 해석과는 판이하게 구별된다. 심지어 문학해석자가 시에 대하여 '이것은 시다. 나는 이러저러하게 함으로써 이 시를 이해할 것이다'라고 말할 경우에조차도, 그는 이미 자신의 과제를 해석하고 있으며 더 나아가 그 시를 보는 자신의 태도를 해석한다.[11] 그리고 그는 이미 자신의 방법으로 대상의 의미를 형성해두고 있다. 방법과 대상은 결코 분리될 수 없다. 왜냐하면 방법은 이미 우리가 보려 하는 대상을 한계짓기 때문이다. 방법은 대상 그 자체가 무엇인지를 이미 우리에게 전해준다. 바로 이런 이유로 해서 모든 방법은 이미 해석이다. 하지만 이는 여러 가지 해석 중의 하나에 불과하며, 만일 다른 방법에 의해 대상이 관찰된다면 그 대상은 다른 것이 될 것이다.

따라서 우리는 설명(explanation)을 보다 근원적인 해석—우리가 대상에 대해 눈을 돌리는 방식에서조차 일어나는 해석—의 맥락에서 보아야 한다. 분명히 설명은 객관적(대상적) 분석의 도구들(방법)

---

11 예를 들면 이것은 비극과 같은 장르 비평에 내재된 약점이다. 아이스킬로스(Aeschylus)에게 적용한 장르 비평의 탁월한 구조에 대해서는 H. D. F. Kitto,《연극의 형식과 의미 Form and Meaning in Drama》와 보다 최근의 그의 저작《포이에시스 Poiesis》를 참고하라.

에 의존하지만, 이를 위한 도구의 선택은 이미 이해의 과제에 대한 하나의 해석이다. 분석은 해석이다. 그리고 분석의 필요성을 느끼는 것도 역시 하나의 해석이다. 따라서 분석은 결코 근원적인 해석이 아니고 파생적인 형태의 해석에 불과하다. 왜냐하면 분석은 자료를 갖고 작업을 시작하기에 앞서 미리 본질적이고 근원적인 해석의 단계를 전제하기 때문이다. 이는 연구실의 과학적 분석이나 교실에서의 문학적 분석과 마찬가지로 그날그날의 사건을 해석하는 '뉴스 분석'에 대해서도 타당하다. 논리학의 파생적 성격—왜냐하면 논리학은 명제들에 의존하기 때문이다—은 아주 분명하다. 하지만 설명이나 분석의 특징적인 파생적 성격은 그렇게 분명하지는 않다. 그러나 이 또한 분명한 사실이다.

신약성서의 〈누가복음〉 24장 25절에서 27절까지를 보면 '헤르메네웨인'이란 말이 아주 흥미롭게 사용되고 있다. 지금 막 부활한 예수가 나타났다.

> 그리고 예수께서는 그들에게 말씀하셨다. '오 어리석은 자들이여, 예언자들이 이미 다 말했던 바를 진심으로 믿기를 꺼리는 자들이여! 그리스도는 세상사로 인해 고통을 받아야 하고 또 영광의 나라로 들게 되리란 것은 필연적이지 않았던가?' 그러고 나서 예수께서는 모세와 모든 예언자들에서 시작하여 성서 속에 있는 자신에 관한 모든 일들을 제자들에게 해석해주었다.

여기서 '~은 필연적이지 않았던가?'라고 해서 예수가 청중들의 이성적인 능력에 호소하고 있음을 주목하라. 그래서 예수는 원전들을 구원을 위한 자신의 고통이라는 맥락으로 봄으로써, 그리고 이러한 구원을 구약의 예언들이라는 맥락에 위치 지움으로써 원전들(성서)의 의미를 해명하고 있다. 여기서 신약이 구약을 이용하고 있다는 사실은 그 자체만으로도 아주 흥미 있는 일이지만, 우선은 신학적인 문제는 제쳐두고 방금 든 예가 설명으로서의 해석에 대해 제시해주는 바가 무엇인가를 알아보자. 그 인용은 분명히 설명의 예이다. 왜냐하면 예수는 단순히 과거의 원문들을 반복하거나 그대로 다시 주장하는 것 이상의 무언가를 하였기 때문이다. 그는 과거의 원문들을 '설명'하였으며 이러한 원문들을 통하여 자기 자신을 '설명'하였다. 여기서의 해석은 과거의 원문들의 '의미'를 해명하기 위하여 '외적인' 요인, 즉 그리스도를 끌어들이는 것을 포함한다. 오직 이러한 요인이 나타남으로써만 그 원문들은 의미 있는 것이 될 수 있다. 이와 달리 그리스도는 자신의 속죄는 원문들에 비추어서만 과거에 예언된 메시아의 역사적 실현으로서의 의미를 지닐 수 있음을 보여주는 데에도 똑같이 관심을 기울인다.

이런 것이 해석학적으로 암시하는 바는 무엇인가? 그것은 곧 의미는 맥락(context)의 문제이며 설명적 절차는 이해를 위한 터전을 만들어준다는 사실이다. 하나의 사건은 일정한 맥락 안에서만 의미를 갖는다. 게다가 자신의 죽음을 메시아에 대한 희망과 연결시키는 그리스도는 동시에 이러한 역사적 사건을 일반 청중들의 개인적인 희망 및 의도와 연결짓고 있다. 따라서 그가 갖는 의의는 개인적이면서도 역사적인 구원자로서의 의의이다. 의의(Significance, Bedeutung)란 청중 자신의 기투(企投)와 의도에 대해 그 사건이 갖는 관계이다. 왜냐하면 의의란 것은 역사 및 청중들에 대한 관계를 떠나서 예수 자신이 홀로 소유하고 있는 것이 아니기 때문이다. 우리는 대상이란 누군가에 대한 관계를 떠나서는 의의를 지닐 수 없으며 그 관계만이 의의를 규정한다고 말할 수 있을 것이다. 하나의 대상을 그것을 지각하는 주체와 분리시키려는 것은 지각과 세계에 대한 부적절한 견해에 의해 저질러지는 개념상의 오류이다. 그러나 이러한 개념에 관해서도 지각하는 주체로부터 분리되어 의미와 의의에 관해서 말하는 것이 무슨 의미가 있는가? 신학자들은 그리스도가 '우리에 대해(for us)' 지니는 측면을 즐겨 강조한다. 그러나 우리는 원칙적으로 모든 설명은 '우리에 대한' 것이며 모든 설명적 해석은 설명을 받는 사람의 의도를 가정하고 있다고 주장할 수 있다.

이를 다음과 같이 다르게 서술할 수도 있다. 우리는 설명적 해석을 통해 설명이란 맥락적이며 '지평적(horizonal)'이라는 것을 알게 된다. 설명은 이미 주어진 의미와 의도의 지평 내에서 이루어질 수밖에 없다. 해석학에서는 이처럼 가정된 이해의 영역을 선이해(preunderstanding)라고 부른다. 여기에서 사람들은 (주어진) 텍스트를 이해하기 위해서 선이해는 필연적인가라는 아주 중요한 물음을 제기할 수 있다. 예수는 청중들에게 예언적 텍스트를 이해하기 위해서 꼭 필요한 요소들을 제시해주었다. 이는 바로 필연적인 설명의 부분이었다. 그럴 경우에조차도 예수는 예언이란 무엇이며 또한 그가 청중들에게 자기 자신을 설명하기에 앞서 예언이 청중들에게 의미할 수 있는 바가 무엇인지에 관한 선이해를 미리 갖고 있어야만 했다. 그리고 다음과 같은 질문이 제기될 수도 있다. 위대한 문학작품은 어떠한 지평 위에서 성립하는가? 그리고 한 개인의 의도나 바람 혹은 전해석(preinterpretations)으로 이루어진 세계의 지평은 작품의 지평에 대해 어떤 관계를 갖는가? 이 두 지평의 융합은 모든 설명적 해석의 기본적인 요소로 간주되어야 한다.

앞서 제시된 바와 같이 가장 충실한 가능한 구어 해석을 목표로 하는 문학 해석의 형식은 결코 해석의 설명적 차원들을 거부하지 않을 것이다. 그런데 이해가 성립되는 지평의 형성은 진정으로 의사소통적인 구어 해석의 기초가 된다(구어 해석이란 우리가 하나의 텍스트를 읽을 때 그것이 가진 의미의 뉘앙스를 찾아내기 위해 행하는 모든 것들을 포함한다는 사실을 기억해야 한다. 그렇다고 해서 반드시 남들이 있는 데서나 혹은 큰 소리로 읽을 필요는 없다). 해석자가 원문에 대한 해석을 '수행'하기 위해서는 우선 그것에 대해 '이해'하고 있지 않으면 안 된다. 즉 그는 텍스트의 이해지평으로 들어가기에 앞서 주제와 상황을 선이해하고 있어야 한다. 오직 해석자가 지평의 오묘한 순환에 들어설 경우에만 해석자는 텍스트의 의미를 이해할 수 있다. 이것이 바로 신비적인 '해석학적 순환'이다. 이러한 순환이 없다면 텍스트의 의미는 나타날 수 없다. 그러나 여기에는 한 가지 모순이 들어 있다. 원문을 이해하기 위한 조건이 바로 그 원문이 무엇인가를 이해하고 있는 것이라고 한다면, 텍스트는 어떻게 이해될 수 있는가? 그 대답은 다음과 같다. 약간은 변증법적인 과정에 의하여 부분적인 이해는 보다 풍부한 이해를 위해 사용되어야 한다. 문학작품은 그 자체의 의해를 위한 맥락을 제공해준다. 왜냐하면 해석학의 근본문제는 개인의 지평이 작품의 지평과 어떻게 화합될 수 있는가 하는 문제이기 때문이다. 어떠한 의사소통이 없을지라도 주제에 대한 일정한 선이해는 반드시 필요하다. 그리고 이러한 선이해는 이해의 작용 속에서 변화되어야 한다. 이러한 맥락에서 볼 때 문학 해석에 있어서 설명적인 해석의 기능은 텍스트의 이해를 위한 '선이해'에 기초를 놓으려는 노력으로 간주될 수 있을 것이다.

지금까지 살펴본 해석의 두 가지 의미 방향(말하는 것과 설명하는 것)을 고찰하게 되면, 해석 과정 및 이 과정이 이해에 근거를 두는 방식의 복잡성이 두드러지게 나타나기 시작한다. 말하는 것으로서의 해석은 읽기(reading)의 수행적인 본성을 생각하게 한다. 하지만 문학 텍스트를 읽는 수행에 있어서조차 수행자는 이 텍스트를 미리 '이해'하고 있어야만 한다. 이는 설명을 뜻한다. 그러나 여기에서 다시 설명은 선이해에 근거를 두게 된다. 그 결과 수행자는 모든 의미 있는 설명에 선행하여 주제와 상황의 지평 속에 들어가야 한다. 그는 자신의 이해 범위 내에서 파악해야 하며 그리고 텍스트에 의해서 파악되어야 한다. 이러한 만남에 있어서의 그 위치, 그로 하여금 이해에로 인도해주는 내용과 상황에 대한 선이해, 자신의 이해지평과 텍스트를 통해 만나게 되는 이해지평과의 융합을 둘러싼 전반적인 문제 등은 해석의 역동적인 복잡성이며, '해석학적 문제'를 구성하는 주요 계기들이 된다.

위에서 살펴본 해석적 문제의 요소들에 대한 고찰은 일부 사람들이 생각하듯이 '심리주의(psychologism)'에 빠지는 것이 아니다. 왜냐하면 '심리주의'와 (이러한 심리주의를 전제로 한) 반심리주의(antipsychologism)가 의미를 갖는 전망은 처음부터 대상의 분리와 고립을 가정하고 있으며, '주관적인' 반응을 '감정'의 영역으로 격하해서 보기 때문이다. 그러나 우리가 다룬 논의는 감정을 대상으로 하는 것이 아니라 이해의 구조와 운동, 독자와 텍스트의 상호작용에서 이해가 생겨날 수 있는 조건, 모든 분석이 이미 형성된 상황에 대한 규정을 전제하는 방식 등을 대상으로 한다. 조지 거비치의 관찰—대상과 방법은 결코 분리될 수 없다—이 지닌 진리성은 이러한 고찰의 틀 내에서 보아야만 확인될 수 있다.[12] 물론 이는 리얼리즘적인 지각방식과는 거리가 먼 진리이다.

'번역하다'로서의 '헤르메네웨인'

'헤르메네웨인'의 의미에 세 번째 차원이 지니는 함축성은 앞의 두 차원 못지않게 해석학과 문학해석이론에 대해 시사하는 바가 크다. 이 세 번째 차원에서 '해석하다'는 '번역하다'를 의미한다. 텍스트의 언어가 읽는 사람의 언어와 같을 경우에는 텍스트의 세계와 독자의 세계 간에 일어나는 충돌이 크게 부각되지 않을는지도 모른다. 그러나 텍스트가 외국어일 경우에는 이 두 세계의 전망이나 지평에 있어서의 대조는 더 이상 무시될 수 없다. 하지만 앞으로 보게 될 바와 같이, 두 언어 사이에서 작업을 하는 해석자가 갖고 있는 여러 문제는 자신의 언어로만 작업을 하는 문학비평가가 지닌 문제와는 구조적으로 다르다. 그러나 이 문제들을 통해서 우리는 텍스트의 해석에 나타나는 상황을 보다 명확하게 볼 수 있다.

번역은 '이해에 이르는' 기본적인 해석 과정의 특수한 형식이다. 우리는 이러한 과정을 통하여 어색하고 낯설며 이해할 수 없는 것을

12 Georges Gurvitch, 《변증법과 사회학 Dialetique et sociologie》.

그 자신의 이해가능한 언어로 바꾸게 된다. 번역자는 헤르메스 신이 행하는 바와 마찬가지로 하나의 세계를 다른 낯선 세계와 매개해준다. 번역을 한다고 하는 것은—번역기를 통해 나온 번역의 결과를 보면 아주 잘 알 수 있는 바와 같이—단순히 원어에 대응하는 동의어 찾기의 기계적인 문제가 아니다. 왜냐하면 번역자는 두 개의 서로 다른 세계를 매개하고 있기 때문이다. 우리는 번역을 통해 언어 자체가 세계에 대한 다리를 이어주는 해석을 포함하고 있다는 사실을 인식하게 된다. 이 경우 번역자는 개개의 표현들을 번역할 경우에조차도 이 세계를 그 전제로서 감득하고 있어야 한다. 우리가 말이 우리의 세계관을 실제로 형성하는 방식을 보다 충분하게 알 수 있게 되는 것은 오직 번역에 의해서이다. 이는 세계관에 대해서뿐만 아니라 지각에 대해서도 마찬가지이다. 언어는 분명히 문화적 경험의 저장소이다. 왜냐하면 우리는 언어라고 하는 이 매개 속에서 그리고 이 매개를 통해 살아갈 뿐만 아니라, 이 언어의 눈을 통해 사물을 보기 때문이다.

성서의 번역은 번역 일반의 제 문제를 살펴볼 수 있는 본보기가 될 수 있을 것이다.[13] 성서는 시간과 공간 그리고 언어상으로 우리와 멀리 떨어진 세계, 즉 우리가 의문을 제기해야 하는 (그리고 우리에게 의문을 제기하는) 세계로부터 우리에게 온 것이다. 우리의 이해 세계의 지평은 텍스트의 이해지평과 만나 융합되어야 한다. 언어를 통해서뿐만 아니라 (2천 년의 시간적 간격을 갖는) 역사를 통해서 매개되

---

13 Eugene A. Nida, 《번역학을 위하여 : 성서 번역의 제 원리와 절차에 관한 세부적인 고찰을 중심으로 Toward a Science of Translating : With Special Reference to Principles and Procedures Involved in Bible Translating》.

고 있는 신약성서는 우리 세계의 언어, 즉 사물을 보는 우리 자신의 매개로 말해져야 한다. 우리는 현대의 세속적인 도시, 대중전달, 세계적인 대립, 대기오염, 소이탄, 원자무기, 세균전 등으로 점철된 지금의 세계와는 근본적으로 다른 맥락에서 일어난 신약의 사건들을 어떻게 이해할 수 있겠는가? 신약에 있는 문자 그대로의 행위를 따라야 하는가 아니면 오늘날 이에 상응하는 사건으로 바꾸어서 이해해야 할 것인가? 예를 들면 유진 나이더는 번역이론에 관한 그의 책에서 바울의 유명한 구절 '서로 신성한 입맞춤을 하면서 인사를 나누어라'는 말을 인용하고 있다. 입맞춤은 신약시대에는 관습적인 인사법이었던 데 반해 오늘날은 그렇지 않다. 아마도 사도 바울의 구절을 20세기적 형태로 바꾼다면 '서로 진심으로 악수를 하면서 인사를 나누어라'로 바뀌지 않겠는가?

그러나 이런 예는 신약시대의 전체적인 세계관이 현대의 '과학적인' 혹은 탈신학적인 세계관과 만나게 되는 방식이라고 하는 보다 심오한 문제와 비교해보면 사소한 문제에 지나지 않는다. 이 심오한 문제는 독일의 신학자 루돌프 불트만이 탈신화화(demythologizing)라고 하는 논쟁적인 기획을 통해 시도했던 바로 그 문제이다. 불트만은 성서의 메시지가 천상과 지상 그리고 저승의 세 차원의 우주로 이루어진 우주론적 세계관의 맥락에 놓여져 있음에 주목한다. 이런 상황에 대하여 그는 신약성서의 메시지는 그러한 우주론에 의존하고 있지 않다고 주장한다. 왜냐하면 이 우주론은 단지 개인적인 복종과 '새로운 인간'에로의 변형에 관한 메시지의 맥락일 뿐이기 때문이다. 탈신화화란 더 이상 현대인들이 믿을 수 없는 우주론적 '신화'로부터 성서의 본질적인 메시지를 분리해내려는 시도이다.

이러한 해석적 딜레마에 대한 해결책으로서 탈신화화가 갖는 신학적인 장점은 차치하고라도, 이러한 시도 자체는 다음과 같은 심오한 문제를 지적해준다. 우리는 신약성서를 어떻게 '이해'해야 하는가? 우리가 이해하고자 하는 것은 도대체 무엇인가? 신약성서를 해석하기에 앞서 우리는 신약성서의 사고와 체험의 역사적 세계 속으로 어떻게 충분히 들어갈 수 있는가? 신약성서를 '이해'할 수 있는 현대의 대응물을 찾아낸다고 하는 것이 과연 가능한가? 우리의 세계는 한 세기 안에 신약성서가 전혀 이해될 수 없을 정도로 변화될 수 있겠는가? 오늘날에도 이미 도시에 사는 젊은이들이 호머를 이해한다고 하는 것은 지극히 어려운 일이다. 왜냐하면 호머적인 삶의 내용을 이루는 단순한 구성요소들—배, 말, 쟁기, 삽, 도끼, 술 담는 가죽주머니—은 그들에게 단지 책이나 박물관에서만 종종 볼 수 있는 것들이기 때문이다. 이것은 호머가 시대가 낡았다는 뜻이 아니라 우리의 삶의 방식이 기계화되었기 때문에 그를 이해하기가 보다 힘들어졌다는 뜻이다.

탈신화화는 순전히 신학적인 문제만은 아니다. 왜냐하면 신학에 비해서는 덜 빈번하지만 여전히 위해한 고대의 작품을 이해할 때는 중요한 의의를 갖기 때문이다. 오늘날 '신이 죽음'의 신학은 실제로 탈신화화의 또다른 형태이며 고대 그리스 연극에 대한 현대적 이해의 문제를 좀 더 분명하게 해준다. 예를 들면 옛날의 형이상학적 신은 죽었고 인간들 사이에서 새로운 신은 아직 탄생하지 않고 있다면, 소포클레스 연극의 의미를 우리는 어떻게 느낄 수 있는가? 그리스의 연극은 죽은 신을 위한 기념물인가? 아니면 비평가 랠레이가 《실낙원 Paradise Lost》에 관하여 말한 바와 같이 '죽은 관념들을 위한 기념물'인가? 그리스 연극은 어떻게 현대의 언어로 번역될 수 있는가? 혹은 고대의 언어는 어떻게 이해되어야 하는가? 어떻게 해서 고대의 작품은 오류투성이의 단순한 희극이 아닐 수 있는가? 내가 생각하기에 지금까지 고전 문학의 교수들이 실제로 행한 바는 그들이 영원한 인간적 의의에 기초하여 한 작품의 중요성을 주장할 때에 조차도 사실은 탈신화화의 작업이다.

이러한 경우에 있어서도 이 '인간적 의의'는 현대적으로 (즉 해석의 설명적 차원으로) 해석되어야 하며, 이렇게 해석되기 위해서는 우리는 한 사실이 어떻게 해서 의의를 갖게 되는가에 관하여 좀 더 분명히 알아야만 한다. 이러저러한 형상들(images)에 대한 설명이나 작품의 '형식'에 초점을 맞추는, 혹은 한 작품의 내부나 작품들 간의 관계를 주제적으로 분석하는 문학 해석의 접근 방법은 실제로 '의의(significance)'의 문제를 간과하고 있다. 작품을 지각하는 주체로부터 무비판적으로 분리된 대상으로 간주하는 문학의 접근 방법은 한 작품의 인간적 의의를 구성하는 것이 무엇인가의 문제를 회피한다. 그러나 미국의 문학비평은 어느 날 아침 갑자기 각성하여 자신의 근본적인 난점—즉 미국의 문학비평은 지금까지 위대한 작품이 어떻게 해서 해석을 통하여 인간적인 중요성을 갖게 되는가의 문제를 다루지 않았기 때문에, 형상이나 형식 혹은 주제에 대한 정교한 분석은 영어권의 교사들에게 초점이 없는 구태의연한 작업에 불과하다는 사실—을 발견하게 될 것이다. 만일 신과 마찬가지로 '작품도 죽은 것'이라면 그들의 작품 분석도 초점을 상실해버릴 것이다. 왜냐하면 작품의 해석자들은 작품에 계속 생명력을 불어넣어 인간적인 의의를 지속케 하기보다는 작품의 구조와 자율적인 기능을 인식하는 데 더 큰 관심을 쏟을 것이기 때문이다. 문학도 생물처럼 독자와의 관계가 결여되면 죽을 수 있다. 신학 해석과 문학 해석은 오늘날에도 인간적인 의의를 계속 지닐 수도 있고 아니면 무가치해 질 수도 있다.

문학을 가르치는 교사들은 '분석'보다는 '번역'의 전문가가 될 필요가 있다. 왜냐하면 그들의 과제는 의미상으로 어색하고 이상하며 불분명한 것을 의미 있는 것으로 바꾸어서 '우리의 언어로 말하는 것'이기 때문이다. 이는 단순히 고전 작품이나 초서의 작품에 20세기 영어로 '양념을 치는 것'을 의미하는 것이 아니다. 오히려 이는 서로 상이한 지평들 간의 충돌로 인해서 생겨나는 문제를 정확히 인식하고, 이리하여 이 문제를 다루기 위한 첫 걸음을 내딛는 것을 의미한다. 다시 말해서 문학 교사의 과제는 결코 분석적인 게임에 몰두하는 것이 아니다. 시에 함축되어 있거나 혹은 시에 의해 전제되어 있는 세계관—그래서 이 세계관은 이를 이해함으로써 함께 이해된다—은 구시대의 역사적 비평의 오류로 취급되어서는 안 된다.

예를 들면 《오디세이아 Odysseia》를 이해하기 위한 근본적인 전제조건은 처음부터 다음과 같은 사실을 명심해두는 것이다. 자연적 사물들은 모두 살아 있기 때문에 각자의 의도를 갖고 있다. 우주란 우리가 볼 수 있는 땅과 물로 이루어진 물체이다. 모든 자연적 과정은 초자연적인 존재 의지의 산물이다. 신들은 인간의 모든 결점들을 간직하고 있는 초인적인 지배자들이면서도 동시에 그리스적인 영웅의 명예를 존중하는 태도를 고양시켜서 생겨난 존재자들이다. 오로지 우리는 이처럼 비현실적으로 보이는 세계 속으로 들어감으로써만 끊임없는 술책들을 지닌 이들 인간들에게 초점을 맞출 수 있다.

예를 들면 여기에는 죽음에 직면하면서도 대담하게 모험을 감행하는 영웅들도 있고, 자신을 수호하는 여신 아테나를 속일 수 있을 정도로 이야기를 잘 하는 이야기꾼들도 있으며, 끝없이 지식을 추구하면서도 만족을 모르는 탐구자 오디세우스도 있다. 에리히 아우에르바하의 텍스트 분석의 천재성(예를 들면 '오디세우스의 상처'를 다룬 부분을 보라)은 이야기가 전개되는 방식에 대한 그의 성실한 반응뿐만 아니라, '현실의 저변에 놓여 있는 근본적 의미야말로 이해를 위한 단서라고 하는 데 대한 자각에서 비롯된다.'[14] 그래서 작품에 나타난 현실의 의미와 세계-내-존재의 존재방식이야말로 '탁월한' 문학 해석의 핵심이며 인간적 의의를 파악할 수 있는 작품 읽기의 기초이다. 한 작품에서의 형이상학(실재에 대한 정의)과 존재론(세계-내-존재의 성격에 관한 이론)은 의미 있는 이해를 가능하게 해주는 해석에서 근본적인 것이다.

그래서 우리는 번역을 통해서 우리 자신의 이해세계와 작품의 이해세계 간의 만남을 좀 더 분명하게 의식하게 된다. 언어의 장벽은 이 두 이해 세계 간의 간격을 보다 알기 쉽게 드러내주기 때문에, 이 두 이해 세계는 문자화된 작품을 참된 '대화'에서, 특히 지리적으로 서로 떨어져 있는 대화자들 간의 대화에서 우리는 언어로 해석하는 가운데 나타나게 된다. 영국 문학에 있어서는 100년만 지나도 언어가 상당히 달라지기 때문에, 워즈워스, 포프, 밀턴, 셰익스피어, 초서 등을 해석할 경우에, 우리는 서로 대조적인 역사적 언어적 세계와 만나게 된다. 특히 영국을 방문한 적이 없는 미국인들에게 이러

---

14 〈오디세우스의 상처(Odysseus' Scar)〉, 《미메시스 Mimesis》, pp. 1~20.

한 차이는 더욱 심하게 나타난다.

역사적인 상상력과 '번역'을 위해서는 워즈워스가 살던 영국의 세계—산업화되었음에도 불구하고 여전히 본질적으로는 시골풍이 남아 있었다—를 마음속으로 잘 그려보아야 한다. 단테의 이탈리아를 이해하고, 또《신곡 La Divina Commedia》을 이해하기 위하여 그 세계에 파고드는 것은 단순히 언어적인 번역의 문제만은 아니다. 물론 언어가 우리에게 전달해주는 것은 많다. 그러나 그것은 역사적인 번역의 문제이다. 심지어는 이를 영어로 옮긴 가장 탁월한 번역에 있어서도 인간적 실존에 대한 서로 다른 이해지평이 만남으로 인해 생겨난 이해의 문제는 여전히 남아 있다. 탈신화화는 성서의 해석에 의하여 이러한 문제를 인식한 결과이다. 하지만 앞서 보다시피 원칙적으로 탈신화화는 모든 역사적인 문헌이나 문학적인 텍스트들을 읽을 때에도 일어나는 것임에 틀림없다. 심지어는 탈신화화가 텍스트로부터 그것의 극적인 직접성을 박탈하려 하지 않을 경우에도 사정은 마찬가지다. 간단히 말해서 언어 자체에 함축된 그리하여 문학작품에서의 언어 사용에 함축된 세계관에 대한 상술은 기존의 문학해석에 대한 근본적인 도전이다.

현대의 해석학은 번역 및 번역이론 속에서 '해석학적 문제'를 탐구할 수 있는 커다란 보고를 발견한다. 실제로 초창기의 해석학은—그것이 고전에 대한 문헌학적 해석학이건 아니면 성서의 해석학이건 간에—항상 언어의 번역을 포함하고 있었다. 번역이라고 하는 현상은 바로 해석학의 심장부이다. 왜냐하면 우리는 이 번역에서 해석학의 기본적인 상황—예를 들면 텍스트의 의미를 결합해야 하는 것, 고대의 원문을 해독하기 위하여 문법적, 역사적 혹은 기타의 도구들을 사용하는 것 등이다—과 만나게 되기 때문이다. 하지만 앞에서 보았던 것처럼 이 도구들은 다만 언어로 된 텍스트들, 심지어는 우리 자신의 언어와 직면했을 때 생겨나는 요인들을 명백하게 정식화시킨 것에 지나지 않는다.

'헤르메네웨인'과 '헤르메네이아'의 기원에 대한 이 논의 및 고대에서 사용된 이것들의 의미의 용법에 관한 세 방향에서의 고찰은 해석학적 문제 일반의 맥락에서 이루어졌다. 그래서 지금까지의 논의는 앞으로의 장들에서 다루게 될 해석학의 몇 가지 기본적인 문제들과 개념들에 대한 서론의 역할을 할 수 있을 것이다. 해석학에 대한 오늘날의 여러 정의들은 '해석학'이란 영어 단어의 그리스적인 뿌리가 지니고 있던 여러 풍부한 의미들 중에서 어느 한 측면만을 강조함으로써 생겨난 결과이다. 해석학의 분야는 말하는 것, 설명하는 것, 번역하는 것으로서의 해석의 세 가지 의미 방향이 갖는 의의를 계속해서 상기함으로써 큰 도움을 얻을 수 있을 것이다.

3. 해석학에 대한 여섯 개의 근대적 정의

해석학이라는 분야는 근대에 이르러 계속 발전되어온 결과 적어도 6가지의 아주 상이한 방식들로 정의되어왔다. 원래 해석학(hermeneutics)이란 말은 해석의 이론(science of interpretation), 특히 적절한 텍스트 주석의 제 원리란 뜻을 함축하였었다. 그런데 해석학의 분야는 (대략 연대순에 따르면) 다음과 같이 6가지로 나뉠 수 있다. 1) 성서주석의 이론, 2) 일반적인 문헌학적 방법론, 3) 모든 언어 이해에 관한 학문, 4) '정신과학'의 방법론적 기초, 5) 실존과 실존론적 이해의 현상학, 6) 신화나 상징의 배후에 있는 의미에 도달하기 위하여 사용되는 회상적이고 우상파괴적인 해석의 체계들.

이들 각각의 정의들은 단순한 역사적 단계 이상이다. 각각은 해석의 중요한 '계기' 혹은 문제에 대한 접근 방법을 지적하고 있다. 이것들은 각각 성서적·문헌학적·학문적·'정신과학적(geisteswissenschaftliche)'·실존론적·문화적 해석학이라고 불릴 수 있을 것이다.[1] 각각

1 이들 6개의 형용사(성서적, 문헌학적, 과학적, 정신과학적, 실존론적, 문화적)는 사실 좀 부정확하고 불만스럽다. 나는 다만 6개의 서로 다른 접근 방법들 간의 다양성을 표시하시 위하여 매우 경향적으로 그리고 잠정적으로 이것들을 사용할 뿐이다. '성서적' 해석학만 하더라도 그 내부에 여러 가지 방향들을 갖고 있다. 18세기에만도 성서해석학에는 문법학파, 역사학파, 경건학파 및 기타 갖가지 학파들이 존재했었으며, 현

은 본질적으로 해석학을 보는 입장을 나타낸다. 그래서 각각은 해석, 특히 텍스트 해석의 행위가 지닌 서로 다르긴 하지만 정당한 측면들을 중점적으로 조명한다. 해석학의 내용 자체는 이러한 입장의 변화에 따라 새로이 형성되는 경향이 있다. 이들 6가지 계기들에 대한 윤곽을 파악하게 되면 이 점은 밝혀질 것이며, 또한 이러한 파악은 해석학의 정의에 대한 기본적인 역사 입문에 도움이 될 것이다.

성서 주석의 이론으로서의 해석학

'해석학'이란 단어에 대해서 가장 오래 되었으면서 아마 아직까지도 가장 폭넓게 이해되고 있는 것은 성서 해석의 제 원리를 지칭하는 것일 것이다. 이러한 정의는 역사적으로 정당화될 수 있다. 왜냐하면 이 단어는 근대에 와서 성서에 대한 적절한 주석(exegesis)의 규칙들을 설명하기 위한 필요성으로 인하여 사용되기 시작했기 때문이다. 지금까지 남아 있는 기록에 의거해서 볼 때 책의 제목으로 이 단어가 최초로 사용된 경우는 1654년 J. C. 단하우어에 의해 출

재에도 이러한 상황은 지속되고 있다. '문헌학적' 해석학도 18세기에 복잡한 발전을 이루었다. '과학적'이라는 말은 사실 슐라이어마허에게 사용되기에는 적합지 못한 말이다. 다만 그 말을 통해 나는 보편적이고 체계적인 기초 위에 해석학을 세우려 했던 그의 시도를 표현할 뿐이다. '정신과학적'이란 말도 딜타이의 기획을 지시하지만, 딜타이가 강조했던 역사성을 표시하기에는 충분치 못하다. '실존론적'이란 말은 하이데거와 가다머 양자의 해석학 개념을 나타내기 위해 사용된 말이다. 끝으로 '문화적'이란 말은 상징들의 해석에 전념해야 할 보다 적절한 철학을 위해 해석학이 기여할 수 있는 바를 밝힌 리쾨르의 풍부한 업적을 나타내기에는 너무나도 부족하다. 또한 법률적 해석학은 생략되었다.

판된 《성서 주석의 방법으로서의 성서해석학 Hermeneutica sacra sive methodus exponendarum sacrarum litterarum》이다.[2] 이 책의 제목만 보더라도 우리는 해석학이 해석의 방법론으로서의 주석과 구별되고 있음을 간파할 수 있다. 실제적인 주석과 이를 지배하는 규칙, 방법 혹은 이론(해석학) 사이의 구별은 처음부터 이루어지고 있었으며, 또한 이러한 구별은 신학이건 아니면—그 후 정의가 보다 확대되어 나온—비성서적 문헌이건 간에 해석학의 정의에서 기본적인 것으로 남아 있다.

단하우어의 책이 세상에 나온 이후, 이 용어는 점점 빈번하게 사용되어왔으며 특히 독일에서는 더욱 심하였다. 독일의 프로테스탄트 계파에서는 성서의 주석에서 목사들에게 도움을 줄 수 있는 해석의 수칙들을 아주 강렬하게 필요로 하였다. 왜냐하면 목사들은 해석의 제 문제를 해결해줄 수 있는 가톨릭 교회의 권위와 같은 것을 결여하고 있었기 때문이다. 그래서 성서 해석을 위한 생동적이고 독립적인 기준들을 발전시켜야 할 강력한 추진력이 생겨났다. 그래서 1720년에서 1820년 사이에는 거의 매년 개신교의 목사들에게 도움을 주기 위한 새로운 해석학적 수칙들이 계속 나왔다.[3]

영국에서 그리고 조금 후에는 미국에서 '해석학'이란 단어의 사용은 특히 성서 주석을 지칭하는 일반적 경향을 따랐다. 《옥스퍼드 영어사전 Oxford English Dictionary》에 최초로 이 단어가 기록된 것은 1737년이었다. '이미 알고 있는 정당하고 올바른 '해석학'의 규칙들

---

2 Ebeling, 〈해석학(Hermeneutik)〉, 《RGG》, III, p. 243.

3 앞의 책, p. 242 ; Heinrici, 〈해석학(Hermeneutik)〉, 《RPTK》, VII, p. 719 ; E. Dobschütz, 〈해석 Interpretation〉, 《ERE》, VII, pp. 390~395.

에 입각해서는 결코 허용될 수 없는 제멋대로의 방식으로 성서를 다루는 것'.[4] 약 1세기 후에 롱펠로는 《히페리온 Hyperion》의 〈베르나르두스 형제〉에서 '성서해석학에 관한 나의 논문들과 위대한 작품들'[5]에 관하여 이야기하고 있다.

'해석학'이란 단어의 용법이 영어에서 확대되어 비성서적인 텍스트들도 지칭하게 되었을 때, 텍스트들이란 그것들의 숨겨진 의미를 추출해내기 위해서는 특수한 방법들을 필요로 할 만큼 불분명한 것이라는 사실에 사람들은 주목하게 된다. 예를 들면 '해석학적 시가(詩歌)에 대한 훈련'이라고 하는 언급은 그와 같은 해석을 나타내준다(W. 테일러, 1807).[6] 이는 '심오하고 은폐된 의미를 밝히는 해석학적 방법'과 마찬가지이다(이는 로이스의 《역사적 규준 Historical Canon》(1884)을 번역한 D. 헌터에서 나타난다).[7] 그리고 에드워드 버네트 타일러의 《원시 문화 Primitive Culture》(1871)에서 주장된 '어떠한 전설이나 비유 그리고 동요도 철저한 신화학 이론가의 해석학으로부터 면제될 수 없다'[8]는 말도 그와 마찬가지이다. 그러므로 '해석학'이란 말은 영어의 용법에서 비성서적인 해석도 지칭할 수 있지만, 그러나 이러한 경우에서 텍스트는 일반적으로 불명료하고 상징적이기 때문에 그것의 숨겨진 의미를 찾아내기 위해서는 특수한 유형의 해석을 필요로 한다. 영어에서 보다 일반적인 정의는 성서 주

---

4 V, p. 243.

5 Henry Wadsworth Longfellow, 《산문선집 Prose Works》, II, p. 309. 《히페리온 Hyperion》은 롱펠로가 보존하고자 했던 두 개의 산문소설 중의 하나이다.

6 《OED》, V, p. 243.

7 앞의 책.

8 《원시 문화 Primitive Culture》 I, p. 319.

석의 이론이라는 차원에 머물러 있어왔다.

'해석학'이란 용어 자체는 단지 17세기부터 사용되어온 것이지만, 실질적인 내용에서 원문 주석의 기능과 해석의 제반 이론—그것이 종교적 해석이건 문학적 해석이건 아니면 법률적 해석이건 간에—은 고대에까지 거슬러 올라갈 수 있다. 그래서 일단 이 용어가 주석의 이론을 지칭하는 것으로 받아들여지게 되면, 이것이 포괄하는 분야는 성서 주석에서도 구약성서의 시대에까지 소급될 수 있다. 왜냐하면 이 시대에도 모세의 율법을 올바르게 해석하기 위한 규준들이 있었기 때문이다.[9] 예수가 유대인들에게 성서의 예언에 입각하여 스스로를 해석한 데서도 알 수 있는 바와 같이 구약성서와 신약성서 간에는 중요한 해석학적 관계가 존재한다. 신약성서의 연구자들은 복음서(특히 〈요한복음〉)[10]와 바울의 서간들에서 예수가 청중들에게 일정한 이해의 체계에 따라 스스로를 '해석'하고 있음을 간파할 수 있을 것이다. 이미 '신학'은 시작되고 있다. 왜냐하면 어떠한 의미에서는 성서의 메시지에 대한 역사적 해석으로서의 신학 자체는 해석학이기 때문이다. 성서해석학의 역사를 시대순에 따라 대표적인 것들만 열거해보면 다음과 같다. 초대 교회, 교부들, 성서에 대한 중세의 4중적인 해석, 신비적이고 교리적이며 인간주의적인 해석

9 위에서 인용된 에벨링의 탁월한 논문은 성서해석학의 발전을 7단계의 역사적 시기로 구분하고 있다 : 기독교 이전, 원시 기독교, 교부시대, 중세, 종교개혁과 정교, 근대, 현대. 또한 그는 각 시기에 대한 풍부한 성서 자료를 제시하고 있다.

10 Frederick W. Herzog, 〈제4 복음서에 있어서 역사적-존재론적 해석학(Historico-Ontological Hermeneutic in the Fourth Gospel)〉, 《신에 대한 이해 Understanding God》, pp. 65~88.

체계들에 대한 루터의 투쟁, 18세기에 이루어진 비판적-역사적 방법의 성립과 이 시기에 성서 해석의 재정립에 기여한 복잡한 여러 세력들, 슐라이어마허의 기여, 해석과 관련한 종교사학파, 1920년대에 이루어진 변증법적 신학의 성립, 마지막으로 현대 신학의 '신해석학'. 이에 대한 상세한 역사는 여기서 다룰 수 없다. 다만 두 가지 점을 주목해야 할 것이다. 하나는 성서해석학의 경우에 비추어 볼 때 해석학의 본성은 무엇인가 하는 문제이고, 다른 하나는 해석학의 전망에 관한 문제이다.

설사 세부적인 사항으로 들어가지 않더라도 개별적인 메시지들이 해석될 수 있는 지평의 역할을 하는 해석의 '체계'에 의존하고 있는 성서해석학의 일반적인 경향에 주목해보는 것도 흥미 있는 일이다. 심지어는 개신교의 해석학에서조차도 지도적인 안내자가 될 수 있는 '해석학적 원리'를 찾으려는 시도가 있다.[11] 텍스트는 그 자체로 해석되지 않는다. 실로 이것은 실현불가능한 이상일는지 모른다. 예를 들면, 계몽주의 시대의 성서 원문은 위대한 도덕적 진리들이 담겨 있는 그릇이었다. 그런데 이러한 진리들이 성서에서 발견될 수 있는 이유는 해석의 원리가 그 진리들을 찾아내기에 적합하도록 만들어져 있기 때문이었다. 이런 의미에서 해석학은 원문의 '숨겨진' 의미를 찾기 위한 해석자가 지닌 체계이다.

다음 문제는 해석학의 전망에 관한 것이다. 설사 우리가 구약성서의 시대에서부터 지금에까지 이르는 모든 주석의 이론에 대해 성서해석학이 지닌 정당성을 그대로 부여한다고 하더라도, 해석학이 명

---

11 〈신학 주석의 해석학적 원리(Das hermeneutische Prinzip der theologischen Exegese)〉, 《FH》, pp. 111~118.

백한 이론화—실제로 표현된 주석의 규칙들—및 실제적인 해석 과정에서 드러나는 암묵적인 주석의 이론 양자를 모두 포함하는지의 여부에 관한 문제는 여전히 남는다. 예를 들면 신학자 게르하르트 에벨링은 '루터의 해석학'을 연구한 적이 있다.[12] 그렇다면 우리는 여기에서 성서 해석이라는 주제에 관한 루터 자신의 진술들에만 관심을 갖는가 아니면 그의 설교나 그 밖의 저서들에서 드러나는 주석의 실제에 대해서도 함께 관심을 갖는가? 에벨링의 연구는 이 양자를 포함하고 있다. 이는 성서해석학의 전망을 엄청나게 넓혀놓았으며, 그 결과 성서해석학의 역사를 저술하는 과제는 해석학적 문제를 다루고 있는 상대적으로 적은 양의 자료들만을 고찰하는 차원에서 고대로부터 현재에 이르기까지 성서에 관한 모든 주요한 주석서에 함축되어 있는 해석의 체계들까지 고찰해야 하는 차원으로 확대된다.[13] 그래서 이러한 역사는 본질적으로 신학의 역사가 된다.[14]

이처럼 해석학에 대한 보다 넓은 전망(즉 암묵적인 해석과 명백한 해석 양자의 체계로서의 해석학)을 성서적 문헌과 비성서적 문헌 양자

---

12 《루터 교파의 복음 해석 : 루터의 해석학에 대한 연구 Evangelische Evangelienauslegung : Eine Untersuchung zu Luthers Hermeneutik》.

13 성서해석학을 역사적으로 상세하게 다룬 훌륭한 책들은 아주 많다. E. C. Blackman, 《성서 해석 Biblical Interpretation》; Frederic W. Farrar, 《해석의 역사 History of Interpretation》; Robert M. Grant, 《성서 해석의 약사 A Short History of the Interpretation of the Bible》; Stephen Neill, 《신약성서의 해석 The Interpretation of the New Testament : 1861~1961》; B. Smalley, 《중세의 성서 연구 The Study of the Bible of the Middle Ages》; James D. Wood, 《성서의 해석 The Interpretation of the Bible》, 독일어로 된 것 중에서는 Lothar Steiger의 최근 저작 《교리문제로서의 해석학 Die Hermeneutik als dogmatisches Problem》을 추천한다. 그 이유는 이 책은 슐라이어마허 이후의 신학적 해석학을 잘 다루고 있기 때문이다.

14 Gerhard Ebeling, 《성서 해석의 역사로서의 교회사 Kirchengeschichte als Geschichte der Auslegung der Heiligen Schrift》.

에 응용하여 해석학을 정의하게 되면, 비성서적 해석학의 범위는 역사적으로 거의 다룰 수 없을 정도로 광대해진다. 예를 들면, 이런 식으로 정의된 해석학의 역사를 쓰겠다는 생각을 과연 누가 할 수 있겠는가? 서구 사상의 텍스트(그것이 법률적이건 문학적이건 종교적이건 관계없이)에 대한 모든 주석에 함축되어 있는 해석 체계가—이는 동양적인 체계도 역시 마찬가지가 아니겠는가?—포함되어야 할 것이다. 에밀리오 베티는 두 권으로 된 자신의 걸작[15]을 통해 오늘날 해석을 이해하는 입장에 따라 달라지는 다양한 해석의 분야들을 취급하는 데 있어서 중요한 기여를 했다. 하지만 이처럼 방대한 노력도 사실은 위에서 말한 '해석학의 역사'에 포함될 수 있는 것들에 비추어 보면 단지 자그마한 파편에 불과하다.

우리는 여기에서 한층 더 나아가 다음과 같은 질문을 제기할 수 있다. 과연 해석학의 완전한 역사나 수많은 상이한 해석이론들의 내적인 종합이 실제로 오늘날의 해석학적 문제에 대한 적절한 대응책이 될 수 있겠는가? 이 두 가지 시도는 모두 과거나 현재에 이미 이루어진 것을 지칭하고 있다. 이러한 것은 다만 해석학적 문제를 보존하고 공고히 하는 노력일 수는 있다. 하지만 우리에게 필요한 것은 해석학의 역사나 학문적이 종합보다도 아직은 존재하지 않는 전망들을 찾아내어 이를 발전시키는 일이다. 물론 역사를 쓰는 일이나 종합하는 일도 필요하지만 이들 못지않게 시급한 것은 해석학이라고 하는 현상에 대한 보다 깊은 이해이며, 이러한 이해는 인식론이

---

15 《TGI》는 저자 자신에 의해 독일어로 번역되었으며, 《AAMG》에는 3분의 1로 축약되었다. 또한 Joachim Wach의 이 분야에 대한 기여라 할 수 있는 《V》를 보라. 이 책은 19세기 해석학에 관한 3권의 역사이다.

나 존재론 모두에서 철학적으로 적절한 것이다. 특수한 전문 분야로서의 해석 이론의 역사는 해석에 대한 보다 깊은 이해를 위해 지속적으로 중요하며, 또한 해석학의 전문적인 여러 접근 방법들의 종합도 마찬가지다. 그러나 그것들은 필요조건은 될 수 있을지언정 충분조건은 될 수 없다.

문헌학의 방법론으로서의 해석학

18세기에서 합리주의의 발전 및 이에 따른 고전 문헌학의 융성은 성서해석학에 심대한 영향을 주었다. 신학에서는 역사적-비판적 방법이 생겨났다.[16] 성서 해석의 '문법'학파와 '역사'학파 양자는 성서에 적용하는 해석의 방법들이 다른 책들에도 그대로 적용될 수 있다는 데 대하여 모두 동의했다. 예를 들면, 에르네스티는 1761년의 해석학 수치에서 '성서의 언어적 의미는 우리가 다른 책에서 하는 것과 꼭같은 방식으로 결정되어야 한다'고 주장했다.[17] 합리주의가 융성함에 따라 해석자들은 편견들을 극복해야 할 의무감을 느꼈다. 스피노자에 따르면, '성서 주석의 규범이 될 수 있는 것은 오직 모두에

---

16 Hans-Joachim Kraus, 《종교개혁에서 현재에 이르기까지의 구약성서에 대한 역사적-비판적 탐구의 역사 Geschichte der historisch-kritischen Erforschung der Alten Testaments von der Reformation bis zur Gegenwart》, 특히 제3장 pp. 70~102를 보라.

17 F. W. Farrar, 《해석학의 역사 History of Interpretation》, p. 402에는 Johann August Ernesti, 《IINT》가 인용되어 있다. 에르네스티의 글은 이미 19세기 초에 영어로 두 가지나 번역이 되었다(문헌 목록을 보라).

게 공통된 이성의 빛밖에 없다.'[18] 그리고 렛싱은 '역사의 우연적인 진리들은 결코 이성의 필연적인 진리들을 위한 증거가 될 수 없다'고 말했다.[19] 그래서 해석에 대한 이러한 도전에 의하여 성서는 계몽된 합리적 인간①과 중요한 관계를 맺게 되었다.

성서해석학에 관한 자신의 저서에서 쿠르트 프뢰르가 정확하게 간파하였다시피 이러한 도전은 '성서의 진술들을 지성화시키는' 결과를 초래했다.[20] 역사의 우연적인 진리는 '이성의 진리'에 비해 열등한 것으로 간주되었기 때문에 성서해석자들은 성서가 시간과 역사를 초월해 있다고 주장했다. 그래서 성서는 인간이 자신의 이성을 사용하여 인식하지 않는 한 어떠한 참된 것도 인간에게 말해주지 않는다. 성서는 시간에 앞서 있는 합리적이고 도덕적인 진리이다. 따라서 주석의 과제는 자연적 이성의 도구들을 사용하여 원문 속으로 깊이 파고드는 것이며, 이렇게 해서 신약성서의 저자들이 의도했던—그러나 서로 다른 역사적 시기에 있어서 은폐되어 있는—위대한 도덕적 진리들을 찾아내는 것이다. 그들의 주장에 따르면, 무엇보다 필요한 것은 작품 배후에 있는 '정신(Geist)'을 파악할 수 있고

---

18 《신학정치 논고 Tractatus theologico-poloticus》의 제7장. 에벨링의 〈해석학〉, 《RGG》, III, p. 245에 인용되어 있음.

19 《정신과 힘의 입증에 관하여 Über den Beweis des Geistes und der Kraft》(1777) : '우연적인 역사적 사실들은 결코 필연적인 이성의 진리에 대한 증거가 될 수 없다.' 이것은 Kurt Frör, 《성서해석학 : 설교와 수업에 있어서 성서의 해석 Biblische Hermeneutik : Zur Schriftauslegung in Predigt und Unterricht》, p. 26. Henry Chadwick이 편집한 《레싱의 신학논집 Lessing's Theological Writings》에 있는 논문 〈정신과 힘의 입증에 관하여(On the Proof of the Spirit and of Power)〉의 pp. 51~56을 보라.

① 계몽된 합리적 인간이란 바로 계몽주의적 인간형을 지칭한다.

20 앞의 책.

또 이 정신을 계몽된 이성이 접근할 수 있는 용어로 번역할 수 있는 발전된 역사적 이성이었다. 우리는 이를 '탈신비화'—비록 20세기에서의 이 용어는 신약성서의 신비적 요소들을 단순히 말살시키는 것이 아니라 현대적인 맥락으로 해석해내는 것을 의미하기는 하지만—의 계몽주의적 형태라고 불러도 좋을 것이다. '도덕적 진리'에 대한 계몽주의의 신앙—이는 오늘날의 눈으로 보면 성서의 메시지를 왜곡시킨 것에 지나지 않는다—에도 불구하고, 해석학과 성서의 연구 일반에 미친 영향은 유일한 것이었다. 성서 해석은 문법적 분석의 기술을 상당히 세련된 수준까지 발전시켰으며,[21] 해석자들은 성서에 나오는 서술들의 역사적 맥락에 대해서 충분히 알고 있는 사람 이상이었다. 예를 들면, J. S. 제믈러는 해석자는 '우리 스스로가 요구하는 것 이상으로 변화하는 시간과 서로 다른 환경에 있는 다른 사람들이 행하는 방식으로 지금 (성서의) 이 주제들에 관하여 말할 수 있어야 한다'[22]고 주장했다. 해석자의 진정한 과제는 역사적인 것이 되었다.

이러한 발전과 함께 성서해석학의 방법들은 본질적으로 세속적인 해석이론—즉 고전의 문헌학과 같은 것이 되었다. 그리고 적어도 계몽주의로부터 지금에 이르기까지 성서의 연구 방법은 문헌학과 불가분하게 관련되어 있었다. 그래서 '성서해석학'이라고 하는 말은 단순히 성서 주석의 이론으로서의 '해석학'이란 차원을 넘어섰다.

---

21 Ernesti, 《IINT》는 탁월한 예이다.

22 H. J. Kraus의 앞의 책, pp. 93~130에 있는 제믈러에 관하여 보라. 제믈러의 주장에 따르면 성서의 의미는 '역사적 이해자가 성서를 마치 다른 환경과 변화된 시대를 탐구하듯이 다루게 될 수 있을 때에만' 보존된다.

따라서 원래의 '해석학'은 정의상으로 문헌학의 방법론과 떼려야 뗄 수 없는 관계였다. 앞으로 우리는 슐라이어마허와 같은 시대의 두 명의 위대한 문헌학자 프리드리히 아우구스트 볼프와 프리드리히 아스트를 다루어봄으로써 19세기 초의 문헌학의 내용을 좀 더 상세하게 밝혀볼 것이다. 다만 여기서 지적하고 싶은 점은 엄격하게 성서적인 것이었던 해석학의 개념이 점차적으로 문헌학적 주석의 일반적인 규칙들로서의 해석학으로 바뀌어갔으며, 그 결과 성서는 이러한 규칙들의 가능한 여러 대상들 중에 하나로 되어버렸다는 사실이다.

언어 이해의 학문으로서의 해석학

슐라이어마허는 해석학을 이해의 '학문' 혹은 '기술'로 재정립하였다. 앞으로 나올 장에서 그를 충분히 다루게 될 것이므로 여기서는 다만 이러한 해석학 개념이 문헌학의 입장에 대한 철저한 비판을 담고 있다는 점을 주목해둘 필요가 있다. 왜냐하면 슐라이어마허가 말하는 해석학은 규칙들의 결집체로서의 해석학(문헌학적 해석학)이라는 차원을 넘어서서, 해석학을 체계화시켜 모든 대화에서 이루어지는 이해를 위한 조건들을 기술하는 학문으로 만들려는 시도이기 때문이다. 이렇게 해서 얻어지는 해석학은 단순히 문헌학적인 해석학이 아니라 '보편적 해석학(allgemeine Hermeneutik)'이다. 이러한 해석학의 원리는 모든 종류의 텍스트 해석을 위한 기초로 사용될 수 있다.

이 보편적 해석학의 개념은 비전문적인 '해석학'의 출발을 알리는 것이기 때문에 지금의 논의에서 대단히 중요하다. 해석학은 이제야 처음으로 이해 자체에 대한 연구로 규정된다. 아마도 우리는 이런 의미의 해석학도 역사적으로는 성서주석학과 고전의 문헌학으로부터 나온 것이라고 말할 수 있을 것이다.

'정신과학'을 위한 방법론적 기초로서의 해석학

빌헬름 딜타이는 슐라이어마허의 전기 작가였으며, 또한 19세기의 위대한 철학사상가들 중의 한 사람이었다. 그는 해석학에서 모든 '정신과학(Geisteswissenschaften)'[②]의 기초가 될 수 있는 핵심 분야를 간파하였다. 여기서 '정신과학'이란 인간의 예술과 행위 그리고 저작에 대한 이해에 초점을 맞추는 모든 분야를 총칭하는 말이다.

인간적 삶(Life, Leben)[③]의 위대한 표현—그것이 법률이건 문학작품이건 성서건 간에—을 해석한다고 하는 것은 역사적 이해를 요구한다. 딜타이에 따르면 이러한 역사적 이해는 자연적 세계를 파악

---

② '정신과학(Geisteswissenschaften)'이란 용어는 헤겔의 정신(Geist)의 철학을 계승한 것으로 오늘날의 인문과학과 사회과학을 모두 포함한다. 이는 독일어로 항상 복수형으로 사용되는 것을 통해 암묵적으로 알 수 있다. 딜타이는 대상 영역에 따라 '자연과학'과 '정신과학'으로 나누었는데, 신칸트주의의 H. 리케르트는 대상 영역이 아니라 탐구의 방법에 따라 법칙정립적인 '자연과학'과 개성기술적인 '문화과학'으로 구분하였다.

③ 삶(Leben)은 딜타이의 철학에서 핵심 개념이다. 그래서 그의 해석학에서 나오는 체험, 표현, 이해는 좀 더 구체적으로 말하면 항상 삶의 체험, 삶의 표현, 삶의 이해이다. 그의 '삶을 삶 자체에 의해서 이해한다'는 명제는 자신의 삶의 철학(Lebensphilosophie)을 가장 잘 특징짓는다.

하는 계량적이고 과학적인 방식과는 근본적으로 구별되는 작용이다. 왜냐하면 역사적 이해에서 문제가 되는 것은 인간이란 어떤 존재를 의미하는가에 대한 인격적인 앎이기 때문이다. 딜타이는 칸트의《순수이성비판》이 자연과학에 대하여 행한 바와 같은 것을 역사적 이해에도 할 수 있는 또 다른 이성 '비판'이 필요하다고 믿었다. 이것을 그는 '역사이성비판(critique of historical reason)'이라고 불렀다.④

딜타이는 자신의 사고의 초기 단계에서는 그의 비판을 변형된 심리학에 근거를 두려고 시도하였다. 그러나 심리학은 역사적인 분야가 아니기 때문에 그의 노력은 애초부터 진척을 보지 못했다. 그 후 딜타이는 해석학—해석에 초점을 두는 분야, 특히 항상 역사적인 대상이나 텍스트에 대한 해석에 몰두하는 분야—이야말로 정신과학을 위한 매우 인간주의적인 방법론을 정식화시키려는 자신의 노력에 대해 보다 인간적이고 역사적인 기초를 제공해준다는 사실을 발견하였다.

'현존재'와 실존론적 이해의 현상학으로서의 해석학

존재론적 문제와 씨름하고 있던 마르틴 하이데거는 그의 스승 에드문트 후설의 현상학적 방법에 의거하여 인간의 세계 내의 일상적 존재에 대한 현상학적 연구를 수행하였다. 이 연구《존재와 시간

---

④ 그래서 딜타이는 칸트가 자연과학의 가능조건의 탐구를 순수이성비판을 통해 수행한 바와 마찬가지로 정신과학의 가능조건의 탐구를 역사이성비판을 통해 수행함으로써 선험철학적 과제를 계승하였다.

Sein und Zeit》(1927)은 이제 그의 대표작으로 인정되고 있으며 또한 그의 사상을 올바르게 이해하기 위한 열쇠이다. 그는《존재와 시간》에서 행해진 분석을 '현존재의 해석학(hermeneutic of Dasein)'이라고 불렀다.

이런 의미에서의 '해석학'은 텍스트 해석의 과학이나 규칙들을 말하는 것이 아니고 '정신과학'을 위한 방법론을 지칭하는 것도 아니며, 인간적 실존 자체에 대한 그의 현상학적 개진을 말하는 것이다. 하이데거의 분석에 따르면 '이해'와 '해석'은 인간 존재의 근본 양태이다. 그래서 하이데거의 '현존재의 해석학'은—특히 그것이 이해의 존재론인 한에 있어서—특수한 해석학이 아니라 보편적인 해석학임이 입증된다. 왜냐하면 그의 탐구는 방법뿐만 아니라 내용에서도 해석학적이기 때문이다.《존재와 시간》에서 하이데거가 행한 해석학과 해석학적인 것의 심화는 해석학의 발전과 그 정의에서 새로운 전환점을 표시해준다. 그로 인하여 해석학은 이해의 존재론적 차원들과 관계를 맺게 되었으며 (그 결과) 동시에 해석학은 하이데거 특유의 현상학과 동일시되게 되었다.

하이데거의 노선을 따르는 한스 게오르크 가다머는 해석학에 대한 하이데거의 기여(《존재와 시간》뿐만 아니라 그 밖의 여러 저작들에서)가 갖는 갖가지 함축성들을 '철학적 해석학'에 관한 체계적 저작(《진리와 방법 Wahrheit und Methode》, 1960)으로 발전시켰다. 가다머는 슐라이어마허로부터 딜타이를 거쳐 하이데거에 이르는 해석학의 발전을 아주 상세하게 추적하고 있다. 이는 하이데거의 혁명적인 기여를 포괄하여 반영하고 있는 해석학에 대한 최초의 역사적 설명이다. 그러나《진리와 방법》은 단순히 해석학의 역사에 그치는 것이 아니라 해석학을 미학 및 역사적 이해의 철학과 연결시키려는 노력이다. 이 책은 딜타이 식의 낡은 해석학에 대한 하이데거의 비판을 아주 세련화시킨 것이며, 또한 텍스트를 통해 전승된 전통과 변증법적으로 상호작용하는 '역사의식'이란 개념을 사용하는 점에서 하이데거의 해석학적 사유뿐만 아니라 헤겔의 사유도 반영하고 있다.

해석학은 가다머의 논란의 여지가 많은 주장—'이해될 수 있는 존재는 언어이다'—과 함께 '언어적' 국면으로 나아간다. 해석학이란 언어를 통한 존재와의 만남이다. 궁극적으로 가다머는 인간적 현실 자체의 언어적 성격을 주장하면서, 해석학은 존재, 이해, 역사, 실존 그리고 현실 등에 대한 언어의 관계라고 하는 철학적인 문제를 해결하려는 것이라고 말한다. 해석학은 오늘날의 철학적 문제들 중에서 중심부를 이루고 있다. 왜냐하면 이해 자체가 인식론적이고 존재론적인 문제로 규정되면 해석학은 인식론이나 존재론의 문제들을 다루지 않을 수 없기 때문이다.

해석의 체계로서의 해석학 : 의미의 재발견 대 우상파괴

폴 리쾨르는 《해석론 De l'interprétation》(1965)에서 해석학의 독자적이고 중심적인 요소로서의 텍스트 주석에 초점을 두는 해석학의 정의를 채택하고 있다. '우리가 해석학이라고 할 때 이는 주석, 즉 텍스트로 간주될 수 있는 기호들의 집합체에 대한 해석을 지배하는 규칙들의 이론을 의미한다.'[23] 정신분석학, 특히 꿈의 해석은 아주 분명한 해석학의 한 형태이다. 왜냐하면 해석학적 상황의 온갖 요소들이 여기에서 나타나기 때문이다. 다시 말하면, 꿈은 상징적 형상들로 가득 차 있는 텍스트이며 정신분석학은 해석 체계를 통하여 숨겨진 의미를 드러내는 주석행위를 하기 때문이다. 해석학은 해독(解讀)의 과정이며, 이런 과정을 통하여 우리는 드러난 내용과 의미로부터 잠재된 혹은 숨겨진 의미로 나아간다. 해석의 대상, 즉 넓은 의미에서의 텍스트는 꿈에서 나타난 상징들일 수도 있고 혹은 사회나 문학의 신화들과 상징일 수도 있다.

리쾨르는 일의적인(분명한) 상징과 다의적인(모호한) 상징을 서로 구별한다. 전자는 기호논리학에서의 상징(혹은 기호)처럼 단 하나의 의미만을 지닌 기호이며, 반면에 후자는 해석학의 진정한 핵심적 대상이 된다. 왜냐하면 해석학은 다양한 의미를 갖는 상징적 텍스트와 관계하기 때문이다. 그리고 이 다양한 의미는 의미론적 통일성을 구성하며, 이러한 통일성은 아주 일관된 표면적 의미와 함께 보다 심오한 의의를 갖는다. 해석학은 이미 드러나 있는 내용을 통해 보다 심오한 의의를 밝혀내는 체계이다.

그런데 꿈이나 실언(失言)에서 숨겨진 의미를 찾아내는 기능은 사실상 표면적인(혹은 드러난) 의미에 대한 불신을 보여줄 뿐이다. 우리로 하여금 우리 자신에 대한 의식적인 이해에 대해 불신하도록 한 것은 프로이트의 큰 공적이다. 그래서 우리는 궁극적으로 우리의 신

---

23 그래서, 언어의 방대한 범주 내에서 정신분석학의 영역이 분명히 드러난다. 동시에 상징의 영역과 이중적 의미의 영역 그리고 설명하는 다양한 방법이 서로 대치되는 영역이다. 정신분석학보다는 더욱 방대하고 그 경계에 지평으로 사용되는 총체적 언어의 이론보다는 협소한 이런 경계를 우리는 이제 '해석학 분야'라고 부를 것이다. 주석에(즉 텍스트로 간주되기에 적합한 총합적 의미의 또는 단순한 텍스트에) 관계되는 법칙의 이론을 해석학에 의해서 우리는 항상 기대하게 될 것이다.

화와 환상에 대해 의문을 품게 되었다. 프로이트가 《환상의 미래 The Future of an Illusion》에서 보려주려고 시도한 것처럼 우리의 종교적 신앙들조차도 실제로는 유치한 환상에 불과하다. 따라서 프로이트적인 해석학은 우상파괴적인 기능을 한다. 그래서 리쾨르는 현대의 해석학을 두 가지 서로 다른 군(群)으로 나누어볼 것을 제안한다. 하나는 불트만의 탈신화화에 의해 대표되는 입장으로서 상징에 숨겨져 있는 의미를 재발견하는 것을 주된 과제로 한다. 다른 하나는 거짓된 현실에 대한 표상으로서의 상징을 파괴하려고 시도한다. 이 후자의 해석학은 '탈신비화(demystification)'라고 하는 합리적인 노력을 통해 가면과 환상을 무자비하게 파괴한다. 리쾨르는 후자의 해석학의 대표적인 사례로서 세 명의 위대한 탈신비가를 든다. 이들은 마르크스와 니체 그리고 프로이트이다. 이들 세 명은 모두 표면적인 현실을 허위로 해석하고서 이러한 현실을 제거하는 사상 체계를 발전시켰다. 이들 세 명은 모두 종교를 단호하게 거부한다. 왜냐하면 이들 모두에게 진정한 사고는 '회의'와 의심을 통해 이루어지는 것이기 때문이다. 그들은 현실과 자신의 신념 그리고 동기에 대한 경건한 확신을 그 근거에서부터 붕괴시켰다. 그러고 나서 그들은 관점을 변화시킬 것을 요구하며, 우리 세계의 드러난 내용을 해석할 수 있는 새로운 체계—즉 새로운 해석학—를 주창하였다.

리쾨르의 주장에 따르면, 오늘날 상징을 해석하는 데는 이처럼 두 가지 대립적인 접근 방법이 있기 때문에 주석을 위한 보편적인 규준은 성립될 수 없으며 다만 해석의 규칙들에 관한 서로 분리되고 상충하는 이론들만이 있을 뿐이다.[24] 탈신화론자들은 상징이나 텍스트를 신성한 현실에 이르는 창문으로 취급한다. 이에 반하여 탈신비가들은 동일한 상징(다시 말하면, 성서적 텍스트)을 파괴되어야 할 거짓된 현실로 간주한다.

프로이트에 대한 리쾨르 자신의 접근 방법은 전자의 해석 유형을 극명하게 드러내준다. 왜냐하면 그는 현재의 역사적 순간에 입각해서 프로이트의 의의를 새롭게 재발견하고 해석해내기 때문이다. 리쾨르는 자신의 반성철학(reflective philosophy) 속에서 회의의 합리적 성격과 회상적 해석의 신앙적 성격을 포괄하자고 시도한다. 이 철학은 추상화에 빠지거나 단순한 회의만을 일삼지 않으며, 신화와 상징에 대해 해석학적인 도전을 수행하면서 언어와 상징 그리고 신화 등의 배후에 있는 실재를 반성적으로 주제화하는 철학이다. 오늘날의 철학은 이미 언어에 초점을 맞추고 있다. 그래서 어떤 의미에서는 현대의 철학은 이미 하나의 해석학이며, 철학에 대한 도전은 이제 현대의 철학에 창조적인 해석학적 성격을 부여하는 일과 동일시된다.

---

24 앞의 책, p. 35.

4. 해석학에 관한 현대의 논쟁 : 베티 대 가다머

지금까지 논의한 해석학에 대한 상호관련적이고 종종 중복되기까지 하는 6개의 정의는 시대적으로 1654년부터 현재에까지 걸친 것이다. 이 여섯 가지의 해석학은 지금까지도 현대의 해석학적 사고의 스펙트럼에서 다양하게 나타나고 있다. 그러나 현재에도 뚜렷한 양극화 현상은 존재한다. 하나는 슐라이어마허와 딜타이를 따르는 전통으로서 이 전통에 따르면 해석학이란 해석의 근저에 놓여 있는 방법론적 원리들을 일반적으로 모아놓은 결집체이다. 또 하나는 하이데거적인 전통인데 그는 해석학을 모든 이해의 성격과 필수적인 조건들에 대한 철학적인 해명이라고 간주한다.

오늘날 이 두 개의 기본적인 입장을 대표하는 가장 탁월한 인물은 해석의 이론을 저술한 에밀리오 베티[1]와 앞으로 이 책에서 간략히 언급될 《진리와 방법》의 저자 한스 게오르크 가다머이다. 딜타이의 전통에 서 있는 베티는 인간 경험의 갖가지 '대상화'가 어떻게 해석될 수 있는가에 관한 일반이론을 정립하고자 한다. 그래서 그는 해석 대상의 자율성 및 타당한 해석을 할 때 역사적 '객관성'의 가능성을

---

1 《TGI》와 《AAMG》.

강력히 주장한다. 이와 달리 하이데거를 따르는 가다머는 이해 자체가 무엇인가라는 보다 철학적인 문제에 관심을 쏟는다. 그래서 그는 이해는 하나의 역사적 행위이며 그렇기 때문에 항상 현재와 관련을 맺게 된다는 사실을 강조한다. 그의 주장에 의할 것 같으면 '객관적으로 타당한 해석' 운운하는 것은 아주 소박한 태도이다. 왜냐하면 그렇게 하기 위해서는 역사 밖의 어떤 입장으로부터 무언가를 이해하는 것이 가능하다는 사실을 전제해야 하기 때문이다.

탈신화화에 몰두하는 신학자들—루돌프 불트만 및 신해석학의 두 지도자인 게르하르트 에벨링과 에른스트 푹스—은 기본적으로 하이데거적이며 현상학적인 접근 방법을 취하는 가다머와 같은 입장으로 분류될 수 있을 것이다. 가다머와 신해석학의 이러한 관계는 아주 분명하며 상호적이다. 예를 들면 가다머는 자신의 책[2]에서 에벨링과 푹스를 긍정적으로 인용하고 있으며, 이들 두 사람은 자신의 학생들에게 가다머의 책을 주의 깊게 연구하도록 권하고 있다.[3] 또한 월프하트 판넨버그와 같은 신해석학에 대한 신학적-철학적인 비평가는 명확하게 신해석학을 가다머의 입장과 연결 지었다.[4]

베티는 1962년 자신의 작은 책자 《정신과학의 일반적인 방법론으로서의 해석학 Die Hermeneutik als allgemeine Methodik der

---

2 《WM》, p. 313.

3 에베링 교수는 이 책이 출간된 직후 취리히 대학에서 이 책에 관한 세미나를 행하였다. 절차상의 관례들은 지켜졌다. 이는 가다머에 대한 에벨링의 관계를 평가할 때 매우 중요한 사실이 될 수 있을 것이다.

4 이에 대해서는 〈해석학과 보편사(Hermeneutics and Universal History)〉, 《HH》, pp. 122~152를 보라. 이는 원래 《ZThK》, LX(1963) pp. 90~121에 실려 있다.

Geisteswissenschaften》에서 불트만과 에벨링 그리고 가다머를 역사적 객관성의 적이라 하여 비판한 바가 있으며, E. D. 히어쉬는 이를 계승하여 가다머의 해석이론에 관한 자신의 논문에서 이러한 비판을 반복하면서 더욱 강화한 적이 있다.[5]

물론 공격하는 쪽은 누구이고 방어하는 쪽은 누구이며 누가 이러한 공격을 처음으로 시작했는가 하는 문제는 논란의 여지가 있다. 얼핏 보면 베티와 히어쉬가 하이데거적인 해석학과 신해석학을 공격하는 듯이 보일 것이다.[6] 하지만 사실 그들은 방어적인 태도를 취하고 있다. 왜냐하면 그들은 '객관성'에로 돌아갈 것을 요구하기 때문이다. 다시 말하면 그들은 역사의 연구는 역사가 스스로 자신의 현재적인 입장을 떠나야 한다는 명제를 다시 인정해야 한다고 주장하기 때문이다. 그래서 그들의 주장에 의하면 해석학이란 객관적 해석을 위한 제 원리를 제공하는 기능을 해야 한다. 이에 대하여 가다머는 자신이 관심을 두는 것은 존재에 대한 기술①, 즉 모든 이해작용이라고 말한다. 그 이유는 그는 존재론을 말하는 것이지 방법론을 말하는 것은 아니기 때문이다.[7]

---

5 《HAMG》; 그리고 Hirsch, 〈가다머의 해석이론(Gadamer's Theory of Interpretation)〉, 《RM》, XVIII(1965), pp. 488~507. 《VII》, pp. 245~264에서 다시 수록되어 있다.

6 Betti는 《HAMG》에서 Bultmann, Ebeling, Gadamer 등과 논쟁하였다. 그리고 Hirsch는 가다머의 《진리와 방법》을 신학 내의 '신해석학'의 '대작'이라고 지칭하고 있다.

① 현상학적인 의미의 記述이다.

7 《HAMG》, 51n에 있는 베티에게 보내는 편지를 보라. 이 편지는 그 후에 가다머의 논문 〈해석학과 역사주의 Hermeneutik und Historismus〉, 《PhR》, IX(1961), pp. 248~249에 인용되었다. 요점은 특히 《WM》의 2판 서문에서 더욱 명료하게 부각되었다. 또한 《NH》, p. 76에서 이 편지가 지닌 중요한 의의를 논급한 Robinson의 글을 보라. 그

문제는 가다머의 존재론이 객관적인 역사적 인식의 가능성을 문제 삼고 있다는 사실에서 비롯된다. 베티의 입장에서 보면 하이데거와 가다머는 해석학을 아무런 기준도 없는 상대성의 혼란 속에 집어넣고자 하는 파괴적인 비판가들이다. 그래서 역사적 인식의 순수성 자체가 비판을 받고 있기 때문에 베티의 입장에서는 이를 강력히 옹호해야만 했다.

불트만과 에벨링 그리고 가다머의 해석학에 대한 베티와 히어쉬의 다양한 비판을 제대로 이해하기 위해서는 불트만과 그의 두 제자 게르하르트 에벨링과 에른스트 푹스의 해석학을 아주 간략하나마 개관해볼 필요가 있다.

불트만, 에벨링, 푹스에 있어서의 해석학

루돌프 불트만은 금세기에 가장 훌륭한 개신교 신학자 중의 한 사람으로 유명하다. 비록 그의 명성은 '탈신화화'라고 하는 논쟁적인 기도와 관련하여 자자하지만 위대한 신약성서 연구가로서의 그의 평판은 이미 1941년 그의 유명한 평론《예수 그리스도와 신화학 Jesus Christ and Mythology》[8]이 출판되기 전에 나 있었다. 그러나 신

리고 Gadamer와 Betti의 비교를 위해서는 Niels Thulstrup, 〈과거의 해석학과 현재의 해석학에 관한 고찰(An Observation Concerning Past and Present Hermeneutics)〉,《OL》, XXII(1967) pp. 24~44를 보라.

8 불트만의 주요 저작은 대부분 영역되어 있다.《공관복음서 전통의 역사 The History of the Synoptic Tradition》(1921);《예수와 말씀 Jesus and the Word》(1926);《신약성서의 신학 Theology of the New Testament》, I(1941), II(1951). 또한 두 개의

학에서 실존주의적 측면을 강조하는 그의 기본 노선은 일찍이 1926년부터 그의 《예수 Jesus》[9]에서 분명하게 드러났으며, 그 이후에도 이러한 노선은 계속되었다. 이러한 실존주의적 강조는 그 자체가 이미 20세기의 사람들에게 신약성서를 해석해야 한다는 해석학적 문제에 대해 보다 의미 있게 직면하려는 노력이다.

'탈신화화(Demythologizing)'는 아마도 적절치 못한 용어 선택일 것이다. 왜냐하면 이는 원래의 신약성서가 참되지 못한(즉 신비적인) 것으로 간주될 수 있을 뿐만 아니라, 그것이 전해주는 메시지가 신이 없는 세계관에 적합하도록 변형되어야 한다는 식으로 암시할 가능성이 있기 때문이다. 이런 가능성은 신비적 요소들을 무의미하다고 하여 척결할 것을 주장하면서 가장 믿을 만한 요소들만으로 이루어진 축소된 성서를 제시하는 탁월한 신학자에게 너무나 쉽게 수용되고 있다. 하지만 이는 옳지 못한 태도이다. 오히려 이와 반대로 탈신화화는 신약성서에서의 신비적인 요소들을 척결해야 할 것을 주장하는 것이 아니라 그러한 요소들 속에 들어 있는 본래적이고 구원적인 의미를 강조하는 개념이다. 탈신화화란 개념은 복음을 현대적인 사고방식에 적응시키려는 노력이 아닐 뿐만 아니라 현대적인 사고방식에 내재된 천박한 직역주의(literalism)를 거부한다. 또한 이 개념은 언어를 신과 인간이 근본적으로 새로운(비그리스적이고 비자연주의적이며 비현대적인) 자기 이해의 가능성에서 만나도록 해주는

논문선집도 번역되어 있다. 《철학과 신학 Essays : Philosophical and Theological》; 《실존과 신앙 Existence and Faith》. 이 둘 다 Schubert M. Ogden에 의해 번역되고 편집되었다. (괄호 안에 있는 연도는 번역된 해가 아니라 독일어 원판이 출간된 해이다.)

9 특히 pp. 11~19를 잘 읽어보라. 〈서론 : 관점과 방법(Introduction : Viewpoint and Method)〉.

매개체로서가 아니라 단순한 정보로서 간주하려는 문외한 심지어는 천박한 신학자들의 경향도 거부한다. 탈신화화는 프로이트와 니체 그리고 마르크스 식의 합리주의적인 탈신비화(demystification)와 우상파괴를 위한 도구가 아니다(이때 탈신화화와 탈신비화의 구별은 앞에서 리쾨르가 행한 구분에 따른 것이다). 이 탈신화화한 개념은 신비적인 상징을 척결하고 파괴하는 것이 아니라 이러한 상징을 신성한 것에 이르는 창문으로 간주하는 것을 말한다. 상징을 해석한다고 하는 것은 그것의 본래적이고 진정한 그러나 지금은 숨겨져 있는 의미를 회상해내는 일을 말한다.

불트만의 탈신화화를 강조하게 되면 인간의 자기 이해는 분명하게 바뀌게 된다. 실존론적 자기 이해에 있어서 불트만은 하이데거에게 큰 빚을 지고 있다. 불트만은 1920년대 중반에 마르부르크 대학에서 하이데거와 아주 가까운 친교를 갖고 있었다. 이 당시는 하이데거가 《존재와 시간》을 준비하고 있던 시기이기도 했다. 하이데거가 불트만에게 미친 영향은 너무나 유명한 것이어서 종종 지나치게 과장되기도 한다. 하지만 하이데거의 개념들과 불트만의 개념들을 조목조목 대비하려는 시도(이러한 시도는 존 마쿼리에 의해 이루어진 바가 있다)[10]는 불트만이 진 빚 때문만이 아니라 하이데거의 존재론적 모델이 지닌 잠재적인 종교적 성격에서도 비롯되지만, 그럼에도 불구하고 해석학적 문제에 관한 한 불트만의 사고에 미친 하이데거의 영향이 결정적이었다고 말하는 것은 아주 정당하다. 이는 바로 '탈신화화'에 그대로 반영되어 있다. 왜냐하면 이 개념은 본질적으

10 《실존주의적 신학 : 하이데거와 불트만의 비교 An Existentialist Theology : A Comparison of Heidegger and Bultmann》.

로 실존론적 해석을 위한 해석학적 기투(企投)②이기 때문이다.

예를 들어 미래지향적이면서 역사적으로 실존하고 있는 존재자라고 하는 불트만의 인간 개념은 《존재와 시간》에서 서술된 인간관과는 매우 밀접하게 연결될 뿐만 아니라, 불트만의 신학이 하이데거를 따르고 있다는 사실을 보여주는 다른 특수한 측면들이 적어도 세 가지는 있다. 1) 객관적으로 사실로서 해석되어 단순한 정보로 사용된 언어와, 인격적인 의의 및 강제력을 지닌 언어 사이의 구별이 있다. 이는 진술(특히 논리학)의 파생적 성격에 관한 하이데거적 개념[11]과 상응한다. 2) 신(존재)은 말씀으로서 그리고 언어로서 인간과 만난다고 하는 사상이 있다. 이는 인간에게 스스로를 드러내는 존재(Sein)의 언어적 성격에 대한 하이데거의 점증적인 강조와 대응된다. 3) 또한 여러 말들 중에서 말씀으로서의 '케리그마'는 실존론적 자기 이해에 관한 것이라고 하는 사상이다. 불트만의 말에 따르면 신약성서는 새로운(본래적인) 자기 이해를 향해 스스로 나아간다. 왜냐하면 신약성서를 선포하는 기능은 현대인에게서 이러한 새로운 자기 이해를 일깨우는 것이기 때문이다. 따라서 신약성서의 말씀은 하이데거가 《존재와 시간》에서 언급한 바 있는 양심의 호소를 구체화시킨 것과 같은 것이다.[12]

새로운 자기 이해를 촉구하는 것은 분명히 현재의 세계 속에서 사람들의 존재방식을 부정하는 모욕이다. 그러나 불트만이 의도하는 바는 신약성서의 '추문'을 제기하는 것이 아니라 이러한 추문의 정

② 이 개념에 대해서는 하이데거에 관한 장을 참고하라.

11 《SZ》, 제33절.

12 앞의 책, 제60절.

확한 위치를 설정해주는 것이다. 다시 말해서 신화를 문자 그대로 순진하게 긍정하여 현저하게 잘못된 우주론적 정조를 믿는다거나 하는 것이 아니라, 철저한 복종, 은총에 대한 개방성 그리고 신앙의 자유를 요청하는 것이다. 특히 불트만에게 해석학적 문제에 대한 논급은 해석학이란 항상 역사적으로 전승된 텍스트에 대한 주석에 의해 정의되고 있다는 사실을 보여준다. 불트만이 아무리 하이데거에게 큰 빚을 지고 있다 하더라도, 그는 여전히 해석학을 이해이론 자체로서보다는 주석을 이끌어야 하는 철학으로 간주한다. 그는 자신의 논문 〈해석학의 문제(The Problem of Hermeneutics)〉(1950)에서 완전한 탐구—비판적-역사적 방법—의 자유를 주장하는 자유주의 개신교를 다시 긍정하면서, 성서도 여타의 다른 책에 적용되는 것과 동일한 이해의 제 조건 및 문헌학적 원리와 역사적 원리에 따라야 한다고 주장한다.[13] 그래서 '해석학적 문제'는 비록 언제나 주석과 연관되어 있지만 독자적으로 신학에만 고유한 것이 아니라 모든 텍스트 해석 일반—법률 문헌이나 역사적 작품, 문학 혹은 성서 등—에 적용되는 것으로 간주된다.

물론 문제의 핵심은 여전히 텍스트에 관한 이해를 구성하는 것이 무엇인가를 규정하는 일이다. 불트만에게 해석학적 물음은 항상 '전통에 의해 전수된 역사적 자료들을 어떻게 이해할 것인가?'에 관한 것이며, 이 물음은 다시 '역사적 인식의 성격은 무엇인가?'의 문제

13 '성서 해석은 이해의 제 조건이라기보다는 여타의 다른 문헌 해석과 같다'《G&V》, II, p. 231. 이 논문은 원래 〈해석학의 문제(Das Problem der Hermeneutik)〉, 《ZThK》, XLVII(1950) pp. 47~69로 나왔다가, 뒤에 《철학과 신학》, pp. 234~261에 번역되었다.

에 의존하고 있다.[14] 그의 기퍼드 강연(1955)의 후반부는 바로 이 문제에 바쳐졌으며, 여기에서 행한 분석은 그 후에 예외적으로 베티에 의해 수용되었다.[15]

불트만은 역사나 역사적 문헌에 대한 모든 해석은 일정한 관심(interest)에 의해 인도되고 있으며, 이러한 관심은 다시 그 주제에 대한 일정한 예비적인 이해(선이해, Vorverständnis)에 근거를 두고 있다고 지적한다. 해석학적 '문제'는 바로 이 관심과 선이해로부터 형성된다. 이러한 관심과 선이해가 없이는 어떠한 문제도 생겨날 수 없으며 따라서 어떠한 해석도 있을 수 없다. 따라서 모든 해석은 해석자의 '선이해(preunderstanding)'[16]에 의해 인도된다. 이해에 대한 이러한 분석도 역시 하이데거가 《존재와 시간》에서 해석의 전제조건으로서 제시한 선취(Vorhabe), 선견(Vorsicht), 선파악(Vorgriff) 등과 분명하게 연결된다.[17] 이를 역사에 적용해보면, 이것이 의미하는 바는 역사가란 항상 일정한 관점을 선택적으로 갖고 있으며, 이리하여 그는 이러한 관점으로부터 생겨난 문제들에 대해서 폭로되는 역사 과정의 측면에 대해서만 원칙적으로 열려져 있다는 것이다. 역사가가 아무리 자신의 주제를 객관적으로 추구한다고 하더라도 그는 결코 자신의 선이해로부터 벗어날 수 없다. '하나의 관점을 선택하게

---

14 《HE》, p. 110.

15 《HAMG》, pp. 19~36을 보라.

16 《HE》, p. 113. '반드시 피해야 할 이 애매모호한 말'에 대한 베티의 비판을 보라. 《HAMG》, pp. 20~21.

17 《SZ》, 제32절. '선취(Vorhabe)', '선견(Vorsicht)', '선파악(Vorgriff)'은 말 그대로 '미리 가짐(prior having)', '미리 봄(prior view)', '미리 생각함(prior conception)'으로 번역될 수 있다.

되면 이미 내가 역사와의 실존적인 만남(existential encounter with history)이라고 불렀던 것이 작용한다. 역사는 역사가가 역사 속에 들어가 역사에 참여할 경우에만 의미를 획득한다.'[18] 그러고 나서 불트만은 '역사적 사건들은 역사가의 정신 속에서 재생되어야 하며, 이렇게 그 사건들이 주관적인 한에 있어서만 역사가에게 객관적일 수 있고 또 알려질 수도 있다'고 한 R. G. 콜링우드의 말을 인용한다.[19] 불트만에 따르면 의미한 미래에 대한 해석자의 관계로부터만 생겨나는 것이기 때문에 객관적—무입장적—의미에 관하여 언급하는 것은 불가능해질 것이다. 그리고 우리는 더 이상 역사의 종말과 목표를 알고자 하지 않기 때문에 '(전체로서의) 역사에서 의미의 문제는 무의미한 것이 되어버렸다.'[20]

본질적으로 '하이젠베르크의 원리'나 보다 근본적인 형태의 장(場) 이론이 여기에서 작용하고 있는 듯이 보인다. 즉 관찰되고 있는 대상은 관찰되는 조건에 의해서조차도 이미 미묘하게 변형된다는 원리가 여기에서 작용하고 있는 것이다. 역사가는 자신이 관찰하고 있는 바로 그 장(field)의 한 부분이다. 역사 인식 자체가 하나의 역사적 사건이다. 왜냐하면 역사학의 주체와 대상은 서로 독립적으로 존재하는 것이 아니기 때문이다.[21] 불트만에 따르면 이는 기독교 신앙에 대해 많은 함축성을 갖는다. 그 이유는 특히 기독교도는 종말론적 계기를 통해 역사를 초월하고, 또한 새로운 미래와 함께 역사

---

18 《HE》, p. 119.

19 R. G. Collingwood, 《역사의 이념 The Idea of History》, p. 218.

20 《HE》, p. 120.

21 앞의 책, p. 133.

속에 다시 참여함으로써 역사에 대해 새로운 의미를 갖기 때문이다. 여기에서 우리는 불트만이 역사의 의미에 관한 신학적인(종말론적인) 접근을 사용하기 위하여 콜링우드를 넘어설 수 있는 방책을 종말론에서 찾고 있다는 사실을 주목해야 할 것이다.[22] 그러나 불트만의 중심 사상은 분명하다(그리고 바로 이 사상이 베티와 논란이 된 부분이다). 역사의 객관적인 의미에 관해서는 아무런 말도 행해질 수 없다. 왜냐하면 역사란 역사가 자신의 주관성을 통하지 않고서는 결코 인식될 수 없기 때문이다.

게르하르트 에벨링과 에른스트 푹스는 해석학적 문제를 자신들의 사고의 중심에 위치 지을 때 불트만을 따른다. 그들도 불트만처럼 현대적인 실재관과 신약성서의 실재관을 명확하게 구분하려고 노력한다. 그리고 또 그들은 언어에서의 직역주의를 비판하면서 말씀의 고유한 힘을 회복시키려는 불트만의 시도를 계승한다. 또 그들은 불트만을 따라서 신약성서의 사실적인 성격보다는 그것의 의미에 더 초점을 맞춘다. 그래서 그들은 해석자는 항상 자신이 해석하는 역사 속에 처해 있으며 역사의 의미는 미래에 대한 해석자 자신의 이해와 관련하여 결정된다는 사실을 강조한다.

이들이 불트만에 비해서 좀 더 심화된 면이 있다면 그것은 이들이 역사, 언어, 탈신화화에 대한 불트만의 여러 가정들을 보다 철저하게 해석하여 심화시켰다는 점이다. 불트만의 해석학이 인간의 실존적 자기 이해에 초점을 맞추고서 이것이 의미하는 바를 선포된 말씀에 비추어 분석하고자 하였다면, 에벨링과 푹스는 언어 자체 및 실

---

22 앞의 책, p. 136.

재에 대한 언어의 관계에 더욱 큰 관심을 두었다. 이런 전망에서의 해석학적 문제는 단순히 선포된 말씀을 실존적 자기 이해에 의하여 실재에 적응시키는 문제가 아니다. 오히려 그것은 언어의 문제, 즉 '행해진 말(언어 사건)은 어떻게 이해되는가'[23] 하는 문제이다. 에벨링은 자신의 논문 〈하나님의 말씀과 해석학(Word of God and Hermeneutics)〉에서 다음과 같이 주장한다. '실존은 말을 통한 실존이며 또한 말 속에서의 실존이다. ……실존주의적 해석은 언어 사건과 관련된 텍스트의 해석을 의미한다.'[24]

에벨링과 푹스 둘 다 언어 사건(word event)을 자신들의 신학적 사유의 중심에 두었다. 그래서 그들의 신학에는 '언어 사건의 신학' 이라는 딱지가 붙었다. 그들의 주장에 따르면 해석학은 언어 사건에서 출발한다. 에벨링은 '해석학의 대상은 언어 사건 그 자체이다'라고 말한다.[25] 그러나 해석학은 의역에 의하여 성서의 말씀 중에서 결여된 부분을 보충하는 것이 아니라 말 자체의 '해석학적 기능'(이해를 하도록 해주는 기능)을 원활하게 하는 것이다. 말 자체는 개방적인 것이며 이해를 매개한다. '이해의 영역에서 근원적인 현상은 언어에 〈대한〉 이해가 아니라 언어를 〈통한〉 이해이다.'[26] 이러한 신학의 언어적 성격은 다음과 같이 다시 강조되기도 한다. '그러므로 이해이론으로서의 해석학은 말에 관한 이론이어야 한다.'[27] 푹스는 이러한 문제의식을 이어받아 자신의 저서 《해석학 Hermeneutik》을 다음과

---

23 《WF》, p. 313.

24 앞의 책, p. 331.

25 앞의 책. p. 319.

26 앞의 책, p. 318. 《HAMG》, p. 36에서 인용되어 있음.

27 《WF》, p. 319.

같이 시작한다. '신학의 영역에서의 해석학이란 신앙의 언어론이다.'[28]

해석학을 정의하고자 하는 저자의 입장에서 볼 때 이러한 접근 방법에는 두 가지 흥미 있는 문제가 들어 있다. 첫째는 말의 '해석학적 기능'에 주목함으로써 해석의 의미는 보다 근원적으로 이해의 직접적인 매개라는 뜻을 지니게 되어 해석학의 목표는 이해에 이르는 데 놓여 있는 '방해물들을 제거'하는 것이 된다는 사실이다.[29] 이는 해석학의 목적이 지닌 유익한 측면이다. 물론 그렇다고 해서 이것이 우리가 가장 직접적인 매개행위에서조차 해석 체계들을 의식적으로건 무의식적으로건 사용할 수밖에 없다는 사실을 바꾸어놓지는 못한다. 두 번째는 역사주의(historicism)와 관련된다. '실재의 언어성'을 주장하면서 언어 사건에 초점을 맞추는 태도는 역사를 사실들을 모아놓은 박물관으로 보는 것이 아니라 언어로 표현된 실재로 간주한다. 따라서 우리가 역사에 관하여 올바른 질문을 던지려면 '이 사실들은 무엇인가?' 혹은 '우리는 이 사실을 어떻게 설명할 수 있는가?'라고 물어서는 안 되며, '이 사실이나 신화에는 무엇이 표현되어 있는가?' 혹은 '진정으로 매개되고 있는 것은 무엇인가?'라는 형태로 물어야 한다.[30] 따라서 신학에서의 역사주의는 '잘못된 언어관'에서 발생한 것이다. 이러한 언어관에서 언어는 생동적인 언어 사건으로부터 추상화된 것이며, 그 결과 언어는 단순한 진술의 문제로 간주된다. 이리하여 해석자는 전승된 말을 언어 사건으로서의 언어

---

28 《FH》, V.

29 《WF》, pp. 318~319.

30 앞의 책, p. 295.

의 고유한 성격에 비추어 이해할 수 없게 된다.[31]

신학에서 언어 사건을 강조하게 되면 언어철학은 해석학의 핵심 문제로 부각된다. 해석학의 목적은 언어 사건을 방해하는 것들을 제거하는 여전히 실제적인 일이다. 하지만 해석학적 문제의 초점은 언어와 사고 그리고 실재와의 상호연관성에 주어진다. 해석학은 근대의 인식론과 형이상학 및 언어철학과 분리되어 다루어질 수 없는 것이기 때문에 그것은 분명히 해석의 단순한 실제적 규칙들로서의 한계들을 넘어선다. '역사적 사실들'의 현실주의적인 객관성을 견지하는 입장에서는 이에 대해 비판을 가할 수 있다. 신학 내부에서는 월프하트 판넨버그[32]의 비판이 탁월하고 신학 외부에서는 주로 에밀리오 베티의 비판이 대표적이다.

베티의 해석학

에밀리오 베티는 1955년 로마에 '해석이론 연구소'[33]를 창립한 이탈리아의 법률사가이다. 그는 1962년에 《정신과학의 일반적 방법론으로서의 해석학 Die Hermeneutik als allgemeine Methodik der Geisteswissenschaften》이란 제목의 저서를 출판하였다. 이 글은 1960년 가다머의 주저가 출판된 직후, 이 문제에 대한 가다머의 접근 방법—동시에 불트만과 에벨링의 접근 방법도 포함—에 대해 가

31 앞의 책.

32 〈해석학과 보편사(Hermeneutics and Universal History)〉, 《HH》, pp. 122~152.

33 《HAMG》, pp. 6~7n을 보라.

장 명쾌하고 탁월하게 비판을 가한 것이었다. 가다머의 저작에 대한 베티의 비판을 가장 단순하게 정리해보면 다음과 같다. 첫째로 가다머의 저작은 정신과학의 방법론 혹은 방법론의 보조 분야로 아무런 도움이 되지 않는다. 둘째로 그 저작은 해석 대상의 객관적 지위의 정당성을 흔들어놓을 뿐만 아니라 해석의 객관성 자체를 의문시한다.

이 책의 서두는 비탄조로 시작된다.

> 해석의 일반적인 문제틀로서의 해석학은 낭만주의 시대에 여타의 모든 인문 분야만큼이나 폭넓은 관심의 대상이었다. 그래서 19세기 중반에는 언어철학에서의 훔볼트, 위대한 문학사가 아우구스트 빌헬름 폰 슐레겔, 문헌학자이자 백과전서 편찬가인 뵈크, 법률학자 사비니 그리고 니버나 랑케 및 드로이젠과 같은 역사가들이 이 분야에서 탁월한 활동을 보였다. 이 고색창연한 낡은 형태의 해석학은 근대의 독일적인 의식 속으로 사라져버리고 있는 것 같다.[34]

베티는 자신의 초기의 사전적인 저서 《해석의 일반이론 Teoria generale della interpretazione》에서 낡긴 했지만 풍부한 의의를 지닌 이 독일적인 전통을 재생시키려고 시도하고 있다.[35]

독일의 독자들은 이미 1954년에 베티가 출판한 짧은 '해석학적 선언문'인 《일반적 해석론의 정초를 위하여 Zur Grundlegung einer allgemeinen Auslegungslehre》[36]를 통해 그의 일반적인 사고에 접하

34 《HAMG》.
35 《TGT》.

고 있었다. 이 글은 많은 자료를 준비하고 있다는 점에서 그의 1955년의 걸작을 예기하는 논문이며, 이 걸작은 1967년 독일어로 출판되었다.[37] 이 책이 나오게 된 연원은 1948년 5월 그의 취임강연에까지 거슬러 올라간다. 사실 1954년의 선언문은 이 초기의 글을 확대시킨 것이다. 1962년에 베티는 자신의 저서(1954)가 독일에서 별다른 주목을 끌지 못한 데 대해 매우 유감스럽게 적고 있다.[38] 오히려 하이데거 철학의 마력이 개신교 신학과 철학에 큰 영향을 행사해왔으며 그 결과 기존의 것과는 전혀 다른 해석학이 출현하게 되었다.

이러한 사태의 전개는 베티가 해석의 일반적인 방법론적 이론을 새로이 정립하기 위하여 관심을 쏟았던 위대한 전통의 흐름과는 무관한 것이었다.[39] 이러한 전통이란 슐라이어마허로부터 훔볼트와 스탕달, 라자루스, 뵈크, 딜타이, 짐멜, 리트, 요아힘 바하, 니콜라이 하르트만 등에 이르는 전통이다. 그런데 해석학에 대한 독일인들의 새로운 관심에 추진력이 되었던 것은 이러한 전통이 아니라 언어철학에 대한 전반적인 관심과 결부되어 나타난 현상학과 하이데거적인 존재로의 영향이었다(가다머는 자신의 사유에서 또 다른 추진력은 1930년대에 지배적이었던 미학이론에 대한 그의 심한 거부감이었다고 말하고 있다.[40]). 우리가 앞에서 보았지만 신학에서 해석학의 발전은

---

36 이 글은 원래 《에른스트 라벨을 위한 기념 논집 Festschrift für Ernst Rabel》, II, pp. 79~168에 실렸다가 같은 해에 출판되었다.

37 《AAMG》.

38 《HAMG》, p. 6.

39 앞의 책, 같은 곳.

40 이에 대해서는 나의 논문 〈문학 해석에 끼친 가다머의 'WM'의 영향(Die Teagweite von Gadamers 'WM' für die Literaturauslegung)〉, Heidelberg, 1965년 7월 14일.

'탈신화화'와 밀접하게 연결되어 있었다. 이때 이 '탈신화화'는 오늘날 하느님의 말씀을 듣는 사람들에게 성서는 어떤 중요성과 의미를 지닐 수 있는가라는 문제에 대처하는 수단이다.

법률사가로서의 베티의 관심은 예술작품의 진리를 보다 적절하게 설명하려는 철학적 요구나(가다머에 있어서처럼) 존재의 본성에 대한 보다 심오한 이해를 얻으려는 바람(하이데거에 있어서처럼) 혹은 성서의 말씀의 구원적인 의미에 도달하려는 충동(불트만과 에벨링에서처럼)에서 나온 것이 아니다. 그의 관심은 인문 분야에서의 다양한 해석 양식들을 분류하여 인간의 행위와 대상들을 해석할 수 있는 기초적인 원리들을 정식화시키는 데 있었다. 만일 대상을 그 자체에 의해 이해하려는 입장과 그 대상인 인간의 삶과 미래에 대해 지니는 실존적 의미를 보려고 하는 입장을 구분한다면, 후자는 가다머와 불트만 그리고 에벨링의 관심사인 데 반해 '객관적' 해석의 본성에 관심을 갖는 입장은 베티의 것이다.

베티는 해석에서 주관적인 계기를 생략해버리거나 그것이 모든 인간적인 해석에서 필연적이라는 사실을 부정할 의도가 결코 없다. 그러나 그는 해석에서 주관적인 계기의 역할이 어떠하든지 간에 대상은 오직 대상일 뿐이며, 이에 대한 객관적으로 타당한 해석만이 합리적으로 추구될 수 있고 또 완수될 수 있다고 주장한다. 대상은 스스로 말한다. 그리고 대상 속에는 객관적으로 검증가능한 의미가 들어 있기 때문에 올바를 수도 있고 틀릴 수도 있다. 만약에 대상이 관찰자를 넘어서 있는 것이 아니라면 그리고 대상이 스스로 말하지 않는다면 우리는 어떻게 그것을 들을 수 있겠는가?[41]

그러나 베티는 현대의 독일 해석학은 '의무부여(Sinngebung)'(대상에 의미를 부여하는 해석자의 기능)의 현상에만 몰두하기 때문에 이것이 해석과 동일시되어왔다고 주장한다. 베티는 《정신과학의 일반적 방법론으로서의 해석학》(1962)의 서두에서 자신의 주된 목적은 '해석(Auslegung)'과 '의미부여' 간의 본질적인 차이를 밝히는 것이라고 적고 있다. 베티에 의하면 바로 이러한 차이가 무시되었기 때문에 객관적으로 타당한 해석 결과의 객관성이 도전받아왔다는 것이다.

베티의 해석학의 규준들과 가다머의 입장에 대한 몇 가지 반론들을 살펴보면 우리는 객관성에 대한 베티의 옹호를 잘 알 수 있을 것이다. 베티에게 해석 대상은 감각적인 형태로 표현된 인간 정신의 대상화이다. 따라서 해석이란 필연적으로 원저자가 의도했던 의미를 특수한 자료들을 이용하여 인식하고 재구성하는 것이다. 물론 이는 관찰자가 낯선 주관성으로 번역되어야만 하고, 또한 창조 과정을 전도시킴으로써 대상에 구체화되어 있는 관념이나 '해석'으로 소급해 들어가야 한다는 것을 의미한다.[42] 따라서 베티가 관찰한 바와 같이 해석자의 주관성이 포함되지 않은 객관성에 관하여 운운하는 것 자체가 모순이다. 하지만 해석자의 주관성은 대상의 낯섦과 타자성을 꿰뚫고 들어가야 하거나 아니면 해석자는 해석의 대상에 자신의 주관성을 성공적으로 투사시켜야 한다. 그러므로 대상의 본질적인 자율성을 인정하는 것은 근본적일 뿐만 아니라 모든 해석의 최초의 규준이다.[43]

---

41 《HAMG》, p. 35.
42 앞의 책, pp. 11~12.
43 앞의 책, p. 14.

두 번째 규준은 의미연관(의미맥락) 혹은 개별적인 부분들이 그 속에서 해석되는 총체성에 관한 규준이다. 말의 개별적인 부분들은 서로 내적인 정합관계에 있다. 왜냐하면 각 부분들은 총체성을 이루기 때문이다.[44] 세 번째 규준에서 베티는 의미의 '생동성', 즉 해석자 자신의 입장에 대한 관련성을 인정한다. 그래서 그는 모든 이해에 개입되기 마련인 현재에 대해서 관심을 갖는다. 고대에서 일어난 사건을 해석하는 해석자는 필연적으로 그 자신의 경험에 의해서 해석할 것이다. 주관적인 측면에서는 그 자신의 이해와 경험으로부터 벗어날 수가 없다. 베티는 결코 이해를 수동적인 수용성의 문제라고 생각지 않는다. 오히려 해석은 항상 세계에 대한 해석자 자신의 경험을 포함하는 재구성의 과정이다.[45] 이런 점에서 우리는 베티가 '원칙적으로' 불트만이 언급한 선이해의 개념을 다시 인정하고 있다고 말할 수 있을 것이다.

그럼에도 불구하고 그는 불트만의 결론에 대해서는 강력히 이의를 제기한다. 불트만에 따르면 객관적인 역사적 인식이 가능하다고 하는 생각은 '객관화하는 사고의 환상'이다. 왜냐하면 이 경우에는 선이해의 역사성이 무시되기 때문이다.[46] 베티는 다음과 같이 말한다.

> 선이해에 의해 의미를 부여받는 텍스트는 단순히 우리가 이전에 갖고 있던 생각을 강화시켜주지 않는다. 오히려 우리는 텍스트란 우리의

---

44 '유의미한 연관의 규준(Kanon des sinnhaften Zusammenhanges)' 혹은 '총체성의 규준(Kanon der Totalität)', 앞의 책, p. 15.

45 앞의 책, pp. 19~22.

46 《HE》, p. 121.

이해행위와 독립해서 아직 알려져 있지 않던 어떤 것을 우리에게 말해 준다고 가정해야 한다. 바로 여기에서 주관적 측면, 즉 현대의 실존철학에 의해 큰 영향을 받고 있는 측면과 해석의 이해(의미부여)를 결합시키려는 측면이 지니는 한계가 드러난다. 그 결과 정신과학 전체에서의 해석 과정의 제 결과가 지니는 객관성은 의문시된다.[47]

가다머에 대한 베티의 비판은 실존적 '주관성'과 이해의 역사성에 대해 강력한 이의를 제기한 것이다. 그가 볼 때 가다머는 올바른 해석과 그릇된 해석을 구별할 수 있는 규범적인 방법을 제공하지 못할뿐더러 매우 상이한 해석 양태들을 단순히 하나로 총괄해버린다.[48] 예를 들면 역사가가 관심을 갖는 부분은 현재에 대한 실제적인 관계라기보다는 자신이 연구하고 있는 텍스트에 대한 이론적인(명상적인) 몰입이다. 이와 달리 법률가는 텍스트와 상호교류하는 가운데 자신의 정신 속에 있는 현재에 대해 실제적인 응용을 한다. 따라서 해석의 두 과정은 성격상 서로 구별된다. 왜냐하면 모든 해석이란 현재에의 응용(application)이라고 하는 가다머의 주장은 역사적 해석이 아니라 법률적 해석에 대해서만 타당하다.[49]

가다머는 베티에게 보낸 한 편지에서 이러한 반론들에 대해 답하였다. 그는 자신이 하나의 방법을 제안하고 있는 것이 아니라 '존재를 기술하고 있다'고 말하였다. '나는 근대 과학의 방법 개념을 넘어서서 모든 생기를 명백한 보편성에서 사유하고자 노력하고 있다.'[50]

---

47 《HAMG》, p. 35.
48 앞의 책, pp. 43~44.
49 앞의 책, pp. 45~49.

베티는 자신이 가다머를 비판한 바로 그 논문의 각주에서 가다머의 편지를 인용하였다. 베티는 확실히 가다머의 대답에 만족하지 않는다. 베티가 볼 때 가다머는 아무런 객관적 기준도 없는 실존적 주관성에 함몰되어 있다. 《진리와 방법 Wahrheit und Methode》의 1965년판 서문에서 가다머는 다시 베티에게 응답하였다. 이번에는 가다머는 이해의 비주관적 성격을 강조하였다. 가다머는 이 책에서의 존재론적 전환(이에 대해 베티는 개탄하였다)을 통하여 '영향사적 의식(Wirkungsgeschichtliches Bewußtsein)'[51]을 주관적 과정이 아니라 존재론적인 과정으로 간주하게 된다.

> 하여튼 나의 탐구의 의미는 전문적인 분야들의 상이한 방법들을 설명하는 일반적인 해석이론을 제시—이는 E. 베티가 가장 탁월하게 보여준 바가 있다—하는 데 있는 것이 아니라, 모든 방식의 이해에 공통된 것을 찾아내어 이해란 주어진 '대상'에 대한 주관적인 절차가 아니라 이해되는 대상의 영향사적 의식에—이리하여 존재에—속한다는 사실을 보여주는 데 있다.'[52]

가다머가 말하고자 하는 요점은 10장과 11장에서 보다 세부적으로 다루어질 것이다. 하지만 바로 이 단계에서 베티와 가다머의 차이는 뚜렷하다. 우리는 지금 해석학의 전망과 목적에 대한 아주 상

---

50 앞의 책, p. 51n.

51 '영향사적 의식(Wirkungsgeschichtliches Bewußtsein)'; 《WM》, pp. 325~360을 보라.

52 앞의 책, 2판 서문 xvii.

이한 두 견해에 직면하고 있다. 이 두 가지 차이는 해석학적인 사고 방법과 연구 분야로서의 해석학의 본질적 성격에서도 그대로 나타난다. 서로 다른 철학적 기반에 근거를 두고 있는 상이한 정의로 인하여 이 두 사상가는 자신들의 각기 다른 목적을 충족시키기 위하여 해석학을 정식화한다. 정신과학을 위한 정초적 분야로서 해석학을 탐구하였던 딜타이의 입장을 따르는 베티는 해석자에게 실제적이고 유용한 것을 추구한다. 그는 올바른 해석과 그릇된 해석 그리고 한 가지 해석 유형과 또다른 해석 유형을 구분할 수 있는 규범을 마련코자 한다. 이와 달리 하이데거를 따르는 가다머는 다음과 같은 질문들을 제기한다. 이해의 존재론적 성격은 무엇인가? 해석학적 과정에는 존재와 어떤 식의 만남이 들어 있는가? 전통 즉 전승된 과거는 역사적 텍스트를 이해하는 작용 속에 어떻게 개입되고 형성되는가?

해석학에 대한 두 가지 정의 간의 이러한 갈등에 대해 우리는 무엇을 말할 수 있는가? 다음 장에서 보게 되겠지만 이 두 입장이 완전히 대립적이기만 한 것은 아니다. 오히려 이 두 사상가는 해석학적 문제의 서로 다른 측면에 기여를 하고 있다. 물론 리얼리즘적인 전망과 현상학적인 전망간의 근본적인 선택은 궁극적으로 이루어져야 한다. 하지만 그럼에도 불구하고 전체로서의 해석학에서 이 두 철학적 입장이 해석학적 문제에 중요한 접근 방법을 제공한다는 사실은 인정될 수 있다.

E. D. 히어쉬 : 타당화의 논리로서의 해석학

1967년 E. D. 히어쉬는 일반 해석학에 관한 영어로 씌어진 최초의 완전한 책《해석의 타당성 Validity in Interpretation》을 출판하였다. 앞으로 얼마 후면 이 책은 틀림없이 해석이론에 관한 미국의 중요한 저작들 중에서 한 자리를 점하게 될 것이다. 이 책은 그것이 지닌 체계적 성격과 알찬 논증으로 인하여 지난 40여 년 동안 문학 해석을 인도해왔던 몇 가지 지배적인 가정들에 대해 도전을 하고 있다. 예를 들어 히어쉬의 주장에 의하면 저자의 의도는 모든 '해설'(각 구절의 언어적 의미에 대한 해명)의 타당성이 측정되는 규범이다. 더 나아가서 그는 이러한 의도는 객관적 증거가 수집되는 결정적인 실체이며, 증거가 수집되면 보편적으로 타당하다고 인정되는 의미에 대한 규정이 이루어질 수 있다고 주장한다. 객관적으로 타당한 해석에 대해 가졌던 딜타이의 꿈이 이제 실현된 듯이 보인다.

물론 집중적인 문헌학적 분석에 의해 결정되는 (이때의 분석은 저작뿐만 아니라 그 저자의 의도를 담고 있는 모든 외적 증거에 대한 것이다) 구절의 '언어적 의미'와 그 저작이 갖고 있는 의의는 전혀 별개의 문제이다. 하지만 바로 이것이 히어쉬의 핵심이다. 그에 따르면 끝없는 혼란은 '언어적 의미'와 '의의'(우리에 대해서 갖는 유의미성)를 구별하지 않는 데서 오는 것이며, 이러한 혼란의 주범은 가다머와 불트만 그리고 '신해석학'의 신학자들이다.[53] 이를 베티의 언어로 표현하게 되면, '의미'는 '의의'와 분리되어야 하며[54] 그렇지 않으면

53《VII》, p. 246.

54《HAMG》, pp. 28~29.

문헌학은 힘을 잃게 되고 객관적이며 타당한 해석을 얻을 수 있는 가능성은 사라지게 된다.

히어쉬에게 해석학의 목적은 각 구절이 현재의 우리에 대해 갖는 '의의'를 찾는 것이 아니라 그 구절의 '언어적 의미'를 명료하게 하는 것이다. 해석학은 구절의 언어적 의미를 타당하게 결정할 수 있는 규칙들을 설명하는 문헌학의 분야이다. 가다머와 불트만의 제자들은 해석학의 진정한 과제를 도외시했을 뿐만 아니라, 객관적으로 결정할 수 있는 의미의 가능성을 의문시하는 철학적 입장을 지지한다.

히어쉬의 주장은 본질상 한 구절의 '의미'(이는 언어적 의미를 뜻한다)가 변화될 수 있다면 그 구절이 올바르게 해석되었는지의 여부를 판단할 수 있는 일정한 규범이 없다는 것이다. 만일 우리가 원저자에 의해 의도된 원래의 언어적 의미로 '유리신'을 인정하지 않게 되면 신데렐라와 다른 소녀들을 구별할 방법이 없다.[55] 이는 가다머의 해석학에 대한 베티의 반론을 연상시킨다. 즉 가다머는 한 구절의 '정확한' 의미를 타당하게 결정할 수 있는 안정된 규범적 원리를 제공하지 못한다는 것이다. 히어쉬는 저자가 의도했던 언어적 의미를 규범으로 삼는다. 그리고 더 나아가서 그는 언어적 의미를 불변적이고 재생가능하며 일정한 것이라고 특징짓는다. 이하의 짧은 인용은 그의 추론 과정과 함께 그의 이론의 아리스토텔레스적 취향을 보여줄 것이다.

그러므로 내가 언어적 의미가 결정적인 것이라고 말할 때, 나는 이

55 《VII》, p. 46.

를 통해 언어적 의미야말로 자기동일적 실체라는 사실을 뜻하는 것이다. 게다가 나는 또한 그것이야말로 항상 어느 순간에나 변함없이 남아 있는 실체라는 것을 뜻한다. 사실 이러한 기준은 앞에서 언어적 의미는 재생가능하며 항상 어떤 추론행위에 있어서도 동일한 것으로 남아 있다고 하는 주장 속에 이미 함축되어 있었다. 그러므로 언어적 의미는 존재하는 것 이외의 아무것도 아니며 항상 동일한 것이다. 내가 '결정성(determinacy)'이라고 부르는 것은 바로 이런 뜻에서이다.[56]

여기에서 해석학은 스스로 해석 대상의 결정성에 대한 이론적 정당화를 제공해야 할 과제와 결정적이고 불변적이며 자기동일적인 의미를 이해할 수 있는 규범들을 설명해야 할 과제를 떠맡는다.

당연히 이러한 과제는 하나의 의미가 다른 의미를 누르고 선택될 수 있는 근거나 이유가 무엇인지를 말하는 것이다. 히어쉬의 견해에서는 타당성(validity)의 문제를 취급하지 않는 해석학은 해석학이 아니라 이와는 다른 분야이다. 베티와 마찬가지로 그도 해석학에서의 하이데거적인 조류는 타당성의 문제를 도외시했다고 비판한다. 왜냐하면 히어쉬에게 타당성의 문제에 대한 고려가 없으면 해석의 과학 및 정확학 해석에 이르는 방법이란 결코 존재할 수 없기 때문이다.

해석학은 현재의 우리에 대하여 갖는 텍스트의 의의와 언어적 의미가 우리에게 의미를 갖도록 해주는 구조나 기제를 다루어야 한다는 반론에 대해, 히어쉬는 그런 것은 문학비평의 영역이지 해석학의

56 앞의 책, 같은 곳.

영역은 아니라고 대답한다.[57] 엄격하게 말해서 해석학이란 '저자가 의도했던 바를 찾아내기 위한 세심한—낡은 의미에서의—문헌학적인 노력이다.'[58] 해석학은 '비평을 위한 단 하나의 적절한 기초'[59]이지 그 자체가 비평은 아니다. 그것은 해석이다. 해석학은 (여러 가지 가능한 해석들 중에서 가장 그럴싸한 것을 결정하기 위하여) 논리적 분석과 전기 심지어는 확률 계산조차 사용할는지 모른다. 그러나 본질적으로 해석학은 문헌학이다. 그러나 그러한 엄격한 제한에도 불구하고 해석학은 여전히 폭넓은 중요성을 갖고 있을 뿐만 아니라 학문 상호 간의 교류에도 큰 기여를 한다. 왜냐하면 해석학은 여전히 갖가지 문헌—법률 문헌이나 종교 문헌 혹은 문학 문헌이나 심지어는 요리에 관한 문헌도 포함하여—을 위한 해석의 일반 원리들을 설명하는 정초적인 분야이기 때문이다.

해석학을 구절의 언어적 의미를 결정하기 위한 세심한 정초적 노력의 제 규칙으로 이해하는 이 마지막 정의에 대하여 우리는 어떤 말을 할 수 있는가? 가장 중요한 것은 그 정의가 빼먹고 있는 부분이다. 즉 해석학은 슐라이어마허나 딜타이에서와 마찬가지로 이해의 주관적 과정에 관심을 두는 것이 아니라는 점이다. 다시 말해서 해석학은 이해된 의미를 (해석자의) 현재와 관련짓는 문제에 관심이 없

---

57 이 점에 대해서는 특히 〈이해, 해석 및 비평〉이란 제목하의 제4장에 있는 본질적인 구별을 참조하라. 타당화의 논리로서의 해석학은 한편으로는 '이해'를 배제하고, 다른 한편으로는 비평을 배제한다. 왜냐하면 그런 의미의 해석학은 텍스트의 언어적 의미를 타당하게 확정(즉 해석)하기 위한 일련의 원리 혹은 과학이기 때문이다.

58 앞의 책, p. 57.

59 앞의 책, 같은 곳.

다는 점이다. 오히려 해석학이란 갈등하고 있는 여러 가능한 해석들 중에서 올바른 것을 가리기 위해 이미 이해된 의미들 사이에서 심판을 보는 일에 큰 관심이 있다. 여러 가능한 대안들 중에서 가장 그럴듯한 의미를 결정해야 하는 것은 바로 문헌학자를 인도하는 안내자이다.

따라서 허어쉬에게 해석학적 문제는 '번역'—신약성서와 현재('우리에 대한' 텍스트의 의의가 나타나는 시간) 사이의 역사적 거리를 메우는 방법—의 문제가 아니라 저자가 의도한 언어적 의미를 결정하는 단순한 문헌학적인 문제에 불과하다. 분명히 허어쉬는 텍스트를 현재와 연결시키는 일이 중요한 문제라는 것을 인정할 것이다. 그러나 그 문제가 해석학의 분야에 속한다는 데 대해서는 반대할 것이다. 물론 그는 이러한 입장을 유지하기 위하여 언어적 의미는 불변적이고 독립적이며 결정적이라는 사실을 긍정해야 하며, 또한 우리는 이 의미를 객관적 확실성에 의해 확정할 수 있다는 사실도 받아들여야 한다. 언어적 의미(verbal meaning)에 대한 이러한 견해는 특수한 철학적 전제들, 주로 리얼리즘적인 전제들에 의존하고 있다. 이러한 전제는《논리 연구 Logical Investigations》를 쓸 당시의 후설에 의해 확립되었으며, 허어쉬는 하나의 동일한 지향의 대상이 서로 다른 많은 지향작용의 초점이 될 수도 있다는 사실을 보여주기 위하여 후설을 인용한다.[60] 지향작용이 여러 가지일 경우에도 대상은 동일하고 독립적인 형상 혹은 본질로 남아 있다.

허어쉬가 암묵리에 깔고 있는 전제들을 상세하게 비판하는 일은

60 허어쉬의 흥미 있는 부록 III, 〈유형에 관한 보론(An Excursis on Types)〉, 앞의 책, pp. 265~274.

이 책의 전망을 벗어나 있지만, 다음과 같은 사실에 주목해두는 것은 꼭 필요하다. 즉 해석학의 문제가 단순히 문헌학의 문제로만 규정이 되면 역사 이해에 관한 20세기의 사상이 보여준 복잡한 발전 전체는 언어적 의미를 결정하는 실제적인 일과 무관한 것으로 치부되어버린다는 점이다. 히어쉬에 따르면 해석학은 영어 선생이나 목사 혹은 법률가들이 언어철학, 현상학, 인식론 혹은 하이데거적인 존재론 등 20세기에 이룩된 발전들을 전혀 고려함이 없이 사용할 수도 있는 일련의 문헌학의 원리들이다. 과연 누가 밀턴의《리시다스 Lycidas》의 '진정한 의도', 즉 '불변적인 언어적 의미'에 관한 자료를 수집하기 위해서 헤겔이나 하이데거 혹은 가다머의 도움을 얻으려고 사서 고생할 필요가 있겠는가? 또《리시다스》가 오늘날의 우리에게 의미할 수 있거나 의미해야 하는 바를 이해하는 문제에 관해서는 어떠한가? 히어쉬에 따르면 이는 문학비평가가 할 일이지 해석학자가 관심을 가져야 할 문제는 아니다. 그러나 물론 비평가도 '해석자'에 의해 수행되는 세심한 기술적 작업—'비평을 위한 유일한 기반'—을 '무시하지는 않을' 것이다. 이는 심지어 해석자가 현재에 대한 의의를 도외시한 채 불변적이고 초역사적인 의미의 소박한 순수성을 의중에 두고 있는 경우에도 마찬가지다.

그러나 사실 해석학의 문제가 철학적인 문제인 것만은 아니다. 그리고 역사적 이해를 정의할 때 신학 내외의 기여는 차치하더라도 슐라이어마허, 딜타이, 하이데거, 가다머에 있어서의 이해이론을 아리스토텔레스적인 정의들과 더불어 방기해서는 안 된다. 히어쉬의 주장에 의하면 언어적 의미는 두 가지 이유에서 의의와 분리될 수 있다. 첫째, 우리는 사실상 작품이 저자에게 의미하는 바와 우리에게 의미하는 바를 명확히 구별할 수 있다. 둘째, 만일 그렇지 않으면 반복 가능한 의미란 불가능한 것이기 때문이다. 그러나 과연 이런 주장은 얼마나 만족스러운가? 정신적 대상의 여러 가지 상이한 전망들에서 관찰될 수 있다고 해서 곧바로 그 대상은 역사적으로 불변적이며 영원한 것이라고 결론 내릴 수 없다. 그리고 만일 그렇지 않다고 해서 객관성이 불가능하다고 하는 주장은 순환논증이다. 왜냐하면 여기에서는 객관적이고 비역사적인 인식의 가능성 자체가 의문시되고 있는 형편이기 때문이다. 그런데 타당성에 관한 히어쉬의 논문 전체의 타당성은 바로 이 의미와 의의의 구별에 그 근거를 두고 있다. 그러나 과연 이해는 히어쉬가 가정한 기계적인 방식으로 행해지는가? 아마도 이런 유형의 해석학은 사실상 다른 모습을 가장한 텍스트 비평—하나의 이해와 또 다른 이해를 반성적으로 구별하기 위한 방법론—이 아니겠는가? 그것은 단순히 (히어쉬가 인용한 예를 그대로 사용하자면) 워즈워스의 시가 비관적인 인생관을 담고 있는지 아니면 긍정적인 인생관을 갖고 있는지를 판단할 때 비평가나 문헌학자가 사용하게 되는 체계나 구조가 아닌가?

당연히 히어쉬 식의 해석학 이론은 이해 자체가 어떻게 일어나는가에 관한 이론을 제공해주기보다는 그러한 이론을 미리 전제할 뿐이다(그리고 이러한 이해이론이 얼마나 적절한 것인가의 문제도 반드시 탐문되어야 한다). 오히려 이해가 히어쉬의 해석학 이론에 선행한다. 히어쉬는 다음과 같이 말한다. '이해의 작용이란 처음에는 단순히 어떤 생각(이것은 잘못된 생각일 수도 있다)을 품는 것이다. 이런 생각을 품는 데는 일정한 방법이 없으며, 또한 통찰을 할 때도 일정한 규칙이 없다. 해석이라고 하는 방법론적 활동은 우리가 우리의 생각을 검증하고 비판하려 할 때 시작된다.'[61] 더 나아가서 그는 다음과 같이 아주 적절하게 이야기한다. '해석의 분야에는 어떤 생각을 품는 일과 이 생각을 검증하는 일이 포함된다. ……해석의 분야는 구성의 방법론이 아니라 타당화의 논리에 기초를 두고 있다.'[62] 히어쉬에게 해석학은 더 이상 이해의 이론이 아니다. 그것은 타당화의 논리이다. '저자의 말하고자 의도했던 것은 저것이 아니고 바로 이것이다'라고 말할 수 있는 것은 바로 이런 의미의 해석학에 의해서이다.

히어쉬는 자신의 목적을 탁월하게 성취하였다. 즉 그는 객관적으로 검증 가능한 의미에 도달하기 위한 단 하나의 체계를 구성하는 데 성공하였다. 첫째로, 그는 의미가 결정될 수 있도록 하기 위하여 규범이나 규준은 언제나 원저자의 의도여야 한다고 주장한다. 둘째로, 그는 이러한 의미가 재생 가능하고 불변적임으로 인하여 객관적인 것이 될 수 있도록 하기 위하여 의미로서의 언어적 의미는 영원히 동일한 것일 뿐만 아니라 이해 과정에서 우리와 만나게 되는 의의와는 분리될 수 있으며 또 분리된 것이라고 주장한다. 그러나 과연 여러분들은 이러한 주장을 받아들일 수 있는가? 이러한 주장을 떠받치고 있는 기둥은 기본적으로 두 가지이다. 하나는 아리스토텔레스적인 인식론적 가정이고, 다른 하나는 철학적 근거에서 옹호되지 않으면 안 되는 의미이론이다.

해석학을 타당화의 논리로 규정한 히어쉬의 재정의는 실제로 해석학의 문제를 그 폭과 깊이에서 파악하는 데 기여를 한 것인가, 아니면 그 문제를 지나치게 단순화환 것에 지나지 않는가? 에벨링은

---

61 앞의 책, p. 207.

62 앞의 책, 같은 곳.

'해석학의 대상은 언어 사건 그 자체이다'라고 주장한다. 이리하여 해석학은 깊은 차원에서 실재를 문제시하여, 우리가 언어 속에 참여하고 있는 사실의 본성을 묻는다. 이런 식으로 해석학의 문제를 이해하는 시각에 대해 우리는 무슨 말을 할 수 있는가? 이런 문제는 언어철학과 같은 분야에 넘겨져야 하는가? 히어쉬는 너무나 안이하게 이해이론화 언어철학이 지닌 갖가지 함축성을 무시했다. 따라서 그가 해석학에 대해 요구했던 전문화는 추천할 만한 것이 못 된다. 만일 해석학의 문제가 히어쉬의 주장대로 원저자의 언어적 의미를 확립하는 것이라고 한다면 오늘날의 신학에서 해석학의 문제는 너무나 협소해지고 말 것이다. 게다가 곧바로 바울의 의미의 본성은 무엇인가에 관한 의문이 제기된다. 그는 새로운 자기 이해를 시도하고 있었는가? 만일 그랬다고 한다면 그것은 무엇인가? 이를 판단할 수 있는 규범이 바울 자신에게서 찾아질 수 있는가? 설사 이러한 규범이 잠정적으로나마 발견되었다고 하더라도 우리는 어떠한 기초에서 이 판단이 타당한지의 여부를 결정할 수 있는가? 이렇게 되면 우리가 다시 현재로 되돌아온다. 그리고 바로 이 점이 강조되지 않으면 안 된다. 즉 객관성의 기준조차도 현재의 역사적 구조로부터 만들어질 수밖에 없다. 이 점을 인식해야만 우리는 해석학에 대한 협소하고 제한적인 정의가 어쩔 수 없이 간과하게 되는 부분을 정확히 포착해낼 수 있다.

그런데 해석학을 둘러싼 논쟁은 계속 진행되고 있다. 한쪽에는 객관성과 타당화를 옹호하는 사람들이 포진해 있다. 이들은 해석학을 타당화의 규범을 확립하기 위한 이론적 원천으로 간주한다. 다른 한쪽에는 이해라고 하는 사건을 기초로 하는 현상학자들이 자리잡고 있다. 이들은 이러한 '사건(event)'의 역사성에 치중하기 때문에 '객관적 인식'과 '객관적 타당성'에 대한 모든 요구가 지닌 여러 한계점들을 강조한다.

5. 해석학의 의미와 전망

지금까지 우리는 해석학에 대한 6가지의 정의와 오늘날 해석학의 전망과 목적을 보는 데 있어서 근본적으로 다른 두 견해 사이의 갈등을 살펴보았다. 이를 통해서 얻을 수 있는 결론은 무엇이겠는가? 그리고 이처럼 서로 대립하고 있는 제반 정의들을 통틀어 하나의 용어로 범주화시킬 수 있겠는가?

나는 이것이 가능하다고 믿는다. 6가지의 정의들은 각각 해석학의 문제 중에서 서로 다른 중요한 측면들을 밝혀주고 있다. 그리고 이해의 역사성에 초점을 맞추는 해석학(가다머적 해석학)을 위해서 뿐만 아니라 방법과 타당성을 지향하는 해석학(베티적 해석학)을 위한 자리도 있다.

이는 이 두 개의 해석학이 서로 대립적인 가정 위에서 서술되고 또한 객관성의 문제에 관하여 합의를 보지 못하더라도 사정은 마찬가지이다. 물론 여러 유형의 해석학들 사이에는 차이점들이 있을 수 있다. 그러나 또한 많은 기본적인 유사성들도 있기 마련이다. 해석학적 이론의 다양성 그 자체야말로 하나의 해석학적 원리를 제시해준다. 즉 해석이란 해석자가 자신의 주제에 접근해가는 문제에 의해 형성된다는 원리이다. 따라서 해석학의 발전에서 나타나는 여러 방향들은 수많은 해석자들이 스스로 제기했던 문제들에 대한 응답을 주제화한 것이라고 인식하는 것이 가장 적절할 것이다.

히어쉬는 타당한 해석을 제공할 수 있는 해석학을 추구하고 있기 때문에 애초부터 타당성의 문제가 그의 문제를 인도한 것이다. 그러나 만일 '나는 어떻게 타당한 해석을 얻을 수 있는가?'가 아니라 '이해 자체의 본성은 무엇인가?'가 주도적인 물음이 되면 어떻게 되겠는가? 타당한 판단의 문제만을 다루게 되면 모든 이해 속에 포함되어 있는 근본 요소들이 무엇인가에 관해서는 간과하게 된다. 또 역으로 모든 이해의 본질적인 본성에만 초점을 맞추게 되면 타당한 해석과 그렇지 못한 해석을 구별할 수 있는 체계를 발전시키는 데 소홀하게 된다. 따라서 이 두 가지 물음은 모두 가치가 있는 것들이며 해석학의 문제를 이해하는 데 중요한 기여를 한다.

내가 생각하기에 해석학의 문제는 너무나도 중요하고 복합적이기 때문에 단 하나의 학파만의 고유한 소유물일 수는 없다. 해석학에 대한 일면적이고 제한된 정의는 한정된 목적에는 기여할 수 있다. 그러나 그러한 정의를 절대화시키는 태도에 대해서는 배격하지 않으면 안 된다. 역사적 이해나 역사적 객관성의 성격 등과 같이 특수한 주제에 대한 논쟁은 서열이 있기 마련이다. 가다머의 해석학도 타당한 해석과 그렇지 못한 해석을 구별할 수 있는 객관적인 규범을 제공해야 한다고 하는 베티와 히어쉬의 주장은, 이해 자체의 역동성을 규명하고자 하는 가다머의 근본 의도를 간과한 것이다. 만일 베티와 히어쉬의 주장이 정당한 것이라면 가다머도 베티는 왜 언어의 존재론적 성격에 대한 논의를 무시하였으며, 또 히어쉬는 왜 이해 자체의 복잡한 사건을 적절히 설명하지 못하는가라고 물을 수 있다.

하나의 이론이 본래 의도하지 않았던 문제에 대해 제기하는 베티와 히어쉬의 비판은 해석학 자체의 본성과 전망에서 본질적으로 부차적인 논란일 수밖에 없다. 이런 식의 비판은 결코 상대방 이론을 무효화시키지 못한다. 이러한 현대의 갈등에도 불구하고 해석학은 하나의 연구 분야로서 존속되어야 하며 계속해서 각기 다른 전통으로부터 문제시되는 영역으로 남아 있어야 한다.

해석학의 이중적 초점 : 이해의 사건과 해석학의 문제

독립된 분야로서 해석학의 역사적 발전 속에는 두 개의 분리된 초점이 들어 있는 듯이 보인다. 하나는 일반적인 의미에서의 이해에 관한 이론이고, 또 하나는 언어로 된 텍스트에 대한 주석에 포함되어 있는 것은 무엇인가라고 하는 해석학적 문제이다. 이 둘은 서로 완전히 중복되거나 절대적으로 상호독립적이라기보다는 서로 분리되어 있으면서도 상보적이다.

해석학이 언어 이해의 일반이론이라는 뜻을 갖게 된 것은 슐라이어마허와 딜타이에 의해서이다. 이는 이해의 본성에 관한 사고이며 따라서 가장 넓은 의미에서 이해란 무엇이며, 또 '내가 이해하고 있다'고 말했을 때 어떤 일이 일어나고 있는가를 탐문하는 분야이다. 특히 후자의 질문은 이해의 사건적 성격을 강조하는 것이다. 이해이론이 그 출발점을 체험, 즉 이해의 생기(生起)에서 찾게 되면 이것은 해석학에 대해 중요한 관련성을 갖는 것이다. 이리하여 우리의 사고는 관념보다는 사상(事象), 즉 가장 구체적인 사건을 지향하게 된다.

왜냐하면 이런 식의 사고는 이해의 생기에 관한 현상학이 되기 때문이다. 이러한 이해의 현상학(phenomenology of understanding)은 협의로 생각되어서는 안 된다. 오히려 그것은 이해의 본성과 생기에 관한 보다 충분한 파악에 기여할 수 있는 여타의 모든 분야—예를 들면 인식론, 존재론, 지각의 현상학, 교육이론, 상징의 철학, 논리적 분석 등등—에 대해 열려져 있는 것으로 생각되어야 한다.

'해석학의 문제'라고 불렀던 두 번째 초점은 이해의 생기의 특수한 경우이다. 왜냐하면 여기에는 항상 언어, 다른 사람의 지평과의 만남, 텍스트를 역사적으로 꿰뚫는 행위 등이 포함되기 때문이다. 해석학은 이런 복잡한 이해행위의 근거 속으로 보다 깊이 파고들 필요가 있다. 왜냐하면 해석학은 텍스트 해석에서는 언어적 이해와 역사적 이해에 관한 이론을 확립하기 위해 노력해야 하기 때문이다. 이러한 이론은 일반적인 이해의 현상학과 관계를 맺으면서 서로 조화되어야 한다. 그리고 동시에 이 이론은 그 같은 일반적인 분야에 기여를 할 것이다.

해석학의 문제에 대한 이 넓은 해석에 입각해서 보면, 텍스트 이해라고 하는 사건은 항상 현재에 대한 관계라고 하는 계기를 포함하고 있는 것으로 간주된다. 사실, 이러한 관계의 부재(不在)야말로 곧바로 해석학의 문제가 될 것이다. 해석학의 문제를 보는 히어쉬의 시각은 이해 자체의 계기를 도외시하면서 여러 가지 해석들 중에서 타당한 것을 골라내는 일에만 초점을 맞추고 있다. 그래서 그에게 해석학은 이해의 현상학이 아니라 타당화의 논리이다. 그 결과 해석학의 목적은 단순히 '원저자가 의미한 바'를 결정하는 것에만 국한되며, 이것이 우리에 대해 어떤 의미를 갖는가의 문제는 배제된다.

물론 타당화의 논리는 해석학적 문제 중의 한 정당한 요소로서 간주되어 마땅하지만 보다 넓은 의미에서 이해된 해석학의 문제는 텍스트의 유의미성을 파악하는 문제에 대하여 보다 근본적인 도전을 가해야 한다. 따라서 보다 심화된 문제는 무엇보다도 텍스트와 의미있는 대화를 하는 일이며, 따라서 이런 문제는 텍스트 이해가 의미하는 바에 대한 가능한 한 가장 완전한 정의에 근거를 두지 않으면 안 된다. 왜냐하면 이 문제는 단순히 서로 경합하고 있는 여러 해석들 중에서 한 가지를 자의적으로 결정하는 문제가 아니기 때문이다.

해석학에 대한 다른 분야들의 잠재적 기여

해석학의 초점이 일반적인 이해의 현상학과 텍스트 이해라는 사건에 대한 특수한 현상학에 놓여지게 되면 해석학의 전망은 아주 광대해지게 된다. 그러나 앞에서 말했던 바와 같이 해석학적 문제의 전망은 다른 분야와 서로 얽혀 있기 때문에 해석학은 결코 폐쇄적이고 전문적인 분야로 고립될 수 없다. 사실상 비전문화된 해석학의 역사적 발전을 저해했던 방해물들 중의 하나는 해석학이 하나로 확립된 분야가 아니라는 사실이었다. 신학과 문헌학으로부터 뜻하지 않게 파생되어 나온 해석학은 이제야 겨우 하나의 분야로서 확립되어가고 있다. 하지만 '신해석학', 베티, 가다머, 히어쉬, 리쾨르, 그리고 후기의 하이데거 등에 의해 오늘날 야기된 이 주제에 대한 커다란 관심은 보다 밝은 미래를 약속해주고 있다.

이렇게 본다면 해석학은 그 발전의 초기부터 일반적인 분야로 정립되어 있었던 것이라고 할 수 있다. 여타의 분야들이 해석학에 어떠한 기여를 하였는가에 대한 탐구는 분명히 체계적으로 이루어진 바가 없다고 해도 과언이 아닐 것이다. 프로이트에 대한 리쾨르의 탁월한 연구는 해석 체계에 대한 규명이 지닌 풍부한 기여를 보여준다. 베티의 기념비적인 저작은 인문학의 분야에서 해석을 다루는 분야들 간의 상호의존성을 탁월하게 묘사하고 있다. 철학적 해석학에 대한 가다머의 연구는 이해에 대한 하이데거의 존재론적 분석이 지닌 결실 있는 영향력을 보여주는 것으로 간주될 수 있을 것이다.

그리고 그 밖의 여러 분야들도 그것들이 해석학에 대해서 지닐 수 있는 의의가 무엇인가에 비추어 탐구될 수 있을 것이다. 예를 들면 언어학, 언어철학, 논리적 분석, 번역이론, 정보이론, 화술론(구어 해석의 이론)들처럼 언어에 관심을 두는 분야들이 있다. 문학비평―프랑스나 로만 잉가르덴에 있어서의 현상학적 비평뿐만 아니라 문맥주의적인 '신비평'과 신화비평을 포함하여―은 그것이 일반적인 해석이론에 대해 지니는 의의라는 관점에서 탐구될 필요가 있다. 그리고 메를로 퐁티, 구스도르프(Gusdorf), 콴트(Kwant) 등의 최근 저작들뿐만 아니라 초기의 《논리 연구 Logische Untersuchungen》를 포함한 후설의 기여에 의해 대표되는 언어현상학(phenomenology of language)은 해석학 이론에서 필수불가결하다.

물론 언어에 특별히 관심을 두지 않는 많은 분야들도 해석학에 대해 커다란 잠재적 중요성을 지닐 수 있다. 금세기에 정신철학의 전반적인 발전과 인식론을 둘러싼 논쟁은 결코 무시될 수 없다. 이 분야에 대한 카시러의 저작과 그의 일반적인 상징적 형식들의 철학(philosophy of symbolic forms)은 해석학 이론에서 대단히 중요하다. 여러 종류의 현상학—지각의 현상학, 음악적 이해의 현상학, 미학의 현상학 등—은 이해의 시간성과 실존적 근원들을 보여주는 데 도움이 된다.

법률 해석, 역사 해석 그리고 신학 해석—특히 최근의 '신해석학'과 예전의 탈신화화의 기획—은 모두 해석의 현상학에서 중요한 요소들을 산출한다. 하우스만을 비롯한 여러 사람들에 의해 탐색된 미학에서의 독창성과 창조성에 관한 여러 문제 제기는 개인의 현재적인 이해지평을 벗어나 있는 것이 무엇인가를 이해해야 하는 해석학적 과제에 중요한 기여를 하고 있다. 과학철학이 제기하는 전반적인 방법론의 문제, 사회학에서의 참여자-관찰 방법에 따른 갖가지 실험들, 교육심리학과 상상력의 심리학 등 이 모든 것들은 통상 해석이라고 불리는 이 과정에 관해 숙고하는 데 있어서의 새로운 방향을 위해 시사하는 바가 아주 많다. 그 밖의 더 많은 분야들이 거명될 수 있지만 이것들만으로도 해석학이 학문들 간의 교차로가 된다는 사실을 보여주기에 충분하다. 이렇게 되면 개별 학문들은 자신들의 고유한 문제 영역들을 보다 포괄적인 맥락에서 전망할 수 있는 여유가 생기게 된다. 이 분야들이 해석학 이론에 대해 지니는 의의를 발전시키고 해명할 수 있는 많은 구체적인 연구들이 필요하다. 이 책은 이 과제를 수행하지는 못하지만, 위에서 언급했던 분야들에서의 몇몇 책들을 문헌 목록의 세 번째 항에 포함시켜두었기 때문에 참고가 될 것이다.

이하의 장들에서 하는 해석학적 문제의 폭과 깊이를 어느 정도 해명하고, 그리고 지금까지 영어권에서 이루어진 그 어느 것보다 훨씬 폭넓은 해석학에 대한 견해를 지적할 것이다. 히어쉬의 책은 해석학의 정의를 타당화의 논리로서만 고도로 제한하여 사용하고 있다. 최근에 '신해석학'을 해설하는 몇몇 책들은 대부분 신학적인 맥락에서만 해석학을 다루는 경향이 있다. 가다머의 저서가 영어로 번역이 되면 지금 횡행하고 있는 해석학관은 보다 넓어질 것이 틀림없다. 하지만 나는 이 책이 이러한 일①이 지닌 의의를 해명하는 데 도움을 줄 수 있다면 그것만으로 족하다. 왜냐하면 해석학이란 문헌학적 타당화의 논리 이상의 것으로서뿐만 아니라 현대 신학의 내부에서 일어나는 하나의 새로운 경향 이상의 것으로서 간주되지 않으면 안 되기 때문이다. 해석학이란 갖가지 전문 분야들에서 구체적으로 이루어지고 있는 텍스트 이해라는 사건에 초점을 맞추고 있는 포괄적인 분야이다. 또한 이 책은 하이데거와 가다머가 이룩한 해석학의 현상학적 전환에 의해 나타난 현상학적 해석학의 풍부한 가능성들을 제시하지 못하고 있다. 다만 내가 볼 때 보다 폭넓은 접근법을 시도했다고 생각되는 네 명의 사상가의 해석학에 대한 상세한 해명을 통해서 해석학을 보는 보다 포괄적인 시각을 위한, 그리고 그것의 잠재적인 의의를 파악하기 위한 기초는 마련될 수 있을 것이다.

---

① 이는 해석학을 보는 시각을 넓히는 일을 말한다. 특히 가다머의 저서가 영어로 번역되어 출판되는 일을 말한다.

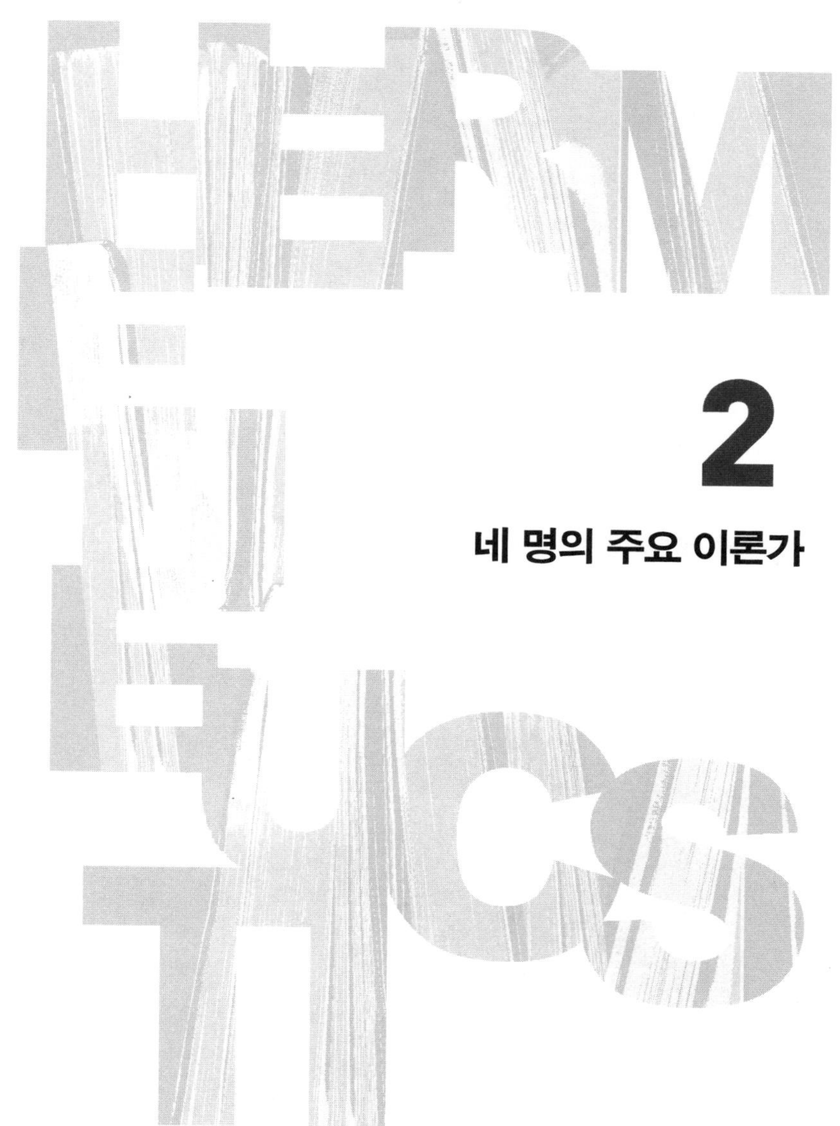

2

네 명의 주요 이론가

6. 슐라이어마허에 앞선 두 선구자

슐라이어마허가 해석학 이론의 발전에 끼친 공헌의 의의와 정도를 파악하기 위해서는 그 시대의 해석학의 상태 및 특히 당대의 유명한 문헌학자인 프리드리히 아스트와 프리드리히 아우구스트 볼프가 발전시킨 해석학에 대한 견해들을 고찰해보아야 한다.

슐라이어마허는 초기의 모색기―1805년과 1806년의 경구들―에서부터 아스트 및 볼프와의 다소 명백하게 비판적인 대화 속에서 자신의 해석학 개념을 발전시켰다. 1819년의 강의에서 새로운 해석학관에 대한 그의 요구는 처음부터 두 명의 유명한 문헌학자[1]를 지칭하고 있다. 그리고 1829년에 행한 그의 '학술원 강연'의 제목은 〈F. A. 볼프의 암시들 및 아스트의 교과서와 관련한 해석학의 개념에 관하여(On the Concept of Hermeneutics in Relation to F. A. Wolf's Indications and Ast's Manual)〉[2]이었다. 그래서 볼프와 아스트의 업적을 알지 못하면 슐라이어마허를 제대로 이해하기 어렵다. 그러나

---

1 '이해의 기술로서의 해석학은 보편적 해석학이 아니라 특수한(전문적) 해석학이다. 아스트의 설명, S. 172, 볼프 S. 37'(《H》, p. 79).

2 '해석학의 개념에 대해서는 F. A. 볼프의 해석과 아스트의 강의록을 보라.' 앞의 책, p. 123.

앞으로 알게 되겠지만, 그들의 생각들 중에서 많은 부분은 아직도 해석학에 대해 지속적인 의의를 지니고 있을 뿐만 아니라 전반적인 해석학의 다양한 조류들과 복합성을 파악하고자 하는 사람에게는 그 자체만으로도 가치가 있다.

프리드리히 아스트

프리드리히 아스트(1778~1841)는 1808년 문헌학에 관한 주요 저작 두 권을 출간하였다. 그중 하나는 《문법, 해석학 그리고 비평의 기초 원리들 Grundlinien der Grammatik, Hermeneutik und Kritik》이고, 다른 하나는 《문헌학의 개요 Grundriss der Philologie》이다. 슐라이어마허는 전자를 참고하기 때문에 이 책에서도 전자의 책에만 초점을 맞출 것이다. 원래 《문법, 해석학 그리고 비평의 기초 원리들》은 보다 큰 《문헌학의 개요》의 입문서로서 구상되었던 것이며, 그 내용은 문헌학 연구의 제 목적과 대상을 밝히는 것이다. 아스트에게 문헌학의 근본적인 목적은 문헌 유산을 통해 가장 분명하게 드러나는 고대의 '정신(spirit)'을 파악해내는 것이다.[3] 고대의 잡다한 외현적 형식들은 모두 하나의 내적 형식, 즉 존재의 내적 통일에 관련된다. 이처럼 각 부분들이 하나로 통일을 이루고 있는 형식을 우리는 고대의 '정신(Geist)'이라고 부른다. 문헌학은 먼지 쌓인 원고

3 《V》, I, p. 33. 여기에서의 아스트와 볼프에 대한 간략한 논의는 주로 요아힘 바하의 《V》, I, pp. 31~62(아스트에 관한 장)와 pp. 62~82(볼프에 관한 장)에서 힘입은 바 크다.

들이나 다루는 분야가 아니며 더욱이 문법의 용례나 규칙들을 따지는 무미건조한 현학이 아니다. 왜냐하면 문헌학은 사실적인 자료나 경험적인 자료들을 그 자체로 목적으로 다루지 않고 한 작품의 내적·외적 내용을 하나의 통일성으로 파악하기 위한 수단으로 간주한다. 이러한 통일성은 개별적인 작품들의 내적 통일성의 원천이 되는 보다 고차적인 '정신'의 통일성과 관련을 맺게 된다. 이 '정신'은 분명히 헤르더의 '민족정신(Volksgeist)' 개념에서 파생되어 나온 것이며 여기에서는 특히 그리스나 로마의 '민족정신'을 가리킨다. 문헌학의 연구는 이러한 '정신'과의 만남으로 인하여 '정신적인' 가치들을 지니게 된다. 왜냐하면 이 경우 문헌학은 '교육적-윤리적 목적'—즉 보다 그리스인들처럼 되는 것—에 공헌하게 되기 때문이다. '고대는 예술적-학문적 교양의 모범일 뿐만 아니라 〈삶 일반〉의 모범이기도 하다.'[4]

하지만 고대의 정신은 그 시대의 말을 살펴보지 않고서는 결코 파악될 수 없다. 왜냐하면 언어는 정신적 유산이 전승되는 데 있어서 제1차적인 매개체이기 때문이다. 그래서 우리는 고대의 저작들을 연구해야 하는데, 이를 위해서는 문법이 꼭 필요하다. 아스트의 저서의 제목 중에 '문법'이 제일 먼저 나오는 것은 이런 연유에서이다. 게다가 고대의 저자가 쓴 작품을 읽기 위해서는 그를 정확하게 이해하고 설명해줄 수 있는 근본 원리들이 전제되어야 한다. '그래서 고대의 언어에 대한 연구는 항상 해석학과 결부될 수밖에 없다.'[5] 여기서의 해석학은 분명히 문법의 연구와는 구별된다. 즉 여기서의 해석

4 앞의 책, p. 36.
5 앞의 책, p. 37.

학이란 텍스트의 '정신적' 의미를 추출해내는 이론이다. 우리가 고대로부터 전승되어온 저작들의 의미를 이해할 수 있는 이유는 이미 우리도 '정신'에 함께 참여하고 있기 때문이다. '정신'은 모든 삶의 초점이며 동시에 삶을 형성하는 지속적인 원리이다.[6] 아스트는 묻는다. '현재 존재하는 모든 것이 근원적으로 〈정신〉과 결부되어 있지 않다면, 과연 우리는 현재의 우리와 동떨어져 있는 관점들은 어떻게 이해할 수 있겠는가? 사실 〈정신〉은 하나의 영원한 빛이 수천 가지의 색깔로 나누어지듯이 가지각색으로 표현된다……'[7]

'정신의 통일성(Einheit des Geistes)'에 대한 이런 생각은 해석학적 순환에 관한 아스트의 견해의 기초가 된다. 즉 '정신'이란 모든 발전과 생성의 원천인 까닭으로 전체의 정신은 개별적인 부분들에 각인되어 나타난다. 이리하여 부분은 전체로부터 이해되며 전체는 그 부분들의 내적인 조화로부터 이해된다.[8] 아스트에 따르면 이것을 고대에 적용했을 때 의미하는 바는 다음과 같다. '우리가 고대의 정신의 상관적 통일성을 파악하기 위해서는 개별적인 고대의 작품들에서 그러한 정신의 갖가지 개별적 표현들을 파악해야 한다. 다른 한편으로 개별적인 저자의 〈정신〉은 (전체에 대한) 보다 고차적인 관계와 분리되어서는 결코 파악될 수 없다.'[9]

따라서 해석학의 과제는 하나의 작품을 그 작품의 의미의 내적인 발전 및 그 작품의 내적인 부분들 간의 상호관계와 그 시대의 고차

---

6 《GGHK》, p. 7 ; 《V》, I, p. 38에서 인용.

7 《GGHK》, p. 166 ; 《V》, I, pp. 38~39.

8 슐라이어마허는 해석학적 순환이라고 하는 기본 원리를 주장한 점에서 아스트의 영향을 받고 있다. 《H》, p. 141, 《GGHK》, p. 178 : 《V》, I, p. 41.

9 《GGHK》, p. 179 ; 《V》, I, p. 44.

적인 정신에 대한 관계를 통해 해명하는 일이다.[10] 이러한 과제는 아스트에 의해 세 부분, 다시 말해서 세 가지 형태의 이해로 명백하게 구분된다. 1) '역사 이해'는 작품—이것이 예술적이건 학문적이건 일반적이건 관계없이—이 내용과의 관련하에서 이해하는 것이다. 2) '문법 이해'는 언어와의 관련하에서 이해하는 것이다. 3) '정신 이해'는 저자의 총체적 정신 및 그 시대의 총체적인 정신과의 관련하에서 이해하는 것이다. 앞의 두 가지 해석학은 이미 다양한 형태로 제믈러와 에르네스티에 의해 각기 발전되었다.[11] 아스트의 독특한 기여는 주로 세 번째 의미의 해석학에서 이루어진다. 그리고 이런 의미의 해석학은 슐라이어마허와 19세기의 유명한 문헌학자 아우구스트 뵈크에 의해 계승·발전되었다. 우리는 이미 아스트에게서 슐라이어마허의 해석학에서 나타나는 기본적인 생각들을 볼 수 있다. 예를 들면 해석학적 순환이나 전체에 대한 부분의 관계 혹은 천재나 개별성(개체성, 개성)의 형이상학 등이 바로 그것이다. 그런데 이것이 개별성에 대해서도 타당한가? 그렇다. 아스트에 따르면 그 이유는 우리는 '정신적 이해'를 통해 그 시대의 일반적인 정신뿐만 아니라 특정한 개인의 정신, 즉 저자의 정신도 알게 되기 때문이다.

이러한 삼원적 유형을 핀더(Pindar)의 서시에 적용해보면 다음과 같다. 첫 번째 수준(역사 이해)은 대상, 특별히 그 시가 노래하고 있는 전투와 관련된다. 두 번째 수준(문법 이해)은 언어의 유연한 사용

---

10 《GGHK》, pp. 174~175; 《V》, I, p. 45.

11 제믈러와 에르네스티는 그 밖의 계몽주의적 해석학자들과 함께 F. W. Farrar, 《해석의 역사 History of Interpretation》에서 다루어지고 있다. 이보다 간단한 논의는 Robert M. Grant, 《성서 해석의 약사 A Short History of the Interpretation of the Bible》를 참조하라.

을 지칭한다. 이 경우 문법적 이해라고 해서 단순한 문법상의 분석만을 가리키는 것은 아니다. 세 번째 수준(정신 이해)은 애국심, 용기, 영웅적인 미덕으로 이루어진 그 시의 정신을 가리킨다. 역사적, 문법적, '정신적' 수준들이란 각기 본질적으로 우리가 작품의 내용, 형식, 정신이라고 부르는 것에 대응한다. 그리고 작품의 정신은 그 시대의 보편적인 정신뿐만 아니라 그 작품의 저자의 개성(천재)을 함께 드러내준다. 왜냐하면 사실상 작품의 정신이란 시대의 정신과 개인의 정신이 상호작용하여 나온 결과이기 때문이다.[12]

아스트는 지금까지 논의했던 이해(understanding)의 제 수준과 설명(explanation)의 제 수준을 구별한다. 그래서 이해의 역사적, 문법적, 정신적 수준은 설명의 세 가지 수준—즉 의미의 해석학, 문자의 해석학, 정신의 해석학—과 대응된다. 문자의 해석학이란 아주 넓은 개념이다. 왜냐하면 그것은 (문법적 이해를 포함하고 있는 것으로 생각되는) 단어들에 대한 설명임과 동시에 사실과 역사적 배경에 대한 설명이기 때문이다. 이러한 해석학은 역사적 환경과 결부된 사실 인식과 함께 언어의 역사적 변형태와 개별적인 특징에 대한 지식을 필요로 한다. 의미의 해석학이란 시대와 저자의 천재성을 규명하는 것을 말한다. 이러한 해석학은 일정한 위치와의 연관하에서 의미를 규정하다. 예를 들면 아리스토텔레스에 있어서의 한 문장은 플라톤의 이와 유사한 문장과는 다른 의미를 갖는다.[13] 심지어는 동일한 저작 내에서 거의 유사한 구절들도 전체로서의 그 저작과 관련하여 지니는 구절들의 위치에 따라 각기 그 의미를 달리할 수 있다. 그런

12 《GGHK》, pp. 183~184 ; 《V》, I, p. 48.

13 《GGHK》, pp. 195~196 ; 《V》, I, p. 56.

데 이러한 제 규정은 지극히 복잡하기 때문에 주어진 구절의 의미를 정확하게 포착하기 위해서는 문학사에 대한 지식뿐만 아니라 저자의 생애와 그 밖의 저작들에 대해서도 알고 있어야 한다.

세 번째 수준, 즉 정신의 해석학은 작품 속에 나타난 근본 이념, 인생관 그리고 개념(기본적인 생각, Begriff) 등을 파악하고자 하다. '인생관'을 찾아내고자 할 경우, 우리는 인생관이 전개되는 다양성으로 인하여 그 작업이 쉬운 일이 아님을 알게 된다. 그러나 '기본적인 생각'을 찾아내려고 할 경우에는 다양성의 배후에 형식의 통일성이 존재하므로 가능하다. 아스트에게서 근본 이념이라고 하는 개념은 의미의 여러 요소들 간의 결합을 뜻한다. 그러나 오직 위대한 저자와 예술가들만이 개념적 내용과 인생관이 근본 이념 내에서 조화를 이루는 완전한 종합을 달성해낸다.

이념(이상)을 강조하는 것은 독일 낭만주의 사상의 아주 친숙한 측면이기 때문에 우리가 그것을 아스트의 해석학에서 발견한다고 해서 놀랄 일은 아니다. 우리가 비판적으로 주목해야 할 가치가 있는 사실은 아스트에게 있어 근본 이념 내에서의 인생관의 조화로운 화해는 시간적인 것의 '초월(transcendence)'을 시사하고 있다는 점이다. '모든 시간성은 〈정신적인〉 설명 속에서 와해된다.[14] 그렇기 때문에 역사에 대한 낭만주의적 관심은 이념에 종속된다. 이는 천재와 개별성에 대한 낭만주의적 찬양이 이념에 종속되는 것과 마찬가지다. 왜냐하면 모든 것은 '정신'의 현태들이기 때문이다. 인간 본성의 철저한 역사성을 강조하는 20세기의 하이데거의 주장은 아스트

---

14 《GGHK》, p. 199 ; 《V》, I, p. 57.

의 관념론적 전제들과는 거리가 멀다. 계몽적인 합리주의적 전제나 낭만주의적 전제 그 어느 것에 있어서도 역사는 진정으로 역사적이지 못했다. 왜냐하면 계몽주의나 낭만주의에 있어서 역사란 단지 무시간적 진리나 '정신'을 연역해내기 위한 원료에 불과하기 때문이다.

아스트의 사고 중에서 해석학에 기여한 중요한 것은 이해 과정 자체를 재생(Nachbildung)으로 보는 생각이다. 《기초 원리들》에서 아스트는 이해 과정을 창조 과정의 반복으로 간주한다. 이해를 그런 식으로 보는 견해는 본질적으로 슐레겔이나 슐라이어마허 그리고 그 후의 딜타이나 짐멜의 견해와 유사하다. 이런 견해가 갖는 해석학적 의의는 해석을 전체로서의 창조 과정과 관계짓는다는 점이다. 다시 말해서 이 견해에 따르면 해석 및 해석상의 문제는 반드시 인식 및 창조 과정과 연결되지 않으면 안 된다. 이해를 '재생'으로 보는 이러한 견해를 통하여 해석학은 이전까지의 문헌학적 혹은 신학적 해석학의 차원을 넘어선다. 이제 해석학은 예술 창조의 이론과 관련된 이해 과정의 측면과 연결된다. 왜냐하면 이런 의미에서의 이해는 예술가의 창조 과정을 반복하는 것과 다름없기 때문이다. 그 이전까지 해석이 예술 창조의 이론과 결부되어 논의된 적은 한 번도 없었다. 그래서 요아힘 바하는 이해를 예술 창조의 과정과 연결시킨 아스트의 작업이야말로 해석학 이론의 발전에 큰 공헌을 한 것이라고 말하였다.[15]

---

15 '헤르더는 우선 보다 큰 스타일로 성서에 대한 문학적-미학적 고찰을 수행한다.…… 물론 그때까지 사람들은 창조에 대한 해석과 이론 간의 연관들에 대해 거의 주목하지 않았다. 뵈크 이전에는 훔볼트가 이에 대해 큰 영향을 끼쳤다. 나는 바로 이 점에서 해석학 이론의 역사에 대한 아스트의 의의를 간취한다. 즉 그는, 내가 문헌학의 선구자라고 부르고 싶지 않지만, 이러한 제 연관에 대해 많은 점을 시사하였다'(《V》, I, p. 52).

심리주의 때문에 예술 창조의 이론을 문학 이해의 이론, 혹은 문학해석과 관련지으려는 우리의 시도를 중단해서는 안 된다. 이해 속에서 예술가의 창조 과정이 반복된다—이미 창조는 이루어졌다—고하는 아스트의 견해에 동의하지는 않지만 작품을 통해 전달되는 경험은 독자의 마음속에서도 분명히 하나의 사건을 다시 일으킨 것이라는 주장에는 큰 무리가 없다. 계몽주의의 합리주의적인 해석학에서는 예술가의 창조 과정을 독자의 이해 과정과 연결시킬 수 있는 기반이 없다. 하지만 이와 달리 아스트나 슐라이어마허와 같은 낭만주의의 관념론적 해석학에서는 창조 과정이 아주 분명하게 이해의 근본적인 기능과 연결된다. 이와 마찬가지로 오늘날 영미의 비평가들이 행하고 있는 리얼리즘적인 문학 해석에서는 문학작품이 생겨나는 창조 과정의 문제가 전혀 도외시되는 데 반해, 현대의 현상학적 해석학에서는 창조와 해석 둘 다 이해에 근거를 두게 된다. 우리는 대조되는 이 두 가지 입장을 통해 한 작품의 근저에 놓여 있는 인식론과 그 작품의 존재론적 지위에 관한 이론이 얼마나 결정적인가 하는 것을 알게 된다. 왜냐하면 이러한 인식론과 존재론은 문학 해석의 이론과 실제에 대한 우리의 생각을 미리 규정해주기 때문이다.

프리드리히 아우구스트 볼프

프리드리히 아우구스트 볼프(1759~1824)는 아스트에 비해 훨씬 더 다채롭고 잘 알려져 있었다. 하지만 그는 아스트에 비해서는 덜 체계적이었다. 왜냐하면 아스트의 《기초 원리들》은 하나의 체계를 이루고 있는 데 반해서, 그는 체계에 별다른 관심을 쏟지 않았기 때문이다. 그는 자신의 《고대학의 집대성에 관한 강의 Vorlesung über die Enzyklopädie der Altertumswissenschaft》에서 해석학이란 '기호나 상징의 의미를 파악하는 기준이 되는 규칙들에 관한 학문'[16]이라고 정의하였다. 이러한 규칙들은 당연히 그 대상에 따라 다르게 마련이며, 따라서 시를 위한 해석학과 역사를 위한 해석학 그리고 법률을 위한 해석학 등이 각기 따로 있게 된다. 볼프에 따르면 모든 규칙은 이론이 아니라 실제적인 연구작업을 통해 얻어져야 한다. 따라서 해석학은 기본적으로 이론적인 노력이라기보다는 실제적인 것이다. 즉 해석학은 의미 파악을 위한 규칙들을 한데 모아놓은 것이다.

볼프에 의하면 해석학의 목적은 '저자가 말이나 글로 표현해놓은 사상을 그 저자가 의도한 그대로 파악하는 것'[17]이다. 이처럼 말한다고 해서, 즉 해석학의 목적을 완전한 의사소통이라고 보고 작품을 의사소통을 위한 시도라고 말한다고 해서 곧바로 심리주의에 빠지는 것은 아니다. 볼프는 해석자가 주제를 다른 사람들에게 설명하기 위해서는 우선 그 주제를 '정서적으로' 이해하고 있어야 한다고 주장한다. 그래서 해석자는 다른 사람들의 사상을 공감할 수 있는 폭넓은 재능을 갖고 있어야 한다. 또한 해석자는 '낯선 사상에 재빨리 정서적으로 적응할 수 있는 탁월한 영혼'[18]을 지니고 있지 않으면 안 된다. 다른 사람의 정신세계로 들어갈 수 있는 대화의 능력이 없이는

---

16 '기호의 의미를 파악할 수 있는 규칙들에 관한 과학'(《VEA》, p. 290 ; 《V》 I, p. 67).

17 'Die geschriebene oder auch bloss mündlich vorgetragene Gedanken eines ander ebenso zu fassen, wie er sie gefasst haben will'(《VEA》, p. 193 ; VI, p. 68).

18 《VEA》, p. 273 ; 《V》, I, p. 72.

어떠한 설명도 불가능하다. 이렇게 되면 해석학도 불가능하게 된다.

아스트에 있어서와 마찬가지로 설명은 이해에 근거를 두고 있으면서도 이해는 설명과 구별된다. 하나의 상징의 의미는 이해 속에서 직접적으로 파악된다. 또한 이 상징을 말이나 글로 설명하는 것도 이해에 근거를 두고서 이루어진다. 볼프에 따르면 우리는 우리 자신에 대해서는 이해(understand)하지만 다른 사람들에 대해서는 설명(explain)한다. 설명을 문제 삼게 되면 우리는 곧바로 설명이란 누구를 위해 행해지는 것인가를 알지 않으면 안 된다. 설명의 형식과 내용은 해석이 초보자를 위한 것이냐 아니면 작은 차이에도 관심을 갖는 전문적인 학자를 위한 것이냐에 따라 달라질 것이다. 이를 볼프는 다음과 같이 표현했다. '이해의 생동성이 없이는 그 누구도 해석을 할 수 없다.' 따라서 해석학은 이해와 설명이라고 하는 두 측면을 불가피하게 갖게 된다.[19]

아스트와 마찬가지로 볼프도 삼중의 해석학을 주창한다. 하지만 볼프의 그것은 세 번째 단계에 아스트와 같은 '정신'의 형이상학이 없다. 해석학의 세 가지 수준 혹은 종류는 다음과 같다. '문법적 해석(interpretatio grammatica)', '역사적 해석(interpretatio historica)', '철학적 해석(interpretatio philosophica)'[20] 첫째의 문법적 해석은 해석을 위하여 언어에 대한 이해가 제공하는 모든 것을 다룬다. 역사적 해석은 저자가 알고 있었던 것이 무엇인가를 알기 위해서 그 시대의 역사적 사실들뿐만 아니라 저자의 생애에 대해서도 관심을 갖는다. 물론 그 나라의 자연적·지리적 특징과 같은 일반적인 역사적

19 《VEA》, p. 273 ; 《V》, I, p. 74.

20 《VEA》, pp. 290~295 ; 《V》, I, pp. 77~78.

사실들도 대단히 중요하다. 간단히 말해서 해석자는 가능한 한 많은 역사적 지식을 갖추고 있어야 한다. 해석의 철학적 수준은 앞의 두 수준의 해석을 논리적으로 규제하는 역할을 한다. 볼프는 도처에서 실제적인 것과 사실적인 것을 강하게 강조하고 있다. 그래서 서로 다른 문제들을 해결하기 위한 규칙들이 수없이 많음에도 불구하고 이 규칙들 사이에는 어떠한 기본적인 체계적 통일성도 존재하지 않는다. 규칙들은 다만 해석상의 특수한 난점들에 관한 여러 관찰들을 모아놓는 것에 불과하다.

아스트와 볼프의 해석학에 대한 간략한 개요는 슐라이어마허가 살던 시대의 문헌학적 해석학을 아는 데 도움이 된다. 유명한 에르네스티나 그의 제자 모루스가 라틴어로 저술을 했던 데 반해 아스트와 볼프는 자신들의 모국어인 독일어로 책을 썼다. 에르네스티가 확립한 '문법적' 해석의 제 요소는 아스트와 볼프에게서도 여전히 근본적이다. 하지만 독일어를 사용함으로써 역사적인 것에 대한 파악은 뉘앙스를 달리하면서 보다 심오해졌다. 라틴어 대신에 독일어를 사용함으로써 해석의 역사적 수준과 철학적 수준은 더욱 심화되었다. 철학적 해석을 지향하는 이런 경향은 슐라이어마허에 의해 계승·발전된다. 그도 역시 문법적 해석을 기반으로 하고 있었지만 해석학이 심리(학)적 해석으로 나아가면서 대화에 있어서의 인간 이해의 제 기능에 관한 체계적인 견해에 근거를 두게 됨에 따라 철학적 일관성에 대한 주장을 보다 강력하게 제기하였다.

7. 슐라이어마허에 의한 보편적 해석학의 시도

'이해의 기술로서의 해석학은 보편적인 분야로 존재하는 것이 아니라 여러 가지의 특수한 해석학에 불과하다.'[1] 슐라이어마허가 1819년 해석학에 관한 강의를 시작하면서 행한 이러한 강령적인 주장은 이해의 기술(the art of understanding)로서의 보편적 해석학을 세우고자 하는 자신의 근본 목적을 단 한 문장으로 나타낸 것이다. 그리고 이러한 기술은 텍스트가 법률적이건 종교적이건 아니면 문학적이건 간에 모두 동일한 것이라고 슐라이어마허는 주장한다. 물론 이들 사이에는 차이점이 있게 마련이다. 그래서 각 분야는 나름대로 자신들의 문제에 고유한 이론적 도구를 발전시킨다. 하지만 이러한 차이점들은 피상적인 것에 불과하고 그것들의 근저에는 보다 근본적인 통일성이 깔려 있다. 텍스트는 언어로 되어 있기 때문에 문자의 의미를 이해하기 위해서는 문법이 필요하다. 왜냐하면 보편적인 관념은 문헌의 유형이 어떠한 것이든지 간에 의미를 형성하기 위해서는 문법적 구조와 결부되기 때문이다. 그래서 언어를 이해할 수 있는 원리들을 모두 정식화시키게 되면 이것들이 바로 보편적 해석

1 《H》, p. 79. 6장 주 1을 보라.

학을 이루게 된다. 이러한 보편적 해석학은 모든 '특수한' 해석학의 기반과 핵심이 될 수 있다.

그러나 슐라이어마허는 아직 이러한 해석학이 존재하지 않는다고 말한다. 오히려 문헌학적 해석학, 신학적 해석학 그리고 법률적 해석학과 같은 다양한 특수 '해석학'들만이 있을 뿐이다. 그리고 문헌학적 해석학 내에서도 어떠한 체계적 정합성이 존재하지 않는다. 이와 반대로 프리드리히 아우구스트 볼프는 역사와 시 그리고 종교적 텍스트들에 맞는 각기 상이한 해석학이 필요하며 더 나아가 이들 각각의 해석학도 보다 세분화되고 전문화되어야 한다고 주장한다. 볼프에게 있어서 해석학이란 해석을 둘러싼 특수한 문제들을 풀어가는 지혜의 결집체를 만드는 실제적인 분야이다. 헤브라이어나 그리스어 혹은 라틴어로 된 고대의 텍스트들에 의해 야기되는 특수한 언어학적이고 역사적인 난점들을 해결하기 위해서는, 다시 말해서 해석을 중심으로 한 지극히 다양한 문제들을 해결하기 위해서는 규칙들과 충고가 있어야 한다. 해석학이란 (볼프에게 있어서) 고대의 텍스트들을 번역해야 하는 과제에 도움을 주는 보조적인 이론의 결집체였으며, 여기서 말하는 이론이란 고대의 텍스트들을 이해하는 데 중요하다고 생각되는 요소들이 점점 더 많아짐에 따라 단순히 축적되는 그러한 것이었다. 위대한 아스티우스의 해석학은 보다 철학적인 경향을 담고 있었지만, 그럼에도 불구하고 여전히 백과사전적이고자 노력하였으며 슐라이어마허에게는 용인되기 힘든 형이상학적 관념론에 기초를 둔 것이었다. 그래서 아직도 모든 해석학에서 일어나는 근본적인 작용을 고찰하려는 시도는 간과되고 있었다. 다시 말해서 이해의 작용, 즉 살아가고 느끼고 직관하는 인간의 작용을 고찰하고자 하는 노력은 생겨나지 않았다.

슐라이어마허는 1799년에 이미 종교를 혐오하는 교양인들에게 부치는 한 유명한 소책자에서 형이상학과 도덕은 종교라는 현상을 위한 기초가 될 수 없다고 단호하게 비판하였다. 종교란 합리적인 이상에 따라 살아가는 사람과는 전혀 관계없는 것이다. 오히려 종교는 피조물의 입장에서 하느님에게 복종하며 느끼고 행동하고 살아가는 사람에게 있어서만 중요한 의미를 갖는 것이다. 이와 마찬가지로 슐라이어마허가 주장한 해석학은 대화를 이해하는 과정 속에서 행동하고 살아가는 구체적인 인간과 관련된다. 우리가 모든 대화 속에 삼투되어 있는 제 조건들에서 시작할 때, 그리고 합리주의와 형이상학 및 도덕을 제쳐버리고 이해와 결부된 구체적이고 현실적인 상황을 고찰하게 되는 경우에만, 우리는 성서해석학과 같은 특수한 해석학을 위한 핵심적 근간이 될 수 있는 확고한 해석학을 성립시킬 수 있는 출발점을 갖게 된다.

과거에는 해석학적 이론의 대부분을 구성했던 설명의 기술(the art of explanation)조차도 해석학의 영역에서 배제되어야 한다는 것이 슐라이어마허의 주장이다.

> 설명이 이해(Verstehen)의 외적 측면 이상의 것이 되자마자, 그것은 다시 서술의 기술(the art of presentation)이 되어버린다. 에르네스티가 '이해의 생동성'이라고 불렀던 것만이 진정으로 해석학에 속한다.[2]

---

2 이 구절은 아마도 1805년 슐라이어마허가 해석학의 주제에 관하여 주석을 달면서 씌어진 것이 아닌가 생각된다. 동시에 이것은 그의 탁월한 통찰력을 잘 보여주는 구절이다. 왜냐하면 이 구절에서 해석학은 설명의 기술보다는 이해의 기술로 특징지어지

설명은 암암리에 '이해'의 기술 대신에 수사학의 기술이 된다. 대화의 제 조건에서 설명은 무언가를 형성하는 하나의 기능이며, 동시에 그것을 말로 바꾸어준다. 그런데 말해진 바를 이해하는 것은 또 하나의 구별되는 기능이다. 슐라이어마허의 주장에 따르면 해석학은 말하는 기술이 아니라 말해진 바를 이해하는 후자의 기능에 관련된다. 말하는 것과 (말해진 바를) 이해하는 것의 이 같은 근본적인 구별은 해석학의 새로운 방향을 열기 위한 바탕이 될 뿐만 아니라 이해이론으로서의 해석학을 위한 체계적인 기초를 놓을 수 있는 길을 열어주었다. 해석학이 이제 더 이상 다양한 종류의 텍스트들을 해석할 때 생겨나는 갖가지 실제적인 문제들의 해명에 기본적인 관심을 두지 않게 되면 해석학의 진정한 출발점은 이해라는 작용이 된다. 그래서 슐라이어마허에 있어서 해석학은 '이해의 기술(art of understanding)'이 되는 것이다.

이리하여 슐라이어마허는 자신의 해석학의 출발점으로서 다음과 같은 질문을 제기한다. 말로 된 것이건 아니면 글로 된 것이건 간에 어떠한 발화(發話)는 사실상 어떻게 '이해'되는가? 상황을 이해하는 것은 대화관계 중의 하나이다.

모든 대화관계에서는 자신의 의미를 표현하기 위하여 문장을 만드는 화자(話者)가 있기 마련이다. 이때 청자(聽者)는 단순한 단어들의 배열을 듣다가 갑자기 어떤 신비적인 과정을 통하여 그 단어들의 의미를 알아차리게 된다. 신비적이고 심지어는 성스럽기까지 한 이 과정이 바로 해석학적 과정(hermeneutical process)이다. 이것은 해

고 있기 때문이다.

석학의 참된 위상이다. 해석학은 듣기의 기술이다. 이제 우리는 이러한 기술 혹은 과정의 원리들 몇 가지를 살펴보자.

재구성의 과정으로서의 이해

슐라이어마허에게 기술로서의 이해는 텍스트 저자의 원래의 정신적(심리적) 과정을 다시 체험(추체험)하는 것이다. 이는 창작 과정의 역전이다. 왜냐하면 추체험은 이미 고정되고 완결된 표현에서 시작하여 원래 그 표현이 생겨났던 정신적 삶에로 거슬러 올라가는 것이기 때문이다. 화자 혹은 저자는 하나의 문장을 구성한다. 그러면 청자는 문장의 구조와 사상을 파악한다. 그래서 해석은 두 개의 상호작용하는 계기로 이루어지게 된다. 하나는 '문법적' 계기이고, 다른 하나는 '심리적' 계기(이는 원저자의 정신적 삶에 의해 포괄되는 모든 것을 뜻하는 넓은 의미에서이다)이다. 이러한 재구성이 이루어질 수 있는 바탕이 되는 원리는 그것이 문법적이건 아니면 심리적이건 간에 해석학적 순환(hermeneutical circle)의 원리이다.

해석학적 순환

이해란 기본적으로 지시적인 기능이다. 왜냐하면 우리는 무언가를 이해하기 위해서는 그것을 이미 우리가 알고 있는 어떤 것과 비교하기 때문이다. 우리가 이해하는 것 그 자체는 부분들로 이루어진 체계적인 통일성 혹은 순환을 형성한다. 전체로서의 순환은 개별적인 부분들을 규정하고, 또 부분들은 한데 모여 순환을 형성한다. 예를 들면 하나의 문장은 전체로서 하나의 통일성이다. 이때 우리는 문장 전체와의 연관하에서 각각의 개별 단어를 봄으로써만 그 단어의 의미를 이해한다. 그리고 이와 상호적으로 전체로서의 문장의 의미는 개별적인 단어들의 의미에 의존한다. 이를 확대해서 보면, 개별적인 개념은 그것이 입각해 있는 맥락(context)이나 지평(horizon)으로부터 의미가 도출된다. 하지만 지평은 자신이 의미를 부여해주는 바로 그 요소(개념)들로 이루어져 있다. 전체와 부분의 변증법적 상호작용에 의하여 이들 각각은 서로에 대해 다른 의미를 제공한다. 그래서 이해는 순환적이다. 의미는 이러한 '순환' 속에서 형성되기 때문에 우리는 이를 '해석학적 순환'이라고 부른다.

물론 해석학적 순환은 논리적 모순을 내포한다. 왜냐하면 만일 우리가 부분을 이해하기에 앞서 전체를 파악해야 한다면, 우리는 결코 아무것도 이해할 수 없을 것이기 때문이다. 하지만 우리는 부분의 의미를 전체로부터 도출해낸다고 주장한 바가 있다. 그리고 다른 한편으로 부분들을 모르고서는 전체에서 출발할 수가 없다. 그렇다면 해석학적 순환이란 개념은 타당하지 못한 것인가? 결코 그렇지 않다. 오히려 우리는 논리야말로 이해의 제 작용을 충분히 해명할 수 없다고 말해야 한다.

하여튼 해석학적 순환에로의 일종의 '도약'은 반드시 일어나기 마련이며 우리는 전체와 부분들을 함께 이해한다. 슐라이어마허가 이해란 부분적으로 비교의 문제이면서도 부분적으로는 직관적이고 신비스러운 문제라고 간주했을 때, 바로 그 같은 요인을 위한 여지를 남겨두었다. 어쨌거나 해석학적 순환은 그것이 기능하기 위해서 직관의 요소를 가정하고 있다.

게다가 해석학적 순환은 공유된 이해의 영역을 제시해준다. 의사소통은 대화적인 관계이기 때문에 애초부터 화자와 청자에 의해서 공유되는 의미공동체(community of meaning)가 가정된다. 이는 또 하나의 다른 모순을 함축하는 듯이 보인다. 즉 이해되어야 할 대상은 이미 알려져 있어야 한다는 사실이다. 하지만 이것은 말이 안 되지 않는가? 사랑을 모르는 사람에게 사랑을 이야기하거나, 공부를 싫어하는 사람에게 공부의 기쁨을 말하는 것은 헛된 일이 아닌가? 그러나 사람들은 이미 일정한 정도에 있어서 다루어질 문제에 대한 지식을 지니고 있어야 한다. 이는 이해를 위해서는 꼭 필요한 최소한의 사전지식이라고 불릴 수도 있을 것이다. 만일 이러한 사전지식이 없게 되면 우리는 해석학적 순환으로 도약할 수 없다. 평범한 예를 들어보자. 가령 우리가 키르케고르나 니체 혹은 하이데거와 같은 위대한 저자를 읽는 데 있어 처음에는 아무것도 몰랐던 경험을 한 적이 있을 것이다. 이때 문제는 저자의 사상의 전체적인 방향을 파악하는 일이다. 이러한 전반적인 파악이 없으면 개별적인 진술들 심지어는 전체의 저작들이 무의미하게 들린다. 종종 단 하나의 문장이 그전까지는 혼란스러워 보이던 모든 것을 비추어주면서 의미 있는 전체로 바꾸어놓을 수도 있다. 왜냐하면 이때 이 문장은 저자가 원래 말하고자 했던 '전체적인 것'을 제시해주기 때문이다.

그러므로 해석학적 순환은 언어 차원에서뿐만 아니라 논의되는 사상(事象)의 차원에서도 이루어진다. 이때 말하는 자와 듣는 자는 모두 언어와 담화의 주제를 공유하지 않으면 안 된다. 담화의 매개

(언어)라는 차원에서뿐만 아니라 담화의 사상(주제)이라는 차원에서도 사전지식의 원리(the principle of preknowledge)—혹은 해석학적 순환—는 이해의 모든 작용을 통해 기능한다.

문법적 해석과 심리적 해석

슐라이어마허의 후기 사상에서는 언어의 영역을 점점 더 사고의 영역으로부터 분리해내려는 경향이 나타난다. 전자는 '문법적' 해석의 대상인 데 반해서 후자는 '기술적인(technical)'—초기에는 이렇게 불렀다—혹은 '심리적인(psychological)' 해석의 영역이다. 문법적 해석은 객관적이고 일반적인 법칙들에 의거하여 진술을 배열함으로써 진행된다. 반면에 해석의 심리적 측면은 주관적이고 개별적인 것에 초점을 맞춘다. 슐라이어마허는 다음과 같이 말한다.

> 모든 언동은 언어 전체와 화자의 총체적 사고에 대해 이중적인 관계를 갖는 것과 꼭 마찬가지로, 그 언동에 대한 모든 이해에서도 두 가지 계기가 존재한다. 하나는 그것을 언어에서 나온 것으로 이해하는 것이고 다른 하나는 그 언동을 화자의 사고 내에서 일어난 하나의 '사실'로 이해하는 것이다.[3]

이때 '문법적' 해석은 언어의 계기에 속하게 되는데, 슐라이어마

---

3 《H》, p. 80.

허는 이러한 해석을 소극적이고 일반적이며 더 나아가 경계 설정을 하는 절차라고 간주했다. 사고가 작용하는 구조는 이러한 절차에서 설명된다. 하지만 심리적 해석은 저자의 독특한 개성과 고유한 천재성을 탐색한다. 바로 이런 이유 때문에 해석자에게는 저자와의 일정한 동질성이 요구된다. 그 이유를 좀 더 구체적으로 말하자면 심리적 해석은 경계 설정을 하는 절차나 작업이 아니라 해석의 참된 적극적 측면이기 때문이다.

물론 이 두 가지 측면의 해석은 모두 다 필요하며 사실상 지속적으로 상호작용한다. 개별적인 언어 사용은 언어 자체의 변화를 야기한다. 하지만 저자는 언어와의 대립을 넘어서서 자신의 개성을 언어에 각인시키게 된다. 해석자는 저자의 개성을 보편자와 관련하여 이해하지만 동시에 적극적이고 직접적이며 직관적인 방법이 함께 동원된다. 해석학적 순환이 부분과 전체의 순환을 포함하듯이 하나의 동일체로서의 문법적·심리적 해석은 특수자와 보편자를 포함한다. 왜냐하면 후자의 심리적 해석은 개별적이고 적극적일 뿐만 아니라 보편적이고 경계 설정적이기 때문이다. 또 문법적 해석은 언어와의 관련하에서, 즉 문장들의 구조와 작품의 상호작용하는 부분들을 통해서 작품을 보여준다. 게다가 문법적 해석은 동일한 문학적 유형의 다른 작품들과의 관계 속에서도 하나의 작품을 제시하기도 한다. 따라서 우리는 문법적 해석에서도 부분과 전체의 (해석학적) 원리가 작용하고 있음을 알 수 있다. 이와 마찬가지로 저자의 개성과 작품의 독창성도 그 저자의 생애 및 다른 사람들이나 다른 작품들이라고 하는 보다 큰 맥락에서 인식되어야 한다. 부분과 전체의 상호작용 및 상호조명의 원리는 양 측면의 해석 모두에 대해 기본적인 것이다.

이 모든 것은 해석학의 목표를 텍스트 저자의 정신적 삶의 재구성으로 전제하고 있다. 이 점은 특히 슐라이어마허가 1819년에 했던 한 진술에서 분명하게 드러난다.

> (해석의) 기술은 오직 적극적인 공식으로부터만 그 규칙들을 발전시킬 수 있다. 그 공식은 다음과 같다. 주어진 언표의 역사적 재구성과 신학적 재구성 및 객관적 재구성과 주관적 재구성이다.[4]

슐라이어마허는 분명히 원저자가 체험했던 바를 그대로 다시 체험코자 했으며, 따라서 언표를 저자와 분리하여 보지 않았다. 하지만 이러한 추체험(reexperience)이 저자에 대한 '정신분석'으로 간주될 필요는 없다는 사실을 명심해야 한다. 오히려 이해란 다른 사람의 사고를 재구성하는 기술이다. 다시 말해서 이해의 목적은 저자의 여러 감정의 동기나 원인을 알아내는 것(이는 정신분석학의 과제이다)이 아니라, 저자가 행한 언표에 대한 해석을 통하여 다른 사람의 사상 그 자체를 재구성하는 것이다.

사실 한 저자의 개성의 완전한 재구성은 인과적 분석을 통해서는 결코 이루어질 수 없다. 왜냐하면 이러한 분석은 일반적인 것에 대해서만 말해줄 뿐 개성에 대해서는 아무것도 말해주는 바가 없기 때문이다. 심리적 해석의 핵심이 되는 것은 기본적으로 직관적인 접근 방법(intuitive approach)이다. 문법적 해석은 비교적 방법(comparative method)을 이용할 수 있으며 텍스트의 일반적인 것에서 구체적인

---

4 앞의 책, p. 87.

것으로 진행해간다. 반면에 심리적 접근 방법은 비교적 방법과 '신비적' 방법을 모두 사용한다. '신비적 방법은 다른 사람의 개성을 직접 파악하기 위하여 스스로를 타자 속으로 전치(轉置)시키는 방법이다.'[5] 해석의 이러한 계기로 인하여 사람들은 자신으로부터 벗어나 스스로를 저자의 정신 속으로 전치시키게 된다. 이렇게 해서 사람들은 저자의 정신 과정을 충분히 직접적으로 파악할 수 있게 되는 것이다. 그럼에도 불구하고 그 목적은 궁극적으로 심리(학)적 입장에서 저자를 '이해'하는 것이 아니라 오히려 텍스트에서 의미된 바에로 가장 완전하게 접근하는 것이 그 목적이 된다.

문체에 대한 이해로서의 해석학적 이해

심리적이고 직관적인 해석을 강조하는 슐라이어마허에 대한 논의에 집중하다 보면, 해석학에 관한 그의 사색에 있어서 처음부터 끝까지 나타나는 언어의 중심 성격에 대한 그의 강력한 주장을 망각하기 쉽다. 문법이란 우리의 해석의 초점을 인도하는 데 필수불가결한 요소이다. 하지만 개성을 심리적 차원에서 드러내는 일도 근본적으로는 저자의 독특한 문제로 표현된다. 따라서 다른 사람들의 개성을 인식하는 '재능'이 아무리 뛰어나다고 하더라도 만일 이러한 재능이 언어적 통찰의 재능—이는 다시 말하면 문법적인 경계 설정 및 저자의 문체를 통하여 그의 개성을 심리적으로 파악하는 일이다—과

5 앞의 책, p. 109.

결합되지 않고서는 어떠한 적절한 이해도 이루어지지 않을 것이다. 우리는 한 인간을 그의 문체를 통하여 속속들이 알 수 있다. 그래서 슐라이어마허는 1819년에 문체의 중요성을 다음과 같이 정확하게 요약하고 있다. '문체에 대한 완전한 이해는 해석학의 가장 중요한 목표이다.'[6]

체계적 학문으로서의 해석학

슐라이어마허의 해석학적 사색의 목적은 느슨하게 연결되어 있는 '갖가지 관찰들의 총체'를 체계적 일관성을 지닌 통일체로 바꾸는 것이다. 사실 그의 의도는 이 이상이다. 첫째는 이해란 아마도 발견되어질 수 있다는 법칙들에 따라 이루어진다는 생각을 확립하는 것이고, 둘째는 이해가 따르는 법칙이나 원리들의 몇 가지를 구체적으로 밝히는 것이다. 이러한 그의 바람은 '학문(science)'이라는 말로 집약될 수 있을 것이다. 그가 추구했던 바로 예전의 해석학처럼 일련의 규칙들(rules)을 세우는 것이 아니라 이해를 작용케 하는 일련의 법칙들—즉 이해의 학문—을 확립하는 것이었다. 그리고 이러한 학문으로서의 해석학은 텍스트로부터 의미를 추출해내는 과정을 인도할 수 있다고 주장하였다.[7]

---

6 앞의 책, p. 108.

7 이해 자체는 여전히 하나의 기술(art, Kunst)로 남아 있다. 이에 대해서는 리처드 R. 니버가 슐라이어마허의 해석학에 대한 자신의 탁월한 해명에서 올바르게 관찰하고 있다(그의 《슐라이어마허의 예수관과 종교관 Schleiermacher on Christ and Religion》의 pp. 72~134). 슐라이어마허에게 해석작용은 '학문적(과학적)이면서 동시에 인격

언어-중심의 해석학으로부터 주관성-중심의 해석학으로

최근 1959년에 이르기까지는 슐라이어마허의 해석학에 대한 일반적인 견해는 필연적으로 그의 친구이자 제자인 프리드리히 루케가 편집한 그의 선집[8] 중에서 사후에 출판된 한 권의 책에 근거를 두고 있다. 1838년에 출판된 이 책은 단지 일부분만이 저자 자신의 원고에서 뽑은 것이었고 나머지 대부분은 학생들의 노트에서 단편적으로 모은 것을 편집한 것이었다. 비록 슐라이어마허는 1805년 이후에는 자신이 직접 쓴 노트를 남겨두었지만, 1838년의 책은 1819년 이전의 노트에서 참고한 것이 거의 없다. 1950년대 후반 하인츠 킴멀레는 베를린 도서관에 있는 슐라이어마허의 미간행 수고를 주의 깊게 탐독하여 슐라이어마허가 직접 쓴 해석학에 관한 모든 저술을 연대순으로 정리하였다. 킴멀레의 이러한 노력에 힘입어 우리는 처음으로 '보편적 해석학'을 시도한 슐라이어마허 자신의 사고의 발전 과정을 정확하고 확실하게 추적할 수 있게 되었다.[9]

이러한 수정 작업을 통해 슐라이어마허 해석학의 전모가 밝혀졌을 뿐만 아니라 동시에 지금까지 알려져 있지 않았던 그의 모습—즉 보다 초기에 언어에 치중하면서 심리학에 덜 치중했던 슐라이어

적이고 창조적인 행위이다. (즉 그에게 있어서 해석이란) 화자나 작가의 자아를 상상력에 의해 재구성하는 행위이다. 이와 같은 감정이입은 언제나 문헌학의 제 원리를 뛰어넘어 기술의 영역이 된다'(p. 79). 이에 관해서는 《H》, p. 82를 보라.

8 《H&K》.

9 《H》, pp. 9~24에 있는 유용한 입문과 그의 논문 〈해석학 이론인가 존재론적 해석학인가(Hermeneutical Theory or Ontological Hermeneutics)〉, 《HH》 pp. 107~121을 보라.

마허—이 밝혀졌다. 1805년과 1809년 사이에 저술한 것으로 추정되는 약 20페이지에 걸친 해석학에 관한 난삽한 원고들과 1810~1819년 동안의 최초의 모색적인 초안들에서 슐라이어마허는 철저하게 언어-중심의 해석학을 제안하고 있다. 슐라이어마허는 애초부터 명백히 두 부분으로 이루어진 보편적이고 정초적인 해석학을 염두에 두고 있었다. 하나는 문법적(객관적) 해석학이고 다른 하나는 기술적(주관적) 해석학이다. 물론 문헌학의 객관성으로부터 결정적으로 벗어나 대화에 삼투되어 있는 제 조건에서 출발하려는 시도는 이미 1819년 이전의 저작들에서도 아주 빈번하게 나타난다. 1810년에서 1819년에 이르는 시기까지 슐라이어마허는 해석학의 과제가 '두 개의 상이한 지점에서 수행된다'고 적고 있다. '하나는 언어에 대한 이해이며, 다른 하나는 화자에 대한 이해이다.'[10] 초기의 주장에 따르면 우리는 누군가가 말하는 바를 이해하기 위해서는 그의 인간성을 이해해야 하지만, 그와 동시에 그의 인간성을 이해하는 것은 그의 언동으로부터 이루어져야 한다.[11] 해석학은 화자가 말한 것을 통해 화자를 이해하는 기술이다. 그래서 언어는 여전히 핵심이 된다. 그는 초기에 다음과 같은 언급도 하고 있다.

> 해석학에서 전제되어야 하는 것을 바로 언어이다. 또한 거기에서 밝혀져야 할 것도 언어이다. 따라서 기타의 객관적이고 주관적인 전제들은 언어를 통하여 혹은 언어로부터 밝혀져야 한다.[12]

---

10 《H》, p. 56.
11 앞의 책, p. 44.
12 앞의 책, p. 38.

킴멀레에 의하면 언어-중심의 해석학에서 심리적으로 정향된 해석학으로 이해해가는 데 있어서 결정적인 요소는 사고와 언어를 동일하게 생각하는 태도의 점차적인 포기였다. 그 이유는 철학적인 데서 비롯되었다고 킴멀레는 말한다. 즉 슐라이어마허는 선험적인 사변철학의 내향적 성격과 실증적 경험과학의 외향적 성격의 매개를 자신의 과제로 보았기 때문이다. 그는 이상적이고 내적인 본질과 외적인 현상 간의 불일치를 전제하였다. 따라서 텍스트는 내면의 정신과정이 직접적으로 표출된 것으로 간주될 수 없었으며 단지 경험적으로 접근할 수 있는 급하게 요구된 언어에 불과했다. 그래서 궁극적으로 해석학의 과제는 내면적 과정에 도달하기 위하여 언어를 초월하는 것이었다. 여전히 언어를 파고들 필요는 있지만 이제 더 이상 언어는 사고에 비해 중요한 것이 아니었다. 이와 달리 1813년경에 이르면 슐라이어마허는 '사고와 그것의 표현은 본질적으로 그리고 내적으로 완전히 같은 것이다'[13]라고 주장하였다. 그리고 슐라이어마허가 1829년까지는 자신의 해석학을 방법론(기술론, Kunstlehre)으로 언급하지 않았다는 사실은, 그 자신이 사고와 표현의 동일성에 관한 자신의 근본 명제를 포기하지 않으려 했다는 것을 보여주는 증거이다.

하지만 그는 사실상 이 명제를 포기했으며 그리하여 해석학에 의해 재구성된 정신적 과정은 이제 더 이상 본질적으로 언어적인 것으로 간주되지 않으며 오직 언어의 개별성과는 분리된 개별성의 내적인 기능으로 생각되었다. 바로 이 점에 대한 킴멀레와 가다머의 지

---

13 앞의 책, p. 21.

적은 아주 정당하다. 그들에 따르면 슐라이어마허는 그 같은 포기로 인하여 방향성을 상실했을 뿐만 아니라 진정한 언어-중심의 해석학이 거둘 수 있었던 충분한 결실을 더 이상 맺지 못한 채 값싼 형이상학으로 전락해버리고 말았다.[14] 물론 슐라이어마허가 단지 그의 관념론적 형이상학에 의해서만 이러한 결론에 도달한 것은 아니었다.[15] 오히려 이에 못지않게 중요한 요인은 해석학의 목적을 저자의 정신 과정의 재구성이라고 보았던 그의 가정이었다. 그러나 이러한 가정은 다분히 문제의 소지가 있다. 왜냐하면 텍스트란 모호하기 그지없는 내면의 정신 과정에 의해서 이해되는 것이 아니라 그 텍스트가 언급하고 있는 주제, 즉 사상(事象)에 의해 이해되기 때문이다. 초기의 해석학적 사고를 할 때의 슐라이어마허는 개인의 사고 및 그의 전체 존재는 본질적으로 자아와 세계를 이해하는 기반이라 할 수 있는 언어를 통해 결정된다는 주장을 확고하게 견지함으로써 오늘날의 해석학과 아주 유사한 입장을 갖고 있었다. 다만 자신의 보다 큰 체계적 입장과의 직접적인 모순에 직면하여 그는 막대한 손실에도 불구하고 그러한 통찰을 포기하였던 것이다. 그의 초기의 사유에서 나타났던 가능성이 풍부한 새로운 출발점—대화에 참여하고 있는 상대방에 대한 이해를 위한 현실적인 조건들에 기반을 둔 진정으로

14 〈슐라이어마허에 의한 보편적 해석학의 기도(Schleiermachers Entwurf einer universalen Hermeneutik)〉, 《WM》 pp. 172~185. 특히, pp. 179~183을 보라. 또한 슐라이어마허 탄생 200주년을 기념하여 1968년 2월 29일 밴더빌트 신학교에서 개회된 학술대회에서 가다머가 발표한 논문 〈슐라이어마허의 해석학에서 언어의 문제(The Problem of Language in Schleiermaches's Hermeneutics)〉를 보라.

15 슐라이어마허의 해석학과 관련한 개별성과 천재의 개념에 관해서는 《WM》, p. 179를 보라.

언어-중심의 해석학—은 이제 사라진다. 해석학은 정신 과정을 규정하고 재구성하는 심리학적 기술이 되어버렸다. 그리고 이 과정은 더 이상 본질적으로 언어의 과정으로 간주되지 않게 된다. 문체는 계속해서 저자의 개성을 이해하는 열쇠라고 생각되었지만, 그것은 비언어적 개성을 지적하는 경험적 표현에 불과했다.

슐라이어마허가 기도한 보편적 해석학의 의의

후기의 슐라이어마허에 있어서의 심리지향적인 요소에도 불구하고 해석학에 기여한 그의 업적은 해석학의 역사에서 중요한 전환점이 된다. 왜냐하면 해석학은 이제 더 이상 신학이나 문학 혹은 법학에 속하는 특수한 전문적 보조 분야가 아니라 언어로 표현된 모든 것들을 이해하는 기술로 전환되었기 때문이다. 그의 명쾌한 초기의 경구가 말해주는 바에 따르면, 해석학은 어린아이가 새로운 단어의 의미를 파악하는 방식과 꼭 일치한다.[16] 문장구조와 의미맥락(혹은 의미연관)은 어린아이에게 중요한 지침이며 보편적 해석학에서는 해석의 체계이다. 해석학은 대화의 제 조건에 대한 검토에서 시작하는 것으로 생각된다. 슐라이어마허의 해석학은 대화의 해석학이었지만 유감스럽게도 법칙과 체계적 일관성에 지나치게 집착함으로써 대화의 본성이 갖는 창조적인 여러 함축성들을 제대로 깨닫지 못했

16 '모든 어린아이는 해석을 통하여 단어의 의미를 배운다'(《H》, p. 40). 가다머는 '해석학은 오해를 피하는 기술이다'라고 했던 슐라이어마허의 주장에 관심을 갖는다(《H&K》, p. 29; 《WM》, p. 173).

다.[17] 하지만 바로 이러한 결점은 (오늘날의 관점에서 보면) 하나의 학문(혹은 과학)이고자 하는 새로운 방향의 해석학으로서는 불가피한 것이다.

앞으로 보게 되겠지만 딜타이는 '객관적으로 타당한' 인식을 요구하면서 해석학의 과제란 이해의 법칙과 원리를 찾아내는 것이라고 가정함으로써 슐라이어마허가 새로 놓은 방향을 계승하였다. 이러한 가정은 역사적 이해가 결여되어 있다는 점에서 비판될 수 있다. 왜냐하면 이는 역사를 넘어서서 혹은 역사 외부에서 무시간적 '법칙'이 도출될 수 있는 입각점을 확립하는 것이 가능하다고 전제하고 있기 때문이다. 하지만 이해의 문제를 출발점으로 하는 해석학적 운동은 해석이론에 중요한 공헌을 하였다. 얼마 후 이러한 주장은 더욱 발전되어 슐라이어마허가 과학적인 용어로 표현했던 이해에 있어서의 보편자들은, 이해의 본질적인 역사적 구조와 모든 이해에 있어서의 선이해의 특별한 중요성 때문에 역사적 성격을 갖출 수 있게 되었다. 슐라이어마허나 심지어는 그 이전의 해석학 이론가들까지도 모든 이해가 발생하는 거처가 되는 해석학적 순환의 원리를 개진할 때 이해의 역사성을 강조하였다.

이리하여 슐라이어마허는 시행착오에 의해 축적되는 방법으로서의 해석학에 대한 견해를 결정적으로 극복하고서, 모든 특수한 해석기술에 선행하는 일반적인 이해의 기술의 정당성을 주장하였다. 이

17 Niebuhr, 앞의 책, pp. 81ff. 이는 특히 슐라이어마허에 있어서 사고 자체의 대화적 성격에 관한 것이다. 니버는 슐라이어마허의 해석학이 그의 '변증법'과 윤리학에 대한 관심과 갖는 관계를 강조한다. 왜냐하면 해석자는 저자의 도덕적 상태를 '감정을 통해 파악'하기 때문이며, 이렇게 되면 해석 자체는 하나의 도덕적 행위가 되기 때문이다(p. 92).

는 현재의 문학 해석이 암묵적이건 명시적이건 간에 이해의 일반이론에 대해 갖는 적절한 관계는 무엇인가라는 문제를 제기한다. 아마도 오늘날 우리는 해석의 본성을 모르고서 해석해도 된다고 주장할는지 모른다. 그러나 이는 어떤 일이 이루어지는지를 전혀 모르는 채 그 일을 주장하는 것과 같다. 우리는 여기에서 기능공들이 스스로 무엇을 하고 있는가를 알고 있는지의 여부를 탐문하면서 아테네를 배회하던 소크라테스가 만났던 기능공들의 태도를 연상해볼 수 있다. 이 같은 무지몽매함은 나름대로 매력을 가질 수도 있다. 하지만 해석의 본성을 무시하는 태도는 예를 들면 신비평의 난삽한 억설이나 '신화비평'의 갖가지 모순들을 극복하는 데에서 미국의 문학 해석에 아무런 도움도 주지 못할 것이다. 현재 우리가 절실하게 필요로 하는 것은 해석에서 근본적인 것과 그렇지 못한 것을 결정할 수 있는 새로운 원리이며, 그렇기 때문에 해석은 무엇이며 어떠한 기능을 수행하는가의 문제는 보다 적절하게 확인되지 않으면 안 되는 것이다. 분명 현대의 문학 해석은 모든 언어적 이해의 일반적 본성(보편적 해석학)에 대한 자신의 관계를 보다 주의 깊게 성찰해야만 한다.

그 한 예로서 듣는 자가 하나의 발화를 이해할 때 그의 마음 속에 어떤 일이 일어나는가의 문제에 관심을 갖는 태도가 심리적 태도라 하여 그냥 지나쳐버리는 태도는 경솔한 짓이다. 적절하게 말하면 '심리(학)화(Psychologizing)'는 그 발화를 저자의 의도와 정신적 제 과정에 비추어 이해하려는 노력이다. 분명히 슐라이어마허는 이 점에서 책임이 있다. 하지만 그의 기여가 이 같은 일면적인 결점으로 인하여 타당치 못한 것으로 간주되어서는 안 될 것이다. 물론 하나의 발화를 행한 화자의 정신적 제 과정에 대한 허공에 뜬 사변은 정당치 못한 것이 분명하다. 그러나 나는 슐라이어마허가 해석의 문제를 청자에 있어서의 이해의 기술과 불가분한 것이라고 본 점에서는 정확했다고 믿는다. 바로 이런 주장은 하나의 텍스트가 그것이 이해를 둘러싸고 일어나는 모든 사건과 무관하게 독립적이고 진정한 의미를 갖는다고 하는 환상을 불식시키는 데 도움을 준다. 이 같은 소박한 견해에서는 이해의 본질적인 투명성과 비역사성이 가정되고 있다. 다시 말하면 이 견해는 우리가 시간과 역사의 외부에서 텍스트의 의미에 접근할 수 있는 특권을 갖고 있다고 가정한다. 하지만 바로 이러한 가정들이 문제시되어야 하는 것이다.

슐라이어마허의 해석학에 있어 또다른 중요한 요소는 '삶에 대한 관계로부터의' 이해라고 하는 개념이다. 이는 딜타이와 하이데거의 해석학적 사유를 위한 출발점이 될 것이다. 왜냐하면 딜타이는 '삶(Leben) 자체로부터의' 이해를 자신의 목표로 삼았으며, 하이데거도 동일한 목표를 갖고서 좀 다르긴 하지만 보다 철저하게 역사적인 방식으로 그 목표에 도달하려고 애썼기 때문이다. 하나의 복잡한 사상은 그것이 저자의 정신적 제 과정을 이해하는 단서가 된다는 점에서 중요한 것이 아니라, 우리 자신의 체험지평(horizon of experience)과 관련하여 이해되는 독자적인 체험이라는 점에서 중요하다. 우리는 이해란 우리 자신의 이전까지의 체험에 대한 의미 있는 관계들과 분리되어서 생각될 수 없다는 주장을 견지할 때 굳이 심리(학)화할 필요는 없다.

그런데 슐라이어마허의 해석학에는 약간의 관심을 끄는 또 다른 성과들이 있다. 예를 들면 이해를 출발점으로 채택함으로써 운문과

산문을 아무런 구별도 없이 뒤섞어버리거나 아직도 많은 문제의 여지가 있는 근본적인 심리학이나 인간 본성에 관한 제 이론을 한데 섞어버리는 오류를 저지를 수 있다. 하지만 이것은 외국어를 번역하는 문제나 약간 떨어진 시간거리를 관통하는 문제를 얼렁뚱땅 얼버무리려는 태도와는 전혀 무관하다. 오히려 이해의 기술에 초점을 맞추는 슐라이어마허의 태도는 이해 그 자체를 더욱 문제시한다. 가다머는 슐라이어마허에 있어서의 제반 문제와 방금 지적한 문제들에 관심을 가지면서 다음과 같이 결론짓고 있다.

> 슐라이어마허에 있어서 중요한 문제는 역사의 불명료성에 관한 것이 아니라 타자의 불명료성에 관한 것이었다.[18]

대화의 심리적 제 조건에 관심을 갖는 이러한 태도는 해석의 역사적 요소와 심지어는 해석학에 있어서의 언어의 중요성을 간과할 수 있다. 이해 과정은 '모방'이나 '재구성'의 과정이라고 하는 잘못된 견해와 더불어 대화에 집중적인 관심을 두었던 슐라이어마허의 태도는 그가 자신의 후기 해석학을 잘못된 길로 인도하는 데 촉진제의 역할을 했다.

그럼에도 불구하고 슐라이어마허는 해석학을 보편적인 학문의 차원으로 올려놓았다는 점에서 근대 해석학의 아버지로 간주되어도 아무런 손색이 없다. 요아힘 바하는 다양한 분야와 방향에서 활동했던 19세기 후반의 해석학 이론가들은 거의 모두 슐라이어마허의 해

---

18 《WM》, p. 179.

석학적 사유에 빚을 지고 있었으며, 특히 19세기 독일의 가장 중요했던 몇몇 해석학 이론에는 그의 영향이 뚜렷이 남아 있다고 지적하고 있다. 이것들 중에서 우리는 앞으로 빌헬름 딜타이 탁월하게 중요한 기여만을 다루게 될 것이다.

8. 딜타이: '정신과학'의 정초로서의 해석학

1834년 슐라이어마허가 죽은 후 보편적 해석학을 확립하려는 기도는 약화되어 거의 사라졌다. 물론 다양한 분야에서 해석학의 문제는 여전히 위대한 사상가들—예를 들면 카를 빌헬름 폰 훔볼트, 하이만 슈타인탈, 아우구스트 뵈크, 레오폴트 폰 랑케, S. G. 드로이젠, 프리드리히 폰 사비니—의 관심을 사로잡았다. 하지만 이들의 해석학적 문제에 대한 고찰은 특정한 한 분야에 국한되어 이해의 기술(art)로서의 보편적 해석학보다는 역사적, 문헌학적 혹은 법률적 해석학에 머물렀다. 그러나 세기말경 천부적인 철학자이며 문예사가였던 빌헬름 딜타이(1833~1911)는 해석학에서 정신과학을 위한 정초(定礎)를 보기 시작했다. 이때의 '정신과학(Geisteswissenschaften)'이란 오늘날의 인문학이나 사회과학을 포함하여 인간의 내면적 삶의 표현들—그 표현을 동작일 수도 있고 역사적 행동일 수도 있으며 명문화된 법이나 예술작품 혹은 문학일 수도 있다—을 해석하는 제반 분야를 말하는 것이다.

딜타이의 목적은 '내면적 삶의 표현들'에 대한 '객관적으로 타당한' 해석을 하기 위한 방법들을 발전시키는 것이었다. 동시에 그는 자연과학의 규범과 사고방식을 그대로 수용하여 인간과학에 적용하려

했던 정신과학 내의 경향에 대해 날카롭게 비판하였다. 그렇다고 해서 헤겔과 같은 관념론적 전통이 그 대안이 될 수는 없었다. 왜냐하면 오귀스트 콩트의 영향을 받았고 또 랑케를 사사한 딜타이는 '정신과학'의 이론을 위한 타당한 출발점을 사변(speculation)이 아니라 오직 구체적인 경험(체험)뿐이라고 굳게 믿고 있었기 때문이다.

딜타이는 자신의 이 같은 지적 특징으로 인하여 '객관성'에 대한 독일 '역사학파'의 요구가 지닌 인식론적 모순은 관념론적 세계관과 실재론적 세계관의 무비판적 혼합에서 비롯된 것이라는 것을 올바르게 지각하였다. 구체적이고 역사적인 체험은 '정신과학'을 위한 출발점임과 동시에 종착점이어야 한다. 삶 그 자체는 우리의 사유의 출발점임과 동시에 우리의 탐구가 도달해야 할 목표이다. 우리는 삶의 배후에 이념이나 관념의 영역이 존재한다고 생각해서도 안 되고 따라서 그 배후로 파고들려고 해서도 안 된다. '우리는 삶 자체의 배후로 거슬러 올라갈 수 없다.'[1]

삶 자체에로 돌아갈 것을 강조하는 딜타이의 외침에는 낭만주의적 요소가 들어 있다. 그리고 딜타이가 독일의 '질풍노도(Strum und Drang)' 운동—노발리스, 괴테, 슐라이어마허—에 관한 연구서들을 출간했다는 사실은 전혀 놀랄 일이 아니다. 낭만주의의 유산에 이처럼 몰입했기 때문에 체험 자체를 충실하게 그리고 직접적으로 파악하고자 했던 그의 실증주의와 실재론은 실패할 수밖에 없었다. 우리는 딜타이에게서 19세기 사유의 근본적인 갈등을 보게 된다. 하나는 직접성(무매개성)과 총체성에 대한 낭만주의적 지향이고, 다른 하나

---

1 《GS》, V, p. 5 ; VIII, p. 184.

는 '객관적으로 타당한' 소여를 찾으려는 노력이다. 그는 역사주의와 심리주의에 맞서 끊임없이 투쟁하였으며 부분적으로는 이들을 극복하였다. 왜냐하면 그의 사유에는 독일의 역사학파의 역사 이해보다 훨씬 심오한 역사 이해가 나타나고 있으며, 또한 1890년대에는 해석학으로의 전환을 통하여 슐라이어마허의 해석학에 대한 연구로부터 수용했던 심리주의적 경향을 넘어섰기 때문이다.

H. A. 호지스는 딜타이에 관한 연구서에서 당시까지는 서로 분리되어 있던 두 가지 위대한 철학적 전통이 딜타이에서 만나고 있음을 지적한 바가 있다. 하나는 영국과 프랑스의 경험적 실재론과 실증주의이며, 다른 하나는 독일의 관념론과 삶의 철학이다.[2] '정신과학'을 위한 인식론적 토대를 정초하려는 딜타이의 시도는 인간 연구를 위한 적절한 방법이 무엇인가에 관해 근본적으로 대립적인 두 견해가 만나는 장소가 되었다.

딜타이의 해석학을 이해하기 위해서, 우리는 먼저 '정신과학'을 위한 방법론적 기초를 찾으려는 그의 노력 속에 이루어진 문제들의 맥락과 목표를 해명해야 한다. 이를 위해서는 1) 딜타이의 역사관과 2) 그의 '생철학적' 경향을 살펴보아야 한다.

'정신과학'을 위한 방법론적 기초를 발견하는 문제

인간의 갖가지—사회적이거나 예술적인—표현들을 이해하는 데 초점을 맞추는 과학(정신과학)에 적합한 방법론을 세우려는 시도는,

2 《PhWD》, 제2장.

자연과학의 환원론적이고 기계론적인 전망을 극복하려는 맥락에서 딜타이에 의해 제기되었다. 동시에 이는 현상의 충전(充全)으로 파악하려는 접근 방법을 찾으려는 시도의 맥락에서 제기된 것이기도 하였다. 바로 이런 이유 때문에 딜타이의 문예이론에 관한 최근의 한 연구서는 그의 이론을 '현상학적 접근 방법'이라고 부르고 있다.[3] 따라서 그 같은 방법론을 위한 기초를 발견하는 과제는 1) 인식론적 문제이자 2) 역사의식에 관한 우리의 견해를 심화시키는 문제인 동시에 3) 표현들을 '삶 자체'로부터 이해하려는 요구이다. 이 세 가지 요인들을 고려하게 되면, '정신과학'의 접근 방법과 자연과학의 접근 방법은 그 구별이 명확해진다.

딜타이에게 있어서는 인간이 만든 현상(즉, 표현)을 이해할 때 일어나는 과정을 기술하기 위한 어떠한 종류의 형이상학적 기초도 처음부터 모두 거부된다. 왜냐하면 형이상학은 보편적으로 타당한 것으로 인정될 수 있는 결과들로 거의 도출될 수 없기 때문이다. 오히려 문제는 인간적 현상을 이해하는 데 아주 적합한 지식과 이해가 어떤 종류의 것인가를 구체적으로 밝히는 일이다. 그는 다음과 같이 묻는다. 모든 정신과학을 위한 기초가 되는 이해행위의 본성은 무엇인가? 간단히 말해서 그는 문제를 형이상학적 맥락이 아니라 인식론적 맥락에서 고찰하고 있다.

비록 딜타이가 신칸트주의자가 아니라 '생철학자'이기는 하지만 어떤 의미에서 그는 칸트의 '비판적 관념론'을 계승하고 있다고 볼

---

3 Kurt Müller-Vollmer, 《현상학적 문학이론을 위하여 : 빌헬름 딜타이의 '시론'에 대한 연구 Towards a Phenomenological Theory of Literature : A Study of Wilhelm Dilthey's 'Poetik'》.

수 있다. 칸트는 과학의 인식론적 기초를 놓았던 《순수이성비판》을 저술하였다. 딜타이는 의식적으로 자신에게 '정신과학'을 위한 인식론적 기초를 놓을 수 있는 '역사이성비판'을 저술해야 할 과제를 부여하였다. 그는 칸트의 범주가 자연과학에 대해 갖는 적합성의 여부는 문제삼지 않았다. 다만 그에 따르면 칸트는 공간, 시간, 수 등과 같은 범주에서 인간의 내면적 삶을 이해할 수 있는 가능성을 거의 보지 못했다. '감정'의 범주도 인간적 주체의 내면적, 역사적 성격에는 적합지 않은 것으로 보였다. 그래서 딜타이는 다음과 같이 주장했다.

> 이는 인식론의 범주가 아니라 자기 해석의 범주에서 그리고 '순수' 이성비판이 아니라 역사이성비판의 견지에서 전체적인 칸트의 비판적 태도를 계속 발전시키는 문제이다.[4]

'우리는 내면적 성찰을 통해서뿐만 아니라 역사를 통해서도 자아를 알 수 있다.'[5] 딜타이에게 있어서 인간 이해의 문제는 우리 자신의 실존의 '역사성(Geschichtlichkeit)'에 대한 의식을 재발견하는 것이다. 그 이유는 우리의 실존은 과학의 정태적 범주 속에 상실되어 있기 때문이다. 우리가 삶을 체험하는 것은 '힘'이라고 하는 기계적 범주에 의해서가 아니라 '의미'라고 하는 복합적이고 개별적인 계기에 의해서이다. 다시 말해서 우리는 삶을 총체성으로서의 직접 체험하며 일반자나 보편자가 아니라 특수자를 애정을 갖고서 파악한다. 이

---

4 《GS》, V, xxi.

5 앞의 책, VII, p. 279와 그 밖의 여러 곳.

러한 의미의 단위는 과거의 연관뿐만 아니라 미래에 대한 예기라고 하는 지평을 필요로 한다. 왜냐하면 의미의 단위는 본질상 시간적이고 유한하므로 역사적으로 이해되어야 하기 때문이다(이 역사성이란 개념은 뒤에 가서 딜타이의 해석학 자체와 관련하여 논의될 것이다).

정신과학의 이론을 정립하는 문제는 딜타이의 생철학의 지평에서 제기되었다. 생철학(혹은 삶의 철학)은 일반적으로 19세기 후반의 세 명의 철학자, 니체, 딜타이 그리고 베르그송과 연결된다. 생철학의 전개를 다룬 오토 프리드리히 볼노브 교수는 자신의 저서[6]에서, 생철학이라고 하는 사상 조류는 형식주의 및 무미건조한 합리주의에 반발했던 18세기의 일반적 경향에 근거를 두고 있음을 추적하면서 생동감 있고 느끼며, 의지하는 인격으로서의 전체적인 인간을 간과해버리는 모든 추상적 사고에 대한 거부라고 결론짓고 있다. 그래서 루소, 야코비, 헤르더, 피히테, 셸링 및 그 밖의 18세기의 사상가들은 세계 내의 인간 존재를 총체적으로 파악하려 했던 점에서 생철학을 예고하였다. 이미 이들 사상가에게서는 외면성과 문화에 의해 포장된 현실을 거부하는 생철학자의 투쟁이 나타나 있다. 따라서 '생'이란 개념은 문화의 고정성과 규정성에 대한 거부였다. 이에 대해 볼노브는 다음과 같이 말한다.

> 그것(생)은 인간의 집합적인 내면적 힘, 특히 널리 팽배해 있는 합리적 오성의 힘을 거부하는 감정과 열정의 비합리적 힘을 말한다.[7]

---

6 《L》.
7 앞의 책, p. 5.

프리드리히 슐레겔은 '생철학'이란 인간 의식의 생동적인 표출이며, 인간의 삶이란 '강단철학'의 추상적이고 불가해한 사변을 거부하는 것이라고 보았다. 그리고 피히테는 존재의 고정성과 생의 강력한 전진적 흐름 사이의 대립을 자신의 전철학의 기반으로 삼았다.

생철학과 가까운 사상가들의 목록은 얼마든지 더 확대될 수 있다. 예를 들면 윌리엄 제임스, 마르크스, 듀이, 페스탈로치, 플레스너, 셸러 등도 넓은 의미의 생철학에 포함될 수 있다. 볼노브는 특히 게오르그 짐멜(1858~1918), 루드비히 클라게스(1872~1956), 호세 오르테가 이 가세트(1883~1955)에 관심을 갖는다.[8] 이들 모두에게는 체험의 충일성으로 돌아가려는 일반적 경향이 있다. 동시에 이들은 모두 기술만능적 문명의 형식적, 기계적, 추상적 제 경향에 반대한다. (셸러적인 의미에서의) 정신이나 (피히테적인 의미에서의) 존재의 힘은 경화되고 사멸해간다. 이에 반해 생(Leben)의 힘은 모든 형태의 창조성과 의미를 위한 동태적이고 무궁무진한 원천이다.

딜타이에 있어서 이러한 대립이 인간의 내면적 삶과 체험을 이해하는 데 적용됐을 때, 그 대립은 자연주의적이고 인과성-지향적인 사고방식에 대한 비판으로 나타났다. 인간의 내면적 삶의 역동성은 인식, 감정, 의지 등이 서로 뒤얽힌 복합적인 문제이며, 따라서 이러한 역동성은 인과성의 규범 및 기계적이고 양적인 사고의 엄격성에 종속될 수 없다는 것이 딜타이의 기본 주장이다. 인간을 이해하기 위하여 《순수이성비판》으로부터 사고의 제 범주를 추출해내려는 시도는 사실상 삶의 외부에서 추상적인 일련의 제 범주를 도출하려는

---

8 앞의 책, pp. 144~150.

시도와 같다. 이러한 추상적 제 범주는 정태적이고 무시간적이기 때문에 삶 자체와 대립되기까지 한다.

정신과학의 목적은 삶의 외재적인 범주들이 아니라 내재적인 범주들에 의해 삶을 이해하는 것이다. 그리고 이 내재적 범주들도 삶으로부터 도출되어 나온다. 삶은 삶 자체에 대한 체험으로부터 이해되어야 한다. 딜타이는 경멸조로 다음과 같이 유명한 말을 한 적이 있다. '로크와 흄 그리고 칸트에 의해 구성된 〈인식하는 주관〉의 혈관 속에는 살아 있는 피가 흐르지 않는다.'[9] 로크와 흄 그리고 칸트에 있어서는 '안다'고 하는 것이 감정이나 의지와는 구별되는 인식능력에만 국한되어 사용되었다. 게다가 인식은 종종 인간의 내면적 삶이 갖는 본질적으로 역사적인 연간과 분리될 수 있는 것으로 간주되었다. 그러나 사실 우리는 과거와 현재 그리고 미래 속에서 지각하고 사고하고 이해하는 것이며, 또한 우리의 감정과 도덕적 요구 그리고 정언명법 등에 의해 지각하고 사고하고 이해한다. 따라서 보다 중요한 일은 체험에 나타난 의미 있는 단위들에로 돌아가는 것이다.

딜타이에게 있어서 '삶'으로 돌아가자고 하는 말은 인간적이건 비인간적이건 간에 모든 생명의 신비적인 근거나 원천으로 돌아가자는 것을 의미하지 않는다. 또한 근본적인 심리적 에너지에로 돌아가자는 것도 아니다. 오히려 그 말은 삶이 '의미'에 의해 다루어져야 한다는 뜻이다. 왜냐하면 삶이란 '그 내부로부터 알려진 인간의 체험'[10]이기 때문이다. 우리는 현상적 세계를 단순한 현상으로 간주하지 않으려는 딜타이의 태도—'삶의 배후로 사고는 더 이상 파고들

9 《GS》, V, p. 4 ; 또한 《L》, p. 121.

10 《L》, p. 12 ; 《GS》, VIII, p. 121을 보라 : '삶은 여기에서 삶을 파악한다'.

수 없다.'[11]—에서 반형이상학적 경향을 간취한다. 삶의 제 범주는 선험적 실재에 근거를 두는 것이 아니라 체험적 실재에 기반한다. 헤겔은 이미 삶을 삶 자체로부터 이해해야 한다는 주장을 한 적이 있다. 딜타이는 이러한 주장을 반형이상학적 맥락 속에 위치시킴으로써 헤겔의 형이상학적 요소를 제거한다. 아마도 이때의 딜타이의 맥락은 실재론적이거나 관념론적인 것이 아니라 현상학적이라 할 수 있을 것이다. 딜타이는 삶이 '역사적' 현실이라고 주장하는 점에서 헤겔을 따른다. 그러나 딜타이에 있어 역사는 절대이념 혹은 절대정신의 현현이 아니라 삶의 표현이다. 삶은 상대적이며 다양한 형태로 표현된다. 왜냐하면 인간의 체험에서 삶은 결코 절대적인 것이 아니기 때문이다.

'정신과학' 대 '자연과학'

지금까지의 논의는 인간을 연구하는 방법들에 대하여 어떠한 의미를 갖는가? 딜타이는 '정신과학'은 인간적 현상의 해석을 위해 새로운 모델을 제시해야 한다고 주장했다. 이 새로운 모델은 체험 자체의 성격으로부터 도출되어야 한다. 왜냐하면 그 모델은 '힘'이 아니라 '의미'의 제 범주에 기초를 두어야 하기 때문이다. 이는 곧 수학이 아니라 역사의 범주에 기초를 두어야 함을 의미한다. 딜타이는 자연과학과 정신과학 사이에 근본적으로 놓여 있는 구별을 간파하였다.[12]

---

11 《GS》, VIII, p. 184.

정신과학은 인간과는 무관한 사실들과 현상들을 다루는 것이 아니라 인간의 내면적 과정, 즉 인간의 '내적 체험'과 관련되는 한에서만 의미를 갖게 되는 사실들과 현상들을 대상으로 한다. 자연과학에 적합한 방법론은 인간적 현상들을 이해하는 데 적합지 않다. 물론 이러한 인간적 현상들이 자연적 대상으로 다루어지는 한에서는 예외가 될 수도 있다. 하지만 정신과학은 자연과학에서는 이용될 수 없는 방법론을 인간적 현상들에 적용할 수 있다. 다시 말해서 정신과학은 감정이입의 신비스러운 과정을 통하여 다른 사람의 내적 체험을 이해할 수 있는 가능성을 갖고 있다. 딜타이는 아래와 같이 주장한다.

> 인간에 있어서의 내면적인 사건과 과정들이 동물의 그것과 구별될 수 있는 이유는, 첫째로 (사람이 사람을 이해할 때) 진정한 전위(轉位)가 일어날 수 있기 때문이며, 둘째는 사고의 친화과 보편성이……'사회적-역사적 세계(social-historical world)'를 상정할 수 있고 구축할 수 있기 때문이다.[13]

내적 체험을 구체화시켜주는 대상들을 통해서 발생할 수 있는 이러한 '진정한 전위'로 인하여, 우리는 다른 종류의 대상과 관련해서는 불가능한 이해의 정도와 깊이를 획득할 수 있다. 물론 이러한 전

12 Carl Michalson, 《신앙의 합리성 The Rationality of Faith》을 보라. 이 책은 이들 두 영역에 적합한 이해에 관한 세심한 비교 연구이다. 또한 《GS》, V, pp. 242~268; 《VII》, 여러 곳을 보라.

13 《GS》, V, p. 250.

위가 일어날 수 있기 위해서는 반드시 우리 자신의 체험의 사실들과 다른 사람의 체험의 사실들 간에 유사성이 존재해야만 한다. 이렇게 해서 우리는 우리 자신의 체험의 가장 심오한 깊이를 타인에게서 찾아낼 수 있는 가능성을 갖게 된다. 즉 우리는 상대방을 통해서 우리 자신의 보다 풍부한 내면적 세계를 발견할 수 있다.[14]

딜타이는 이 전위를 타자의 내적인 체험 세계의 재구성 및 추체험(追體驗)으로 간주한다. 이런 점에서 그는 슐라이어마허를 따른다. 그러나 딜타이의 주요 관심사는 슐라이어마허처럼 타자에게 있는 것이 아니라 세계 자체, 즉 '사회적-역사적' 세계로 파악되는 세계에 있다. 왜냐하면 이러한 세계는 내적인 도덕적 요구의 세계이자 감정과 의지의 공유된 공동체이며 동시에 공통된 미의 체험 세계이기 때문이다. 우리가 이러한 내면적인 인간 세계를 꿰뚫어볼 수 있는 것은 내적 성찰에 의해서가 아니라 해석, 즉 삶의 표현들에 대한 이해를 통해서이다. 즉 현상에 각인된 인간의 암호를 해독해냄으로써 내적인 인간 세계에 대한 통찰은 가능한 것이다.

그러므로 정신과학과 자연과학의 차이는 반드시 그 대상의 종류나 지각방식에 놓여 있는 것은 아니다. 오히려 양자의 본질적인 차이점은 지각된 대상이 이해되는 맥락에 달려 있다.[15] 정신과학도 가끔 자연과학과 동일한 대상이나 '사실들'을 다룰 수도 있다. 하지만 이때 그것들은 전혀 다른 관계들의 맥락에서 취급된다. 인간적 체험과의 연관이 부재한다는 사실은 자연과학의 근본 특징이다. 반면에 인간의 내적 삶과의 연관이 나타나게 되면 반드시 정신과학의 대상

---

14 앞의 책, 같은 곳.

15 앞의 책, p. 248.

이 된다. 이에 대해 딜타이는 다음과 같이 말하고 있다.

> 따라서 자연과학과 정신과학의 차이점은 근본적으로 상이한 '인식 방식'에 의해서 결정되는 것이 아니라 내용에 따라 달라진다.[16]

동일한 대상과 사실은 서로 상이한 관계 체계들 속에 포함될 수 있다. 정신과학은 이러한 대상이나 사실을 삶 자체에서 도출된 전혀 새롭고 비과학적인 '범주들'에 의해 다룰 수 있다. 예를 들면 하나의 대상은 순수하게 인과적인 제 범주에 의해(과학적인 방식으로) 설명될 수도 있고, 아니면 그것이 우리에게 인간의 내면적 삶, 혹은 보다 객관적으로 인간의 사회적-역사적 세계에 관하여 말해주는 바에 의해 설명될 수도 있다. 이 경우 인간의 사회적-역사적 세계는 인간의 내적 체험의 구조이자 동시에 그 표출이다. 자연과학이 정신적 사실들(geistige Tatsachen)을 사용하게 되면 더 이상 자연과학일 수 없다. 이에 반해 정신과학은 물리적 사실들을 사용할 수 있다. 다만 외적 세계는 감정과 의지를 갖고 있는 인간과 관련해서만 정신과학의 대상이 될 수 있으며, 자연과학적 사실들도 그것들이 인간의 행동에 영향을 주거나 인간의 목적을 방해하는 한에서만 의의를 지닐 수 있다.

딜타이는 정신과학에서 가장 핵심적 용어는 '이해(understanding)'라고 믿었다. 설명이 자연과학의 핵심 개념이라면 내면과 외면이 결합된 현상에 접근하는 방법이 이해이다. 자연과학은 자연을 설명하는 데 반해서 정신과학은 삶의 표현을 이해한다.[17] 이해는 개별적인

---

16 앞의 책, p. 253.

실재를 파악할 수 있는 것인 데 반해서 자연과학은 항상 개별자를 일반자에 도달하기 위한 수단으로 간주한다.

이해는 개별자를 그 자체로 가치평가하며, 현상을 그것의 개별성에 비추어 이해한다. 이처럼 개별적인 내면적 삶에 대한 집중적인 관심은 자연과학의 태도 및 절차와 근본적인 대조를 이룬다. 딜타이의 주장에 따르면 정신과학은 이해의 방법론을 정식화시키려고 시도해야 한다. 그리고 이 방법론은 자연과학의 환원론적 객관성을 넘어서서 인간적 체험, 즉 '삶'의 충만성으로 돌아가는 것이다.

지금까지의 논의를 통해 우리는 정신과학에 대한 딜타이의 견해를 파악할 수 있다. 그러면 과연 자연과학과 정신과학을 분리하는 딜타이의 시도는 정당한 것인가? 딜타이를 열렬히 옹호하는 사람들 중에도 이에 대해 부정적인 사람들이 많다. 딜타이의 유고를 편집했던 게오르그 미쉬(Georg Misch)는 일찍부터 두 가지 방법의 생산적인 화해는 가능할 뿐만 아니라 바람직하다고 인정했다. 또한 볼노브도 딜타이와 같은 분리는 두 가지 지식 분야—즉 자연과학과 정신과학—에 대한 이론적인 자기 이해에 있어 도움을 주지만, '이해'는 정신과학에만 한정되는 것이 아니며 설명적 절차가 자연과학에만 국한되는 것도 아니라는 사실이 인정되어야 한다고 주장한다. 게다가 이해와 설명 둘 다 모든 인식행위에서 다양한 정도로 함께 작용한다. 역설적으로 현재의 유리한 입장에서 보면, 자연과학적 방법이나 심지어는 딜타이가 그렇게도 극복하고자 노력했던 역사주의조차도 얼마든지 정신과학에 파고들 수 있다는 사실을 알 수 있다. 왜냐

17 '우리는 자연은 설명하고 정신의 삶은 이해한다(Die Natur erklären wir, das Seelenleben verstehen wir)'(앞의 책, p. 144).

하면 '객관적으로 타당한 인식'에 대한 그의 요구는 그 자체가 선명하고 명석한 자료라고 하는 과학적 이상의 표현이었다. 그리고 이는 부지불식간에 그의 사고로 하여금 자연과학적 사고와 양립할 수 있는 정신의 무시간적이고 공간적인 은유와 이미지를 지향케 하였다. 이와 달리 슐라이어마허의 유산은 그로 하여금 이해를 재구성과 동일시하면서 심리주의적 경향으로 이끌었다. 그러나 그는 자신의 이론을 새로운 종류의 심리학보다 해석학에 기초를 둠으로써 차츰 이러한 경향에서 벗어났다.

하지만 삶을 삶 자체에 의해 이해하려는 기도, 이해의 역사적 측면을 심화시키려는 시도, 정신과학에 파고든 과학주의에 대한 비판 등은 모두 딜타이 이후의 해석학에서 주요한 역할을 해왔다. 우리는 딜타이에게서 문제로서 열려져 있는 해석학의 근본 문제와 목적을 보게 된다. 하이데거도 이러한 목적에 기반을 두고서 그의 스승 에드문트 후설에게서 나타나는 과학적 제 경향을 넘어서려고 노력함에 있어 분명히 딜타이에게 힘입은 바가 컸다.[18]

딜타이의 해석학 공식 : 체험, 표현, 이해

'하나의 학문은 그 대상이 체험, 표현, 이해 사이의 체계적 관계에 기반을 둔 절차를 통해 접근 가능하게 되는 한에서만 정신과학의 영역에 속하게 된다.'[19] 이러한 '체험-표현-이해'의 공식은 결코 아

18 《SZ》, 77절을 보라.

19 《GS》, VII, p. 86 ; 《PhWI》 p. 249에 인용되어 있음.

무런 설명도 필요로 하지 않는 자명한 것이 아니다. 왜냐하면 각각의 용어는 딜타이의 생철학에 있어서 서로 판이하게 구별되는 의미를 갖고 있기 때문이다. 따라서 우리는 이 용어들을 각기 분리해서 살펴보아야 한다.

1. 체험

영어 'experience'는 독일어로 두 가지 의미를 갖는다. 하나는 '경험(Erfahrung)'이고 다른 하나는 보다 최근에 전문적으로 사용되는 '체험(Erlebnis)'이다. 전자는 우리가 삶에서 자신의 '경험'을 지칭할 때처럼 경험 일반을 말한다. 딜타이는 보다 특수하고 제한된 용어인 '체험'이란 말을 사용했다. 독일어 Erlebnis는 개별적인 경우에서 경험하다라는 의미를 갖는 동사 erleben에서 온 것이다. 동사 erleben은 접두사 er-가 덧붙여져서 아주 최근에 만들어진 말이다. 접두사 er-는 본동사의 의미를 더욱 심화시킨다는 의미를 갖고 있다. 따라서 '경험(experience)'이란 영어는 독일어에서 '살다'라는 의미에서 함께 파생되어 나온 것이라 할 수 있다. 단순형으로서의 Erlebnis는 딜타이가 그것을 고도로 특수한 의미로 사용하기 전까지는 원래 없었던 말이다. 다만 복수형 Erlebnisse는 괴테에게서 나타난다. 의심할 바 없이 딜타이는 체험이란 용어를 괴테로부터 취해온 것임이 틀림없다.

딜타이는 '체험'이란 공통된 의미를 갖는 단위라고 정의한다.

> 시간의 흐름에 있어서 현재의 통일성을 이루는 것—여기서 통일성을 이룬다는 것은 단일한 통일적 의미를 갖는다는 뜻이다—은 우리가

체험이라고 부를 수 있는 가장 작은 실재이다. 더 나아가서 우리는 삶의 진행 과정에 있어서 공통된 의미를 통하여 서로 결합되는 삶의 부분들의 포괄적인 통일성을 '체험'이라고 부를 수 있을 것이다. 이는 심지어 여러 부분들이 갖가지 잡다한 사건들에 의해 서로 분리되어 있을 경우에도 마찬가지다.[20]

다시 말해서 그림을 그린다고 하는 의미 있는 체험은 시간상으로 분리되어 있는 여러 사람들을 포함할 수 있으며, 그 경우에도 여전히 '체험'이라고 불릴 수 있다. 낭만적인 사랑의 체험은 하나의 상대방에 기초를 두고 일어나는 것이 아니라 갖가지 다양한 시간과 공간이 교차되어 함께 여러 사건들을 일으킨다. 하지만 '체험'으로서의 그 시간과 공간의 의미의 통일성은 삶의 흐름으로부터 시간과 공간을 걸러내어 의미의 단위, 즉 체험으로 한데 묶는다.

이러한 의미의 단위는 어떠한 성격을 갖는가? 딜타이는 이 문제를 아주 상세하게 고찰하였다. 따라서 '체험'이 무엇으로 구성되어 있는가를 이해하는 일은 그의 해석학을 이해하는 데 초석이 된다. 첫째, 체험은 의식의 반성행위의 '내용'으로 간주되어서는 안 된다. 왜냐하면 그것은 행위 그 자체이기 때문이다. 즉 체험은 우리가 그 속에서 살고 있고 그것을 통해 살아가는 바로 그것이며, 우리가 삶에 대해서 취하는 태도 그 자체이기 때문이다. 간단히 말하자면 체험은 반성에 앞서 의미 속에 주어지는 것이다. 결과적으로 체험은 반성의 대상이 될 수는 있다. 하지만 체험은 더 이상 직접적 혹은 무

---

20 《GS》, VII, p. 194.

매개적인 것이 아니라 상대방의 또 다른 행위의 대상이 된다. 그래서 체험은 내용의 문제라기보다는 의식행위인 것이다. 즉 체험은 의식과 대립되어 파악해야 할 대상으로 설명되지 않는다.[21]

이는 체험이 직접적으로 지각되지 않으며, 지각될 수도 없음을 뜻한다. 왜냐하면 그러기 위해서는 체험 자체가 의식의 반성행위이어야 하기 때문이다. 그리고 또 체험은 의식의 '소여(datum)'가 아니다. 그 이유는 체험이 의식의 소여가 되면 체험은 주관의 주어진 대상으로서 그 주관과 대립해야 하기 때문이다. 따라서 체험은 주-객 분열에 선행하여 존재한다. 원래 이러한 분리는 반성적 사유에서 채택되는 모델이다. 사실상 체험은 지각 자체와 구별되지 않는다. '체험(Erlebnis)'은 삶과의 직접적인 만남을 뜻한다. 우리는 이러한 만남을 '직접적 혹은 무매개적 체험'이라고 부를 수 있을 것이다.

반성적 사고에 선행하는 이 같은 오묘한 영역에 대한 기술적 분석은 정신과학과 자연과학 모두에 있어서 근본적인 것임에 틀림없다. 하지만 이는 특히 정신과학에 대해 더욱 중요하다. 왜냐하면 인문주의적-해석학적 이해의 제 범주는 바로 이 분석으로부터 도출되어야 하기 때문이다. 후설과 하이데거의 현상학이 탐구의 주제로 삼았던 것도 바로 이 전(前)반성적 의식(prereflexive consciousness)의 영역이다. 딜타이가 자신의 생철학과 결부지어 방법론을 확립하고 그리고 단순한 '사고'와 '삶'(혹은 체험)을 명확하게 분리함으로써, 그는 20세기 현상학을 위한 토대를 마련하였다.

예를 들어 딜타이는 다음과 같은 주장을 펼친다.

---

21 앞의 책, p. 139 ; 《PHWD》, pp. 38~40.

체험이 나에게 드러나는 방식은 감각적 경험이 내 앞에 존재하는 방식과 완전히 다르다. 체험에 대한 의식과 그것의 구성(constitution)에 대한 의식은 동일하다. 따라서 체험과 체험'에서' 나에게 드러나는 것 사이에는 아무런 차이도 없다. 다시 말하면 체험은 체험자와 대립된 대상처럼 드러나는 것이 아니라 오히려 나에게 드러나는 체험 자체는 그 체험의 '본질'과 동일하다.[22]

하지만 체험을 단순히 주관적인 실재로 간주한다면 그것은 커다란 착오다. 왜냐하면 체험은 그것이 대상적인 것으로 되기에 앞서 이미 나에게 현존하고 있는 실재이기 때문이다(만일 체험이 대상적인 것으로 되어버리면 주관과의 분리도 인정될 것이다). 이러한 선행적 통일성이야말로 딜타이가 감정, 인식, 의지 등의 요소들을 분리하기보다는 포괄하는 제 범주를 만들려 했던 기반이다. 아마도 이러한 범주들 중에는 '가치', '유의미성', '구조', '관계' 등이 있을 것이다. 이러한 제 범주를 정식화시킴에 있어 딜타이는 갖가지 큰 어려움에 봉착하지만 범주를 만들려 했던 과제 자체는 대단히 중요한 것이다. 그가 범주를 선택할 때의 기준은 객관적으로 타당한 지식을 얻으려는 자신의 목적에 의해 결정되었다. 그리고 바로 이러한 목적은 자신의 사유에 불필요한 제한들을 가하기도 했다. 동시에 우리는 '삶과 역사의 자유'[23]를 표현해줄 범주들을 찾아 헤맨 그의 부단한 노력에 찬사를 보내야 한다. 그의 탁월한 통찰은 체험을 주관과 객관의 대립에 선행하는 영역, 즉 세계 및 세계에 대한 우리의 체험이 함께

22 《GS》, VII, p. 139.

23 앞의 책, p. 203.

주어지는 영역으로 본 점에서 여실히 드러난다. 그는 세계와 인간의 만남에 대한 주-객 모델의 조야함, 감정을 그 대상과 분리시키고 감각을 이해의 전작용과 분리시키는 태도의 천박성 등을 아주 명쾌하게 통찰하였다. 이 점은 그의 신랄한 지적에서 잘 나타난다.

> 우리는 '감각들'의 영역에서 살아가는 것이 아니라 우리들에게 스스로를 드러내는 대상들의 영역 속에서 살아가며, 또한 '감정들'의 영역이 아니라 가치, 의미 등과 같은 것들의 영역에서 살아간다.[24]

그는 인간의 감각과 감정을 체험 속에서 함께 뒤얽힌 제 관계의 전체적 맥락으로부터 분리시키려는 태도는 지극히 불합리한 것이라 하여 통탄을 금치 못한다.

딜타이에 있어서 후세에 보다 큰 영향을 준 사상은 '체험' 속에 주어지는 '제 관계의 맥락'이 갖는 시간성(temporality)에 대한 강조다. 체험은 정태적인 것이 아니라 역동적인 것이다. 체험은 그 의미의 통일성 속에서 과거의 회상뿐만 아니라 미래에 대한 예기를 '의미'의 총체적 맥락으로 포괄한다. 의미는 미래가 예기됨이 없이는 존재할 수 없으며, 과거의 자료에도 의존하지 않을 수 없다. 그러므로 과거와 미래는 모든 체험의 현재성과 구조적 통일성을 이루며, 이러한 시간적 연관은 현재의 모든 지각이 해석될 수 있는 불가피한 지평이라 할 수 있다.

딜타이는 체험의 시간성이 의식에 의해 반성적으로 주어진 어떤

---

24 《GS》, VI, p. 317.

것(이는 칸트주의자들이 취했던 입장이다. 이들의 견해에 따르면 정신은 지각에 통일성을 부여하는 능동적인 수행자이다)이 아니라, 우리에게 최초로 주어지는 그대로의 체험 자체 속에 이미 함축되어 있는 것이라는 사실을 입증하기 위하여 보다 상세한 분석을 가한다. 이런 측면에서 딜타이는 관념론자라기보다는 실재론자라고 할 수 있을 것이다. 체험의 시간성은—하이데거의 표현을 빌자면—체험 자체와 '동근원적(同根源的)'이다. 체험의 시간성은 결코 시간에 부수적으로 추가된 것이 아니다. 만일 어떤 사람이 반성행위 속에서 의식적으로 삶의 진행과정을 파악하려 한다고 가정해보자. 이러한 행위 속에 나타나는 통일성은 우리에게 많은 것을 시사해준다. 왜냐하면 이러한 통일성은 사실상 전(前)반성적 수준에서 의식에 주어지는 방식을 거의 반영한 것이기 때문이다. 딜타이는 이를 이루려는 자신의 노력을 다음과 같이 묘사하고 있다.

> '체험'을 나의 반성의 대상으로 삼게 되면 어떠한 일이 일어나는가? (예를 들면) 나는 오래전에 시작했던 일을 마무리 지을 수 있을지 어떨지에 대하여 걱정하면서 한밤중에 잠이 깬 채로 누워 있다. 이러한 '체험'에는 일련의 구조적 관계들이 들어 있다. 다시 말하면 상황에 대한 객관적 파악은 체험의 기초를 이루며, 여기에서 객관적으로 사실의 차원을 '넘어서려는' 노력과 함께 하나의 입장이 성립하게 된다. 그리고 이 모든 관계는 사실의 구조적 연관 속에서 나에게 드러난다. 물론 이제는 나도 상황을 뚜렷이 의식하게 되고 그리고 내가 '고립시켰던' 구조적 관계도 파악하게 된다. 하지만 지금까지 내가 언급했던 모든 것은 체험 자체 속에 함축되어 있으며 다만 이러한 반성행위를 통

해 다시 한번 고찰해볼 뿐이다.[25]

'객관적으로 파악된 사실'의 '의미'는 사실 자체와 함께 주어지며, 그 의미는 본질적으로 시간적일 뿐만 아니라 의미를 파악하려는 사람의 삶의 연관에 비추어 규정된다. 딜타이는 계속해서 이는 인간적 현실에 대한 모든 연구에 대하여 근본적으로 중요한 의의를 갖는다고 주장한다.

> 삶의 진행에 관한 우리의 견해를 이루고 있는 구성 부분들은 모두 '삶 자체' 속에 들어 있다.[26]

우리는 이를 내적 시간성 혹은 역사성이라 부르는데, 이러한 시간성이나 역사성은 삶에 부과되는 것이 아니라 삶 자체 속에 본질적으로 내재되어 있다. 여기에서 딜타이는 해석학과 관련하여 가장 중요한 사실 한 가지를 주장하고 있다. 즉 '체험은 본질적으로 시간적(여기서 시간적이라고 하는 것은 가장 깊은 의미에서 〈역사적〉이라는 뜻이다)이며, 따라서 체험에 대한 이해도 마찬가지로 사고의 시간적 (역사적) 범주이지 않으면 안 된다.'

그래서 딜타이는 체험의 시간성에 관해 강하게 주장하면서 동시에 인간의 세계-내-존재의 '역사성'을 인정하기 위한 모든 부수적인 노력을 강조하였다. 역사성이란 과거나 전통에 초점을 맞추는 것을 의미하지 않는다. 과거나 전통에 몰입하게 되면 우리는 사멸된 관념

---

25 《GS》, VII, pp. 139~140 ; 직역이 아니라 의역이다.
26 앞의 책, p. 140.

의 노예가 되고 만다. 우리가 바로 앞에서 보았던 바와 같이 역사성이란 본질적으로 인간적 체험의 시간성을 인정하는 것과 다를 바가 없다. 다시 말해서 이는 우리가 과거와 미래의 지평에서 현재를 이해한다는 뜻이다. 이는 의식적으로 노력해서 되는 문제가 아니라 체험 자체의 구조를 이루는 것이다. 그런데 이러한 역사성을 해명하는 일은 해석학적으로 중요한 함축성을 갖는다. 왜냐하면 해석의 비역사성이란 더 이상 상상조차 할 수 없을 뿐만 아니라 우리로 하여금 인간적 체험의 역사성으로부터 본질적으로 소외되어 있는 과학적 제 범주에서 비롯된 분석에 만족케 하기 때문이다. 체험이 과학적 제 범주에 의해 이해되어서는 안 된다고 하는 사실은 너무나도 분명하다. 따라서 해석학의 과제는 체험의 (본래적인 역사적) 특성에 적합한 '역사적' 제 범주를 마련하는 일이다.

2. 표현

체험-표현-이해 공식에서 두 번째 것은 독일어 Ausdruck을 옮긴 말이며 영어로는 expression이다. 이 용어를 사용한다고 해서 무조건 딜타이를 기존의 예술표현이론들과 연결시켜서는 안 된다. 왜냐하면 이런 이론들은 주-객 분열의 틀에 입각해서 성립된 것이기 때문이다. 예를 들면 우리는 '표현'이란 말을 거의 무의식중에 '감정'과 관련짓는다. 왜냐하면 우리는 우리의 갖가지 감정들을 '표현'하고, 예술표현이론에서는 일반적으로 예술작품을 감정들의 상징적 재현물로 보기 때문이다. 시적 창조의 표현이론을 주창한 워즈워스는 시란 강렬한 감정들이 자발적으로 흘러넘치는 것이라고 본다.

하지만 딜타이에게 '표현'이란 원칙적으로 감정이나 감정의 유출을 뜻하는 것이 아니라 이보다 훨씬 더 포괄적인 어떤 것을 가리킨다. 즉 그에게 표현은 한 개인의 감정의 구체화가 아니라 '삶의 표현(expression of life)'이다. 그래서 이때의 '표현'이란 말은 사상이나 법률, 사회 형태, 언어 등을 모두 가리키는 것이라 할 수 있다. 이 모든 것은 인간의 내면적 삶의 각인을 반영하는 것이며, 따라서 일차적으로는 감정의 상징이 아니다.

독일어 'Ausdruck'는 아마도 '표현(expression)'이 아니라 인간 정신—인식, 감정, 의지—의 '대상화 혹은 객관화(objectification)'로 번역될 수 있을 것이다. 우리가 '대상화'란 용어를 쓰게 되면, 그 해석학적 의의는 해석학적 이해가 다소 주관적인 '내적' 성찰에 의해 좌우되기보다는 체험의 일정하고 '객관적인' 표현에 초점을 맞출 수 있다는 사실이다. 딜타이는 내적 성찰이 결코 '정신과학'을 위한 기초가 될 수 없다는 것을 인정했다. 왜냐하면 체험에 대한 직접적인 성찰은 교류 불가능한 직관을 산출하거나 아니면 그 자체가 곧 내적 삶의 표현인 개념화를 낳을 뿐이기 때문이다. 따라서 내적 성찰(內觀, Introspection)은 정신과학에서의 인간의 자기 이해를 위한 믿을 만한 방법이 아니다. 정신과학은 필연적으로 '삶의 표현들'에 초점을 맞추어야 하기 때문에, 즉 삶의 대상화에 초점을 맞추어야 하기 때문에 본질적으로 해석학적이다. 정신과학은 어떤 종류의 대상들에 초점을 맞추는가? 딜타이는 이에 대해서 단호한 규정을 내린다.

> 인간 정신이 대상화된 모든 분야는 정신과학의 영역에 속한다. 정신과학의 범위는 이해의 범위만큼이나 광역하며, 이해는 삶 자체의 대

상화에서 자신의 참된 대상을 갖는다.[27]

3. 체험의 대상화로서의 예술작품

정신과학의 범위가 이처럼 광범위한 것이라고 한다면 예술작품에 대한 이해, 특히 문학작품에 대한 이해는 그 적합한 위치가 어디인가? 딜타이는 삶 혹은 인간의 내적 체험(그에게 있어서 '삶'이란 형이상학적 실체도 아니고 체험 자체의 배후에 있는 심오한 원천도 아니다. 삶은 곧 체험 자체이기 때문에 더 이상 그 배후를 거슬러 올라갈 수 없다)의 다양한 표현들을 세 가지 주요 범주로 분류하였다. 1) '관념'(즉 개념과 판단 그리고 기타의 사고 형태)은 이것이 나타나는 장소와 시간 그리고 인격 등과 독립되어 있는 '단순한 사고 내용'이다. 그렇기 때문에 확실하고 정확하며 아주 손쉽게 의사소통될 수 있다. 2) '행위'는 그 속에 일정한 목적이 들어 있기 때문에 해석하기가 훨씬 더 어렵다. 그래서 이러한 어려움으로 인해서 우리는 이 행위를 하도록 결단하는 과정 속에 개입되어 있는 제 요인을 알아내는 데 아주 힘들다. 예를 들면 법률은 공적인 행위이다. 그러나 여기에도 똑같은 어려움이 적용된다. 왜냐하면 그 법률은 행위함과 대립해서는 무엇이 결단되었는지를 알 수 없기 때문이다. 3) 마지막으로 '체험표현'이 있다. 이는 내면적 삶의 자발적인 표현—탄성이나 동작—으로부터 예술작품 등으로 구체화되어 나타나는 의식적으로 통제된 표현들에 이르기까지 제반 표현들을 포함한다.

딜타이는 일반적으로 앞의 두 범주를 '삶의 표출'로 간주하는 반

---

27 앞의 책, p. 148.

면에 마지막 범주는 '체험 표현(Erlebnisausdrücke)'이라고 부른다. 인간의 내면적 표현이 가장 충만하게 되는 것은 바로 이 세 번째 범주에서이다. 그리고 그 범주에서 이해는 가장 큰 도전을 받게 된다.

> 체험 표현은 얼마나 철저하게 (관념이나 행위와) 구별되는가! 삶 자체에 대한 표현으로서의 체험 표현과 이해 간의 특별한 관계가 체험 표현을 산출해낸다. 표현은 어떠한 내적 성찰이 지각할 수 있는 것보다도 많은 내적 삶의 연관을 포함할 수 있다. 왜냐하면 표현은 의식이 도달할 수 없는 깊은 곳에서 나오기 때문이다.[28]

물론 예술작품은 그 유동성과 신뢰성에 있어서 동작이나 탄성의 차원을 훨씬 넘어서 있다. 왜냐하면 동작은 모방될 수 있는 데 반해서 예술은 체험 자체를 표현해주므로 결코 모방될 수 없기 때문이다.

> 위대한 예술작품에 있어서 정신적 내용은 그것을 만든 시인이나 화가 혹은 작가와 독립되어 있다. 그래서 우리는 표현자에 의한 기만이 끝나게 되는 영역에 들어선다. 진정한 예술작품은 작가의 정신적 내용과 무관한 현실을 반영하지 않는다. 사실 진정으로 위대한 예술작품은 작가에 관해서 이야기하는 것이 아니라 진실 그 자체에 대해서 말하려고 한다. 이러한 진실은 정신적으로 지속적이며 확고하고…….[29]

동작이나 인간의 행위에서 나타날 수 있는 모방의 문제는 이제 사

---

28 앞의 책, p. 207.

29 앞의 책, p. 207.

라져버린다. 왜냐하면 예술작품은 그 작가와 관계하기보다는 오직 삶 자체에 관련된 것이기 때문이다. 바로 이런 이유로 해서 예술작품은 정신과학의 가장 확고하고 지속적이며 풍부한 결실을 맺을 수 있는 대상이 된다. 이처럼 확고하고 객관적인 지위로 인하여 표현에 대한 객관적인 예술적 이해가 가능하게 되는 것이다.

> 이리하여 인식과 행위의 영역 사이에는 삶이 스스로를 아주 깊은 차원에서 드러내는 영역이 생겨나게 된다. 이러한 깊은 차원은 관찰이나 반성 혹은 이론에 의해서는 결코 접근될 수 없다.[30]

모든 예술작품들 중에서 언어를 사용하는 예술작품이야말로 인간의 내적 삶을 드러내는 데 있어서 가장 강력한 힘을 갖고 있다고 할 수 있을 것이다. 문학작품의 경우에는 고정불변적인 대상이 있기 때문에 이미 텍스트 해석을 위한 이론이 존재해왔다. 그 이론은 다름 아닌 '해석학'이다. 딜타이의 주장에 따르면 해석학의 제 원리는 이해의 일반이론을 위한 길을 밝혀줄 수 있다. 왜냐하면 '무엇보다도 ……내적 삶의 구조에 대한 파악은 내적 삶의 구조를 충실하게 표현하는 〈작품들〉에 대한 해석에 근거를 두고 있기 때문이다.'[31] 그래서 딜타이에게 있어서 해석학은 새롭고 보다 큰 중요성을 갖게 된다. 즉 이제 해석학은 단순히 텍스트를 해석하는 이론일 뿐 아니라 작품 속에서 삶이 스스로를 어떻게 드러내고 표현하는가를 다루는 이론이 된다.

---

30 앞의 책.

31 앞의 책, p. 322.

하지만 이 경우의 '표현'은 개인적이고 순전히 인격적인 현실에 관한 것이 아니다. 왜냐하면 이때 표현은 타자에 의해서만 이해될 수 있기 때문이다. 표현이 글로 표현되려면 이해자와 공유하는 매체, 즉 언어를 사용한다. 이와 마찬가지로 체험도 이해자와 공통된 것이어야 한다. 그래야만 유추적인 체험에 의해 이해가 이루어질 수 있기 때문이다. 따라서 객관적인 이해가 성립될 수 있는 기반이 되는 일반적인 구조의 존재를 상정해볼 수 있다. 그러므로 표현은 심리화에서처럼 개인적이고 인격적인 것이 아니라 체험에서 드러나는 사회적-역사적 현실, 즉 체험 자체의 사회적-역사적 실현이다.

4. 이해

체험-표현-이해 공식에서 앞의 두 용어와 마찬가지로 '이해(Verstehen)'도 특수한 의미로 사용된다. 그래서 '이해'는 수학적 문제와 같은 합리적 사항에 대한 이해를 지칭하는 것이 아니다. '이해'란 한 사람의 정신이 다른 사람의 '정신(Geist)'을 파악하는 작용을 나타내는 말이다. 이는 정신의 순수한 인식 기능이 아니라 삶이 삶을 이해하는 특수한 계기이다. '우리는 순수하게 지적인 제 과정에 의해 (자연을) 설명하지만 (정신을) 이해할 때는 우리의 모든 정신적 능력들을 함께 결합하여 그렇게 한다.'[32] 이를 그의 유명한 진술로 다시 표현하면 다음과 같다. '우리는 자연을 설명한다, 하지만 인간은 이해해야 한다.'[33] 따라서 이해란 생동적인 인간적 체험을 파악하기 위한 정신적 과정이다. 우리가 삶 자체와 접촉할 수 있는 가장 좋은 방법

---

32 《GS》, V, p. 172.
33 앞의 책, p. 144.

은 바로 이 이해이다. 체험과 마찬가지로 이해도 합리적 이론화와는 구별되는 충실성을 갖고 있다.

이해를 통해 우리는 개인들의 내면적인 세계와 만나게 되며, 이를 통해 우리 인간의 본성을 알 수 있는 가능성을 갖게 된다.[34] 이해란 단순한 사고행위가 아니라 타자의 세계에 대한 체험의 전위를 통해 추체험하는 것이다. 또 이해는 의식적이고 반성적인 비교행위가 아니라 전반성적 차원에서 자아를 타자 속에 전위시키는 사고행위이다. 우리는 타자 속에서 스스로를 재발견한다.[35] 이해를 모든 과학적 파악 및 설명과 대조시키는 태도를 강조하는 것은 이해 자체의 가치를 모든 실제적 함축성과 관계없이 인정하는 것이다. 이해는 무엇을 위한 수단이 아니라 그 자체가 곧 목적이자 선이다. 현실의 유별난 인격적이고 비개념적인 제 측면은 오직 이해를 통해서만 접근될 수 있다.

> '인격'의 비밀로 인해서 우리는 보다 새롭고 심오한 이해를 위해 노력하게 된다. 그리고 이러한 이해를 통하여 개인의 영역이 성립할 수 있게 된다. 이 영역은 인간뿐만 아니라 인간의 창조물들까지 포괄한다. 정신과학에서 보다 적합한 이해작용은 바로 이 영역에서 생겨난다.[36]

그 이전의 슐라이어마허와 마찬가지로 딜타이도 정신과학이란 개별자 그 자체를 애정을 갖고서 파악하는 것이라는 점을 인정한다.

---

34 《GS》, VII, p. 145, pp. 215~216 ; 《D》, pp. 170~171을 보라.
35 《GS》, VII, p. 191.
36 《GS》, V, pp. 212~213.

이에 반해 과학적 설명은 그 자체로서 가치 있는 것이라기보다는 다른 무언가를 위한 수단에 불과하다. 만일 어떠한 글이 그 자체로서 흥미 있다면—예를 들어 루크레티우스의 《자연에 관하여 De rerum natura》처럼—우리는 그 글을 통해 인간의 내적 본성을 위한 단서를 발견한다. 다시 말해서 우리는 단순한 (자연과학적) 설명을 하는 것이 아니라 정신과학과 이해의 제 범주 속으로 들어가는 것이다.

딜타이의 해석학에 있어서 '역사성'의 의미

딜타이는 계속해서 인간은 '역사적 존재(ein geschichtliches Wesen)'라고 주장했다. 그러나 여기에서 '역사적'이라고 하는 말은 어떤 뜻을 내포하는가? 이 물음에 대한 대답은 딜타이의 해석학을 이해하는 데 있어서뿐만 아니라 그것이 이후의 해석학 이론에 끼친 영향에 대해서도 대단히 중요한 의의를 갖는다.

딜타이가 생각한 역사는 우리와 대립된 대상으로 존재하는 과거지사가 아니다. 또한 역사성이란 인간이 시간의 경과 속에서 태어나 살다가 죽는 것과 같이 객관적으로 명백한 사실을 지칭하는 것이 아니다. 그렇다고 해서 역사성이란 말이 인간 존재의 무상함을 말하는 것도 아니다. 이러한 무상함은 시의 주제가 되기도 한다. 하지만 딜타이에 있어서 역사성은 두 가지를 의미한다.

1) 인간은 내관을 통해서가 아니라 삶의 다양한 대상화를 통해 스스로를 이해한다. '인간이란 무엇인가의 문제는 오직 역사만이 대답할 수 있다.'[37] 또 다른 곳에서 딜타이는 이를 보다 상세하게 언급한

다. '인간이란 무엇이며 또 인간은 무엇을 의지하는가의 문제는 수천년에 걸친 인간 본성의 발전을 통해서만 밝혀질 수 있다. 그리고 또 이 문제는 객관적 개념들에 의해 완벽하게 대답될 성질의 것이 아니며 다만 우리 존재의 근저에서 우러나온 체험에서만 해결될 수 있다.'[38] 다시 말해서 인간의 자기 이해는 직접적인 것이 아니라 간접적이다. 즉 인간의 자기 이해는 과거에 이루어진 고정된 표현들을 통해 해석학적 우회로를 거쳐서 획득된다. 따라서 인간의 자기 이해는 역사에 의존하기 때문에 본질적으로 그리고 필연적으로 '역사적' 성격을 갖는다.

2) 인간의 본성은 고정된 본질이 아니다. 왜냐하면 인간은 자신의 고정적인 본질을 알기 위하여 시간의 벽에 끊임없이 벽화를 그려 자신을 대상화하는 것은 결코 아니기 때문이다. 오히려 이와 반대로 딜타이는 다른 생철학자 니체와 의견을 같이한다. 니체는 인간이란 '아직 결정되지 않은 동물'이며 따라서 자신의 본질이 무엇인지에 관하여 아무런 결정도 하지 않은 동물이라고 보았다.[39] 게다가 딜타이는 본질을 찾으려는 시도를 하지 않는다. 왜냐하면 본질은 아직 결정되어 있지 않기 때문이다. 따라서 인간의 본질이 무엇인가의 문제는 앞으로의 역사에 의해 결정될 문제다. 인간은 이미 건조된 배의 조타수라기보다는 오히려 배 자체를 만드는 조선공이다(이를 오르테가 이 가세트는 인간의 '존재론적 특권'[40]이라고 부른다). 인간이 계

---

37 《GS》, VIII, p. 224.

38 《GS》, VI, p. 57 ; IX, p. 173 ; 그리고 《D》, p. 219도 보라.

39 《L》, p. 42.

40 《L》, p. 44.

속해서 자신의 유산인 형식화된 표현들을 갖게 됨으로써 점차 인간은 창조적이고 역사적으로 되어간다. 과거에 대한 이러한 파악은 노예의 형태가 아니라 자유의 형태이다. 좀 더 상세하게 말하자면 이러한 파악은 인간이 무엇이 될 것인지에 대하여 의욕할 수 있는 데 대한 충분한 자기 인식과 의식의 자유를 말해준다. 인간은 자신의 본질을 변화시킬 수 있는 능력을 갖고 있기 때문에, 인간은 삶 자체를 변화시킬 수 있는 힘도 갖고 있다고 말할 수 있다. 다시 말해서 인간은 진정한 그리고 진보적인 창조력을 갖고 있다.

역사성이 지닌 또 하나의 의의는 인간이란 역사에서 벗어날 수 없다는 사실을 말해준다는 점이다. 왜냐하면 인간의 본질은 역사 속에서 역사를 통하여 형성되기 때문이다. '인간 본성의 총체는 곧 역사이다.'[41] 딜타이에게서 이는 '역사적 상대주의(historical relativism)'로 나타났다. 그는 다음과 같이 주장한다.

> 역사의식의 상대성 배후로 거슬러 올라가는 것은 결코 있을 수 없는 일이다. …… '인간'이라는 유형은 역사적 과정 속에서 와해되고 변화된다.[42]

역사란 궁극적으로 세계관들의 연속이며 우리는 한 세계관이 다른 세계관보다 우월하다는 것을 입증할 수 있는 확고한 판단기준을 갖고 있지 않다.[43]

---

41 《GS》, VIII, p. 166.

42 앞의 책, p. 6.

43 《GS》, I, pp. 123ff; V, pp. 339ff; VIII, 전반, 셋 다 그의 세계관에 대해서 논급하고 있다. 이 문제에 대한 탁월한 영어책으로는《PhWD》, pp. 85~95를 보라.

이 모든 주장은 다만 초기에 이해의 본질적 시간성—즉 의미는 항상 과거와 미래를 향해 뻗쳐 있는 지평적 연관에서 성립한다—에 관한 언급을 보다 강화시킨 데 불과하다. 이 시간성이란 용어는 시간이 지남에 따라 '역사성' 개념의 본질적인 부분이 된다. 그 결과 시간성이란 인간의 자기 이해와 자기 해석을 위해서는 역사성에 의존할 수밖에 없다는 사실 및 자신의 본질을 역사적으로 규정함에 있어서의 창조적인 유한성을 지적하는 용어일 뿐만 아니라, 역사의 불가피성 및 모든 이해의 본질적인 시간성을 지적하는 용어이다.

'역사성'이란 용어가 지닌 해석학적 의의는 딜타이에게 있어서 어디에서나 분명하게 드러난다. 이 점에 관한 볼노브의 언급, 즉 역사성이란 개념은 삶과 표현의 통일성에 관한 착상과 함께 딜타이를 이해하는 데 있어 핵심적인 개념이라는 언급은 아주 정당하다.[44] 딜타이를 베르그송과 같은 여타의 생철학자들과 구별지어주는 특징은 바로 이 '역사성'이란 개념이다. 딜타이는 역사성에 대한 근대인의 관심에 중요한 추진력을 가하였다. 볼노브가 올바르게 지적한 바와 같이 '인간의 역사성을 이해하려는 최근의 모든 노력은 딜타이에게서 그 결정적인 단초를 찾아볼 수 있다.'[45] 간단히 말해서 그는 역사성에 관한 근대적 사고의 아버지이다.

역사성, 특히 이해의 시간성을 고려하지 않고서는 딜타이의 해석학뿐만 아니라 앞으로 간단히 살펴볼 하이데거나 가다머의 해석학을 이해하기란 불가능하다. 해석학 이론에서 인간은 과거에 대한 끊임없는 해석에 의존하고 있는 것으로 간주된다. 따라서 인간이란 자

---

44 《D》, p. 221.
45 《L》, p. 6.

신의 현재의 행동과 결단에서 계속적으로 나타나는 과거의 유산에 대한 해석을 통해서 스스로를 이해하는 '해석학적 동물'이라고 말할 수 있을 것이다. 현대의 해석학은 역사성이란 개념 속에서 그 이론적 토대를 발견한다.

해석학적 순환과 이해

딜타이는 이해의 제 기능이 아스트와 슐라이어마허가 이미 언급한 바 있는 해석학적 순환의 원리에 따라서 작동한다고 본다. 전체는 부분으로부터 자신의 규정을 획득하고 역으로 부분은 전체와 관련해서만 이해될 수 있다. 여기에서 딜타이의 핵심적인 용어는 '의미'이다. 의미란 이해가 전체와 부분의 본질적인 상호작용 속에서 파악한 것을 말한다.

앞에서 나왔던 바와 같이 문장은 전체와 부분의 상호작용을 보여주는 아주 좋은 경우이다. 전체의 의미에 대한 이해는 각 부분들의 의의에서 얻어진다. 그리고 역으로 전체는 각 부분들의 의의 무규정성을 일정하고 의미있는 유형으로 변화시킨다. 딜타이는 이 예를 인용한 다음에 동일한 관계가 인간의 삶의 부분과 전체 사이에도 존재한다고 주장한다. 전체의 의미는 각 부분들의 의미로부터 얻어진 '의미(sense)'이다. 하나의 사건이나 체험은 우리의 삶을 변화시키게 된 결과, 이전까지는 의미 있던 것은 무의미해지고 역으로 과거에는 분명히 중요치 않던 경험이 의미를 갖게 된다. 전체의 의미는 각 부분들의 기능과 의의를 규정한다. 그리고 의미는 역사적인 것이기 때문에 일정한 관점과 시간에서 본 부분들에 대한 전체의 관계이다. 의미는 역사를 초월하거나 역사 외부에 있는 것이 아니라 항상 역사적으로 규정되는 해석학적 순환의 한 부분이다.

따라서 의미(meaning)와 유의미성(meaningfulness)은 맥락에 의존한다. 왜냐하면 그것들은 상황(situation)을 구성하는 부분이기 때문이다. 예를 들면 '나는 나의 왕과 주인에게 잘 주무시라는 인사를 하러 왔다'는 진술의 의미는 상황과 분리해서 보면 아주 사소한 의미에서 분명한 나름대로의 의미가 있다. 하지만 이것이 1) 《벚꽃 동산》의 늙은 하인이나 2) 《파우스트》의 조수 혹은, 3) 《카라마조프 가의 형제들》에서의 스메르쟈코프 그리고 4) 《리어 왕》의 켄트 등에 의해 말해진 경우에는 각각 그 진술의 의미가 달라진다.

이제 이 문장의 의미를 맥락 속에서 간략히 살펴보자. 연극의 마지막 장에서 전투가 끝나고 서자 에드먼드가 맞아서 죽어가고 있을 때 충실한 켄트가 들어온다. 그는 감동적인 간단한 작별인사를 통해 자신의 충성심을 표현한다. 여기에서 '주인'이란 말은 어떠한 의미세계를 표현하겠는가! 우리는 여기에서 리어 왕에 대한 켄트의 관계뿐만 아니라 위계질서에 있어서의 충성심이란 주제도 알게 된다. 물론 이 진술은 단순히 켄트의 성격과 리어 왕에 대한 그의 관계를 표현하는 데 그치는 것이 아니다. 그것은 기능적인 중요성 또한 지닌다. 왜냐하면 이 간단한 문장 뒤에는 '그는 여기에 없는가?'라는 질문이 따라나오기 때문이다. 이 질문은 이 연극의 마지막 비극적 행위를 야기한다. 일단 관심의 초점은 리어 왕과 코델리아가 어디에도 없다는 사실에 맞춰진다. 그리고 이 사실로 인해서 에드먼드는 자신이 그들을 죽이도록 명령받았다는 사실을 실토한다. 이때 나이 든

'주인'이 들어오고 사건의 주인이 아닌 스스로의 주인은 자신의 숙명적인 실패에 갇혀 있음을 알게 된다. 왜냐하면 그는 한때 스스로 무가치하다고 생각했던 보물들을 가슴에 안고 들어오기 때문이다. 연극의 진행 과정에서 '사랑'과 '충성'의 의미는 얼마나 다양하게 변화되는가! 그리고 갖가지 사건들은 왕국을 분할키로 한 자신의 결정의 의미를 얼마나 놀라운 정도로 변화시키는가!

의미는 역사적이기 때문에 시간과 함께 변한다. 또한 의미는 사건을 보는 관점과 항상 결부되어 있다는 점에서 관계의 문제이다. 의미는 고정적이고 확정적인 것이 아니다. 심지어는 연극으로서의 《리어 왕》의 의미도 변화된다. 오늘날 신분 서열을 인정치 않고 이신론적(異神論的)인 우주관에 입각해서 전혀 다른 사회적 맥락에서 살고 있는 우리에게 '리어 왕'의 의미는, 셰익스피어의 당대 사람들에게 그것이 의미했던 바와는 전혀 다르다. 셰익스피어에 대한 해석의 역사는 17세기적, 18세기적, 19세기적, 20세기적 셰익스피어가 있을 수 있음을 보여준다. 이는 마치 아리스토텔레스적인 플라톤 해석과 초기 기독교적 플라톤, 중세적인 플라톤, 16세기적, 19세기적, 심지어는 20세기적 플라톤이 있는 것과 마찬가지이다. 해석은 항상 해석자가 처해 있는 상황 속에서 이루어진다. 그렇기 때문에 의미는 항상 그것이 비록 연극이나 시 혹은 대화 속에서 독자적인 것처럼 보인다고 할지라도 이러한 상황에 따라 결정되기 마련이다. 그래서 우리는 의미란 다양하지만 항상 일종의 관계 혹은 결합력이라고 한 딜타이의 주장이 옳았음을 안다. 왜냐하면 의미는 항상 맥락(연관) 속에서 존재하기 때문이다.

의미란 분명히 관계와 맥락의 문제이지만 그렇다고 해서 이것이

의미가 둥둥 떠다니는 예술가의 구상처럼 '허공에 떠 있는 것'이라는 뜻은 아니다. 의미는 대상처럼 객관적 내용을 갖고서 우리와 대립해 있는 것이 아니다. 의미는 비대상적인 것이며, 우리는 '하나의' 의미를 명백히 하는 과정에서 부분적으로나마 이를 대상화할 뿐이다. 그래서 딜타이는 이렇게 말한다. '유의미성은 근본적으로 체험의 본성에 근거를 두고 있는 전체에 대한 부분의 관계에서 생겨난다.'[46] 다시 말해서 의미는 삶의 연관, 즉 체험과의 만남에 내재되어 있다. 왜냐하면 의미란 '거리에서 삶이 파악될 수 있는 포괄적이고 근본적인 범주'[47]이기 때문이다. 앞에서 말한 바와 같이 '삶'이란 형이상학적인 실체가 아니라 곧 '체험'이다. 딜타이는 이 기본적인 소여인 삶에 관하여 다음과 같이 전형적으로 말한 바가 있다.

> 삶은 철학을 위한 출발점을 형성해야 하는 근본 사실(Grundtatsache)이다. 삶은 그 내부로부터 인식된다. 그리고 우리는 그 배후에로 파고들 수 없다. 삶이란 이성의 척도에 의해 평가될 수 없는 것이다.[48]

'삶'을 이해하기 위한 우리의 접근은 이성보다 훨씬 더 심원하다. 왜냐하면 삶은 자신의 대상화된 표현들을 통해서만 이해될 수 있기 때문이다. 현실적인 제 관계의 세계는 이러한 대상들의 영역에서 구축될 수 있으며 이러한 제 관계는 체험에 나타나는 개별자들에 의해 파악된다.

---

46 《GS》, VII, p. 233.
47 앞의 책, p. 232.
48 앞의 책, p. 359.

의미는 주관적이지 않다. 왜냐하면 의미는 사고가 대상에 투사된 것이 아니기 때문이다. 의미는 사고에 있어서의 주-객 분열에 선행하는 연관 내에 있는 참된 관계에 대한 지각이다. 의미를 이해한다고 하는 것은 우리 주위의 도처에서 발견되는 대상화된 '정신'의 제 형태와의 현실적인—상상적이지 않은—관계 속으로 파고드는 것을 뜻한다. 의미는 개인과 객관적 '정신'이 해석학적 순환 속에서 상호작용하는 문제이다. 이때 해석학적 순환은 양자가 함께 작용하는 것을 전제로 한다. 의미한 이러한 상호작용하에 있는 서로 다른 관계들에 붙여진 이름이다.

이해의 순환성은 해석학에 대해 또 다른 아주 중요한 성과를 갖는다. 현실적으로 이해를 위한 참된 출발점이란 존재하지 않는다. 왜냐하면 모든 부분은 각기 다른 부분을 전제하고 있기 때문이다. 이는 곧 어떠한 '무전제적인' 이해도 있을 수 없다는 것을 뜻한다. 모든 이해행위는 일정하게 주어진 맥락이나 지평에서 이루어진다. 심지어는 과학에 있어서도 우리는 오직 준거틀에 '의해서만' 설명을 할 수 있다. 정신과학에서는 이해는 '체험'을 그 맥락으로 삼는다. 그리고 체험과 무관한 이해는 결코 정신과학에 적합하지 않다. 체험의 역사성을 무시하고 무시간적 범주들을 역사적 연구에 적용하는 해석적 접근 방법은 '객관적'이고자 하는 요구와 배치될 수밖에 없다. 그 이유는 이런 접근 방법이야말로 애초부터 현상을 왜곡해버리기 때문이다.

우리는 항상 해석학적 순환의 한 부분인 우리 자신의 지평 내부로부터 이해하기 때문에 사실에 대한 입장을 떠난 이해란 결코 있을 수 없다. 우리는 지속적으로 우리의 경험을 참고로 해서 이해를 한다. 그러므로 해석자의 방법론적 과제는 자신의 대상 속에 스스로를 몰입시키는 것이라기보다는 오히려 그 자신의 지평과 텍스트의 지평 간의 생동적인 교섭양식들을 찾아내는 것이라 할 수 있다. 앞으로 보게 되겠지만 이는 가다머가 큰 관심을 기울인 문제이다. 다시 말해서 우리는 우리 자신의 지평을 인정한 상태에서 과연 어떻게 우리 자신의 범주들을 교섭양식들에 미리 부과하지 않는 텍스트에 대한 개방성을 확보할 수 있는가?

해석학에 대한 딜타이의 의의 : 결론

딜타이는 정신과학에서 해석이란 문제의 맥락에 해석학을 위치시킴으로써 해석학자의 지평을 확대시키는 데 큰 공헌을 하였다. 해석학적 문제에 대한 그의 사유는 슐라이어마허의 심리주의의 영향하에서 시작하였지만, 점차 원저자와는 관계없이 '체험'의 표현에 초점을 맞추는 새로운 해석 개념을 창안해내었다. 그렇게 함으로써 심리학이 아닌 해석학은 정신과학의 기초가 되었다. 이는 딜타이의 가장 기본적인 두 가지 목적을 충족시켰다. 하나는 고정적이고 지속적이며 객관적인 지위를 갖는 대상에 대한 해석의 문제에 초점을 맞추는 것이었다. 그래서 정신과학은 객관적으로 타당한 인식의 가능성을 열어놓을 수 있었다. 왜냐하면 이 경우 대상은 상대적으로 그 자체에 있어서 덜 가변적이었기 때문이다. 다음으로 그 대상은 과학적 이해양식보다는 명백하게 '역사적인' 이해양식을 요구했다. 왜냐하면 정신과학의 대상은 삶 자체를 그것의 역사성과 시간성 속에서 고찰함으로써만 이해될 수 있었기 때문이다. 삶의 표현의 의미에 대한 보다 깊은 이해는 오직 역사적 이해를 통해서만 가능했다.

이것이 문학이론에 준 영향은 아주 크다. 우선 이를 통해 다시 한 번 우리가 문학작품의 '진리'에 관하여 의미 있게 언급하는 것이 가능해졌으며, 다음으로 형식이란 독립된 하나의 요소가 아니라 내적 현실의 상징으로 간주될 수 있게 된 것이다. 딜타이에게 있어서 예술은 가장 순수한 삶의 표현이다. 위대한 문학은 삶의 수수께끼에 대한 체험에 뿌리를 두고 있다. 그래서 문학은 생사의 이유와 방법, 기쁨과 슬픔, 사랑과 증오, 힘과 유약함, 자연에 있어서 인간의 애매모호한 위치 등을 다루는 것이다. 볼노브가 지적한 바와 같이 '우리가 예술적 삶을 표현해낸 정도에 따라 가치를 평가하게 되면 예술지상주의 내지 예술을 위한 예술이라는 생각은 부정하게 된다.'[49] 따라서 비록 예술작품이 그 자체로서 좋은 것이며 예술과의 만남이 다른 목적을 위한 하나의 수단이 아니라고 하더라도 작품은 인간에 관해 침묵하는 것이 아니라 인간의 내면적 세계와 관계한다. 다시 말해서 예술은 몇몇 미학 이론가들이 상정하듯이 형식과의 순수하고 맹목적인 교섭이 아니다. 오히려 예술은 우리가 그 속에서 살고 있는 삶의 원천을 표현해주는 정신적 자양분의 형식이다. 딜타이의 《근대 미학의 세 시기와 미학의 현대적 과제 The Three Epochs of Modern Aesthetics and Its Present Task》(1892)의 서두에는 쉴러의 다음과 같은 경구가 나온다. '그렇게 되면 미(美)에 대한 요구는 사라지고 이 자리에는 진리에 대한 요구가 완전히 들어설 것이다.'[50]

---

49 《L》, p. 74.

예술이란 시적인 환상이나 기쁨이 아니라 체험의 진리에 대한 표현이다. 물론 여기에서 '진리'는 형이상학적 의미를 띤 것이 아니라 내면적 세계의 충실한 재현을 뜻한다.

그러므로 딜타이에 있어서 문학적인 예술작품의 해석은 인간의 자기 이해의 역사성이라는 맥락에서 이루어진다. 이러한 해석은 그것이 역사적으로 전승된 대상을 해석해야 한다는 점에서뿐만 아니라 우리가 그 대상을 역사성과 시간성의 지평에서 해석해야 한다는 점에서, 즉 이중적인 의미에서 역사적이다. 표현된 작품은 인간의 자기 이해를 내포하기 있기 때문에 그 작품은 '주관적'이지도 않고 사실상 '객관적'이지도 않은 영역을 열어 보인다. 방법론적 차원에서 보자면 해석을 과학적 사고의 특징인 주-객 이분법의 도식과는 다르게 의미를 이해하는 문제와 직면케 한다.

딜타이 이후 해석학에서는 많은 변화가 일어났다. 오늘날의 보다 유리한 입장에서 보면, 그는 자신이 뛰어넘으려고 했던 역사학파의 과학주의와 객관주의로부터 벗어나는 데 크게 성공하지 못했다. 오늘날 우리는 '객관적으로 타당한 인식'에 대한 요구 그 자체가 곧 인간의 자기 이해의 역사성과 완전히 배치되는 과학적 이상의 반영이었음을 아주 분명히 알 수 있다. 심지어 우리는 딜타이가 아무리 헤겔의 절대적 관념론을 거부하면서 해석학을 모든 형이상학적으로부터 자유로운 경험적 사실에 근거를 두려고 했음에도 불구하고 '삶'이란 개념 자체가 헤겔의 '객관정신'과 아주 밀접한 범주라는 사실을 지적할 수 있다.[51] 우리는 딜타이가 이해를—슐라이어마허와 마

50《근대 미학의 세 시기와 미학의 현대적 과제》,《GS》, VI.

찬가지로—원저자의 체험을 추체험하고 재구성하는 것이며 창조 과정과 유추해서 보려 했다는 사실을 비판할 수 있을 것이다. 왜냐하면 베토벤의 〈제9교향곡〉을 이해하는 행위는 베토벤이 그 작품을 창조한 행위와 근본적으로 다르기 때문이다. 작품은 그 총체성에서 영향을 준다. 왜냐하면 작품을 창조하는 과정에는 우리가 작품을 '이해'하는 데 필요 없는 지식도 포함되기 때문이다.

그럼에도 불구하고 딜타이는 보편적 해석학의 기획을 갱신했으며 중요한 진전을 이룩했다. 그는 해석학을 역사성의 지평에 위치시킴으로써 해석학은 크게 발전했다. 그는 자기 이해의 시간성에 대한 하이데거의 사유를 위한 기초를 놓았다. 아마도 그는 현대의 해석학적 '문제들'의 창시자로 간주되어도 부족함이 없을 것이다.

---

51 딜타이의 자기 주장은 본질적으로 '헤겔은 형이상학적으로 가공물을 구성하는 데 반해, 나는 주어진 바를 분석할 뿐이다'(《GS》, VII, p. 150)라는 것이다. 하지만 이 두 원리는 동일한 것이 아닌가 생각된다. 왜냐하면 정신의 역사적 대상화(객관화)는 인간 자신에게 드러나기 때문이다.

9. 《존재와 시간》에 있어서 해석학에 대한 하이데거의 기여

후설과 하이데거 : 두 가지 유형의 현상학

딜타이가 해석학을 '정신과학'의 역사지향적 방법론을 찾고자 하는 시도의 지평에서 보았다고 한다면 하이데거는 '해석학'이란 말을 '기초적인' 존재론이라고 하는 보다 광범위한 물음의 맥락에서 사용하였다. 아마도 하이데거는 두 명의 위대한 생철학자 딜타이와 니체의 전통에 입각해서 '정신(Geist)'에 반대되는 '생(Leben)'을 옹호하였다고 말할 수 있을 것이다. 물론 하이데거의 양식과 수준은 그들의 그것과 판이하게 다르다. 우선 하이데거는 딜타이와 마찬가지로 삶을 그 자체에서 드러낼 수 있는 방법(method)을 필요로 하였다. 그는 《존재와 시간》에서 삶을 삶 자체로부터 이해해야 한다는 딜타이의 명제를 긍정적으로 인용하였다.[1] 처음부터 하이데거는 서양의 존재 개념의 뿌리로 파고들 수 있는 방법, 즉 그로 하여금 존재 개념이 근거를 두고 있는 전제들을 파악할 수 있도록 해줄 '해석학'을 추구하였다. 그리고 니체에 있어서처럼 그는 서구의 형이상학적 전통

---

1 《SZ》, p. 398.

전체를 문제삼고자 했다.

하이데거는 에드문트 후설의 현상학에서 딜타이나 니체에게서는 찾아볼 수 없는 개념적 도구들을 발견하였다. 그리고 또한 인간 실존의 존재 과정을 있는 그대로 볼 수 있도록 해주는 방법을 발견하였다. 왜냐하면 현상학이 현상에 대한 전(前)개념적 파악의 영역을 밝혀주었기 때문이다. 그런데 이 새로운 '영역(realm)'은 후설에게서와는 아주 다른 의의를 하이데거에게 부여하였다. 후설은 의식을 선험적 주관성으로서 파악할 수 있도록 해준다는 생각에서 이 영역에 접근해갔던 데 반해, 하이데거는 이 영역 속에서 인간의 역사적인 '세계-내-존재'의 생동적인 매개체를 보았다. 하이데거는 존재의 본성을 파악하기 위한 단서를 그것의 역사성과 시간성에서 찾았다. 체험 속에서 있는 그대로 드러난 존재는 개념화와 공간화 그리고 개념중심적 사고의 무시간적 범주들을 거부한다. 존재란 서구의 정태적인 범주들에 사로잡힌 거의 잊혀가는 은폐된 죄수였다. 그래서 하이데거는 이 죄수를 석방시키려고 노력하였다. 그렇다면 과연 현상학적 방법과 이론이 석방의 수단을 제공할 수 있었는가?

이는 부분적으로 이루어졌다. 하지만 이것은 하이데거가 딜타이와 니체에게 의지함으로써 가능했던 것이며 동시에 서구의 형이상학, 특히 존재론에 대한 그의 비판의 본질적 특성을 이룬다. 그래서 그는 모든 현상을 인간의 의식, 다시 말해서 선험적 주관성에 소급시키려고 하는 후설의 시도에 대해서는 강하게 반발하였다. 하이데거는 존재의 현사실성(facticity)이야말로 인간의 의식과 인식에 비해 훨씬 기초적(근원적)이라고 주장했다. 반면에 후설은 이러한 존재의 현사실성조차도 의식의 소여로 간주하는 경향이 있었다.[2] 주관성에 근거를 둔 이러한 후설의 입장은 하이데거가 염두에 두고 있던 식의 비판을 수행할 수 있는 틀을 제공하지 못했다. 물론 오늘날 여러 분야에서 영향력을 행사하고 있는 인식론[3]을 근본적으로 수정할 때 후설의 입장이 큰 영향을 준 것은 사실이지만 그렇다고 해서 이것이 곧 하이데거가 존재물음(Seinsfrage)을 다시 제기한 이유는 아니었다.

하이데거가《존재와 시간》에서 전개한 류의 현상학을 종종 '해석학적 현상학'이라고 부르는 사실은 해석학을 정의하는 데 있어서 아주 중요하다.[4] 이는 단순히 후설이 생각했던 현상학의 한 분파가 아니다. 오히려 그 이상의 무엇이 있다. 다시 말해서 이는 두 가지 유형의 현상학이 있을 수 있음을 가리킨다. 하이데거가 후설에게 진 빚은 엄청나다. 그래서 하이데거가 초기에 갖고 있었던 많은 생각들이 대부분 후설에게서 비롯되고 있다는 사실을 알면 놀랄 것이다. 하지만 그 생각들이 아무런 변화나 수정도 없이 제시되어지는 않았다. 오히려 그것들은 새로운 맥락에서 다른 목적에 봉사하기 위하여 나타났다. 따라서 '현상학적 방법'을 후설에 의해 정식화되고, 그리고 다른 목적을 위해 하이데거가 사용한 이론이라고 간주하는 태도는 잘못이다. 이와 달리 하이데거가 현상학이란 개념 자체를 다시 사유함으로써 현상학과 현상학적 방법은 근본적으로 다른 성격을 갖게 되었다.

이러한 차이는 '해석학적'이라는 말에서 잘 나타난다. 후설은 자

---

2 《WM》, p. 241.

3 Herbert Spiegelberg,《현상학 운동 The Phenomenological Movement》을 보라.

4 앞의 책, I, pp. 318~326, pp. 339~349.

신의 저작에서 한 번도 이 말을 사용한 적이 없지만, 하이데거는《존재와 시간》에서 현상학적 방법의 진정한 모습은 해석학적인 데 있다고 주장하였다.《존재와 시간》에서 하이데거가 시도했던 것은 바로 '현존재의 해석학(hermeneutic of Dasein)'이었다. 하이데거가 '해석학'이란 용어를 쓰고 있는 사실은 후설과는 뚜렷이 구별되는 자신의 반과학적 태도를 보여준다. 이와 동일한 경향은 한스 게오르그 가다머의 '철학적 해석학'에 계승되었다. 그리고 이제 '철학적 해석학'이란 말은 반과학주의의 상징이 되었다.

과학을 보는 상반된 태도는 후설과 하이데거의 차이를 밝힐 수 있는 단서가 된다. 또한 이러한 차이는 학문 연구의 초기에 수학에서 출발했던 후설과, 신학에서 출발했던 하이데거 사이의 차이에서 비롯된 것이라고 볼 수도 있다. 후설에게서 철학이란 '엄밀학(rigorous science)'[5], 즉 '보다 고차적인 경험론'이 되어야 하는 것이다. 반면에 하이데거에 있어서 엄밀성이란 결코 과학적 인식을 최종 목표로 할 수 없었다. 후설의 과학적 성향은 필증적 인식에 대한 자신의 요구, 환원, 그리고 형상적 환원을 통한 본질의 파악 등에 반영되어 있다. 이와 달리 하이데거의 저작들은 필증적 인식이나 선험적 환원 혹은 자아의 구조에 관해서는 아무런 언급도 하고 있지 않다.《존재와 시간》을 출판한 이후 하이데거는 점차 이전의 철학자들—칸트, 니체, 헤겔—과 릴케, 트라클, 횔덜린의 시를 재해석하는 데 전력을 쏟았다. 그의 사유는 텍스트 해석에 몰두하는 전통적인 의미에서 더욱더 '해석학적'으로 되었다. 후설에 있어서의 철학은 기본적으로 과학적

---

5 후설이 아주 초기에 쓴《엄밀학으로서의 철학 Philosophie als strenge Wissenschaft》을 보라.

이었으며, 이는 그의 철학이 오늘날 과학들에 대해서 갖는 의의에서 잘 드러난다. 이에 반해 하이데거에 있어 철학이란 역사적인 것이고 과거의 창조적인 재발견이며 해석의 형식이었다.[6] 심지어 그는 '현존재'에 대한 자신의 분석을 '해석학'이라고 부른 적이 없지만 그 이후 그의 사유 방향을 잘 살펴보면 그는 틀림없이 탁월한 해석학적 철학자임이 분명하다.

서로 상이한 두 유형의 현상학은 다른 문제, 즉 역사성에 관해서도 상이한 해답을 제시한다. 후설은 의식의 시간성을 관찰한 다음 내적인 시간의식을 현상학적으로 기술하였다. 하지만 그는 필증적 인식의 요구에 집착한 결과 이러한 시간성을 과학의 정태적이고 표상적인 용어로 바꾸어놓았다. 그 결과 존재 자체의 시간성은 부정하였으며 정지상태에 있는 관념의 영역을 옹호하였다. 그래서 하이데거는 1962년에 후설의 현상학은 '데카르트와 칸트 그리고 피히테가 정립한 모델'을 더욱 정교화시켰을 뿐이라고 주장했다. 하이데거가 볼 때 '사유의 역사성은 이런 유형을 취하는 입장에 있어서 완전히 낯선 것이다.'[7] 동시에 하이데거는 《존재와 시간》에서 자신의 분석은 '내가 지금(1962년)까지도 여전히 믿고 있는 바와 같이 현상학의 원리에 의해 실질적으로 정당화된다'[8]고 생각했다. 현상학이 반드시 의식에 대한 해명이라고 간주될 이유는 없다. 왜냐하면 현상학은 그것

6 두 가지 상반된 종류의 해석을 리쾨르는 '탈신화화(récollection du sens)'와 '탈신비화(exercice du soupçon)'로 특징짓고 있는데 이 둘 다 하이데거에게서 나타난다. 특히 하이데거에 있어서는 전자가 지배적이다. 《DI》, pp. 36~44를 보라.

7 1962년 4월 W. J. Richardson에게 보낸 편지. 이 편지는 Richardson의 《TPhT》, xv에 서문을 대신하여 실려 있다.

8 앞의 책, 같은 곳.

의 현사실성과 역사성 속에서 존재를 밝히는 수단이 될 수도 있기 때문이다. 이를 이해하기 위해서는 《존재와 시간》의 제7절에서의 현상학에 대한 하이데거의 논의를 살펴보는 것이 좋다.

해석학적인 것으로서의 현상학

'현상학적 탐구방법'이라는 제목이 붙은 《존재와 시간》의 한 절에서 하이데거는 자신의 방법이 '해석학적'이라는 사실을 명시적으로 밝히고 있다. 이것이 현상학에 대해 어떠한 중요성을 갖는가 하는 문제가 제기될 수 있겠지만, 이 책과 관련해서는 그에 못지 않게 이것이 해석학에 대해 어떠한 중요성을 갖는가 하는 문제가 여기에서 다루어져야 한다. 하지만 이 문제에 직면하기에 앞서 우선 현상학에 대한 하이데거의 새로운 정의를 살펴볼 필요가 있다.

하이데거는 현상학(phenomenology)이란 말의 그리스적인 어원, 즉 phainomenon 혹은 phainesthai와 logos로 거슬러 올라간다. 하이데거에 따르면 '파이노메논(phainomenon)'이란 '드러난 그대로 자신을 보여주는 것'을 의미한다. '파(pha)'란 빛이나 밝음을 뜻하는 그리스어 '포스(phōs)'와 가까운 말로서 '어떤 것을 드러나게 하는 것'[9]을 의미한다. 따라서 현상(phenomena)이란 '그리스인들이 존재자(ta onta, das Seiende)라고 불렀던 것을 밝히는 것'[10]이다.

이러한 '드러남(현상)' 혹은 어떤 것을 '있는 그대로' 드러내는 형

---

9 《SZ》, p. 28.

10 앞의 책.

식은—우리가 '어떤 것이 ~처럼 보인다'고 말할 때처럼—2차적인 지시 형태가 아니다. 또한 그것은 어떤 것의 증상과 같은 것도 아니다. 왜냐하면 증상이란 자기 자신을 드러내는 것이 아니라 보다 근원적인 또 다른 현상을 지적하는 것일 뿐이기 때문이다. 오히려 '드러남'은 어떤 것을 있는 그대로 즉 현상하는 그대로 보여주는 것을 말한다.

현상학에서의 접미사 '~학(-ology)'은 당연히 그리스어 '로고스(Logos)'에서 비롯된 것이다. 하이데거의 말에 따르면 '로고스'란 말 속에서 전달되는 것이다. 그래서 '로고스'의 보다 근원적인 의미는 어떤 것이 나타나도록 해주는 것이다. 하이데거는 로고스를 '이성'이나 '이유'라고 규정하지 않는다. 오히려 그것은 이성이나 이유를 가능하게 해주는 '말하는 기능'이다. 그것은 명제적 기능(apophantic function)을 가지며 현상을 지시해준다. 다시 말하면 로고스는 '~(으)로서(as)'라는 기능을 갖고 있다. 왜냐하면 그것은 어떤 것이 어떤 것'으로서' 보이도록 해주기 때문이다.

하지만 이러한 기능은 자의적인 것이 아니라 한 사상(事象)이 무엇인가를 밝혀내는 문제이다. 즉 이러한 기능을 통해 그 사물은 은폐에서 벗어나 밝혀지게 된다. 정신이 현상에 의미를 투사하는 것이 아니다. 오히려 드러나는 것은 사상(事象) 자체의 존재론적 시현(示現)이다. 물론 독단론에 있어서는 하나의 사상이 일면적인 측면에서만 보여질 수도 있다. 그러나 하나의 사상이 있는 그대로 나타나도록 하는 일은 그렇게 되도록 하는 방법을 알아내는 문제이다. 왜냐하면 사상은 스스로 보여질 수 있도록 주어지기 때문이다. '로고스(말)'는 사실상 언어 사용자가 언어에 부여한 힘이 아니라 오히려 언어가 언어 사용자에게 부여하는 힘이며, 언어를 통해 드러나는 것이 사용하는 수단이다.

그러므로 '파이네스타이'와 '로고스'의 합성어인 현상학은 어떤 사물에 우리의 범주를 부과하지 않고서 그 사물을 있는 그대로 드러나도록 하는 것을 말한다. 이는 지금까지 우리가 익숙해 있는 방향과는 정반대이다. 즉 우리가 사상을 지향하는 것이 아니라 사상 자체가 우리에게 스스로를 보여준다. 그렇다고 해서 현상학이 원시적인 애니미즘을 뜻하는 것은 아니다. 오히려 그것 현상학은 진정한 이해의 본질이 바로 사상 자체가 스스로를 드러내는 힘에 의해 인도되는 것이라는 점을 인정하는 것이다. 이런 생각은 사상 자체로 돌아가라고 했던 후설 자신의 의도의 한 표현이다. 현상학이란 현상에 속해 있는 접근 방법을 통하여 현상에 의해 인도되는 수단을 말한다.

이 같은 방법은 해석학 이론에 대해 너무나도 중요한 의의를 갖는다. 왜냐하면 이는 해석이 인간의 의식이나 제 범주에 근거를 둔 것이 아니라 사상—우리가 직면하는 현실—의 드러남에 근거를 두고 있다는 사실을 함축하고 있기 때문이다. 그런데 하이데거의 주된 관심사는 형이상학과 존재물음(Seinsfrage)이었다. 그러면 과연 이러한 현상학적 방법이 형이상학의 주관성과 사변적 성격에 종지부를 찍을 수 있겠는가? 또 이 방법은 존재물음에 적용될 수 있는가? 하지만 불행하게도 이러한 과제는 존재(Sein)가 하나의 현상이 아니라 보다 포괄적이고 미묘하다는 사실에 의해 너무나 복잡해진다. 존재란 결코 우리에게 대상이 될 수 없다. 왜냐하면 우리는 이미 어떤 대상을 대상으로 구성하는 작용 속에서 존재하고 있기 때문이다.

하지만 하이데거는 《존재와 시간》에서 인간은 자신의 실존(existence)과 함께 막연히 충전된 존재 이해를 갖고 있다는 현사실(Faktum)을 포착한다. 이러한 존재 이해는 일정하게 고정된 이해가 아니라 우리가 직면하는 현상에 대한 경험 속에서 역사적으로 형성되고 축적된 이해이다. 그래서 아마도 존재는 그것의 출현방식이 문제가 될 수 있다. 존재론은 현상학이 되어야 한다. 존재론은 실체가 나타나는 이해와 해석의 제 과정에 의거해야 한다. 왜냐하면 존재론은 인간 존재의 기분과 방향을 열어두어야 하기 때문이다. 그리고 또한 존재론은 세계-내-존재의 비가시적 구조를 가시적으로 만들어야 하기 때문이다.

그러면 도대체 이것이 해석학과는 어떻게 관계하는가? 이는 곧 존재론이 존재의 현상학으로서 실존의 '해석학'이 되어야 한다는 뜻이다. 하지만 이런 류의 해석학은 분명히 지금까지의 낡은 문헌학적 방법론 혹은 딜타이가 구성했던 '정신과학'의 일반적 방법론과는 다른 것이다. 하이데거의 해석학은 은폐되어 있던 것을 밝혀준다. 또 그의 해석학은 텍스트 해석에 대한 하나의 해석이 아니라 사상(事象)을 은폐로부터 벗겨내는 근원적인 해석행위를 말한다.

> 현상학적 기술의 방법적 의미는 '해석(Auslegung)'이다. '현존재(Dasein)'의 현상학의 '로고스'는 '해석하다(hermēneuein)'라는 성격을 갖는데, 존재의 본래적 의미 및 현존재의 고유한 존재의 근본 구조들은 이러한 해석학적 성격을 통해 현존재 자체에 속해 있는 존재 이해에 알려지게 된다. '현존재'의 현상학은 근원적인 의미에서의 해석학이다. 그리고 이 근원적인 의미는 해석이 해야 할 바를 특징지어준다.[11]

11 앞의 책, p. 37.

이제 해석학은 한 단계 더 나아가서 '〈현존재〉의 존재에 대한 해석'[12]이 된다. 철학적으로 보자면 이는 현존재의 가능성의 근본 구조들을 설명하는 것이다. 왜냐하면 '현존재'의 해석학은 곧 '〈실존〉의 실존성에 대한 분석'[13]이기 때문이다. 다시 말해서 하이데거의 해석학은 현존재의 본래적인 존재가능성들에 대한 분석이기 때문이다. 하이데거에 따르면 해석학이란 현존재가 스스로에게 존재의 본성을 알려주는 근본적인 언표적 기능이다. 정신과학의 해석방법론으로서의 해석학은 근원적인 존재론적 해석작용에 근거를 두고 있는 파생적 형태에 불과하다. 즉 정신과학적 해석학은 보다 근원적인 기초존재론(fundamental ontology)에 근거를 두지 않으면 안 되는 영역적 존재론(regional ontology)이다.

이렇게 되면 해석학은 이해와 해석의 존재론이 된다. 문헌학적 해석학의 입장에서 하이데거를 비판하는 사람들은 해석학에 대한 이러한 새로운 정의를 놀라운 눈으로 바라보겠지만, 사실 이는 해석학을 보다 포괄적으로 규정하려 했던 역사적인 경향을 더욱 심화·확대시켜놓았다. 왜냐하면 슐라이어마허에 있어서의 해석학은 대화속에 들어 있는 제 조건에서 그 토대를 찾으려 했었고, 또 딜타이는 이해를 삶과 삶이 만날 수 있도록 해주는 인간의 능력으로 간주하려 했었기 때문이다. 하지만 딜타이에 있어서 이해는 보편화되지 못했다. 그 이유는 그는 과학적 이해와는 구별되는 '역사적' 이해라는 개념을 마음속에 품고 있었기 때문이다. 하이데거는 최종적으로 해석학의 본질이란 사물들의 존재 및 현존재의 존재의 가능태들을 탈은

---

12 앞의 책, 같은 곳.

13 앞의 책, p. 38.

폐시킬 수 있는 이해와 해석의 존재론적 능력이라고 규정한다.

아마 이는 다음과 같이 표현될 수 있을 것이다. 해석학은 여전히 이해의 이론이지만 이해는 좀 다르게 (존재론적으로) 규정된다.

이해의 본성 : 하이데거에 의한 딜타이의 극복

이해(understanding, Verstehen)는 하이데거에 있어서 특수한 용어이다. 이는 일상적인 의미의 이해도 아니며 그렇다고 딜타이적인 의미에서의 이해도 아니다. 영어에서 '이해(understanding)'란 공감(sympathy), 즉 다른 사람이 체험한 것을 다시 느낄 수 있는 능력을 말한다. 예를 들어 '이해하는 표정'은 단순한 객관적 인식 이상의 것이다. 왜냐하면 그것은 이해되는 사상(事象)에의 참여와 같은 것이기 때문이다. 우리 인간은 방대한 지식을 가질 수 있지만 이에 비해 이해는 조금밖에 갖지 못한다. 왜냐하면 이해는 본질적인 것과 관계하여 때로는 인격적인 것에만 관련을 맺기 때문이다. 슐라이어마허에 있어서의 이해는 동일철학(Identitätsphilosophie)에 근거를 두고 있었기 때문에 이해하는 자는 화자와 함께 감동을 느꼈다. 왜냐하면 이해는 상호비교적인 측면과 함께 신비적인 측면도 포함하는 것이었기 때문이다. 딜타이에 있어서의 이해는 단순한 소여 이상의 것, 즉 '내면적 세계'의 '표현'이나 궁극적으로는 '삶' 자체의 '표현'으로서의 그림, 시, 혹은—사회적, 경제적, 심리적—사실 등을 파악하는 과정 속에 개입되어 있는 보다 깊은 차원의 이해를 말하는 것이었다.

이해에 대한 이러한 개념들은 하이데거의 정의와는 전혀 동떨어진 것이다. 하이데거에게 있어서 이해란 자신이 실존하고 있는 생활세계의 맥락 내에서 자신의 존재가능성을 파악할 수 있는 능력이다. 이는 (슐라이어마허에 있어서처럼) 상황이나 다른 사람을 느낄 수 있는 특별한 능력이나 재능이 아니며, (딜타이에 있어서처럼) 보다 깊은 차원에서 '삶의 표현'의 의미를 파악할 수 있는 능력도 아니다. 이해란 소유될 수 있는 것이 아니라 세계-내-존재의 한 양태 혹은 구성요소이다. 또한 이해는 세계 속에 있는 실재가 아니라 경험적 수준에서 현실적인 이해작용이 일어날 수 있도록 해주는 존재 구조이다. 이해는 '모든' 해석을 위한 기초이다. 왜내하면 이해는 인간의 현존과 동근원적이며 모든 해석행위에 나타나기 때문이다.

따라서 이해는 존재론적으로 근원적이며 모든 실존행위에 선행한다. 이해의 두 번째 측면은 이해란 항상 미래와 관계한다는 사실이다. 이는 이해의 기투적 성격(Entwurfscharakter)을 표현해준다. 하지만 기투는 기반을 가져야 하기 때문에 이해는 또한 현존재의 상황성(Befindlichkeit)과 관련된다. 그런데 이해의 본질은 단순히 현존재의 상황성을 파악하는 데 있는 것이 아니라 현존재가 세계 속에 처해 있는 지평 내에서 구체적인 존재가능성들을 탈은폐하는 데 있다. 하이데거는 이해의 바로 이런 측면을 '실존성(Existenzialität)'이라고 부른다.

하이데거에 따르면 이해의 중요한 특징은 그것이 항상 '이미 해석된 적소전체성(適所全體性, Bewandtnisganzheit)' 내에서 작동하고 있다는 점이다. 이것이 해석학에 대해 지니는 함축성은 대단히 크다. 특히 그것이 하이데거의 존재론과 관련이 될 때는 더욱 그러하다. 딜타이는 이미 유의미성(Bedeutsamkeit)은 항상 구조연관의 문제라고 주장한 바가 있다. 이는 이해가 단순하고 자족적인 부분들에서 전체로 단계적으로 이행해가는 진행 과정에서가 아니라 '해석학적 순환' 내에서 항상 작용하고 있다는 익숙한 원리의 한 사례이다. 하지만 하이데거의 현상학적 해석학은 한 단계 더 나아간다. 그래서 그의 해석학은 해석학적 순환이 인간의 모든 실존론적 이해와 해석의 존재론적 구조에 어떠한 기여를 할 수 있는가를 탐구한다. 물론 이해란 형이상학적인 실재로 생각되어서는 안 되며 인간의 감정적인 실존은 더더욱 아니다. 하지만 이러한 실존과 분리될 수도 없다. 왜냐하면 하이데거는 딜타이의 체험지향적 견해를 부정하기보다는 그것을 존재론적 맥락에 위치 지우기 때문이다. 이는 이해가 분위기와는 분리될 수 없으며 또한 '세계'나 '유의미성'이 없이는 상상조차 할 수 없다는 사실에서 분명하게 드러난다. 하여튼 문제의 핵심은 하이데거에 있어서의 이해가 존재론적으로 되었다는 사실이다. 하이데거의 세계 개념에 대한 고찰은 이를 더욱 분명하게 밝혀줄 것이다.

세계와 세계 내의 대상들에 대한 우리의 관계

하이데거에 있어서 '세계(Welt)'란 용어는 객관적으로 고찰된 환경, 즉 자연과학이 파악하는 우주를 의미하는 것이 아니다. 오히려 그것은 우리의 개인적인 인격적 세계에 가까운 말이다. 세계란 모든 존재자들의 전체가 아니라 그 속에 현존재가 항상 그리고 이미 처해 있는 전체이다. 그리고 이러한 전체로서의 세계는 항상 선이해를 통하여 드러난다.

세계를 자아와 분리된 것으로 생각하는 태도는 하이데거의 사상과 완전히 대립된다고 할 수 있다. 왜냐하면 이러한 태도는 주-객 분리를 전제하는데 사실상 이러한 분리는 세계라 불리는 관계적 맥락 내부에서 생겨난 것에 지나지 않기 때문이다. 세계는 객관적 의미에서 자아와 세계의 어떠한 분리에도 선행한다. 즉 하이데거가 말하는 세계는 모든 '객관성', 즉 모든 개념화에 선행한다. 따라서 세계는 주관성에도 선행한다고 말할 수 있다. 왜냐하면 주관성도 객관성과 마찬가지로 주관-객관의 도식 내에서 생각될 수 있는 것이기 때문이다.

세계란 그 속에 있는 실재들을 모두 열거한다고 해서 기술될 수 없다. 오히려 세계란 우리가 그러한 실재들을 인식하는 작용 속에 전제되어 있는 바로 그것이라 할 수 있다. 세계 내에 있는 모든 실재는 항상 이미 거기에 존재하는 세계에 '의하여' 실재로 파악된다. 인간의 육체적 세계를 구성하는 실재들은 그 자체가 곧 세계가 아니라 하나의 세계 내에 있는 것에 지나지 않는다. 세계란 이처럼 포괄적이면서도 우리와 너무 밀접하기 때문에 좀처럼 이를 의식하기가 쉽지 않다. 사람들은 세계를 통해 모든 것을 본다. 따라서 세계가 없이는 그 어느 것도 볼 수가 없다. 우리에게 의식되지 않은 채로 전제되어 있는 포괄적인 세계는 항상 투명하게 드러나 있으며, 결코 그것은 (주관과 대립되는) 객관 혹은 대상으로 파악될 수 없다.

이렇게 해서 새로운 영역—즉, 세계—은 탐구를 필요로 하게 된다. 하지만 이에 접근하는 길은 쉽지 않다. 그 이유는 세계 내에 있는 실재들에 대한 경험적 기술이나 그 실재들의 개별적인 존재자 자체에 대한 존재론적 해석, 그 어느 것도 세계라는 현상을 제대로 포착할 수 없기 때문이다.[14] 세계란 세계 내에 나타나는 실재들 '곁에' 있는 것이다. 하지만 이해는 세계를 통해 이루어진다. 세계는 모든 이해에 있어 근본적이다. 왜냐하면 세계와 이해는 현존재의 실존의 존재론적 구성에 있어서 불가분한 부분들이기 때문이다.

이처럼 일반인들이 매일매일(일상적으로) 자신들의 실존과 관계짓는 세계 내의 대상들이 지닌 구조적 성격은 곧 세계의 구조적 성격에 대응된다. 일상적으로 사용되는 도구들이나 아무런 생각없이 이루어지는 신체의 움직임들은 모두 투명하게 밝혀지게 된다. 그런데 이러한 도구나 움직임은 약간의 이상이 있게 되는 한에서만 우리의 주목을 받는다. 이처럼 이상이 발생하는 순간 우리는 하나의 중요한 사실을 관찰하게 된다. 즉 대상들의 '의미'는 상호관련된 의미들과 의도들의 구조적인 전체와 관련되어 있다는 사실을 알게 된다. 고장이나 이상이 발생하면 대상들의 의미는 세계로부터 직접 밝혀지게 된다.

사물에 대한 이런 식의 이해는 단순한 지적인 파악과 완전히 구별된다. 《존재와 시간》에 나오는 익숙한 예를 하나 들어보자. 인간의 관심과 독립되어 단순히 현전(現前)하고 있는 망치는 무게와 속성들을 갖고 있고 또한 다른 망치와 비교될 수 있는 하나의 사물이다. 그런데 훼손된 망치는 즉각 망치란 무엇인가를 보여준다.[15] 이러한 경

---

14 앞의 책, p. 64.

15 앞의 책, p. 69. W. B. Macomber는 부서진 망치를 하이데거 사유에 있어서 핵심적인 표상으로 간주한다. 이에 대해서는 하이데거의 진리 개념에 대한 그의 탁월한 연구서 《환멸의 해부 The Anatomy of Disillusion》를 보라.

험은 하나의 해석학적 원리를 암시하고 있다. 즉 사물의 존재는 이론적이고 분석적인 파악에 의해 드러나는 것이 아니라, 그 사물이 세계의 총체적인 도구적 연관 속에서 탈은폐되는 순간에 저절로 드러난다는 점이다. 이와 마찬가지로 이해의 본성도 속성들에 대한 분석적인 분류나 기능에 대한 인식을 통해서가 아니라 이해가 벽에 부딪혀서 불가능하게 될 경우에 보다 잘 파악될 수 있다.

선술어적 유의미성, 이해 및 해석

우리가 지금 막 보았던 바와 같이 도구의 존재를 도구'로서(as)' 비추어주는 '훼손'이라는 현상은 우리가 존재하고 있는 '세계'를 지시해준다. 이 세계는 대개 우리에게는 모호한 채로 남아 있다. 그리고 이 세계는 지각에 있어서의 정신의 의식 이전적 작용 영역 이상의 것이다. 좀 더 정확하게 말하면 이 세계는 존재 구조에 있어서의 현실적인 저항과 가능성들이 이해를 형성하는 영역이다. 이 영역에서 존재의 시간성과 역사성은 극명하게 드러나며 또 이 영역은 존재가 유의미성, 이해, 해석 등으로 번역되는 곳이기도 하다. 간단히 말해서 하이데거적인 의미의 세계란 존재가 언어로서 주제화되는 해석학적 과정의 영역이다.

앞서 언급한 바와 같이 이해(Verstehen)은 적소전체성 내에서 작용한다. 하이데거는 이러한 적소전체성을 파악하기 위한 존재론적 기초를 표현하기 위해 '유의미성(Bedeutsamkeit)'이란 말을 만들었다. 그래서 이 용어는 말의 의미를 지닐 수 있는 존재론적 가능성을 제공해준다. 왜냐하면 그것은 언어를 위한 기초이기 때문이다. 하이데거가 여기에서 중점적으로 말하고자 하는 바는 유의미성은 논리적인 언어 체계보다 훨씬 더 심오한 것이라는 점이다. 왜냐하면 그것은 언어에 선행하는 무엇, 즉 적소전체성으로서의 세계에 근거를 두고 있기 때문이다. 말이 아무리 많은 의미를 형성한다고 할지라도 그것은 이미 언어 자체의 체계를 넘어서서 이미 세계의 적소전체성에 근거를 두고 있는 유의미성과 관련을 맺게 된다. 따라서 유의미성이란 인간이 사물에 대해 부여하는 그런 종류의 것이 아니라, 오히려 사물이 말과 언어의 존재론적 가능성을 제공함으로써 인간에게 부여하는 그 무엇이다.

이해는 바로 이런 맥락에서 생겨나는 것이며, 해석은 단지 이러한 이해를 명료화한 것에 지나지 않는다. 따라서 해석이란 순수한 대상에 가치를 부여하는 문제가 아니다. 왜냐하면 우리가 만나게 되는 대상은 이미 특정한 관계 속에서 나타나기 때문이다. 심지어 이해에서조차도 세계 내의 사물들은 이것 '으로서' 혹은 '저것'으로서 보여진다. 해석은 이 '로서(Als)'라는 말을 명료화한다. 이해의 기반은 모든 주제적인(thematic) 진술에 선행한다. 하이데거는 이를 다음과 같이 간결하게 표현한다.

> 비가시적인 도구존재자의 세계에 대한 모든 단순한 선술어적 주시는 그 자체로서 이미 '이해하고 해석하는' 주시이다.[16]

16 '도구존재자에 대한 모든 선술어적인 직시(Sehen)는 그 자체에 있어서 이미 이해적-해석적(versfehend-auslegend)이다'(《SZ》, p. 149).

이해가 해석으로서, 즉 언어로서 명료화되면 초주관적인 요인들이 작용하게 된다. 왜냐하면 '언어는 이미 항상 자기 내부에 형성된 개념성, 다시 말해서 이미 형성된 주시방식(way of seeing)을 담고 있기 때문이다.'[17] 이해와 유의미성은 둘 다 언어와 해석을 위한 기초이다. 후기의 저작들에서 존재와 언어의 관련성은 더욱 강조되어 존재가 곧 언어적이라는 주장에까지 이르게 된다. 예를 들어 하이데거는 《형이상학 입문》에서 다음과 같이 주장한다.

> 말과 언어는 쓰고 말하는 사람들의 교섭을 위해 사물들을 포장하는 포장지가 아니다. 오히려 사물들을 존재케 하고 또 그 사물들이 사물로서 존재할 수 있도록 하는 것이 바로 말과 언어이다.[18]

이를 통해 우리는 하이데거가 말한 유명한 구절인 '언어는 존재의 집이다'[19]의 의미를 제대로 해석할 수 있다.

그래서 이해는 모든 해석에서 작용하는 일종의 '선구조(prestructure)'를 갖게 된다. 이는 이해의 3중적인 선구조에 대한 하이데거의 분석에서 명료하게 드러난다. 하지만 우리는 여기에서 이를 상술할 필요는 없다. 왜냐하면 그것의 본질적 특성과 의의는 이미 우리가 세계와 유의미성에 관해서 말한 것들 가운데 함축되어 있기 때문이다.[20]

---

17 '언어는 그때마다 이미 형성되어 있는 개념성을 그 속에 담고 있다'(앞의 책, p. 157).

18 《IM》, p. 13.

19 《PL-BH》, p. 53. 이 〈서한〉은 p. 53에서 시작한다. 따라서 앞부분은 《PL》에서 인용해 온 것이고, 뒷부분은 《BH》에서 인용한 것이다.

20 《SZ》, pp. 150~158을 보라. 특히 '무엇을 무엇으로서(als) 해석하는 일에는 본질적

무전제적 해석의 불가능성

항상 이미 해석적이면서 세계에 근거를 두고 있는 이해의 선구조는 주관과 객관의 분리에 기초를 둔 낡은 해석 상황의 모델을 넘어선다. 사실상 이해의 선구조는 주-객 관계에 의하여 해석을 기술하는 입장의 기본적인 타당성에 대해 심각한 의무을 제기한다. 또한 그것은 소위 말하는 객관적인 해석 혹은 '아무런 전제도 없는' 해석이 과연 존재할 수 있는지에 대해서도 의문을 제기한다. 하이데거는 이 문제를 간단히 정식화한다. '해석은 결코 미리 주어진 대상에 대한 무전제적인 파악이 아니다.'[21]

'아무런 편견이나 전제가 없는' 해석을 하고자 하는 바람은 궁극적으로 이해가 이루어지는 방식과 정면으로 배치된다. '대상'으로부터 나타나는 것은 우리가 나타나게끔 하는 것이며 동시에 우리의 이해 속에서 이루어지는 세계의 주제화에 의해 밝혀지는 것이다. '현실적으로 저기에' 존재하는 것이 '자명하다'고 가정하는 것은 너무나 소박한 태도이다. 자명하다고 생각되는 것에 대한 정의 자체가 바로 무의식적인 일련의 전제들에 의존하고 있다. 이러한 일련의 전제들은 '객관적'이고 '무전제적'인 해석자에 의한 모든 해석행위에 작동한다. 하이데거는 이해에 대한 자신의 분석을 통해 바로 이러한 일련의 전제들을 밝혀냈다.

으로 선취, 선견, 선파악이 들어 있다'(p. 150); '의미(Sinn)란 (선이해의 삼중 구조인) 선취, 선견, 그리고 선파악을 통하여 구조화된 기투(企投, Entwurf)의 지평이다. 무엇을 무엇으로서 이해하게 되는 것은 바로 이 기투를 통해서이다'(p. 151).

21 앞의 책, p. 150.

이것이 문학 해석에서 의미하는 바는 서사시의 텍스트에 대한 가장 '무전제적인' 해석자조차도 예비적인 가정이나 전제를 가질 수밖에 없다는 점이다. 또한 텍스트에 접근해감에 따라 이 해석자는 이미 텍스트를 일정한 종류의 텍스트, 즉 서사시라고 보고 있으며 스스로 텍스트를 해석하기에 적합한 태도를 취한다. 작품과 해석자의 만남은 시간과 공간을 벗어나서 해석자의 체험과 관심의 지평을 넘어서서 이루어지는 것이 아니라 오히려 특정한 시간과 장소에서 이루어진다. 예를 들면 그는 다른 많은 텍스트들에도 불구하고 바로 이 텍스트에 주목하는 이유가 있다. 그래서 그는 의문을 품고서 그 텍스트에 접근해간다.

그러므로 이해의 선구조적 성격이 단순히 이미 주어진 세계에 대립되는 의식의 한 가지 속성이 아니라는 점을 기억하는 것은 대단히 중요하다. 만일 이해의 선구조적 성격을 의식의 한 속성으로 보게 되면 하이데거가 그렇게 극복하려고 노력했던 해석의 주-객 모델에 빠지게 된다. 오히려 선구조는 주관과 객관을 이미 포괄하고 있는 세계의 연관에 의존한다. 하이데거는 이해와 해석을 기술함에 있어 이것들을 주-객 이분법에 선행하여 위치 지우고 있다. 그는 사상 자체가 어떻게 해서 의미, 이해, 해석을 통해 드러날 수 있는지를 논의하고 있다. 즉 그는 이해의 존재론적 구조라고 불리는 것들에 대해서 논의하고 있는 것이다.

결과적으로 이해이론으로서의 해석학은 사실상 존재론적 탈은폐(ontological disclosure)의 이론이다. 현존재 자체가 존재론적 탈은폐의 과정이기 때문에 하이데거는 해석학적 문제를 현존재와 분리하여 생각하지 않는다. 그러므로 하이데거에 있어서 해석학은 현존재에 있어 이해가 어떻게 나타나는가에 관한 근본적인 이론이다. 그의 분석은 해석학을 실존론적 존재론 및 현상학과 결합시킨다. 그리고 또 그의 분석은 해석학을 주관성이 아니라 세계의 현사실성과 이해의 역사성에 근거를 두는 기초가 된다.

진술(Aussage)의 파생적 성격

우리가 지금까지 논의했던 것들 중에서 해석학적으로 중요한 의의를 갖는 성과는 논리적 진술—더 나아가 논리학 자체에 대한 하이데거의 언급에서 잘 나타난다. 하이데거에 있어서 '진술(Aussage)'은 해석의 근본적인 형태가 아니며 선이해에 있어서의 이해와 해석의 근원적인 작용에 의존한다. 이러한 이해와 해석이 없이는 진술은 아무런 의미도 가질 수 없다.

하이데거는 예를 하나 든다. '망치는 무겁다.' 그의 말에 의하면 이 진술 속에는 이미 형성된 지각 방식이 작용하고 있다. 좀 더 구체적으로 말하면 이 진술 속에는 논리학의 방식이 들어 있다. 모든 명료한 해석이나 분석에 앞서 상황은 진술의 구조에 적합하도록 논리학적 용어들로 구조화된다. 망치는 이미 속성—이 경우에는 무거움—을 지닌 사물로 해석되어 있다. 주어, 계사, 술어적 형용사의 유형을 지닌 진술의 문장 구조는 이미 망치를 다른 것들과 구별하여 속성을 지닌 대상으로 위치 지우고 있다.

하지만 세계를 해석하는 근본적인 과정은 논리적 명제나 이론적 진술 속에서 일어나지 않는다. 종종 우리가 말없이 망치를 시험하고 또 그것을 옆에다 둘 때처럼 말없이 일어나기도 한다. 이는 해석행위이지 진술이 아니다. 하이데거는 계속해서 망치를 예로 들면서 진술이 어떻게 해서 나타나게 되는가를 묻는다.

> 선취(先取, Vorhave)에 비추어 받아들여진 망치는 하나의 도구로서(as) 도구존재적이다. 이것이 진술의 '대상'으로 바뀌게 되면 이러한 진술의 구성과 함께 선취에 있어서 변화가 일어난다. '무엇으로(with what)?'라는 질문을 중시하는 도구존재적 경향은 지시적 진술의 '무엇에 관하여(about what?)'로 바뀌게 된다. 선이해에 입각해서 사물을 보던 태도는 이제 '사물존재적으로' 존재하는 사물에 초점을 맞추게 된다…… 이리하여 도구존재성 자체는 은폐된다.[22]

망치를 (사물존재적인) 대상으로서 드러내는 작용은 동시에 (도구존재적인) 도구로서의 망치를 은폐시키는 작용이다. 대상으로서의 망치의 그것의 생동적인 맥락으로부터 분리되며 망치질을 할 수 있는 도구로서의 망치의 본질은 은폐되어버린다.

망치의 예는 '로서(as, Als)'라는 말의 '명제적(apophantic)' 형태와 '해석학적(hermeneutical)' 형태에 대한 하이데거의 구별을 해명하는 데 사용될 수 있다. 도구존재자의 맥락에서 망치는 사물의 성격을 상실하고 도구의 기능으로 변화된다. 왜냐하면 우리는 이때 망치를 접근할 때 사물 '로서'가 아니라 도구 '로서' 접근해가기 때문이다. 망치를 그냥 우리의 시야 앞에 놓여 있는 사물로 해석하는 '로

22 앞의 책, pp. 157~158.

서'는 '명제적 로서'이다. 이에 반해 망치를 도구로서 드러내는 '로서'는 '실존론적-해석학적 로서'이다. '명제적 로서'는 선이해가 객관적인 지시의 입장으로 변화되는 것을 나타낸다. 이러한 지시는 이제 더 이상 망치를 생동적인 적소전체성과 관련짓지 않는다. 즉 그것은 도구존재자의 유의미성의 영역으로부터 분리된 것이며 망치를 단순히 바라보는 사물로 바꾸어놓는다.

하이데거는 보다 근원적인 '로서'로 나아갈 것을 요구한다. 그는 말한다.

> 우리는 아리스토텔레스가 '분리와 결합'이란 말을 통해 의미하고자 했던 바를 주의 깊게 이해해야 한다. 그리고 또한 무언가를 무언가 '로서' 드러낸다고 하는 것이 무엇을 뜻하는지를 세심하게 살펴보지 않으면 안 된다.[23]

이러한 구조에 따르면 해석과 분절은 통일을 이룬다. 근원적인 통일성을 파괴하고 보다 근원적인 '로서'를 무시해야만 단순한 '판단이론'에로의 길이 열린다. 판단이론에서는 진술을 개념들의 단순한 결합과 분리로 보기 때문에 판단이론은 항상 객관적이고 사물존재적인 실재의 저차원에 머물게 된다.[24] 보다 근원적인 '실존론적-해석학적로서'를 긍정하는 것은 곧 모든 진술은 보다 근원적인 차원의 해석으로부터 파생된 것이며, 또한 이러한 해석에 근거를 두고 있다는 사실을 인정하는 것이다. 따라서 진술이란 그것이 실존에 근거를

---

23 앞의 책, p. 159.
24 앞의 책.

두고 있다는 사실을 인정함이 없이는 결코 의미 있게 다루어질 수가 없다.

이러한 구별이 갖는 의의는 오늘날 과학에서 다루어지고 있는 언어를 살펴보면 잘 알 수 있다. 이는 진술과 논리학의 수준에 머물러 있는 언어에 대한 모든 정의들의 부적합성에서 아주 분명하게 드러난다. 특히 이들 분야에서는 언어를 단순히 개념과 언명으로 확장된 의식으로 보는 도구적 언어관이 만연되어 있다.

언어의 진정한 기초는 말함(speaking)이라는 현상이다. 모든 사물은 이러한 현상에서 밝혀진다. 이것이 바로 언어의 (해석학적) 기능이다. 말함을 출발점으로 삼게 되면 우리는 말이 말로서 기능하게 되는 사건, 즉 살아 있는 언어연관으로 들어가게 된다. 게르하르트 에벨링은 '말 자체가 해석학적 기능을 갖고 있다.'[25]고 말함으로써 하이데거의 영향을 잘 보여주고 있다. 언어의 근원적이며 '해석학적인' 기능은 후기 하이데거와 신학적인 '신해석학'에 있어서 참으로 중요한 요인이 된다. 이러한 언어관이 의미하는 바는 에벨링이 간명하게 나타낸 바와 같이 '언어에 〈대한〉 이해가 아니라 언어를 〈통한〉 이해'[26]라는 점이다. 이러한 견해의 중요성은 신학에 있어서 아무리 강조되어도 지나침이 없을 것이다. 왜냐하면 이러한 언어관은 말함의 기능에 대한 강조를 다시 복권시켜놓았기 때문이다.[27]

---

25 《WF》, p. 318 ; 《NH》, pp. 93~94.

26 앞의 책, 같은 곳.

27 '말하다'로서의 '헤르메네웨인'의 의미에 관해서는 제2장을 보라. 이 근원적인 차원은 하이데거에 있어서 강조되고 있다. 또한 '복음 내지 선포'의 의미를 갖는 '헤르메네웨인'에 대해서는 Gerhard Ebeling의 《신학과 복음 Theology and Proclamation》을 보라.

말로서의 언어는 더 이상 단어들의 객관적 결집체—이런 의미의 언어는 사람들이 사물처럼 조작할 수 있다—가 아니다. 말로서의 언어는 도구존재자의 세계 속에 위치한다. 물론 그것은 하나의 사물처럼 단순히 객관적인 존재로 전환될 수는 있다. 하지만 근본적으로 언어는 도구존재적이고 투명하며 맥락적인 것으로 드러난다.

하지만 말로서의 언어는 '내면적 실재'에 대한 표현으로 간주되어서는 안 된다. 오히려 그것은 말로 명료화되어야 할 하나의 상황이다. 시적인 말조차도 순수한 내면성을 전달하는 것이라기보다는 세계관의 공유이다. 화자가 아니라 세계라는 대상에 대한 탈은폐(폭로)로서의 언어는 주관적이거나 객관적인 현상이 아니라 주-객관의 통일된 현상이다. 왜냐하면 세계는 양자에 선행할 뿐만 아니라 양자를 포괄하기 때문이다.

10. 해석학 이론에 대한 후기 하이데거의 기여

만일 하이데거가 《존재와 시간》을 출판한 이후 아무것도 쓰지 않았더라면 해석학에 대한 그의 기여는 가히 결정적인 것이었을 것이다. 왜냐하면 그는 《존재와 시간》에서 이해의 문제를 근본적으로 새롭게 다루었기 때문이다. 현존재의 근본적인 존재방식으로서의 이해는 과학적 형태의 이해와 대립되는 것으로서 딜타이가 내세웠던 역사적 이해보다도 더욱 근원적이다. 그리고 하이데거는 모든 이해는 시간적이고 지향적(intentional)이며 역사적이라고 주장하였다. 그는 이해를 인간의 심리적(정신적) 과정으로서가 아니라 존재론적 과정으로서, 그리고 의식적 혹은 무의식적 과정에 대한 탐구로서가 아니라 인간에 있어 참으로 현실적인 것의 탈은폐(폭로)로 본다는 점에서 기존의 모든 이해 개념을 넘어섰다. 과거의 철학자들은 현실적인 것(혹은 참으로 존재하는 것)에 대한 정의를 미리 상정하고 나서 인간의 정신적 과정이 어떻게 이를 정립할 수 있는가를 탐문했다. 이에 반해 현재의 하이데거는 이러한 정의 자체를 가능하게 했던 현실-발견적이고 현실-폭로적인 작용으로서의 이해를 문제 삼는다.

후기의 하이데거가 관심을 가졌던 한 가지 주요 테마는 존재 자체를 주제화(thematization)하도록 해주는 현실-발견적 사건으로 소급해 들어가려는 노력이었다.

하이데거는 《언어에의 도상 Unterwegs zur Sprache》[1]에서 '모든 위대한 시인은 단 하나의 시를 통해서 시작(詩作)을 한다'고 말한다. 그리고 모든 근원적인 사유(思惟, Denken)는 본질적으로 시작과 같기 때문에 모든 위대한 사유자는 결코 완벽하게 언어로 표현되지 못한 채로 남아 있을 수밖에 없는 단편적인 사상만을 말한다고 한다. 그렇기 때문에 어떤 의미에서 하이데거의 후기 저작들은 《존재와 시간》에 대한 계속된 각주들이라고 할 수 있을 것이다. 사실 하이데거는 자신의 후기 사상을 통해 존재에로 접근하라고 하는 동일한 요구를 계속 반복해서 표현했을 뿐만 아니라, 자신의 주저인 《존재와 시간》의 탁월한 통찰들을 심화시키고 보다 철저화했다고 볼 수 있다. 아마도 그는 플라톤 이래로 가장 시적이면서 또한 가장 해석학적인 철학자라 할 수 있다. 따라서 그의 사유에 있어서의 근본 문제는 변한 것이 아니라 오히려 더욱 충실하게 상술되었다. 하이데거가 이해 및 이에 대한 해명에 집중하고 있다는 사실을 알게 되면, 그가 왜 그의 후기 저작들에서 '사유'를 문제시하였으며 왜 사유를 개념들의 조작에 의해 정의하지 않고 응답(responsiveness)이라는 말을 통해 정의하려 했는지를 제대로 이해할 수 있게 된다. 통상 하이데거의 사상은 '전회(Kehre)'를 축으로 하여 전기 사상과 후기 사상으로 대별되고 있다. 하지만 그의 사상은 현재의 보다 유리한 관점에서 보게 되면 단절적이라기보다는 연속적이다.

《존재와 시간》은 후기 사상이 자라난 토양이다. 하이데거는 처음

---

1 《US》, p. 37.

부터 끝까지 존재를 조명해주는 방법인 해석학적 과정(hermeneutical process)에 관심을 가졌다. 이는 《존재와 시간》에서는 '현존재(Dasein)'의 현상학을 통해 드러났고, 후기의 저작들에서는 비(非)존재나 '존재'라는 말 자체가 그리스적인 존재관이나 진리관 그리고 근대의 존재관이나 진리관, 더 나아가서 양자의 사유 개념과 언어관에 대한 해명에서 잘 드러난다. 물론 후기 저작들을 통해서 볼 때 하이데거는 초기에 비해 훨씬 더 시적이고 불명료하며 심지어는 예언적이기까지 하다. 하지만 그럼에도 불구하고 존재의 탈은폐는 하이데거의 일관된 주제로 남아 있었다.

후기 저작들에서 하이데거의 사상이 지닌 해석학적 성격은 전기와는 다른 차원들을 갖게 된다. 그런데 그것은 해석학적 특징이 약화된 것이 아니라 오히려 보다 강해졌다. 특히 주석(exegesis)에 관심을 집중한다는 의미에서 더욱 해석학적으로 되었다. 그의 테마는 여전히 존재가 정태적인 본질주의적 용어에 의해 어떻게 이해되었던가라는 문제이다. 하지만 해석의 대상이 현존재의 존재와의 일상적인 접촉으로 일반화된① 기술로부터 형이상학과 시로 옮아갔다. 그는 시간이 지남에 따라 점점 더 텍스트 해석에 많은 관심을 기울였다. 아마도 서양철학사에 있어서 하이데거만큼 텍스트, 특히 고대의 단편들에 대한 주석을 많이 한 사람도 드물 것이다. 특히 하이데거는 이러한 주석행위를 바로 자신의 철학함의 방법으로 삼았다는 점에서 아주 탁월했다. 비록 하이데거가 《존재와 시간》에서 이해이론에 대한 결정적인 철학적 기여를 하지는 못했지만, 그래도 그는 서

---

① 이 말은 좀 더 정확하게 말하면 현상학적 방법에 의해 다루어졌다는 의미이다.

양 철학자들 중에서 가장 '해석학적인' 사상가라고 불릴 수 있을 것이다.

아마도 하이데거 사상의 이러한 전개는 '존재'를 다루려는 시도 자체가 본질적으로 지닐 수밖에 없는 해석학적 성격에서 비롯된다고 볼 수 있을 것이다. 왜냐하면 하이데거에 있어서 존재는 사물들을 해명할 수 있도록 해주는 이해 과정(understanding process)의 맥락에서 다루어지기 때문이다. 그리고 우리가 서구적인 사유의 '텍스트'를 넘어서서 서구적인 전통을 형성시켰던 문제들에까지 거슬러 올라가게 되면 보다 더 해석학적으로 된다. 따라서 텍스트의 전체적인 체계를 그 자체로서 탐구하는 데에 만족해서는 안 되겠지만 텍스트의 숨겨진 의미를 찾아내려는 노력은 반드시 필요하다.

하이데거도 이러한 작업을 했다. 하지만 그는 동시에 존재 및 전통과 관련되는 한에 있어서의 인간의 고유한 해석학적 지위에 관한 자신의 견해도 제시했다. 하이데거의 후기 사상에 대한 상세한 해명은 이 장의 가능한 범위를 넘어선다.[2] 하지만 해석학 이론에 대해 후기 사상이 지니는 의의와 몇 가지 주요 테마들은 이하의 절들에서 간략하게 개관해볼 수 있을 것이다.

---

2 Richardson이 《TPhT》에서 행한 상세한 논의와 W. B. Macomber의 《환멸의 해부 The Anatomy of Disillusion》를 보라. 그리고 독일어로는 Otto Pöggeler, 《마르틴 하이데거의 사유의 길 Der Denkweg Martin Heideggers》이 있는데, 이 책은 특별히 추천할 만하다. 영어로는 Kockelmans, Langan, Versényi 등의 저작을 이용할 수 있다. 이것들에 대해서는 이 책의 뒤에 있는 문헌 목록을 참고하라.

현전적 사유, 주관주의 및 기술에 대한 비판

하이데거는 이미 《존재와 시간》에서 '진술'의 파생적 성격에 대해 논의함으로써 현전적(現前的) 사유에 대한 자신의 후기의 비판을 암시하였다. 왜냐하면 진술이란 사물들을 단순히 보여지는 그대로 제시하고자 하는 의도에서 나온 것이기 때문이다. 진술의 파생적 성격에 대한 논의에서 그가 보려주려고 했던 것은 두 가지 사항이었다. 첫째는 이해의 선구조(Vorstruktur) 내에서 대상을 보는 눈이 논리적이고 개념적인 사고의 요구에 따라 어떻게 미묘하게 형성되는가 하는 것이고, 둘째는 하나는 예로서 망치가 어떻게 해서 그것의 도구존재자(das Zuhandene)적 성격을 탈각하고서 현전적 사고(presentational thought)의 추상적인 영역에 놓이게 되는가 하는 것이다. 하이데거는 자신의 후기 저작들을 통해 서구적인 사고가 사유, 존재, 진리를 본질적으로 현전적인 방식으로 규정했던 방식을 재검토하고자 시도하였다.

하이데거는 〈플라톤의 진리론(Plato's Doctrine of Truth)〉에서 그 유명한 동굴의 비유에 대해 논급한다. 이 비유에는 진리란 비은폐(unconcealment, aletheia)라고 하는 암시가 들어 있다. 왜냐하면 사람들은 동굴을 기어 나와 밝은 빛으로 나갔다가 다시 동굴 속으로 되돌아가기 때문이다. 하지만 '대응(correspondence)'으로서의 진리관은 비은폐로서의 동적인 진리관을 누르고 가장 대표적인 진리설이 되었다. 그 결과 진리는 정확하게 보는 일에 국한되었으며, 사고란 관념들의 적절한 조작의 차원에 머무는 것에 지나지 않게 되었다.

사고와 진리를 이런 식으로 이해하는 태도는 서구 형이상학의 전반적인 발전을 규정할 뿐만 아니라 삶을 이론적으로—관념들에 의해, 즉 이데올로기적으로—접근하려는 입장으로까지 나타났다.

관념(개념)의 본질은 외관과 가시성에 있다. 개념은 개별적인 존재자의 '본질(what)'을 현전적으로 제시해준다. 개념의 본질은 존재자의 '존재자성(what-being)'에서 현전적으로 제시된다. 하지만 '현전하는' 존재가 존재자의 본성처럼 보이게 된다. 이런 이유로 인하여 플라톤에 있어서 존재는 그 진정한 본성을 '존재자성'에서 갖는다. 후에 이 '존재자성(what-being)'은 '현존(existentia)'이 아니라 '본질(essentia)'로 옮겨졌다. 따라서 철학자에게 '개념'으로 간주되는 것은 사물이 있는 그대로 탈은폐된 것을 말한다. 그리고 이렇게 해서 드러난(탈은폐된) 사물은 애초부터 다만 우리가 어떤 것에 대한 개념을 지각할 때 지각된 것(what is perceived)으로 파악될 뿐이다. 이때의 개념은 인식행위에서 인식되는 본질이다.[3]

하이데거는 모든 것이 개념들과 본질추출(ideation), 특히 이성의 개념에 따르게 됨으로써 초기의 탈은폐로서의 진리관은 상실되어버렸다고 주장한다. 이제 서구인들은 더 이상 존재를 자신의 파악능력으로부터 끊임없이 가까워졌다 멀어졌다 하는 동태적인 것으로서 보지 않고 개념의 정태적인 현전(presence)으로 간주한다. 진리는 감각적인 대상으로 변해버렸다. '지각과 진술의 일치',[4] 이는 곧 진리를 목표로 하는 사고는 실존에 근거를 둔 것이 아니라 개념에 대한 지각

3 《PL-BH》, p. 35.

4 앞의 책, p. 42.

에 기초를 두고 있음을 의미한다. 이렇게 되면 존재는 체험이 아니라 개념—즉 영속적이고 무시간적인 현전성(現前性, presentness)에 의해 정태적으로—에 의해 파악된다.

서양의 형이상학과 신학이 이러한 바탕 위에 세워졌다고 해도 과언이 아니다. 1921년에 이미 하이데거는 '아우구스티누스와 신플라톤주의'에 관한 (미간행된) 강의에서 《고백록》 제10권에 있는 두 가지 유형의 기독교—하나는 신을 '앎'으로써뿐만 아니라 신과 함께 삶으로써 완성을 이룩하려는 체험의 사실성에서 출발하는 기독교이며, 다른 하나는 '최고선'으로서의 신을 지향하는 기독교이다—사이에서 나타나는 갈등을 추적한 바가 있다. 후자와 같이 신의 존재와 신에 대한 체험을 정태적이고 현전적으로 보는 시각은 직접적으로 신플라톤주의에 소급될 수 있다. 신에 대한 체험이 최고선(fruitio Dei)으로 규정되고 신이 '평화'로서 향유된다면, 신은 현실적-역사적 삶의 흐름에서 벗어나게 되고 체험의 신으로서의 생동성은 사라져버릴 것이다. 신은 이제 더 이상 생동적이고 시간적이며 유한하고 도구존재적일 수가 없다. 신은 단지 향유되고 명상될 수 있도록 '사물적으로(on hand)' 존재할 뿐이다. 이제 신은 시간과 장소 그리고 역사의 외부에서 이것들을 초월하여 있는 영원한 존재(Eternal Being)가 된다.[5]

〈형이상학을 통한 근대적 세계상의 정초(The Founding of the Modern Image of the World through Metaphysics)〉라는 제목하에서 1938년 6월에 행한 한 강연에서 하이데거는 이러한 일반적 접근 방

5 Pöggeler, pp. 38~45 ; 《Ho》, pp. 338~339.

법이 데카르트적 입장과 결합되어 진리와 사고에 미친 영향을 추적하였다. 왜냐하면 데카르트에 의해 서구적 사고는 또 다른 결정적인 전환을 겪었기 때문이다. 데카르트에게 있어서 진리한 단순히 인식자와 인식 대상 간의 상응(相應) 이상의 것이다. 오히려 진리란 이러한 상응에 대한 '주관의 이성적인 확실성'이다. 이렇게 되면 인간적 주관(주체)은 모든 대상에 대한 궁극적인 준거점으로 간주되는 결과가 된다. 이는 곧 모든 존재는 인식와 인식 대상이라고 하는 주관-객관의 양극성에 의해 분류될 수 있다는 의미가 된다. 인식 대상은 궁극적으로는 자기 자신을 '있는' 그대로 드러내는 존재론상의 독립된 실재가 아니다. 즉 인식 대상은 자신의 존재능력에 있어서 있는 그대로 우리에게 탈은폐되고 현상되지 않는다. 오히려 인식 대상은 인식하는 주관이 자기 자신에게 부과하는 하나의 객관에 지나지 않는다. 세계의 지위는 인간적 주관성에 확고한 기초를 둠에 따라 주관-중심적으로 되며 그 결과 철학도 의식-중심적으로 된다. 하이데거는 이러한 증후군을 통칭하여 근대적 '주관주의(subjectism)'라고 부른다.[6]

6 주관주의(subjectism)는 주관성(subjectivity)과 구별된다. 왜냐하면 전자는 객관의 객관성과 주관의 주관성 양자를 구성하기 때문이다. 주관성이란 말 속에는 필연적으로 인간적 자아가 현전적인 주관이며, 그리고 이러한 주관성은 주관주의가 데카르트에 있어서 취한 형태라는 사실이 함축되어 있다. 그러나 하이데거는 주관주의란 인간 현상을 그 궁극적 출발점으로 삼는 모든 철학에 전제되어 있는 것이라고 본다. 예를 들면, 집합주의나 절대주의 혹은 개인주의 등이 바로 그것이다. 주관주의는 플라톤의 존재 해석에 잠재되어 있다. 왜냐하면 플라톤의 이데아란 누군가가 본 무엇(Something seen by someone)이기 때문이다. 하지만 데카르트에 오면 주관주의는 잠재적이 아니라 현시적으로 된다. 왜냐하면 그에게 있어서 인간은 이제 더 이상 존재 유출의 수용자가 아니라 그 자신이 곧 자신이 형성하고 기투하는 세계의 근거이기 때문이다. 《TPhT》, pp. 320~330을 보라.

주관주의는 주관성(subjectivity)보다 넓은 함의를 갖는 용어이다. 왜냐하면 주관주의란 세계가 기본적으로 인간에 의해 측정될 수 있는 것으로 간주하는 태도 일반을 의미하기 때문이다. 이러한 견해에 있어서 세계는 오직 인간과 관련되는 한에서만 의미를 가지며, 이때의 인간의 과제는 세계를 지배하는 것이다. 주관주의가 가져오는 성과는 아주 다양하다. 첫째 과학이 전면에 부상하게 된다. 왜냐하면 과학이야말로 세계를 지배하고자 하는 인간의 바람에 가장 잘 봉사하기 때문이다. 하지만 주관주의에 사로잡힌 인간은 자신의 이성적인(합리적인) 확실성에 근거를 두지 않은 어떠한 목표나 의미도 안정치 않기 때문에 스스로 대상화시킨 세계의 순환에 갇히게 된다. 예술적 대상들은 단순히 주관성이 '객관화된 사물' 혹은 인간적 체험의 '표현'으로 간주될 뿐이다. 문화란 단지 인간적 주관이 가치 있게 생각하는 것을 대상화시킨 것들의 집합에 불과하다. 다시 말해서 문화란 인간의 맹목적인 활동의 투사물이다. 이러한 주관주의의 틀 내에서는 어떠한 문화활동이나 개인적인 활동도 신(혹은 존재)의 활동에 대한 반응으로 간주될 여지가 없다. 왜냐하면 이런 틀에서 보면 만물은 인간에 근거를 두고 있기 때문이다. 궁극적으로는 신조차도 '무한하고 무제약적이며 절대적'인 것으로 재정의되고 세계도 탈신성화하게 된다. 그래서 신에 대한 인간의 관계는 다만 인간의 '종교적 체험'으로서만 접근될 뿐이다. 최고선이라고 하는 오래된 개념은 일상적인 삶의 흐름으로부터 신을 새롭게 정의하는 데 반해서, 주관주의는 신을 인간의 투사체로 간주하며 그 결과 신에 대한 인간의 관계도 인간의 의존적 감정에 불과한 것으로 본다.[7]

근대의 '가치철학'은 주관주의적 형이상학이 가져다준 또 하나의 결과이다. 가치란 말은 '사물들'에 의미—사물들은 원래 의미를 함께 지니고 있었지만, 주관주의의 틀 속으로 들어오는 과정에서 조작과정을 통해 의미를 상실하게 된다—를 부여하기 위해 마련된 미봉적인 개념이다. 인간과는 관계없이 사물들이 원래 갖고 있던 의미는 상실되었다. 이제 사물들의 지위는 인간에 대한 그것들의 유용성의 차원으로 축소된다. 우리가 대상들에 대해 가치를 '부여'하는 행위 속에는 가치 자체도 대상으로 취급하는 태도가 철학적으로 들어 있다. 따라서 가치도 세계 속에 있는 사물들 중의 하나에 지나지 않게 된다. 과학과 휴머니즘은 인간이 만물의 중심이자 척도인 시대에 있어서 가장 대표적인 슬로건이 된다.

이와 같이 주관주의적인 틀 내에서 사고는 어떻게 규정될 수 있는가? 다시 말해서 플라톤에까지 거슬러 올라가는 현전적인 틀에서 사고는 어떻게 규정되는가? 또한 진리에 대해서는 어떻게 생각해야 하는가? 이에 따르면 사물에 대한 진술은 그 대상이 우리에게 '주어지는' 방식에 대응해야 한다. 이러한 주어짐은 사실상 그 사물의 자기-탈은폐가 될 수 없다. 왜냐하면 그것은 주관에 의한 대상화작용에 사로잡혀 있기 때문이다. 그러므로 하이데거는 말하기를 위대한 형이상학적 체계란 그것이 이성(칸트)으로 표시되건 아니면 자유(피히테)나 사랑(셸링), 혹은 절대정신(헤겔)이나 힘에의 의지(니체)로 표시되건 간에 의지(will)의 표현이라고 했다.[8]

주관주의에 바탕을 둔 '힘에의 의지(will to power)'는 어떠한 궁극적 가치도 알지 못한다. 그것은 다만 보다 큰 힘에 대한 갈망일 뿐

---

7 《Ho》, p. 70.

8 《VA》, pp. 114~122; 《TPhT》, p. 381.

이다. 오늘날 이는 기술주의적 지배에 대한 광분에서 잘 나타난다. 하지만 기술주의적 사고의 영향은 이보다 훨씬 더 미묘하고 광범위하다. 왜냐하면 우리는 점점 더 사고 자체를 지배에 비추어 고찰하는 데 익숙하게 되었기 때문이다. 사고는 대상들과 경험을 통제할 수 있는 개념들과 관념들의 요구에 맞추어 이루어진다는 점에서 기술주의적으로 변화된다. 사고는 이제 더 이상 세계에 대한 개방적인 상응의 문제가 아니라 세계를 지배하려는 무자비한 시도의 문제가 되었다. 그래서 인간의 사고는 지상의 풍요로움을 지키고 가꾸는 행위가 아니라, 세계를 인간의 목적에 적합하도록 재구성하는 과정에서 세계를 고갈시키는 행위에 불과하다. 예를 들면 강은 이제 더 이상 그 자체의 본질적인 가치를 갖지 못한다. 사람들은 자신들의 목적에 맞도록 강의 경로를 바꾸고 큰 댐을 짓고 유독성 물질을 마구 갖다 버린다. 신들은 떠나버렸고 지구는 황폐해져가고 있다.

이해와 해석에 관한 이론으로서의 해석학은 바로 이 같은 고찰들에 의해 직접적인 영향을 받고 있다. 왜냐하면 해석의 문제가 기술주의적 사고의 맥락에서 다루어지게 되면 해석은 대상에 대한 개념적 지배를 할 수 있는 수단을 제공해주기 때문이다. 사고가 관념과 개념들의 조작으로 정의되면 이제 사고는 더 이상 창조적이지 않고 조작적이거나 기껏해야 기발한 차원에 머물게 된다. 해석적 상황의 근저에 주관주의가 놓여지게 되면 대상화는 어떤 의미를 갖는가? 대응으로서의 진리 개념은 논리상으로 이러한 접근 방법들에 적합하다. 이때 진리는 단지 '정확성'과 동의어에 불과하다.

그러므로 해석이론에 있어서 사고가 엄격하게 개념적인 용어들에 의해 규정되는가의 여부는 대단히 중요하다. 왜냐하면 이 경우의 해석은 전혀 모르는 미지의 문제를 다루는 것이 아니라 이미 알려진 자료를 해명하고 평가하는 일을 뜻하기 때문이다. 따라서 이때의 해석의 과제는 사물들을 근원적으로 '보여주는 일'이 아니라 여러 가능한 해석들 사이에서 가장 정확한 것을 골라내는 일이다. 이러한 제 전제는 빛과 어둠 사이의 간격에 다리를 놓는 일보다는 이미 알려진 것을 보다 분명하게 밝히는 일에 더욱 큰 관심을 갖게 마련이다. 언어란 이미 알려진 일련의 대상들에 적용된 기호들의 체계로 간주되게 된다.

하지만 하이데거에 있어서—언어와 진리 그리고 사고에 대한—위와 같은 일련의 규정들 및 이러한 규정에 근거를 둔 이해와 해석 개념은 플라톤의 진리론이 주제화된 것에 불과하다. 플라톤 이래의 서구적 사고, 특히 형이상학은 이러한 주제화의 '텍스트'를 대표한다. 하이데거는 이러한 텍스트의 배후로 파고들어 그것을 해석하는 일을 자신의 해석학적 과제로 삼았다. 하이데거는 칸트, 헤겔, 니체 등에게서 비은폐성으로서의 진리에 대한 고대 그리스적인 접근 방법의 암시를 발견하였다. 그래서 처음부터 하이데거는 자신의 과제를 본질적으로 해석학적인 맥락에서 규정하였다고 볼 수 있다. 이런 맥락에서 볼 때 해석학은 단순히 정확성과 일치에 의해 해석을 뜻하기보다는 오히려 '은폐된' 의미를 밝힌다고 하는, 즉 아직 알려져 있지 않은 것을 밝게 밝힌다—드러냄과 탈은폐—고 하는 보다 전통적인 진리관을 수용하고 있다. 그래서 하이데거가 칸트를 '해석한다'고 할 때 단순히 칸트가 원래 말하고자 했던 바를 밝힌다는 뜻은 아니다. 왜냐하면 이렇게 하는 것은 곧 진정한 해석이 시작되어야 할 바로 그 지점에서 해석을 중단하고 마는 것과 다를 바가 없기 때문이다. 오히려 하이데거는 텍스트가 말하고 있지 '않는' 것이 무엇인가를 묻는다. 즉 그는 칸트가 왜 《순수이성비판》의 1판 서문과 2판 서문을 다르게 썼는가에 주목한다. 그는 텍스트의 배후로 파고들어 원저자가 말하지 않았고 또 말할 수도 없었지만 그 텍스트에 있어서 가장 본질적인 것으로 간주될 수 있는 것을 찾아 들어간다.[9] 완결적이고 유한한 텍스트가 곧 해석의 유일한 대상이 아니다. 오히려 해석의 진정한 대상은 텍스트의 창작 과정에서 작용했던 내적인 혼란과 갈등이다.

이는 해석학에 있어서 전통적으로 친숙한 두 가지 문제를 야기한다. 첫째는 텍스트에 폭력(즉, 곡해)을 가하는 행위의 문제이고, 다른 하나는 저자 스스로 자신을 이해하는 것보다 더 잘 저자를 이해할 수 있다는 원리의 문제이다. 진리가 은폐되기도 하고 비은폐되기도 하는 것으로 간주되면, 즉 해석학적 행위가 해석자로 하여금 작품이 출현한 원천인 창조적인 공허의 경계에 서게 하면 해석은 반드시 '아직 말해지지 않은 것'에 대해 창조적으로 개방적이게 된다. 왜냐하면 '무(無)'는 모든 적극적인 창조의 창조적인 배경이기 때문이다. 하지만 이 무는 존재의 맥락에서만, 즉 그것이 긍정성을 지니는 한에서만 의미를 가질 수 있다. 예술작품을 인간적 주관성의 대상화로서가 아니라 존재의 탈은폐, 혹은 존재의 영역에 이르는 창으로 간주하게 되면 인간과 예술작품의 만남은 주관이 자신의 주관성을 다

9 《KPM》, p. 181 ; 영역본에서는 p. 206을 참조하라.

시 파악하는 작용이 아니라 존재의 수용이 된다.

위대한 작품에 대한 해석은 골동품 수집이 아니며, 그렇다고 해서 그리스인들이 하고자 했던—휴머니즘에서 흔히 나타나는—'어떻게 살 것인가?'에 관한 해답의 모델로서의 노력은 더더욱 아니다. 오히려 그것은 작품의 창작과 함께 일어났던 근원적인 탈은폐의 사건을 반복하고 반추하는 것이다. 즉 그것은 잡다한 오해의 와중에 파고들어 말해진 것과 말해지지 않은 것 사이의 중심에 서려는 노력이다(하이데거는 이러한 해석 작업을 수행함에 있어 원래의 광택이 되살아날 때까지 말을 '갈고닦는' 일을 아주 좋아했다).

하지만 그렇다고 해서 하이데거적인 의미의 해석이 과거에의 단순한 복귀는 아니다. 오히려 그것은 '새로운' 탈은폐의 사건이다. 원래의 칸트를 그대로 다시 복원시키려는 시도는 어리석기 그지없는 일이다. 결국 모든 해석은 원래의 텍스트의 표면에 폭력을 가할 수밖에 없다.[10] 텍스트의 표면성을 넘어서지 못하면 역사적 소박성에 사로잡힐 뿐만 아니라 우상숭배적인 태도를 벗어나지 못한다.

그렇다면 과연 저자를 그 자신보다 더 잘 이해하는 것이 가능한가? 불가능하다. 왜냐하면 저자는 자신의 창작에 활기를 불어넣어 주는 갖가지 고찰들의 순환에 휘말려 있었기 때문이다. 우리는 저자를 저자보다 잘 이해할 수는 없지만 다른 각도에서는 이해할 수 있다. 하이데거는《언어에의 도상 Unterwegs zur Sprache》속에 한 일본인과의 유명한 대화에서 자신의 목표는 '그리스 사상을 더욱 근원적인 그리스적 방식으로 사유'[11]하는 것이라고 밝히고 있다. 이에 대

10《KPM》, pp. 181~183 ; 영역본에서는 pp. 206~208을 참조하라.

11《US》, p. 134.

해 일본인은 그렇다면 이것이 그리스인들을 그들보다 더 잘 이해한다는 뜻이냐고 물었다. 하이데거는 아니라고 잘라 말하면서 그것은 사유되고 말해진 것뿐만 아니라 사유되지 않은 것(그리고 말해지지 않은 것)에까지 파고드는 것을 뜻한다고 대답하였다. 하이데거는 그리스 사상의 원래의 배후로 거슬러 올라가고자 하였다. 적극적으로 드러난 것의 배후에 있는 창조적인 공허와 무에는 다른 종류의 사고, 존재 파악, 진리, 언어 등에 대한 단서가 놓여 있다. 이것이 이루어지지 않는 한 사물은 단순한 대상들일 뿐이며 세계는 인간의 놀이 대상에 불과하다. 이제 중요한 것은 현전적 사고를 더욱 진행시키는 일이 아니라 '단순히 표상적인, 즉 설명적인 사고방식'에서 벗어나 근원적인 사유에로 들어가는 일이다.[12]

사유에의 도상

일반적으로 하이데거는 서구의 형이상학을 무자비하게 비판하고 다시 존재론적 물음을 복권시켰다고 말해진다. 하지만 그의 후기의 모든 저작은 존재와 비존재 사이에 다리를 놓는 해석학적 과정에 초점을 맞추고 있다고 말하는 것도 아주 정확한 지적이 아닐 수 없다. 존재에 관한 핵심적인 물음은 존재의 본성에 대한 것뿐만 아니라, 존재를 어떻게 '사유'할 것인가라는 문제와 존재가 어떻게 나타나는가라는 문제이다. 예를 들면 그의 사색의 많은 부분은 존재가 일정

12 《VA》, p. 180.

한 방식으로 '이해'되는 해석학적 사건에 있어서의 인간의 지위에 바쳐지고 있다. '사유'의 테마를 추적하려는 시도는 무척이나 복잡하고 다양한 노력을 요구하지만, 이미 영어권에서 리처드슨(W. J. Richardson) 신부에 의해 이루어진 바가 있다.[13] 여기에서는 이러한 테마가 일반적으로 지니는 해석학적 성격을 강조하고 해석학에 대해 그 테마가 지니는 몇 가지 의의를 지적하는 것으로 충분하다.

하이데거가 일본인과의 대화에서, 특히 바로 위에서 언급했던 바로 그 지점에서 인간은 그 속에서 자신의 존재의 사신이 되는 '해석학적 연관'에 서게 된다고 주장한다는 사실은 대단히 중요하다.[14] 인간은 존재의 은폐와 탈은폐, 그리고 비존재와 존재 사이의 심연을 연결하는 존재자이다. 인간은 말을 통해 존재를 해석한다. 하이데거의 말에 따르면 진정한 사유는 이미 탈은폐된 것에 대한 조작이 아니라 은폐되어 있는 것의 폭로이다. 하지만 사색과 혹은 위대한 시인의 말에 의해 이루어진 텍스트에는 여전히 은폐되고 말해지지 않은 부분이 많이 남아 있기 마련이다. 따라서 사유하는 대화는 계속적인 탈은폐를 수행한다. 이는 보다 전통적인 의미에서 해석학이 된다(그리고 하이데거의 많은 저작에는 이 같은 대화들이 실려 있다). 하지만 이러한 이차적인 해석행위는 계속해서 원래의 탈은폐를 반복하려고 노력해야 하며, 끊임없이 은폐된 것과 드러난 것 사이의 경계에 있으려고 해야 한다.

텍스트와의 창조적인 대화는 어떻게 진행되는가? 1940년대와 1950년대에 저술된 후기 저작—예를 들면 《위임 Gelassenheit》[15],

---

13 앞의 책, 같은 곳.

14 《US》, pp. 125~127, 135~136.

《휴머니즘에 관한 서한 Letter on Humanism》, 《사유란 무엇인가 What Calls Thought Forth?》—에서 인간의 지위는 존재의 목소리에 완전히 개방되어 있어야 하는, 전적으로 수동적인 것처럼 보인다. 그러나 보다 초기의 《형이상학 입문》에서 그는 물음의 본성에 관한 해석학적으로 대단히 흥미 있는 논의를 제기하고 있다. 이것은 하이데거의 후기 사유에도 그대로 이어진다.

《형이상학 입문》은 하나의 물음과 함께 시작한다. 하이데거에게 물음이란 단순한 추궁이 아니라 존재가 개시되는 방식이다. 그 책의 첫 번째 물음—'왜 무(無)가 아니고 오히려 존재인가?'—은 물음을 제기한 사람에게 두 번째 물음을 야기한다. '어떻게 존재와 함께 있는가?' 탐문자는 즉각 자신이 물음을 최초로 제기할 때와는 다른 입장으로 전치되어 있음을 발견하게 된다. 왜냐하면 물음은 완수해가는 과정에서 하이데거의 말에 따르면 '우리는 완전히 우리 자신에 귀속되어 있는 듯이 보인다. 하지만 우리를 개방시켜주는 것은 바로 이 물음이다. 왜냐하면 모든 진정한 물음은 스스로를 변형시켜 완전히 다른 지평을 형성하기 때문이다.'[16]

따라서 물음이란 존재로 하여금 스스로를 나타내 보이게 하는 하나의 방식(혹은 방법)이다. 물음은 존재와 존재자간의 존재론적 차이(ontological difference)를 연결해준다. 순전히 존재자의 차원에 머물러 있으면서 그러한 존재자의 (부정적인) 근거—즉, 존재—에로 파고들려 하지 않는 물음은 진정한 물음이 아니라 조작이나 계산 혹은 설명에 불과하다. 특히 하이데거는 다음과 같이 말한다. '물음에

15 《DT》로 번역되어 있다.

16 《IM》, pp. 29~30.

대한 열정의 마비는 우리에게 오래전부터 있어왔다. ……역사적 존재의 근본 요소로서의 물음은 우리에게서 멀어졌다.'[17]

현존재의 근본 구조인 세계-내-존재의 본질은 바로 물음의 '해석학적' 과정이다. 이 과정을 통해 현존재는 은폐된 존재에까지 도달할 수 있으며, 그 결과 존재를 구체적이고 역사적인 모습으로 드러나게 할 수 있다. 따라서 존재는 물음을 통하여 역사가 된다. 존재, 역사, 자아성 간의 상호관계는 《형이상학 입문》에서 다음과 같이 명백하게 서술되어 있다.

1. 인간의 본질에 대한 규정은 결코 대답이 아니라 본질적으로 하나의 물음이다.
2. 이러한 물음의 설정은 이러한 물음이 최초로 역사를 창조해낸다고 하는 근본적인 의미에서 역사적이다.
4. 존재가 물음에서 탈은폐되는 한에서만 역사 및 인간의 존재는 생기한다.
5. 하나의 물음으로서의 역사적 존재만이 인간으로 하여금 자기 자신에 이르게 한다. 인간의 자아성이란 바로 이런 의미이다. 인간은 존재가 역사로 탈은폐되도록 하고 또 그 역사 속에 스스로가 설 수 있도록 자신의 존재를 변형시켜야 한다.

후기 저작에서의 강조점은 인간의 물음에서 존재에의 개시성으로 바뀌어진다. 존재는 여전히 역사적이다. 하지만 존재의 생기(生起)

---

17 앞의 책, p. 143.

는 인간에 의한 탐구와 파악의 산물이 아니라 존재 쪽에서 온 선물이다.[18]

그러나 우리는 여기에서 어떠한 근본적인 이행이나 전환도 주의 깊게 보지 않으면 안 된다. 왜냐하면 하이데거의 후기 입장은 전기의 입장과 배치되는 것이 아니라 상호보완적이기 때문이다. 그는 자신의 후기 저작들에서 주관을 배제한 입장을 강조하고 있으며, 이 때문에 그는 인간을 물음을 통해 존재와 결부된 모습으로 그렸던 초기의 태도에서 '존재의 목동'으로 보는 후기의 태도로 변화하였다. 하지만 설사 인간이 존재의 목동이라 하더라도 이는 '사유'와 '시작(詩作)'과 관련된다. 이 둘 다 존재를 맞이하는 인간의 행위이며 그래서 여전히 역사적 성격을 지니게 된다. 하이데거는《휴머니즘에 관한 서한》에서 다음과 같이 말한다.

> 역사적 회상으로서의 사유가 존재의 운명에 관심을 기울이는 한에 있어서 그것은 이미 숙명에 결부된다. 이때의 운명과 숙명은 상관관계를 갖고 있다. ……진리의 선물로서의 존재자가 하는 말의 숙명적 성격—이는 논리학의 규칙이 아니라 사유의 제1법칙이다. ……존재는 사유의 '숙명'이다. 이러한 사건은 그 자체에 있어서 역사적이다. 존재의 역사는 사색가의 말에서 이미 언어화된다.[19]

존재의 목동으로서의 인간은 소포클래스의 '안티고네'[20]에서 암

18 앞의 책, 같은 곳.

19 《PL-BH》, p. 118.

20 《IM》, pp. 146~165.

시되어 있는 프로메테우스주의를 상실하고 있다. 하이데거는 이미 《형이상학 입문》에서 주목한다. 그리고 그는 《Gelassenheit》에서는 '우리는 아무것도 해서는 안 되며 다만 기다리고 있어야 한다'[21]고까지 말한다.

《사유란 무엇인가?》에서 사유는 존재의 부름과 즐거운 목소리에 대한 응답으로 서술된다. 사유는 인간의 가장 깊은 내면으로부터 온 것이다. '사유되어야 할 모든 것은 인간의 깊은 내면 속에 숨겨지고 은폐되어 있다.[22] 여기에서의 핵심어는 물음이 아니라 응답이다. 하지만 그럼에도 불구하고 인간은 그러한 응답에서 존재의 부정성, 즉 비은폐되지 않고 신비적으로 남아 있는 것에로 육박해 들어가는 존재자이다.

물음에 대한 논의를 통해 우리는 후기 하이데거가 다루었던 주요한 몇 가지 주제들—역사성, 존재론적 차이, 시작과 사유, 그리고 존재를 받아들일 수 있는 수용적인 개시성의 입장—에 접근할 수 있다. 이 모든 것들은 기존의 모든 해석학, 즉 해석을 기본적으로 개념적인 작용으로 이해하면서 분석과 유사한 것으로 보았던 객관주의적 입장의 해석학과는 철저하게 구별되는 하나의 해석학적 입장을 나타내준다.

---

21 《G》, p. 37 ; 《DT》, p. 62.

22 《VA》, p. 139 ; 《TPhT》, pp. 599~601을 보라.

언어와 말

위에서 인용했던《휴머니즘에 관한 서한》에서 '사색가의 말에 대한 언급'은 하이데거의 후기 사상에서의 또 다른 중요한 주제를 암시한다. 그것은 바로 존재의 언어성(linguisticality of being)이다. 언어에 대한 하이데거의 관심은 그가 학문을 시작할 무렵부터, 즉 그의 박사학위 논문 〈심리주의에서의 판단론 : 논리학에 대한 비판적 기여와 적극적 기여(The Doctrine of Judgment in Psychologism : A Critical and Positive Contribution to Logic)〉[23]에서부터 나타난다. 그리고 이러한 관심은 그의 교수자격 취득 논문인 둔스 스코투스의 범주론과 의미론에 관한 연구에서도 계속된다. 특히 후자의 논문에서 하이데거는 언어의 이론적 기초를 마련해야 할 필요성을 역설했다.[24] 하이데거는 최근의 '일본인과의 대화'에서 자신이 학문을 시작할 무렵에 대해 언급하고 있다. 특히 그의 언급은 왜 그가《존재와 시간》에서 '해석학'이란 말을 사용하게 되었는가 하는 문제와 연결되기 때문에 대단히 중요하다.

> '해석학'이란 명칭은 내가 신학을 연구할 때부터 친숙한 용어였다. 그 당시에 나는 특히 성서의 언어와 사변적인 신학적 사색 간의 관계에 대한 문제에 사로잡혀 있었다. 이는 비록 당시에는 은폐되어 있었고 나로서는 접근하기 힘든 것이었지만 오늘날 내가 쓰는 말로 표현하자면 언어와 존재 사이의 관계와 같은 것이었다. 당시에도 나는 이 관

23 《TPhT》, p. 675.
24 Pöggeler, p. 269.

계에 이를 수 있는 단서를 찾으려고 무진 애를 썼지만 그때에는 불가능했다.[25]

《존재와 시간》에서 이루어진 세계-내-존재로서의 현존재의 상황적이면서 이해적인 존재방식에 대한 분석은 언어를 전혀 새로운 맥락에 위치시켰다. 여기에서 언어란 바로 실존론적 이해에 대한 해명(articulation, 분절화)이었다. 이때의 언어는 이해 및 해석과 아주 밀접하게 결부되어 있었기 때문에 논리적 사고와 세계 내의 대상들에 대한 모든 개념적 조작은 이해의 일차적인(근원적인) 분절화라고 하는 생동적인 맥락에서의 언어에 비하면 부차적이고 파생적인 것에 불과했다.[26] 《존재와 시간》에서도 이미 논리학과 '진술'의 영역은 현전적 사고의 범주에 속했던 반면에, 상황적이고 역사적인 이해에 대한 분절화로서 그리고 본질적인 의미에서의 단어는 인간의 존재방식에 속하는 것이었다. 이러한 입장에서 하이데거는 언어를 단순히 의사소통의 수단으로만 보는 이론들을 비판할 수 있었다.[27]

언어의 문제는 《형이상학 입문》에서 특히 중요하게 부각된다. '존재란 무엇인가?'라는 물음을 탐구하는 이 글은 파르메니데스의 단편에까지 거슬러 올라간다. 여기에서 하이데거는 존재와 사유의 동일성에 대한 파르메니데스의 명제에 주목한다. 하이데거에 따르면 이는 곧 '존재는 비은폐되고 탈은폐될 때에만 존재한다'[28]는 뜻이

---

25 《US》, p. 96.

26 앞 장에서의 진술의 파생적 성격에 대한 논의를 보라.

27 《SZ》, pp. 162~166. 새로운 종류의 논리학에 관해서는 Hans Lipps, 《해석학적 논리학에 관한 연구 Untersuchungen zu einer hermeneutischen Logik》과 기타로 니시다의 《해석과 무의 철학 Intelligibility and the Philosophy of Nothingness》을 보라.

다. 파악이 없이는 존재가 생기할 수 없고 또 존재가 없이는 파악이 불가능한 것과 마찬가지로, 언어 없는 존재도 있을 수 없고 존재 없는 언어도 있을 수 없다.

인간이 존재에 대한 선이해를 갖고 있지 않다고 상상해보라. 다시 말해서 존재에 대한 어떠한 무규정적인 의미도 인간에게 출현하지 않았다고 상상해 보라. 하이데거는 묻는다.

> 독일어 중에서 하나의 명사와 하나의 동사가 주는 것뿐일까? 아니 그렇지는 않다. '만약 그렇게 되면 말이란 존재하지 않는 것으로 된다.' 어구 중에서 존재자가 '존재자로서' 자기를 개시하는 그러한 것, 존재자가 언어로서 말이 거느려진다든가, 논의된다든가, 그러한 일은 전혀 없다. 그것은 존재자를 존재자로서 말한다는 것은, 이미 존재자를 존재자로서 이해하는 것, 즉 그 존재를 이해한다는 것까지도 포함하기 때문이다.[29]

다른 한편으로, '만일 우리의 본질 속에 언어능력이 들어 있지 않다면 모든 존재자는 우리에게 은폐될 것이다. 그리고 우리 자신은 더 이상 현재와 같은 우리로 존재하지 않을 것이다.'[30] 만일 언어가 없다면 우리는 어떠한 방식으로도 존재할 수 없다. 하이데거는 이를 아주 간단하게 말했다. '왜냐하면 인간으로 존재한다는 것은 바로 말하는 것이기 때문이다.'[31] 또 하이데거는 인간의 언어를 '창안했

---

28 《IM》, p. 139.

29 앞의 책, p. 82.

30 앞의 책, 같은 곳.

31 앞의 책, 같은 곳.

다'고 하는 생각이야말로 얼마나 터무니없는 것인가라고 천명한다. 인간은 언어를 창안하지 않았으며 더욱이 이해, 시간, 존재 자체 등도 결코 인간이 창안해낸 것이 아니다('인간이 어떻게 자기 자신을 존재케 해주는 능력을 창안해낼 수 있었겠는가?'[32]). 심지어는 이름을 짓는 시적인 행위조차도 존재자의 존재에 대한 인간의 반응인 것이다.

《형이상학 입문》 이후의 저작들에서 하이데거는 점점 더 존재의 부름에 대한 응답자로서의 인간의 측면을 강조하기 시작한다. 예를 들면 그는《휴머니즘에 관한 서한》에서 '사유의 유일한 과제는 인간을 보호해주고, 또한 그러한 보호 속에서 인간을 기다리는 존재로의 도달을 계속해서 언어적 형태로 표현하는 일이다'[33]라고 주장했다. 물론 존재는 언어에 비추어 해명된다. 존재가 언어에 의해 표현되고 수행되는 것을 하이데거는 '운명(Geschick)'이라고 불렀다. '진리의 숙명으로서의 존재에 대한 말의 운명은 사유에 있어서 제1의 법칙이다.'[34] 역사의 문제는 전혀 새로운 것이 아니었다. 왜냐하면 하이데거는《형이상학 입문》에서 언어가 인간으로 하여금 역사적일 수 있도록, 즉 역사를 형성할 수 있도록 해주는 인간 존재의 원동력이라고 서술하고 있기 때문이다.

이해와 말은 오직 역사적인 행위이며 존재는 이러한 행위 속에서 생기한다. 다만 이해와 말의 차이는 강조점을 어디에 두느냐에 따라 생겨날 뿐이다. 왜냐하면 인간은 존재하는 것에 만족치 않고 존재의

---

32 앞의 책, p. 156.

33 《PL-BH》, p. 118.

34 앞의 책, 여기에서 나는 p. 151과는 조금 다르게 번역했다.

부름에 자기 자신을 개방하기 때문이다. 그러나 초기의 하이데거 철학에 있어서 중심적인 역할을 했던 '물음(Frage)'이 후기에 와서 포기된 것은 아니다. 왜냐하면 물음이란 현전적인 사고를 의문시하는 태도에서 비롯된 것이기 때문이다. 후기 저작들의 제목은 이를 잘 보여준다. 《사유란 무엇인가 Was heisst Denken?》 혹은 '본질(Das Wesen)?'과 '언어(Der Sprache)?' 등에서처럼 대부분 의문부호가 붙어 있다. 사실 물음은 후기에 있어서도 여전히 그의 사유의 근본적인 방법이었다. 다만 그가 강조점을 옮긴 이유는 존재의 우위를 보다 강렬하게 주장하기 위함이었다.

이것이 언어에 대하여 지니는 함축성은 기존의 전통적인 언어관의 전도이다. 이제는 인간이 말을 하는 것이 아니라 언어 자체가 말을 한다. 이러한 언어관의 전도는 언어문제를 집중적으로 다루고 있는 하이데거의 저서 《언어에의 도상》에서 극명하게 드러난다. '언어는 본질상 표현이나 인간의 활동이 아니다. 언어가 말을 한다(Language speaks)'[35] 말은 소리가 없이도 행해진다. 그리고 이 말을 통해서 우리의 세계는 이루어진다. '소리 없는 언어는 인간적 요소와 전혀 관계 없다. 하지만 인간적인 것은 그 본질상 언어적이다.'[36] 인간의 언어행위야말로 인간에게만 특유한 것이다. 하지만 말은 그 자체에서 '언어에 의해 이루어지는' 행위이다. 언어에서 나타나는 것은 인간적인 것이 아니라 세계, 즉 존재 자체이다.

하이데거는 《언어에의 도상》에서 언어의 본질은 말, 좀 더 구체적으로 말하면 '말하는 행위(das Sagen)'라고 규정한다. 말하는 것은

---

35 《US》, p. 19.

36 앞의 책, p. 30.

곧 보여주는 것이다.[37] 따라서 침묵은 종종 소리 나는 말보다 더욱 많은 것을 말할 수 있다. 듣는 능력도 말하는 행위에 속하기 때문에 말해질 수 있는 것은 스스로를 보여줄 수 있다. 왜냐하면 말하는 행위는 들은 것을 보존하기 때문이다.[38]

이러한 말하는 행위에서 존재는 생기(occurrence)의 형태로 스스로를 드러낸다. 이 문제를 '현상(appearance)'이란 용어와 '표현(expression)'이란 용어로 바꾸어보면 다음과 같이 요약될 수 있다. 언어는 인간의 표현이 아니라 존재의 출현 혹은 현상이다(language is not an expression of man but an appearance of being). 사유는 인간을 표현하는 행위가 아니라 존재로 하여금 스스로를 언어 사건(language event)으로서 드러나게 하는 행위이다.[39] 이처럼 사건이 일어나도록 하는 행위에는 인간의 운명과 진리의 운명 그리고 궁극적으로는 존재의 운명이 놓여 있다.

인간의 존재방식의 '언어성(Sprachlichkeit)'을 점차 강조하는 방향으로의 전환 및 존재가 인간을 인도하고 부르며 궁극적으로 스스로를 보이는 것은 인간이 아니라 존재라고 하는 하이데거의 주장은 말할 것도 없이 이해이론(theory of understanding)에 대해 엄청난

---

37 앞의 책, p. 258.

38 앞의 책, p. 255.

39 따라서 '언어 사건(Sprachereignis)'이란 말은 에른스트 푹스의 '신해석학'의 핵심 개념이다. 〈예수의 수태고지와 바울의 신학 그리고 부활에 있어서의 언어 사건(Das Sprachereignis in der Verkündigung Jesus, in der Theologie des Paulusu and im Ostergeschehen)〉, 《HPT》 pp. 281~305; 〈언어사건의 본질과 그리스도론(The Essence of the language-Event and Christology)〉, 《Studies of the Historical Jesus》, pp. 213~228.

중요성을 갖는다. 이를 통해 사물들로 하여금 스스로를 드러내도록 만드는 존재의 해석학적 기능은 언어의 핵심적인 본질이 된다. 이는 곧 해석의 분야(즉 해석자)가 단순한 분석이나 설명으로부터 벗어나, 텍스트에 나타나는 것과 사유하는 대화를 할 수 있는 차원으로 나아가는 결정적인 '전환'을 이루려는 노력이 되었다는 의미이다. 이해란 스스로를 기꺼이 개방하고 독단적인 태도를 지양하려는 물음(Frage)의 문제일 뿐만 아니라 동시에 텍스트의 존재(Sein)가 스스로를 드러내 보이는 장소를 기다리며 찾아내는 방법을 알아내는 문제이기도 하다. 언어 자체는 그 본질상 해석학적이다. 그것도 위대한 시에 버금갈 정도로 해석학적이다. 왜냐하면 하이데거가 〈시의 본질에 관하여(On the Essence of Poetry)〉에서 말한 바와 같이 시인이란 신과 인간 사이를 중재하는 사자, 즉 '해석자'이기 때문이다. 하이데거는 존재, 사유, 인간, 시, 그리고 철학 등의 본질을 '말하는 행위'의 해석학적 기능이라고 갈파한 적이 있다. 이것이 과연 타당한 입장인지의 여부에 대해서는 여기에서 논급할 필요가 없다. 다만 우리가 염두에 두어야 할 사실은 하이데거 자신의 철학이 해석학에 중심을 두게 된 까닭에 그의 주요 테마들은 모두 해석학의 고유한 영역에 속하는 것으로 생각된다는 점이다. 물론 그는 해석학을 텍스트 해석의 문헌학적 분야로 간주하던 과거의 견해를 뒤집고 해석학의 전반적인 내용과 맥락을 확연히 바꾸어놓았다.

주관-객관의 도식, 객관성, 타당화의 제 규범, 삶의 표현으로서의 해석학—이러한 모든 것들은 하이데거의 특유한 해석학적 접근 방법과는 거리가 멀다. 의미가 해명되는 계기에 관한 연구로서—을 정의하는 하이데거의 입장—해석학에 대한 규정이 반드시 텍스트를 해석하는 일과 관련을 맺지 않아도 된다는 점에서 리쾨르는 이를 '너무나 넓은' 이해라고 불렀다. 또 해석학에 대한 새로운 규정은 해석학의 위상(位相)에 급격한 변화를 가져왔다. 그리고 해석행위 자체도 존재론적 맥락에서 새로이 규정되게 된다.

해석과 존재의 위상

해석에 대한 하이데거의 견해를 시에 대한 주석 일반의 이론을 위한 패러다임으로 삼으려는 시도는 어리석은 짓일뿐더러 온당치도 못하다. 왜냐하면 하이데거의 해석 개념은 존재의 본성과 언어의 본성에 대한 그 자신의 탐구의 맥락 내에서만 사용되기 때문이다. 하이데거는 〈시의 본질에 관하여〉의 머리말에서 자신의 해석 개념이 구체적으로 문학사나 미학의 연구에 도움이 될 것이라는 견해를 단호히 거부한다.[40] 하지만 여기에서 우리는 하이데거의 해석 개념을 좀 더 상세히 알기 위해서 그가 해석 개념을 논의했던 두 개의 저서—초기의 《형이상학 입문》과 《언어에의 도상》—를 살펴보자.

《형상이학 입문》의 후반부에서 하이데거는 소포클레스의 《안티고네》에 담겨 있는 초기 그리스인들의 인간관을 좀 더 명확하게 규정하기 위하여 〈인간에 관한 송가〉를 해석한다. 거기에서 하이데거는 다음과 같이 말한다.

> 우리의 해석은 '세 개의 국면'으로 나누어진다. 그리고 우리는 이들

---

40 《EHD》; 《EB》, p. 232.

각각이 서로 다른 관점에서 시 전체를 고찰할 것이다.

첫 번째 국면에서는 시어(詩語)의 구조를 지탱시켜주면서 동시에 그 구조를 넘어서 있는 시의 본질적인 의미가 설명될 것이다.

두 번째 국면에서는 가장(歌章)과 응답가장을 지나서 그 시가 우리에게 열어 보이는 영역을 확보할 것이다.

세 번째 국면에서 이러한 시적 담론에 비추어 볼 때 인간이란 누구인가를 판단하기 위하여 그 시의 중심에 서도록 노력할 것이다.[41]

여기에서 하이데거는 분명히 형식주의적인 접근 방법을 취하고 있지 않다. 왜냐하면 형식주의적 접근 방법에서는 하이데거가 제기하는 문제들은 중요시되지 않기 때문이다. 여기서 우리가 유념해야 할 중요한 사실은 그의 접근 방법과 절차는 후기의 '위상적(topological)' 접근 방법을 예기하고 있다는 점이다. 이 방법을 통해 하이데거의 해석은 시가 말을 하는 '위상'을 설정하려고 노력한다. 따라서 첫 번째 국면은 시어의 구조를 지탱시켜주면서 동시에 '그 구조를 넘어서 있는' 의미를 발견하려는 노력에서 시작한다. 말해진 것(what is said)은 텍스트를 둘러싸고 아직 완전히 해명되지 않은 의미 내에서 성립한다. 단순한 부분들의 총합 이상인 총체적 의미는 개별적인 부분들을 해명하는 시의 지배 원리이다. 즉 이런 식으로 이루어진 총체적인 의미는 그 시의 진리, 즉 해명되어야 할 존재이다. 우리는 이 시의 진리를 시의 영혼이라고 말할 수 있을 것이다. 하이데거는 이러한 첫 번째 국면에 비추어서 두 번째 국면을 분석한

41 《IM》, p. 148.

다. 두 번째 국면은 가장(歌章)과 응답가장을 거쳐, 즉 시를 거쳐서 '그 시가 우리에게 열어 보이는 영역을 확보한다.'

'세 번째 국면에서 우리는 그 시의 중심에 서도록 노력할 것이다.' 여기서 말하는 중심이란 은폐와 탈은폐의 본질적인 경계를 말한다. 이러한 경계는 인간이 무엇인지를 규정하고 이렇게 규정된 것을 다시 한번 깊이 성찰하는 시인의 창조적 행위에 의해 이루어진다. 이는 말할 것도 없이 시를 넘어서서 말해지지 않은 것에로 나아가는 것을 뜻한다.

> 시가 직접적으로 말하는 것에 만족해버리면 해석은 (두 번째 국면에서) 끝나게 된다. 사실 해석은 이제야 비로소 시작하는 것이다. 진정한 해석은 말로 나타나지 않았지만 그럼에도 불구하고 무언중에 '말해진 것'을 보여주어야 한다. 이를 달성하기 위해서 주석자는 폭력을 사용하지 않을 수 없다. 주석자는 과학적 해석에 의해서는 더 이상 찾아질 수 없는 본질적인 것을 추구해야 한다. 왜냐하면 과학적 해석은 과학의 한계를 넘어서는 것은 무엇이든지 비과학적으로 낙인찍어버리기 때문에 진정으로 본질적인 것을 파악해낼 수 없는 까닭이다.[42]

해석학적 과정은 그 본질상 이미 텍스트에 형성(비은폐)되어 있는 것에 국한된 과학적 해석과는 무관하다. 오히려 그 과정은 아직 드러나 있지 않은 의미를 해명해내는 근원적인 사유의 과정을 말한다.

《언어에의 도상》에 있는 한 논문 〈시에 있어서의 언어(Die Sprache im Gedicht)〉에서 하이데거는 시적 해명에 관해 일반적인 언명을 하

42 앞의 책, p. 162.

면서 트라클(Trakl)의 시에 관해 구명하고 있다. 하이데거는 '구명(究明, Erörterung)'이라는 독일어의 의미를 설명하는 데서 논의를 시작한다. 원래 이 논문의 제목은 〈게오르그 트라클 : 그의 시에 대한 구명(Georg Trakl : Eine Erörterung seines Gedichtes)〉이었으며, 하이데거는 이를 역사적이거나 사회학적 혹은 전기적이거나 심리학적인 논문이 아니라 트라클이 시작(詩作)을 하는 원천이 되는 '장소 혹은 위치(Ort)'에 대한 하나의 성찰로 규정하려 하였다. 그래서 그의 시는 바로 이 '위치'에 비추어 해명되어야만 하는 것이다. 왜냐하면 위대한 시인이란 말해지지 않은 '시'로부터 말을 하기 때문이며, 따라서 시인과의 사색적인 대화의 과제는 시의 기초가 되는 존재의 거처를 찾아내는 일이어야 하기 때문이다. '개개의 시는 (말로 언표되지 않은) 시의 거처로부터만 해명되고 들릴 수 있기 때문이다.'[43]

하이데거는 하나의 시와의 사색적인 대화는 '시인의 말을 평온하게 드러나도록 하지 않고 방해할 위험이 있다'고 주장한다. 그러면서 그는 '……말해진 것과 말해지지 않은 것 사이의 심연을 연결해주는 시에 대한 구명(究明)은 결코 시의 참된 청취에 비견될 수 없다. 사색적인 구명은 기껏해야 시의 청취행위를 문제시하거나 좀 더 나은 경우에는 그것을 보다 의미 있게 할 수 있을 뿐이다'[44]라고 말한다. 그렇다면 여기에서 하이데거는 텍스트에 대해 폭력을 가할 수도 있다고 했던 초기의 주장을 포기한 것인가? 우리는 이를 표면적으로 이해해서는 안 된다. 좀 더 배후로 파고들어 생각해보면 하이데거는 처음부터 텍스트 자체가 그 자신의 진리와 목소리로 말하기를 기대

---

43 《US》, p. 38.

44 앞의 책, p. 39.

했었다는 사실을 알 수 있다. '텍스트에 폭력을 가한다'는 문제는 원칙적으로 텍스트의 외면적인 부분에만 해석을 한정시키려 하는 비평가들에 대한 하이데거의 반비판이다. 궁극적으로는 텍스트 자체를 넘어서서 텍스트가 다루고 있는 문제를 새롭게 제기해야만 하는 것이다.

게다가 '구명'의 과정이라는 하는 것은 단계마다 텍스트의 배후로 들어가서 각각의 단어의 뿌리를 파헤치고 행(行)과 행을 계속 반복해서 소리 내어 읽음으로써 시 자체가 청각을 통해 직접적으로 해명되도록 하는 일이다. 이러한 반복을 계속하다보면, 해석의 기능은 행이 말하고 있는 바를 더욱 잘 말하는 것이 아니라 '행 자체가 스스로 말하도록 하는 것'이라는 사실이 분명해진다. 시의 '위상(Ort)'을 해명하라고 하는 것은 각각의 단계에서 시의 위상을 설정하는 일이 아니라 바로 그 시에 대한 '단계를 설정하려는' 노력이다. '신비평(New Criticism)'에 있어서와 마찬가지로 시 자체는 전기적인 배경이 아니라 그 자체로서 의미가 있고 중요한 것이다. 시의 '배경'은 시인의 생애나 생활이 아니라 시가 다루고 있는 주제나 사상(事象)이다. 신비평가와 하이데거는 이런 점에서 둘 다 시의 존재론적 자율성(the ontological autonomy)과 의역(意譯)의 이단성에 대해 의견을 같이한다. 다만 그들 사이의 차이점은 신비평가는 자신이 지닌 갖가지 전제들의 맥락 내에서 시의 '진리'를 적극적으로 요구하지 못한다는 점이다. 그래서 신비평가들은 너무나도 쉽게(즉 무반성적이고 소박하게) 텍스트를 대상이나 객체로 간주해버린다. 그 결과 그들의 해석은 과학적 객관성이 요구하는 '소여된' 갖가지 제한들을 수용하여 개념적인 조작의 차원으로 떨어지고 만다. 이에 반해 하이데거가 말하는 해석은 불가피하게 소여된 것에 대한 객관적인 '분석(analysis)'과는 근본적으로 구별된다. 하지만 해석 양식의 외면적인 차이에도 불구하고 신비평가와 하이데거 간의 본질적인 유사점들은 하이데거의 해석학이 신비평에 새로운 생명을 불어넣을 수 있는 기반을 제공했다는 사실에 대한 강력한 증거가 된다.

예술작품에 대한 해석학적 견해

하이데거는 1936년에 〈예술작품의 근원(The Origin of the Work of Art)〉이라는 제목하에서 예술에 관한 세 번의 강연을 행한 적이 있다. 이 강연은 1950년에야 《숲속길 Holzwege》이라는 책의 앞부분에 실려 출판되었다. 우리는 이 강연을 통해 예술의 본성에 대한 하이데거의 가장 완전한 논의를 발견할 수 있다. 이 강연은 기본적으로 해석학적 진리관과 존재관을 예술의 영역에 적용한 것이다. 그의 진리관과 존재관은 본질적으로 적극적인 형식과 부정적이지만 창조적인 근거 사이의 대립에 기초해 있으며, 말로서의 언어관에 의해 표현된다. 위대한 예술작품은 '스스로 말을 하며' 그렇게 하는 가운데 세계가 드러난다. 이러한 말은 여타의 모든 진정한 언어와 마찬가지로 동시적으로 진리를 드러내면서 은폐한다. '미(美)는 비은폐로서의 진리가 생기하는 하나의 방식이다.'[45] 시인은 성스러운 것에 이름을 붙여서 형태를 지니도록 해준다. 그래서 하이데거는 모든

45 《Ho》, p. 44 ; 《UK》, p. 61.

예술은 본질적으로 시적이며 존재자의 존재를 비은폐시키고 진리가 구체적인 역사적 사건으로 나타나도록 하는 방식이라고 본다.

이러한 미적인 상황은 사물들의 창조적인 근거로서의 대지와 '세계' 간의 본질적인 긴장에 의해 묘사된다. 대지란 하이데거에게 있어서 만물의 근원적인 원천이자 지반이다. 진리가 비은폐되는 사건 혹은 생기로서의 예술작품은 이러한 창조적인 긴장을 하나의 '형태 혹은 형식'으로 파악함을 뜻한다. 그래서 예술작품은 전체로서의 존재자들의 영역과 관련을 맺게 되고, 그리하여 인간에게 대지와 세계의 내적인 투쟁을 열어준다. 예를 들면 계곡에 세워진 그리스 시대의 사원은 존재의 열린 공간을 만들 것이며, 동시에 존재의 생활 공간을 창조해낸 것이다. 존재는 그 형식의 아름다움을 통해 자신의 갖가지 실질적인 내용들을 아름답게 펼쳐 보인다. 존재의 내용들은 형식과 결부되어야만 스스로를 드러낼 수 있다. 그 사원은 어떤 사물을 단순히 복제한 것이 아니다. 왜냐하면 사원이란 신들의 존재를 느낄 수 있는 세계를 그 자체로부터 만들어내기 때문이다. 사물들의 사물성은 그것들이 도구로서의 기능을 보다 완전하게 충족시켜감에 따라 도구 속에서 사라져버리는 반면에 예술작품은 사물들의 사물성을 보여줌으로써 더욱더 정교하게 세계를 열어간다.

> 돌은 움직이기도 하고 정지해 있기도 하기 때문에 '돌'이 된다. 금속은 어슴프레하게 빛나거나 환하게 빛난다. 색은 색을 발한다. 음성은 소리가 난다. 단어는 '말을 한다.' 이 모든 것들은 예술작품이 돌의 크기와 무게, 나무의 딱딱함과 유연성, 금속의 경도와 광채, 음성의 소리와 단어의 명명기능을 기반으로 해서 완성된 작품이 되는 것에 선행한다.[46]

이렇게 말하는 것은 곧 예술작품이 '대지가 대지이도록'[47] 해준다는 것을 뜻한다. 대지가 단순히 걷기 위한 무엇이 아닌 것은 나무가 단순히 일정한 방식으로 서 있는 어떤 것이 아닌 것과 같다. 대지는 금속의 광채와 소리의 울림 속에서 나타났다가 사라지곤 하는 것이다. 이것은 인간의 노력을 필요로 하지 않으며 끊임없이 지속된다. '역사적 인간은 세계 내에서의 자신의 거주지를 대지 위에 그리고 대지 안에 세운다.'[48] 예술에 있어서 대지로부터 작품을 완성하는 행위는 세계를 창조해낸다. 왜냐하면 '작품은 대지 자체를 세계의 개방성 속에서 파악하고 유지시키기 때문이다.'[49] 하이데거에 따르면 대지를 건설하고 세계를 드러내는 일은 예술작품의 두 가지 근본적인 경향이다.

따라서 예술의 본질은 단순한 장인 기질에 있는 것이 아니라 탈은폐(disclosure)에 놓여 있다. 예술작품으로 존재한다고 하는 것은 세계를 개방시킨다는 의미이다. 예술작품을 해석한다고 하는 것은 작품이 성립될 수 있는 열려진 공간 속으로 나아간다는 뜻이다. 예술의 진리는 이미 주어진 어떤 것과의 천박한 합치(즉 대응으로서의 전통적인 진리관)의 문제가 아니라 대지를 우리가 '볼' 수 있도록 개방하는 문제이다. 다시 말해서 예술의 위대성은 그것의 해석학적 기능에 의해 규정된다. 결국 하이데거가 이 논문에서 말하고자 하는 것은 해석학적 예술이론(hermeneutical theory of art)이다.

---

46 《Ho》, p. 35 ; 《UK》, p. 47.

47 앞의 책, 같은 곳.

48 앞의 책, 같은 곳.

49 앞의 책, 같은 곳.

그러므로 해석학 이론에 기여한 하이데거의 공적은 실로 다양하다. 《존재와 시간》에서는 이해(Verstehen) 자체를 근본적으로 새로운 맥락에서 재정립하였으며 그 이후의 해석이론의 기본적인 성격을 바꾸어놓았다. 그리고 하이데거는 '해석학'을 현상학과 통일시하고 또한 이해를 가능하게 하는 언어의 근본적인 기능과도 동일시함으로써 해석학이란 말 자체를 새로이 정의내렸다. 후기의 저작들에서는 텍스트에 대한 주석을 자신의 전형적인 철학하는 방법으로 채택함으로써, 자신은 보다 전통적인 의미에서의 '해석학적인' 철학자란 점을 시사하였다. 하지만 하이데거에 있어서 해석학이란 단어의 보다 깊은 의미는 존재가 스스로를 드러내어 현존케 되는 탈은폐의 신비적 과정이다. 하이데거는 이처럼 본질적으로 해석학적인 절차에 의해 언어, 예술작품, 철학, 그리고 실존론적 이해 자체에 접근하였다.

그는 외견상으로 광범위해 보이는 딜타이의 해석학 개념—즉 정신과학의 방법론적 토대로서의 해석학—을 결정적으로 넘어섰다. 왜냐하면 하이데거에 있어서의 해석학은 자연과학적 방법과 대비되어 우위를 지니는 (딜타이적인) 역사적 해석의 제 방법이 아니라 이해의 사건 자체를 말하는 것이기 때문이다. 전생애에 걸쳐 딜타이가 헌신했던 정신과학-자연과학의 이분법은 이제 배후로 물러서게 되고, 모든 이해는 실존론적 이해의 역사성에 근거를 두고 있다는 사실이 전면에 나오게 된다. 그리고 이는 가다머의 '철학적' 해석학이 성립될 수 있는 확고한 기반을 제공해주는 역할을 했다고 해도 과언이 아닐 것이다.

11. 근대의 미의식과 역사의식에 대한 가다머의 비판

현대의 해석학 이론이 발전하는 데 결정적인 전기를 이룩한 사건은 1960년에 하이델베르크의 철학자 한스 게오르그 가다머(Hans-Georg Gadamer)가 저술한 《진리와 방법 : 철학적 해석학의 개요 Wahrheit und Methode : Grundzüge einer philosophischen Hermeneutik》의 출간이다. 한 권으로 된 이 책을 통해 가다머는 기본적으로는 하이데거적인 전망에서 그리고 언어존재론(ontology of language)에 기반을 둔 새로운 철학적 해석학의 입장에서 근대의 미학과 역사이해이론에 대한 비판적인 평가를 제시하였다.

이 책은 그것이 지닌 풍부한 철학적 철저함이란 점에서 금세기에 이루어진 해석학 이론의 두 가지 기념비적인 저작인 요아힘 바하의 《이해 Das Verstegen》와 에밀리오 베티(Emilio Betti)의 《해석의 일반이론 Teoria generale della interpretazione》에 비견된다. 이 세 저작은 각기 다른 목적하에서 저술되었으며, 그래서 나름대로의 독특한 기여를 하고 있다. 19세기 해석학의 역사에 관한 바하의 세 권으로 된 저작은 진지하게 해석학을 연구하고자 하는 모든 사람을 위한 필수불가결한 참고도서이다. 하지만 그것은 1920년대에 집필된 이유로 해서 어쩔 수 없이 딜타이적인 해석학 개념의 지평 내에 머물러 있다는 한계를 갖고 있다.

베티는 체계적인 일반이론을 정립하기 위하여 그리고 보다 타당한 해석을 위한 기반이 될 수 있는 모든 형태의 해석에 기본적으로 적용될 수 있는 일련의 규준들을 발전시키고 세련화시키기 위하여 여러 유형의 해석을 고찰한다. 애초부터 이 작업은 단순한 역사를 서술하려는 목적에서가 아니라 여러 가지 형태의 해석에 모두 적용될 수 있는 체계적인 '기관(organon)'을 그 목표로 하고 있다. 따라서 이 작업이 지니는 체계적인 목적과 함께 그것의 깊이와 문헌적 풍부함은 초기에 이루어진 바하의 작업을 보완하고도 남음이 있다. 하지만 베티는 철학적 관점에서 기본적으로 독일의 관념론적 전통 내에 서 있으며, 그 결과 하이데거가 근본적으로 문제시했던 바로 그 전제들을 이미 공리적인 것으로서 수용해버리는 경향이 있다. 베티에게 있어서 하이데거는 문헌학과 역사학에서 이루어지는 객관적 타당성이라고 하는 이상에 중대한 위협을 가하는 인물이다. 그런데 베티 이후에도 가다머와 같은 인물은 여전히 현상학이 지니는 적극적이고 풍부한 성과를 수용하고 발전시키려 했으며 특히 해석학 이론에 대한 하이데거 사상의 기여를 적극적으로 수용했다. 이해(Verstehen)라는 사건에 기반을 둔 새로운 존재론을 발전시켜야 하는 철학적인 문제와 철저하게 씨름해야 했던 사람은 바로 가다머였다.

이리하여 《진리와 방법》이 세상에 나옴과 동시에 해석학 이론은 중요하고 새로운 국면에 접어들게 된다. 우리가 앞 장에서 살펴보았던 이해에 대한 하이데거의 철저한(근본적인) 재정립은 이제 가다머에 이르러 그 충분한 표현에 이르게 된다. 즉 하이데거에 의한 해석학의 재정립이 미적인 것과 역사적인 것을 보는 방식에 대해 지니는 함축성과 의의를 밝혀놓게 된 것이다. 특히 '정신과학'의 방법론적 기초로서 해석학을 이해하던 낡은 견해는 이제 사라지게 되고, 방법 자체의 지위가 의문시되는 상황이 되었다. 이는 가다머의 저서의 제목이 함축하고 있는 아이러니를 보면 잘 알 수 있기 때문이다. 즉 방법이란 진리에 이르는 길이 아니라는 것이다. 오히려 진리는 방법적인 인간을 배제한다. 이해란 객관(혹은 대상)보다 우위에 서서 그와 대립하는 인간의 주관적인 과정(subjective process)이 아니라 인간 자체의 존재방식(Seinsart)이라는 것이다. 따라서 해석학은 이제 정신과학을 위한 일반적인 보조 분야로 규정되어서는 안 되며 인간의—유일무이한—존재론적 과정으로서의 이해(Verstehen)를 설명하려는 철학적 노력이라고 정의되어야 한다. 이러한 재해석의 결과는 기존의 해석학과는 전혀 다른 해석학 이론, 즉 가다머의 '철학적' 해석학으로 나타났다.

처음부터 가다머의 철학적 해석학과 방법 및 방법론에 정향된 다른 종류의 해석학과의 구별을 이해하는 것은 대단히 중요하다. 가다머는 올바른 해석의 원리들을 마련하려고 하는 실제적인 문제에는 직접적으로 관심을 두지 않는다. 오히려 그는 이해라는 현상 자체를 밝히고자 원한다. 그렇다고 해서 이 말이 곧 그가 그 같은 원리들을 마련하는 일의 중요성을 부정했다는 뜻은 아니다. 오히려 그 반대로 그러한 원리들은 해석을 구체적으로 행하는 분야들—예를 들면 역사학이나 법학 혹은 문헌학—에서는 필수불가결하다. 이것이 의미하는 바는 가다머가 예비적이면서 보다 근본적인 물음을 제기하고 있다는 것이다. 그 물음이란 '정신과학에서뿐만 아니라 인간의 세계경험 전체에 있어서 이해란 어떻게 가능한가?'이다. 이 물음은 역사적 해석을 필요로 하는 분야들에 전제되어 있으면서도 이 분야들을 넘어서 있다. 바로 이 지점에서 가다머는 해석학에 대한 자신의 정의를 하이데거와 명시적으로 연관 짓는다.

> 나는 인간적 실존에 대한 하이데거의 시간적 분석이야말로 이해가 인간적 주관이 갖는 여러 태도들 중의 하나가 아니라 '현존재(Dasein)' 자체의 존재방식이라는 것을 설득력 있게 입증했다고 믿는다. 내가 여기(《진리와 방법》)에서 사용하는 '해석학'이란 용어도 이런 의미를 갖는다. 이해란 현존재의 유한성과 역사성으로 이루어진 인간적 실존의 근본적 운동을 직시하는 말이다. 따라서 그것은…… 세계에 대한 경험 전체를 포괄한다. 이해의 운동은 포괄적이면서 보편적이다.[1]

물론 해석학의 보편성은 각 해석 분야들의 방법론에 대해서도 중요한 의의를 갖는다. 예를 들면 이해의 포괄성은 다음과 같은 문제를 야기한다. 우리가 과연 이러한 요구에 의하여 이해의 범위에 제한을 가할 수 있는가? 가다머는 예술작품에 대한 경험은 모든 주관적인 해석지평, 즉 예술가의 지평과 감상자의 지평을 모두 초월해 있다고 주장한다. 바로 이런 이유로 인하여 '〈작자의 정신(mens auctoris)〉이 곧 한 작품의 의미를 위한 결정적인 척도가 될 수 없다. 사실 작품이 체험될 때의 새로운 특성들을 사상하고 작품 자체에 대해서 말하는 것은 지극히 추상적인 견해를 취하는 태도이다.[2] 결정적인 것은 작자의 의도나 역사와 분리되어 있는 사물 자체로서의 작

1 《WM》, 제2판 서문, xvi.

2 앞의 책, xvii.

품이 아니라 역사 속에서 끊임없이 반복적으로 생기(生起)하는 바로 '그것'이다.

방법 개념에 대한 가다머의 보다 보편적인 해석학의 전망과 성과를 파악하기 위해서는 가다머 사상의 하이데거적 뿌리와 가다머의 해석학의 변증법적 성격을 더욱 심원하게 파헤치지 않으면 안 된다. 하이데거와 마찬가지로 가다머도 근대의 '주관주의(subjectivism 혹은 subjectivity)'에 뿌리를 두고 있는 기술론적 사고(technological thinking)에 비판적이다. 여기에서 말하는 주관주의란 앞에서 보았던 바와 마찬가지로 인간의 주관적 의식과 그것에 근거를 둔 이성의 확실성을 인간의 인식을 위한 궁극적인 준거점으로 삼는 태도를 말한다. 데카르트 이전의 철학자들, 예를 들면 고대 그리스의 철학자들은 자신들의 사고를 존재 자체의 한 부분으로 간주했다. 그들은 주관성을 자신들의 출발점으로 삼지 않았으며, 따라서 인식의 객관성을 주관성에 근거 지으려고 하지도 않았다. 그들은 자신들이 이해하고자 하는 바의 본성 자체에 의해 인도되는 변증법적인 접근 방식을 취했다. 인식 혹은 지식이란 그들이 소유물처럼 갖고 있는 사물이 아니라 그들 스스로 참여하여 그 자체가 스스로 드러나도록 하는 그런 것이었다. 이렇게 해서 그리스인들은 진리에의 접근을 이루었는데 이때의 진리란 주관적으로 확실한 인식에 근거를 둔 근대의 주관-객관적 사고의 제 한계를 초월해 있는 것이다.

따라서 가다머의 접근 방법은 근대의 조작적이고 기술론적인 사고보다는 소크라테스의 변증법에 더욱 가깝다. 진리란 방법적으로가 아니라 변증법적으로 도달된다. 왜냐하면 진리에 대한 변증법적인 접근 방법은 방법의 반정립, 즉 개인의 지각방식을 선행적으로 구조화하는 방법의 경향을 극복하는 수단으로 간주되기 때문이다. 엄격히 말해서 방법은 새로운 진리를 개시(開示)할 수 없다. 그것은 다만 방법 속에 이미 암묵적으로 함축되어 있는 진리를 명백하게 드러내는 기능을 할 뿐이다. 방법 자체는 방법을 통해 발견된 것이 아니라 변증법적으로, 즉 제기되어진 사상(事象)에 대한 물음의 응답을 통해 얻어진 것이다. 방법 속에서 탐구하는 주체는 인도하고 제어하며 조작하다. 이에 반해 변증법에서는 제기된 사상(事象)이 주체가 응답해야 할 물음을 제기한다. 인간은 다만 사상에 속해 있음을 기반으로 해서만 응답할 수 있다. 해석적 상황(interpretive situation)은 더 이상 탐문자가 대상을 파악할 수 있는 '방법들'을 구성해내는, 탐문자와 대상에 의해 이루어진 상황이 아니다. 오히려 탐문자는 자신도 모르는 사이에 스스로가 '사상(Sache)'에 의해 물음을 받고 있는 존재자라는 것을 느끼게 된다. 이런 상황에서 '주관-객관 도식'은 다만 잘못을 범할 뿐이다. 왜냐하면 이제는 주관이 대상(객관)으로 변화되기 때문이다. 사실 방법 그 자체는 해석에 있어서의 인간의 지위를 주관-객관의 도식에 비추어 바라보는 시각의 맥락에 속하는 것이며 근대의 조작적이고 기술론적인 사고의 토대이자 기반인 것이다.

여기에서 또 한 가지 물음이 제기될 수도 있다. 즉 헤겔의 변증법이야말로 주관주의적 사고의 본질이 아닌가 하는 것이다. 왜냐하면 변증법적 과정 전체를 의식의 자기-대상화로 볼 수 있기 때문이다. 자기의식(Selbstbewußtsein)은 헤겔 철학의 핵심 개념이다. 하지만 가다머의 변증법적 해석학은 '정신(Geist)'을 궁극적으로 주관성에 정초시켰던 헤겔의 생각을 따르지 않는다. 가다머에 있어서 정신은 자기의식에 기반을 두는 것이 아니라 존재, 즉 세계-내-존재의 언어성, 다시 말해서 언어 사건이나 생기의 존재론적 성격에 기반을 둔다. 이것은 대립된 명제들이 종합되어가는(헤겔 식의) 변증법이 아니라 해석자 자신의 지평과 '전통'의 지평 간의 변증법이다. 이때의 전통은 우리에게 전승되어온 우리와 만나면서 변증법의 생명이자 물음의 생명이라 할 수 있는 부정성(negativity)의 계기를 산출해낸다.

따라서 가다머의 변증법적 해석학은 헤겔과 친화성을 갖고 있음에도 불구하고 헤겔을 포함한 하이데거 이전의 모든 근대 형이상학에 함축되어 있는 주관주의를 따르지는 않는다. 또한 가다머의 변증법적 해석학은 플라톤의 변증법과도 많은 유사성을 갖고 있지만, 그것은 플라톤의 이데아론이나 진리와 언어에 대한 플라톤적 견해를 전제하지 않는다. 오히려 가다머의 해석학은 후기 하이데거에 의해 해명된 존재 구조 및 《존재와 시간》에서의 이해의 선구조에 근거를 둔 변증법이다. 변증법의 목적은 존재 혹은 사상을 스스로 드러나도록 하는 데 있다는 점에서 두드러지게 현상학적이다. 방법은 사물의 일면만을 밝혀주는 특수한 종류의 물음을 포함한다. 이에 반해 변증법적 해석학은 사물의 존재에 의해 물음을 제기함으로써 그 사물의 전체를 밝혀준다. 그 결과 사물은 그것의 존재에 있어서 스스로를 탈은폐하게 된다. 가다머의 주장에 의하면, 이것이 가능한 이유는 인간 이해 및 궁극적으로는 존재 자체의 언어성(言語性, linguisticality) 때문이다.

해석학적 문제에 관한 이런 식의 사고는 거의 대부분 하이데거에게 이미 함축되어 있다. 다만 하이데거와 달리 가다머에게 새로운 점은 미학과 텍스트 해석의 하이데거적 존재론이 지닌 함축성을 사변적이고 변증법적—이런 점에서 사람들은 이를 헤겔적이라고 부를 수 있을 것이다—인 측면에서 강조하고 명시적으로 드러낸 것이다. 여기에서 독자들은 사유, 언어, 역사 그리고 인간 경험에 대한 하이데거의 기본적인 생각들이 가다머에게 전수되었다는 점을 상기하지 않으면 안 된다. 이 점은 매우 본질적인 것이다. 왜냐하면《진리와 방법》에서의 주장은 하이데거의 생각들에 확고하게 의거하고 있으며, 현대의 영미 사상가들의 해석에 전제된 개념들에 빠진 무의식은 이해를 보다 어렵게 만들고 있다. 게다가 가다머의 사상은 상호연관적이어서 우리는 다만 그의 고찰을 일거에 해명하기보다는 순환적으로 점차 알 수 있을 뿐이다. 그리고 끝으로 가다머의 주장은 언어, 역사의식 그리고 미적 경험에 대한 기존의 사상에 관한 상세하고도 비판적인 분석에 강하게 의존하고 있다. 따라서 가다머의 사상을 이해하기란 지난한 일이다. 그럼에도 불구하고 가다머가 어떻게 하이데거의 이해이론을 근대의 미의식과 역사의식에 대한 형식적인 비판으로 발전시켜갔는가를 밝힐 수 있는 시도는 해볼 수 있을 것이다.

미의식에 대한 비판

가다머에 따르면, '비미(학)적(nonaesthetic)' 경험 영역들과 구별되는 '미의식 혹은 미학적 의식(aesthetic consciousness)'이란 개념은 상대적으로 근대적인 용어이다. 사실 그 개념은 데카르트 이래로 서구의 사상이 일반적으로 주관주의화되어온 결과이다. 즉 모든 인식을 주관적 자기-확실성에 근거를 두려 했던 경향의 산물이다. 이러한 주관주의적 경향에 있어서 미적 대상을 명상하는 주관은 지각들을 수용하고 때로는 순수한 감각적 형태의 직접성(혹은 무매개성)을 향유하는 공허한 의식에 불과하다. 따라서 '미적 경험'은 여타의 보다 실제적인 영역들로부터 고립되고 단절되어 있다. 그리고 그것은 '내용'에 의해서는 측정·평가될 수 없다. 왜냐하면 그것은 내용이 아니라 형식 혹은 형태에 대한 반응이기 때문이다. 그래서 미적 경험은 주관의 자기 이해 또는 시간과 관계 맺지 못한다. 단지 그것은 오로지 자기 자신과만 관계하는 무시간적 계기로 간주될 뿐이다.

이런 식의 주관주의적 사고방식은 여러 가지 결과를 산출해낸다. 첫째, 그것은 지각의 향유 이외에는 예술에 설명해줄 어떠한 적절한 방도도 갖고 있지 않다. 그리고 예술에 대한 내용적인 측정이나 평가를 할 수 없다. 왜냐하면 여기에서 예술은 인식이 아니기 때문이다. 그리고 예술의 '형식'과 '내용'은 억지로 분리되어 미적 쾌락은 형식에만 속하는 것으로 간주된다. 이제 예술은 더 이상 세계 내에서 명확한 위치를 점하지 못한다. 왜냐하면 이 경우에는 예술과 예술가 자신 모두가 어떤 식으로도 세계에 속하지 않기 때문이다. 예술은 그 기능과 분리되며 예술가는 사회 속의 위치로부터 분리된다. 위대한 예술작품을 파괴함으로써만 감지하게 되는 예술의 명백한 '성스러움'은 전혀 정당화되지 않는다. 그리고 만일 예술가도 자신이 창조한 모든 것이 감정이나 미적 쾌락의 표현에 불과한 것이라면 예언자이고자 하는 요구를 할 수 없다.

하지만 미적 현상에 대한 이 같은 생각은 모든 위대한 예술작품에 대한 우리 자신의 체험과 직접 모순된다. 예술작품을 접하는 경험은 하나의 세계를 열어준다. 이 경험은 단순히 형식의 외면성에 대한 감각적인 쾌락이 아니다. 우리가 더 이상 하나의 작품을 대상으로 보지 않고 세계로 간주하게 되자마자—즉 우리가 작품을 '통하여' 세계를 보게 되면—우리는 곧 예술이란 감각지각이 아니라 인식이라는 사실을 깨닫게 된다. 우리가 예술과 접할 때면 우리의 세계와 자기 이해의 지평들은 확대되어 우리는 세계를 '새로운 빛에 비추어' 보게 된다. 이는 마치 세계를 처음으로 보는 것과 마찬가지다. 심지어는 생활 속의 평범하고 일상적인 대상들도 예술에 의해 조명될 경우에는 새로운 빛으로 나타나게 된다. 따라서 예술작품은 우리 자신의 세계와 분리된 세계가 아니며, 우리가 그것을 이해하게 될 경우에도 사실은 그것이 우리의 자기 이해를 밝히는 것이 아니라 세계를 밝히는 것이다. 예술작품을 접할 경우에 우리는 시간과 역사의 외부에 있는 전혀 낯선 우주로 들어가는 것이 아니다. 즉 우리는 우리 자신이나 비미학적인 것으로부터 분리되지 않는다. 오히려 보다 현재적으로 된다. 우리가 타자의 통일성과 자아성을 세계로 간주하게 되면 될수록 우리는 더욱더 충분하게 우리 자신의 자기 이해를 완성시키게 된다. 왜냐하면 우리는 위대한 예술작품을 이해하는 가운데 우리가 체험했던 바와, 우리가 누구(who)인가를 재정립하기 때문이다. 우리의 전체적인 자기 이해는 균형을 이루게 되면서 '완성'된다. 대상을 문제 삼은 것은 우리가 아니다. 오히려 예술작품이 우리에게 그것을 존재케 해준 바로 그 물음을 던진다. 예술작품의 경험은 우리 자신의 자기 이해의 통일성과 연속성 속에서 포괄적으로 이루어진다.

하지만 우리가 예술작품을 감상하고 있는 동안에 우리가 생동적인 현실적 삶을 영위하고 있는 세계는 사라져버린다고 하는 반론이 제기될 수 있다. 물론 작품의 세계는 잠시 동안 자기-완결적이고 자족적인 '세계'로 남아 있다. 그것은 자기 외부의 척도를 필요로 하지 않으며 실재의 모사로서 측정되어서는 안 된다. 과연 이런 것이 예술작품은 우리 자신과 충분히 연결된 세계를 드러낸다고 하는 주장과 어떻게 양립되겠는가?

그 정당화는 존재론적인 것이어야 한다. 즉 우리가 위대한 예술작품과 접하여 그것의 세계 속으로 들어갈 때, 우리는 '귀향'하는 것도 아니고 그렇다고 고향을 떠나는 것도 아니다. 다만 우리는 작품이 존재한다고 말할 뿐이다. 예술가는 존재에 대해서 말한 것이다. 예술가는 형상(image)과 형태로 현실을 포착한다. 그는 상상력을 동원해서 허상의 세계를 만든 것이 아니라 우리가 살고 있고 활동하고 존재하는 경험과 자기 이해의 바로 그런 세계를 그려낸 것이다. 예술가에 의해 이루어지는 형상화야말로 존재 진리에로의 변형이다. 예술의 정당성은 그것이 미적 쾌락을 주는 데 있는 것이 아니라 존재를 드러내는 데 있다. 예술에 대한 이해는 작품을 방법적으로 대상화하거나 내용으로부터 형식을 분리해냄을 통해서 이루어지는 것이 아니라 존재에의 개시성(開示性) 및 작품 자체가 우리에게 제기하는 물음을 수용함으로써 이루어진다.

이렇게 함으로써 예술작품은 우리에게 진정으로 세계를 드러내게 된다. 우리는 이 세계를 우리 자신의 척도나 방법론의 척도에 환원시켜서는 안 된다. 우리는 다만 이 세계를 우리의 진리로 만들어주는 자기 이해의 구조에 이미 참여해 있음으로 해서만 이 새로운 세계를 이해한다. 이는 원작자가 의도했던 바로서 이해했던 바로 그것을 위한 진정한 토대이다. 이러한 자기 이해를 매개하는 것이 형식이다.

예술가란 자신의 존재 경험을 형상이나 형식으로 변형시키는 능력을 가진 사람이다. 형식은 지속적이며 반복 가능하다. 그리고 그것은 존재의 '활력(活力, energy)'이라는 성격과 함께 '작품'의 성격을 갖는다. 또한 형식은 '지속적인 진리(das bleibende Wahre)'가 된다.[3]

형상화의 과정에서 겪는 재료의 변화는 단순한 변경이 아니라 진정한 변형이다. '과거에 재료가 갖고 있던 성질은 이제 사라져버리며, 예술작품 속에 현재 실현된 것은 지속적인 진리가 된다.'[4] 형식과 함께 재현되어 나타나는 진리 혹은 존재의 융합은 완벽하게 이루어져 새로운 요소가 나타난다. '총체적인 매개'가 포괄적으로 이루어지게 됨으로써 형식의 제 요소 간의 상호작용은 그 자체의 세계가 되는 것이지 어떤 것에 대한 단순한 묘사는 아니다. 이 명백한 자율성은 '미의식'의 무목적적이고 고립된 자율성이 아니라 보다 깊은 의미에서의 인식의 매개이다. 예술작품을 감상했던 경험으로 인하여 이러한 인식은 공유된 인식이 된다.[5]

가다머의 '총체적 매개(total mediation)'의 개념은 또 다른 측면을 갖는다. 이 개념은 미학적인 것과 예술작품 내의 기타 요소들과의 철저한 무차별을 요구한다. 우리는 대부분 의례나 의식을 '아름답다'고 말하는 것을 본능적으로 적절치 못하다고 느낀다. 미적 차별성은 '훌륭한 설교'와는 전혀 무관하다. 왜냐하면 그것은 우리가 설교를 듣고 있는 경우에조차도 우리가 내용을 형식으로부터 분리하고 있다는 사실을 적시하기 때문이다. 이와 마찬가지로 비미학적인

---

3 《WM》, p. 106.

4 앞의 책, 같은 곳.

5 앞의 책, p. 92.

것과 미학적인 것과의 차별성은 예술작품에 대한 우리의 경험을 이해하는 데 충분치 않다. '예술의 매개는 전체로서 사유되어야 한다.'[6] 예술작품과의 만남이 갖는 미학적 혹은 형식적 측면(가다머는 형식과 내용의 이분법을 반성적 사유의 구성이라 하여 거부할 것이다)은 예술작품에서 '말해진 바', 즉 '의도된 사상(事象)'의 한 부분이기 때문에 미적 차별성은 인위적이고 타당치 못하다. 그래서 가다머는 '미적 차별'과 대조하여 '미적 무차별(aesthetic nondifferentiation)'의 원리를 주장한다.[7]

예술작품의 미적 경험에 있어서 핵심적인 것은 내용이나 형식이 아니라 형상과 형식에 의해 총체적으로 매개되고 의도된 사상(事象), 즉 그 자체 역동적인 세계이다. 따라서 예술작품과의 예술적인 만남에 있어서 우리는 시를 그것의 재료들로부터 분리해내려 하지 않으며, 수행을 경험함에 있어서도 의도된 사상을 그 수행으로부터 분리하려 해서는 안 된다. 재료와 수행은 둘 다 실제로 사상이 의도하는 바를 행위로 실현시킨다. 그리고 양자는 서로 뗄 수 없을 정도로 심하게 상호삼투되어 있는 결과, 이것을 분리하려는 시도는 인위적이고 잘못된 것일 수밖에 없다. 가다머는 정확하게 그 요점을 주장하고 있다. '시와 그것의 재료 및 시와 그것의 수행간의 이중적인 차별은 우리가 예술의 향유에서 인식하게 되는 진리의 통일성으로서 〈이중적인 무차별(double nondifferentiation)〉에 대응된다.'[8] 그는 계속해서 연극에 관해서 언급한다.

---

6 앞의 책, p. 121.

7 앞의 책, pp. 111~112.

8 앞의 책, p. 112.

시를 보다 구체적으로 이해하기 위하여 그 근거에 놓여 있는 줄거리에 주목하는 것은 시에 대한 참된 경험과는 거리가 먼 것이다. 이와 마찬가지로 관객이 줄거리 자체에 주목하거나 공연을 공연으로만 간주하게 되면 연극에 대한 참된 경험을 얻을 수 없다.[9]

가다머는 예술적인 것의 고립성을 타파할 수 있는 방안을 제시한다. '미의식'에 비추어 보았을 때의 예술의 무공간성을 극복하기 위하여 그는 장식적 존재로서의 예술 개념을 제안한다. 예술은 무공간적이지 않다. 예술은 자신의 공간을 요구하며 그 자체로부터 열려진 장소를 창조해낸다. 예술작품이란 무공간적인 장소에 수집되어 있는 박물관의 전시품과 같은 것이 아니다. 근본적인 문제는 포괄적인 의미에서 존재론적이라기보다는 미적인 것으로서의 예술적 형상의 개념이다. 가다머에 따르면 근대에 지배적인 예술관 및 현대적인 전시장을 통해 우리에게 아주 익숙한 재현(再現)의 개념을 변화시킬 필요가 있다. 그래서 우리는 예술에 있어서의 장식적이고 우연적인 요소를 재정립하지 않으면 안 된다. 왜냐하면 이러한 장식적이고 우연적인 요소들은 '순수형식(pure form)' 혹은 '경험의 표현(expression of experience)'[10]에 기반을 둔 미학에 의해 불식받아왔기 때문이다. 예술은 무공간적이지도 무시간적이지도 않다.

우리에게 있어서 무엇보다도 중요한 일은 예술과 역사를 함께 포괄하는 지평(horizon)에 이르는 길을 찾는 것이다.[11]

---

9 앞의 책, 같은 곳.

10 앞의 책, p. 130.

11 앞의 책, 같은 곳.

가다머는 이러한 길을 찾는 데 다음의 두 가지 문제가 중요한 역할을 할 수 있을 것이라고 생각한다. 1) 하나의 형상이 사물에 대한 모사와 어떤 측면에서 구별되는가? 2) 이런 점에서 볼 때 '세계'와 그에 대한 재현(혹은 표상)의 관계는 어떻게 성립되는가?[12] 분명히 예술은 어떠한 사물을 '재현'하고 있다. 예술은 바로 이 사물로 인하여 존재할 수 있는 것이다. 하지만 분명히 열려져 있는 세계도 존재한다. '순수하게 미적인 것'이 가능함을 주장하는 미학의 입장은 위의 두 가지 문제에 대한 어떠한 해답도 줄 수 없으며, 또한 낡은 의미에서 경험에 기반을 둔 미학도 이 문제들을 해결함에 있어 그리 적절치 못하다. 왜냐하면 둘 다 예술작품을 주관-객관의 이분법에 있어서의 주관에 속하는 것으로 잘못 전제하는 데서 출발하기 때문이다. 그런데 최근에 와서야 우리는 주관-객관 도식이라는 낡은 모델을 넘어설 수 있는 물음의 지평을 획득했다. 그리고 우리는 이러한 지평을 근거로 해서 예술작품의 기능과 목적, 양태와 본질, 시간성과 공간성 등을 이해할 수 있는 길을 열어놓았다.

놀이와 예술작품의 존재방식

예술작품의 존재방식을 밝히는 데 결정적인 단서가 되는 '놀이(game; Spiel)'라는 현상에는 수많은 중요한 요소들이 내포되어 있다.[13] 하지만 그렇다고 해서 가다머가 여기에서 미적 쾌락주의에 바

12 앞의 책, 같은 곳.

탕을 둔 '놀이'의 미학이론을 재정립하려는 것은 결코 아니다. 오히려 그 같은 이론들은 놀이를 인간 주체의 활동으로 본다. 그래서 이들에게 예술이란 자신의 세속적 삶을 벗어나 예술적 체험을 얻기 위하여 세속을 떠난 인간 주체에게 쾌락을 주는 일종의 유희이다. 따라서 예술가는 형태를 이용하여 재료를 조작함으로써 감각적 쾌락을 얻어내는 데 있어 탁월한 능력을 지닌 감수성이 뛰어난 사람으로 간주된다. 가다머는 이러한 이론들에게서 모든 것을 인간의 주관성과 관련짓고자 하는 근대의 일반적인 오류를 발견한다. 가다머가 말하는 '놀이'는 인간 주체를 창조하고 즐겁게 하는 태도나 활동을 뜻하지 않는다. 또 그것은 놀이에 참여할 수 있는 인간 주체의 '자유'를 의미하지도 않는다. 분명히 이야기해서 '놀이'란 예술작품 자체의 존재방식을 말한다. 가다머가 예술과 관련하여 놀이의 개념을 논의하는 의도는 예술을 주관(혹은 주체)의 활동과 관련짓는 전통적인 경향에서 벗어나고자 하기 때문이다.

놀이는 '단지 놀이'일 뿐 더 이상 '진지한' 것은 아니다. 하지만 놀이로서의 그것은—이제 놀이 그 자체에서 시작하기 때문에—성스러운 진지함을 갖는다. 사실 놀이를 진지하게 받아들이지 않는 사람은 '놀이를 망치고 만다.' 놀이는 놀이자들의 의식과는 독립되어 있는 그 자체의 역동성과 목표를 갖고 있다.[14] 놀이는 주관과 대비되는 의미에서의 객관(혹은 객체)이 아니다. 왜냐하면 놀이는 우리가

---

13 앞의 책, pp. 97~105. 대부분 'Spiel'을 'play'로 번역하지만 나는 그것을 '놀이(game)'로 번역하였다. 'Spiel'의 의의가 지닌 그 밖의 차원들에 대해서는 Eugen Fink, 《세계상징으로서의 놀이 Spiel als Weltsymbol》를 보라.

14 앞의 책, p. 98.

그 속에 참여하는 존재의 자기규정적인 운동이기 때문이다. 여기에서 우리가 논의해야 할 본래적인 '주제'는 놀이에 대한 우리의 참여가 아니라 바로 놀이 자체이다. 물론 놀이는 우리가 거기에 참여함으로써 드러난다. 하지만 이렇게 해서 드러나는 것은 우리의 내면적 주관성들이 아니라 놀이 그 자체이다. 놀이는 우리에게서 그리고 우리를 통해 나타난다.[15]

주관주의적 관점에서 볼 때 놀이는 주관의 활동, 즉 사람들이 참여하여 자신들의 쾌락을 얻는 데 이용되는 자유로운 활동이다. 하지만 우리가 놀이 자체가 무엇이며 그것의 성립 과정이 어떠한지를 문제 삼게 되면, 다시 말해서 놀이를 인간의 주관성이 아니라 우리의 출발점으로 간주하게 되면 놀이는 전혀 다른 측면을 띠게 된다. 놀이는 진행되는 그대로의 놀이일 뿐이다. 하지만 놀이가 이루어지고 있는 동안에는 놀이는 우리에게 가장 지배적인 것이 된다. 놀이의 재미는 우리를 그 속으로 몰아넣는다. 왜냐하면 놀이가 진행되는 한에서 그것은 놀이자에게 지배적인 것이기 때문이다.[16] 놀이는 그 자신의 독자적인 정신을 갖고 있다. 놀이자는 자신이 어느 놀이를 할 것인가에 대해서는 (주체적으로) 선택할 수 있다. 하지만 일단 그가 어느 놀이를 선택하고 나면, 그는 놀이자들에게 그리고 놀이자들을 통해서 이루어지게 되는 놀이의 단절된 세계 속에 갇히게 된다. 이리하여 놀이는 어떤 의미에서는 자기-계기에 의해 스스로 진행되어간다고 할 수 있다. 즉 놀이는 스스로 이루어지는 것이다.[17]

---

15 앞의 책, 같은 곳.

16 앞의 책, p. 102.

브릿지 게임, 테니스 경기, 어린아이들의 놀이 등과 같은 것은 관전자에게 통상적으로 나타나는 것이 아니라 놀이자들 자신에 의해 그리고 그들 자신을 위하여 이루어진다. 만일 어떠한 스포츠가 진정으로 관전자들에게 단순한 구경거리로만 보이게 된다면 그런 스포츠는 왜곡된 것이고 놀이로서의 성격을 상실하게 된다. 하지만 예술작품의 경우는 어떠한가? 무대가 관객들에게 개방되어 있지 않다면 연극은 어디에서 존재하겠는가? 우리가 하나의 예술작품과 접하게 될 때 우리는 참여자인가 아니면 관찰자인가? 가다머는 우리는 여전히 연극의 공연자가 아니라 관객으로 남아 있다고 주장한다. 하지만 여기에서는 하나의 구별이 이루어지고 있다. 연극은 분명 놀이는 아니지만, 분명히 관객을 위해 '상연된다.' 좀 더 정확하게 말하자면 우리는 하나의 연극이 '제시되어' 있다고 말한다. 하지만 우리는 여전히 그것을 '연극'이라고 부르고 그 행위자들을 '배우'라고 부른다. 독일어 'Spiel'과 'spielen'은 '놀이' 및 '놀이하다'를 뜻한다. 그래서 독일어에서는 '놀이'와 '유희'의 차이가 무시된다. 한편 우리는 영어에서도 '놀이(game)'와 '유희(play)'의 유사성을 잘 알고 있다. 각자는 나름대로의 의미와 규칙을 갖고 있다.

하지만 이에 못지않게 놀이와 유희의 차이점들도 대단히 중요하다. 왜냐하면 유희는 제시됨으로써만 그 의미를 가질 수 있기 때문이다. 유희의 진정한 의미는 매개의 문제이다. 유희는 일차적으로 유희자들을 위해 존재하는 것이라기보다는 보는 사람을 위해 존재한다. 유희는 모든 놀이와 마찬가지로 철저하게 밀폐되어 있고 자족

---

17 이러한 의미에서 그것은 일종의 의식과 같다. 왜냐하면 의식은 그 자체의 힘을 갖고 있으며, 의식이 진행되는 동안에는 삶의 일상성으로부터 벗어날 수 있기 때문이다.

적이다. 하지만 유희로서의 유희는 보는 사람에게 '사건(event)'으로 주어진다. 이 점에 대해 가다머는 다음과 같이 말한다.

> 우리는 하나의 놀이가 그것의 존재의미를 놀이자들의 의식이나 행위에서 갖는 것이 아니라 오히려 그 반대로 의식이나 행위를 놀이의 영역으로 끌어들여 놀이 자체의 정신을 부여한다는 것을 보았다. 놀이자는 놀이를 자신의 능력을 넘어서 있는 현실로서 경험한다. 이것은 이러한 현실이 '의도적으로 구성된' 현실일지라도 그대로 적용된다. 그리고 이것은 놀이되는 것이 '보는 사람에게 현전(現前)'으로 나타나는 경우에도 마찬가지이다.[18]

따라서 유희의 목적은 단순히 유희자들에게 유희의 경험을 제공함으로써 '놀이의 정신'을 파악하도록 하는 데 있지 않다. 오히려 그 목적은 유희에서 '의도적으로 구성된' 것의 '인간 능력을 넘어선 현실', 즉 우리에게 주입된 무형의 현실에 형태를 부여하는 것이다. 이러한 형태의 내적 운동의 본성은 무엇인가? 그것은 놀이—다시 말해서 우리가 관찰자로서 참여하고 있는 특수한 종류의 놀이—와 유사하다. 놀이에 담겨 있는 인간 능력을 넘어선 사건에 있어서 놀이에서 의도된 것(놀이의 구조와 정신)은 서로 소통된다. 그렇다면 예술작품에서 이처럼 '의도된 것'은 무엇인가? 그것은 바로 '사상(事象)들이 존재하는 방식', 존재 '진리', 즉 '사상 자체(die Sache selbst)'이다. 예술작품은 단순한 쾌락의 대상이 아니다. 그것은 형상이 부

18 《WM》, p. 104.

여된 사건으로서의 존재 진리의 '현전'이다. '시는 미학적 의식의 척도에 의해 그 본질적 진리가 파악되는 것이 아니다. 오히려 시는 모든 문학작품들과 마찬가지로 우리에게 내용적 의미를 전달해줌으로써 그 진리를 드러낸다.'[19] 우리는 시에 있어서의 형식에 관하여 묻고 있는 것도 아니고, 시를 시이게 해주는 것이 형식도 아니다. 우리가 묻고 있는 것은 시가 말하고 있는 내용이 무엇인가 하는 것이며, 우리는 형식을 통해서 좀 더 정확히 말하면 형식과 만나고 있는 놀이의 사건을 통해서 의미를 경험한다. 왜냐하면 형식이란 우리가 그것과 만나게 될 경우 하나의 사건이기 때문이다. 그 이유는 우리가 시의 정신에 의해 사로잡혀 있기 때문이다.

예술작품과 놀이 사이의 유비점들을 파악함으로써, 그리고 놀이의 구조를 자신의 자율성과 보는 사람에게 개방되어 있는 구조의 지배적인 모델로 취함으로써 가다머는 몇 가지 중요한 목표를 달성했다. 예술작품은 정태적인 것이 아니라 동태적이고 역동적인 것이다. 주관성에 중심을 두는 미학의 입장은 극복되며 놀이를 이해함에 있어 더 나아가 예술작품을 이해함에 있어 주관-객관의 도식이 적절치 못함을 보여주는 구조가 제시된다.

여기에서 가다머의 주장이 갖는 기본적인 강점은 그가 예술경험을 자신의 출발점이자 자신의 주장을 정당화할 수 있는 증거로 삼고 있다는 사실이다. 그는 '미학적 의식'이 예술경험의 본성으로부터 도출된 것이 아니라 주관주의적 형이상학에 기초를 둔 반성적 구성물이라는 사실을 보여준다. 예술작품이 단순히 자족적인 주관에 대

---

19 앞의 책, p. 155.

립해 있는 객관이 아니라는 사실을 극명하게 보여주는 것은 바로 예술경험이다. 예술작품의 진정한 존재는 그것이 경험되는 과정에서 경험자를 변형시킨다는 점에 있다. 예술작품이 경험자를 변화시킬 수 있는 이유는 예술작품 자체가 자신의 힘을 행사하기 때문이다.

시간 속에서 존재하는 예술을 경험하는 '주체'는 그 작품을 경험하는 사람의 '주관성'이 아니라 작품 자체이다. 이는 놀이의 존재 양태가 중요성을 얻게 되는 이치와 똑같다. 놀이도 놀이자의 의식과는 독립된 그 자체의 본성을 갖고 있다. 가다머는 주관주의화된 미학의 파산을 보여줄 뿐만 아니라 자신의 해석학의 변증법적 존재론적 성격을 정당화시키는 기초가 될 수 있는 하나의 모델을 찾아냈다.

예술작품의 자율성을 주장하고 작품 자체의 존재의 역동성을 파악해내려는 노력을 하는 이러한 견해는 기본적으로 '신비평'의 정신과 일맥상통하지 않는가? 가다머는 자신의 정교한 분석을 통해 기껏해야 신비평가들이 아리스토텔레스적 실재론이라고 불렀던 입장에 도달한 것에 지나지 않는가? 물론 많은 유사성들이 있다. 그래서 신비평가는 가다머의 주장에 동의한다. 보다 중요한 것은 가다머의 유비(類比)가 미학적 무차별성의 신화를 받아들임으로써 생기는 고립성을 벗어나서 예술작품의 자율성을 확고하게 정당화시켜주었다는 사실이다. 따라서 문학작품의 자율성을 옹호하는 신비평가의 태도는 작품의 중요성을 파괴하는 데 기여했을 뿐이다. 시에 대한 그들의 탁월한 옹호가 우리에게 가져다준 결과는 시와 시인이 더 이상 사회 속에 자리잡을 수 없다는 점과, 그 옹호자들은 (셸리에 대한 아놀드의 유명한 언급을 의역하자면) 허공에서 황홀한 날개를 펄럭이는 쓰잘머리 없는 천사들에 지나지 않는다는 점을 상기시켜준 것이다.

하지만 이제 진정으로 '객관적인' 가다머의 접근법은 원저자의 견해나 창조적 행위, 그리고 저자의 주관성을 출발점으로 삼으려는 경향과 독립된 채로 여전히 문학작품을 보존하고 있다. 왜냐하면 이러한 접근법이야말로 주관주의화된 미학—특별히 주관-객관 그리고 형식-내용의 이분법—의 신화들로부터 결정적으로 해석을 자유롭게 해주기 때문이다. 신비평가들은 때때로 작품의 존재에 '순종'할 것을 주장하기도 한다. 이런 경우에는 그들은 참으로 가다머와 의견의 일치를 본다.

그럼에도 불구하고 신비평가들은 무의식중에 주관주의화된 미학의 환상들에 사로잡혀 있었다. 그들이 가다머의 입장을 수용했다면 문학을 통해 획득한 자기 이해와 우리의 존재 근거가 되는 자기 이해 간의 본질적인 연속성을 더욱 명확하게 파악할 수 있었을 것이다. 특히 신비평가들은 가다머를 통해 문학의 역사성을 파악할 수 있었을 것이다. 그런데도 신비평의 추종자들은 대부분 형식을 그들의 분석의 출발점으로 삼았으며, 그 결과 그들의 분석 절차는 미학적 무차별성에 수반되는 오류들로 가득차게 되었다.

동시에 오늘날의 너무도 많은 문학해석자들은 여전히 문학이 그 특성상 역사적이라는 사실을 도외시하고 있다. 물론 예술작품은 단순히 역사저술가의 구성물은 아니다. 하지만 이와 마찬가지로 예술작품을 통해 과거의 위대한 정신들에 대한 자기 이해가 역사적으로 우리에게 매개된다는 사실을 왜곡하는 것 또한 잘못된 것이다. 미학적인 것으로서 문학의 형식적 측면들을 비형식적 측면들로부터 구별하면, 해석자는 자신의 작품이 '말하는 바'가 무엇인지를 숙고하려 할 경우 그는 작품을 더 이상 예술로서 논의하고 있지 않는 느낌을 갖게 되는 경향이 있다. 작품이 현재에 대해 지니는 의미를 논한다고 하는 것은 그들의 문학작품에 대한 철학에 있어서 더 이상 정당화될 수 없는 것처럼 보인다. 사실 과거와 현재 사이의 팽팽한 긴장은 종종 시의 형식적 분석이 갖는 무시간적인 비역사성에 의해 무시되거나 간과되어버린다. 여기에서 다시 (신화비평을 포함한) 현대의 문학비평은 문학적인 예술작품의 역사적 시간적 성격을 극명하게 밝혀야 할 필요성을 갖게 된다. 이러한 사실은 일상적인 역사관과 역사성에 대한 가다머의 비판을 살펴보고 나면 더욱더 명백해질 것이다.

일상적인 역사 이해에 대한 비판

가다머는 '역사의식'에 대한 자신의 분석을 위한 토대이자 출발점으로서 이해의 선구조(prestructure)와 현존재의 본질적인 역사성에 대한 하이데거의 분석을 명확하게 받아들인다. 이해의 선구조에 대한 하이데거의 사상에 따르면, 우리는 주어진 텍스트나 문제 혹은 상황을 시간적으로 현재의 상황에 의해 채워져 있는 공허한 의식으로 이해하지 않는다. 오히려 우리는 그것들을 상황에 대한 잠정적인 견해, 즉 이미 고정되어 있는 지각방식과 일정하게 관념화되어 있는 '선이해'를 기초로 하여 이해한다. 이러한 이해의 선구조에 관해서는 이미 우리가 하이데거의 해석학을 논의할 때 언급한 바가 있다. 이제 우리는 다만 하이데거의 이러한 사상이 역사의식에 대해 갖는 성과들에만 주목하면 된다. 이 성과들 중에서 가장 근본적인 것은 다음과 같이 간단하게 정리해볼 수 있다. 즉 우리는 현재와 전혀 무관하게 역사를 있는 그대로 보거나 이해할 수 없다. 바꾸어 말하면 역사는 항상 그리고 오로지 현재의 의식을 통해서만 보여지고 이해된다.

이러한 것을 긍정한다 할지라도 역사성의 개념은 동시에 과거의 영향이 현재에 미치고 있음을 긍정한다. 현재는 오직 과거로부터 전승된 의식이나 지각방식 혹은 선이해를 통해서만 보여지고 이해된다. 가다머의 해석학과 역사의식에 대한 그의 비판이 함축하는 바는 과거란 의식의 대상이 될 수 있는 사실들의 집적과 같은 것이 아니라, 우리가 그 속에서 활동하고 참여하는 모든 이해작용의 흐름이라는 사실이다. 따라서 전통이란 우리와 독립하여 대립해 있는 것이 아니라 우리가 바로 그 속에 속해 있으면서 동시에 그것을 통해 존재하는 바로 그런 것이다. 대체적으로 전통은 너무나 투명한 매개체이기 때문에 우리는 그것을 제대로 볼 수 없다. 이것은 물고기가 물을 볼 수 없는 것과 마찬가지의 이치이다.

이제 독자들은 하이데거의 《휴머니즘에 관한 서한》에서 이러한 유추를 회상해볼 것이다. 게다가 그는 《서한》에서 이러한 유추가 존재에 대한 것임을 거부한다. 즉 존재는 우리가 삶을 영위하는 '요소'라는 것을 거부한다. 하지만 사실 여기에는 어떠한 긴장이나 모순도 들어 있지 않다. 왜냐하면 언어는 존재의 집이며 우리는 언어 속에서 그리고 언어를 통해 존재하기 때문이다. 가다머와 하이데거는 언어가 전통의 보존자이며 매개라는 점에 대해서도 의견이 일치한다. 왜냐하면 이들에게 전통은 언어 속에 은폐되어 있으며, 언어는 물과 같은 '매개체'이기 때문이다. 하이데거와 가다머에게 언어, 역사, 그리고 존재는 모두 상호관련되어 있을 뿐만 아니라 상호침투되어 있기 때문에 그 결과 존재의 언어성은 존재론임과 동시에 존재의 역사성의 매개체이다. 존재는 역사의 생기(生起)이며 역사성의 역동성에 의해 지배된다. 그래서 존재는 언어 사건이다. 하지만 분석의 편의상 우선 언어성에 대한 고찰은 다음으로 미루고 역사성과 선이해의 구조가 역사적 이해와 관련하여 해석학적 문제에 영향을 미치는 방식에 대해 알아보자.

가다머와 하이데거 양자에 있어 '역사적 의식'에 대한 비판은 주로 19세기경 독일의 J. G. 드로이젠과 레오폴트 폰 랑케에 의해 대표되는 '역사학파'를 향한 것이다. 이 학파는 '낭만주의적 해석학'이 발전되어 나타난 것이었다. 그렇다고 해서 이러한 해석학이 월터 스코트 경처럼 역사를 낭만적으로 해석하려는 경향을 가리키는 것으로 오해해서는 안 된다. 오히려 그 반대로 낭만주의적 해석학은 '객관적' 역사학을 확립하기 위해 가장 많은 노고를 쏟았다고 해도 과언이 아니다. 역사학파에 있어 역사가의 과제는 자신의 사적이고 개인적인 감정들을 역사에 투사시키는 것이 아니라 그가 설명코자 하는 역사적 세계 속으로 완전히 파고드는 것이었다.

딜타이는 역사적 이해를 위한 비자연과학적인 방법론을 확립하는 데 그의 전생애를 바쳤다. 특히 생애의 후반부에서는 정신과학을 역사적이고 해석학적인, 즉 비자연주의적인 일련의 개념과 절차에 의해 정초하는 데 그의 정력을 쏟았다. '체험'과 '삶 자체'는 그의 지속된 주제였다. 의미의 단위로 간주되었던 체험은 그 자체가 인식이 되었고, 따라서 '삶 자체' 속에는 '내재적인 반영'이 담겨져 있었다.[20] 가다머는 이를 '삶과 인식의 관계는 딜타이에 있어서 근본적인 소여이다.'[21]라고 표현했다. 역사에 대한 이해는 개인의 체험과 완전히 무관하게 이루어지는 것이 아니라 그 자신이 바로 역사적인 존재라는 것을 자각하는 데서 비롯된다. 다시 말해서 역사에 대한 이해는 한 개인이 다른 사람들과 함께 공통된 '삶'에 참여하고 있다는 사실에 의해 가능하다. 딜타이에 따르면 이처럼 우리에게는 이미 삶에 대한 일정한 이해가 주어져 있는 경우에만 위대한 예술과 문학에서 나타난 '삶의 표현'을 이해할 수 있는 것이다. 그리고 어떤 사람이 이러한 삶의 표현들과 접하여 이것들을 이해하게 될 때, 그는 동시에 자기 자신에 대해서도 이해하게 된다. '(딜타이에게 있어서) 역사적 의식은 자기 인식의 한 방법이다.'[22]

하지만 딜타이에게 삶의 표현들은 사실상 '삶의 대상화의 산물들'이기 때문에 우리는 그것들에 대한 '객관적인' 인식을 할 수 있다고 생각하게 된다. 그는 자연과학의 방법들을 비판하면서 역사적 연구 분야에서도 객관적 인식을 획득할 수 있다는 이상을 내세웠다. 이러한 역사적 연구 분야들도 비록 '정신과학'이기는 하지만 '과학'이라고 불릴 수 있다. 바로 이 점에서 가다머는 딜타이가 자신이 그토록 비판했던 역사학파의 객관성의 이상에 사로잡혔다고 본다. 객관적 인식, 즉 객관적으로 '타당한' 인식은 역사를 초월하여 역사를 바라볼 수 있는 관점을 요구한다. 그러나 이러한 관점을 갖는 일은 인간으로서 불가능하다. 유한하고 역사적일 수밖에 없는 인간은 항상 시간과 공간에 속박된 자신의 입장에서 사물을 보고 이해한다.

---

20 cf. 앞의 책, p. 222.

21 앞의 책, p. 223.

22 앞의 책, p. 221.

가다머에 따르면, 인간은 역사의 상대성을 넘어서서 '객관적으로 타당한 인식'을 획득할 수 없다. 객관적 인식이 가능하다고 주장하는 입장은 절대적인 철학적 인식을 전제하고 있는데 이러한 전제는 잘못된 가정이다. 딜타이는 무의식중에 과학으로부터 귀납적 방법의 개념을 차용하고 있다. 하지만 가다머는 다음과 같이 말한다.

> 역사적 경험은 절차가 아니며 따라서 방법의 자율성을 가질 수 없다. …… 역사적 경험은 완전히 다른 종류의 객관성을 가지며 또한 완전히 다른 방식으로 획득된다.[23]

딜타이는 역사성에 대한 천부적이고 진지한 탐구자가 역사성을 획득할 수 없도록 효과적으로 방해하는 방법-지향적 사고에 의해 학적으로 강제된 전형적인 본보기이다. 문학에 대한 '객관적으로 타당한' 인식을 얻기 위해 귀납적 방법을 사용하려는 경향으로 말미암아 본래적인 역사성을 상실한 오늘날의 우리 모습의 원형을, 우리들은 딜타이에게서 볼 수 있을 것이다.

하이데거나 가다머 이전에 이미 의식의 지향성(intentionality)에 기초를 둔 후설의 객관주의 비판은 낡은 형태의 객관주의에 종지부를 찍었다. 후설의 비판이 성공을 거둠에 따라, 한 개인의 세계에 주어진 모든 존재자는 의식의 지향적 지평, 즉 '생활세계(Lebenswelt)' 내에 존재한다는 것이 아주 명백해졌다. 과학자들이 관찰의 대상으로 삼는 '객관적으로 타당한' 익명의 세계를 거부한 후설은 그 대신

---

23 앞의 책, p. 228.

에 우리가 삶을 영위하고 활동하는 지향적 지평, 즉 익명적이지 않고 인격적이며 존재자를 경험하는 타자들과 공유하는 새로운 평을 제시했다. 후설은 이러한 지평을 생활세계라고 불렀다. 하이데거는 바로 이 생활세계라고 하는 일반적 개념의 범위 내에서 역사의식에 대한 비판을 수행하였다.

하지만 하이데거에게 인간의 생활세계는 의식 속에 그리고 의식의 배후에 놓여 있는 선험적 주관성(transcendental subjectivity)의 갖가지 기능들을 기술하기에 충분하고 적절한 길이 될 수 없다. 의식의 지향성은 '역사적으로' 다시 해석되어 역사의식에 대한 하이데거 자신의 비판을 위한 기반이 된다. 동시에 하이데거는 모든 객관성을 궁극적으로 인식하는 인간 주체의 자기확실성에 정초하려는 형이상학도 비판한다. 왜냐하면 형이상학은 객관성과 대립되는 의미에서의 주관성과 상호연관되어 있기 때문이다. 하이데거의 《존재와 시간》은 한편으로는 분명히 후설의 현상학적 방법을 응용하고 있으면서도 다른 한편으로는 선험적 주관성으로부터 벗어나 주관-객관의 대립을 넘어서 있는 객관성, 즉 현존재의 '현사실성'을 그 궁극적인 준거점으로 삼는 객관성을 확보하려고 노력하였다. 그래서 하이데거에게는 자연과학이나 딜타이 혹은 역사학파나 근대 형이상학, 궁극적으로는 현대의 기술주의적 사고에서 말하는 객관성과는 다른 전혀 새로운 종류의 객관성이 나타난다. 이것은 현상한 사물이 존재하는 그대로 우리에게 나타난다는 의미에서의 객관성이다.

우리가 더 이상 '객관적 세계'가 '유일한' 세계라고 인정치 않고 생활세계를 출발점으로 삼게 되면 객관주의의 몇 가지 근본적인 한계들은 아주 명백해진다. 사람들은 자신들의 단편적인 생활세계조차 대상으로서의 인간과는 대립되어 있는 것으로 변화하는 것을 직접적으로 본다. 실제로 세계로서의 생활세계는 여전히 세계로 존속하고 있는 동안에도 그 속에서 다른 사물들을 대상으로 규정하는 그러한 지평이다. 우리의 생활세계는 소위 '방법'을 통해서는 결코 파악될 수 없다. 우리는 일반적으로 그 본성상 우연적으로 그리고 원칙적으로는 부정성이나 파괴를 통해 생활세계를 발견하고 파악한다. 자연과학적인 의미의 객관성이나 방법으로는 스스로에게 자신의 생활세계를 밝힐 수 없다. 하지만 우리는 언제나 이러한 생활세계 속에서 그리고 생활세계를 통해 판단을 하고 결정을 내린다. 심지어는 '객관적 세계'조차 경험적으로 주어진 생활세계 내에 있는 하나의 구조라 할 수 있다. 그렇다면 우리는 어떻게 생활세계에 도달할 수 있는가? 우리는 어떻게 생활세계가 스스로 드러나도록 할 수 있는가? 하이데거는 그 한 가지 길로서 현상학적 방법을 제안한다. 그는 이를 '현사실성의 해석학(hermeneutic of facticity)'이라고 부르기도 한다. 이러한 접근법은 세계가 인간의 주관에 속하는 것이 아니라 오히려 인간의 주관성이 세계에 속한다는 견해에 기초를 두고 있다. 이러한 귀속성은 '이해'의 과정을 통해 일어난다. 가장 기본적인 것은 현존재로서의 인간이 존재하는 바로 그 과정이다.

이해에 대한 이런 해석은 존재 과정을 기술하고 있다는 의미에서 존재론적이다. 하이데거는 생활세계의 현사실성, 특히 현존재의 현사실성에서 시작하는 존재분석론을 위한 출발점으로서 그 같은 견해를 받아들인다. 그의 분석론은 현존재란 '내던져진 기투(被投된 企投 : thrown project)'임을 보여준다. 이는 곧 시간과 세계 속에 일정한 방식으로 '던져져' 있다는 의미에서 과거를 지향하며, 동시에 아직 실현되지 않는 가능성을 파악하려고 오지 않은 시간 속으로 뛰어든다는 의미에서 미래를 지향한다는 뜻이다. 이것이 갖는 한 가지 의의는 '현존재'의 이해에 대한 이러한 기술은 보편적인 까닭에 모든 종류의 과학에서의 이해 과정에도 이것이 적용되어야 한다는 사실이다.[24] 이해 자체는 항상 시간성의 세 가지 양태—과거, 현재, 미래—에서 동시적으로 기능하고 있다. 역사에 대한 이해에 있어서 이것은 곧 과거란 현재와 미래 속에 있는 우리와 절대적으로 분리된 과거의 대상으로 간주될 수 없다는 뜻이다. 과거 그 자체를 보아야 한다고 하는 이상은 이해 자체의 본성과 배반되는 환성에 불과하다. 왜냐하면 이해는 항상 우리의 현재 및 과거와 결부되어 있기 때문이다. 세계를 항상 과거, 현재, 미래라고 보는 데 있어서 이해 자체의 본질적인 시간성은 소위 말해서 이해의 역사성이다.

이해의 역사성이 갖는 몇 가지 해석학적 성과

1. 선입견의 문제

당대를 지배하는 선입견으로부터 이해와 해석을 자유롭게 해야 한다는 이상은 우리 모두에게 공통된 것이다. 우리는 일반적으로 과거의 업적을 현재의 척도에 의해 판단하는 것은 어리석은 짓이라고 말한다. 따라서 역사적 인식의 목적은 오로지 개인적인 생각이나 가치에서 벗어나 과거의 사상과 가치에 대해 완전히 '열린 마음'을 가

24 앞의 책, p. 249.

짐으로써만 달성될 수 있다. '세계관(Weltanschauungen)'에 대한 딜타이의 탐구는, 한 역사시대는 다른 시대에 의해 판단되어서는 안 된다고 공공연하게 주장했던 역사적 상대주의에 기초를 둔 것이었다. 이와 마찬가지로 우리는 오늘날의 평가기준으로 과거의 문학작품을 평가할 권리를 갖고 있지 않기 때문에 《실낙원》의 신학에 대해서도 열린 마음을 가져야 한다고 요구하는 문학자들이 있다. 우리는 《실낙원》이 진리이기 때문이 아니라 문체의 위대함과 생각의 탁월함 그리고 풍부한 상상력으로 인하여 그것을 '예술작품'으로서 읽는다. 이런 식의 주장은 미를 진리와 구별하고 있으며 궁극적으로 서사시도 '사멸한 관념들에 대한 고귀한 기념비'[25] 정도로 간주한다.

하지만 역설적이게도 문학 텍스트에 대한 이같이 잘못된 시각은 암암리에 현재를 가장 올바르고 절대적이며 더 이상 검증될 필요가 없는 것으로 전제되고 있음에도 불구하고 가장 개방적인 태도를 가장하고 있다. 그러나 바로 이 현재가 회의의 대상이 되어야 한다. 왜냐하면 과거는 현재와 정확히 구별될 수 없기 때문이다. 이처럼 선입견의 개방적인 회의의 배후에는 우리의 선입견들을 인정치 않으려는 아집이 놓여 있다. 그 결과 과거는 현재의 우리와는 전혀 무관하며 골동품 수집가에게나 관심을 끄는 대상으로 간주된다. 유감스럽게도 오늘날 대부분의 문학 교수들은 형식주의적 심미가나 골동품 수집가로 분류될 수 있을 것이다. 후자는 전자를 역사적-문헌학적 깊이가 없다고 하여 비난할 것이고 반면에 형식주의자는 역사학자와 문헌학자에 대해 문학작품을 '예술'로서 제대로 파악하지 못한

25 비평가 Raleigh는 1900년에 이를 했다.

다고 하여 비판할 것이다. 심미가의 입장은 주관주의화된 미학의 핵심적 골격이라 할 수 있는 형식-내용의 잘못된 분리에 의존하고 있다. 우리가 앞에서 보았던 바와 같이 이것이 잘못된 이유는 예술작품의 경험에 있어 진리와 미는 결코 분리될 수 없기 때문이다. 따라서 역사적 이해에 대한 하이데거와 가다머의 사상을 수용한 입장에서 보면, 과거를 과거로서만 연구하는 골동품 연구가나 문헌학자가 심미가보다도 역사를 더 잘 이해할 수 있다고 말할 수는 없다.

사실 과거를 탐구한다고 해서 현재를 벗어나는 것은 아니다. 그리고 결코 그럴 수도 없다. 왜냐하면 과거의 작품이 갖는 '의미'는 현재와 무관하게 그 자체로서 파악될 수 없기 때문이다. 오히려 그 반대로 과거의 작품이 갖는 '의미'는 현재의 입장에서 그 작품에 대해 제기하는 문제들에 의해서 규정된다. 만일 우리가 이해의 구조를 주의 깊게 고찰해본다면, 우리가 제기한 문제들은 미래에 대한 이해 속에서 우리가 기투하는 방식에 따라 질서를 이루고 있음을 알게 될 것이다. 간단히 말해서 골동품수집주의(antiquarianism)는 진정한 역사성, 즉 우리의 현재 속에 삼투되어 있는 과거에 대한 모든 이해가 가질 수밖에 없는 역사성을 부정하는 태도이다. 선입견의 문제에 대하여 이것이 의미하는 바는 무엇인가? 그것은 바로 계몽주의로부터 우리에게 전수된 잘못된 생각이다. 가다머는 심지어 우리가 가진 선입견들은 해석에 있어 그 자체의 중요성을 갖는다고까지 주장한다. '개인의 자기성찰(Selbstbesinnung)은 역사적 삶의 폐쇄된 흐름 속에서의 한갓 에피소드에 지나지 않는다. 바로 이런 이유 때문에 개인의 선입견을 그의 의식적-반성적인 판단보다 더욱 중요성을 갖게 되는 것이다. 왜냐하면 그의 선입견이야말로 자신이 존재의 역사적 실재성을 구성하기 때문이다.'[26] 간단히 말하자면 선입견은 우리가 배제해야 하거나 배제할 수 있는 그런 성질의 것이 아니라 우리가 역사라는 것을 이해할 수 있는 기반이 되어준다.

이 원리는 해석학적으로 다음과 같이 서술될 수 있다. 즉 '무전제적인' 해석이란 결코 있을 수 없다.[27] 성서나 문학 혹은 과학적인 텍스트도 선입견이 없이는 해석되지 않는다. 이해는 과학적 해석의 근저에조차 깔려 있다. 왜냐하면 이해란 역사적으로 축적되어온 것일 뿐만 아니라 기본적으로 영향사적인 구조를 갖기 때문이다. 또한 서술된 경험의 의미는 실험의 제 요소간의 상호작용의 결과가 아니라 과학이 입지해 있는 해석의 전통과 과학이 열어주는 미래의 가능성들로부터 도출되기 때문이다. 과거-현재-미래의 시간성은 과학적 이해와 비과학적 이해 양자에 모두 적용된다. 왜냐하면 그것은 보편적이기 때문이다. 과학의 내부건 외부건 간에 무전제적인 이해란 결코 있을 수 없다. 우리는 어디에서 전제를 구할 수 있겠는가? 그것은 바로 우리가 서 있는 전통으로부터이다. 이러한 전통은 우리의 사고와 대립되어 사고의 대상으로 나타나는 것이 아니라 우리의 사고가 이루어질 수 있는 바탕이 되는 관계구조, 즉 지평이다. 전통은 대상도 아니고 충분히 대상화할 수도 없기 때문에 사물을 대상화시키는 사고 유형의 방법들을 전통에 적용해서는 안 된다. 오히려 대상화할 수 없는 것을 적절히 다룰 수 있는 사고가 필요하다.[28] 하지만 우리

---

26 《WM》, p. 261.

27 Rudolf Bultmann의 〈무전제적 주석은 가능한가(Is Presuppositionless Exegesis Possible?)〉(1957), 《실존과 신앙 Existence and Faith》, ed. Schubert M. Ogden, pp. 289~296을 참조하라.

가 오직 전통으로부터만 전제를 구하는 것은 아니다. 여기에서 우리는 이해가 인간의 자기 이해(혹은 그의 '지평'이나 '세계')와 이해되어야 할 것 간의 변증법적인 상호과정이란 점을 명심하지 않으면 안 된다. 자기 이해란 자유부동적인 의식도 아니고 현재의 상황으로 메워진 반투명체도 아니다. 그것은 이미 역사와 전통 속에 '자리잡고 있는' 이해이며 오직 만나게 되는 사상(事象)을 수용하여 자신의 지평을 확대시킴으로써만 과거를 이해할 수 있다.

만일 무전제적인 이해란 것이 진정 있을 수 없다면, 다시 말해서 소위 '이성'이란 것이 철학적 구성물일 뿐 사고의 최고 법정이 아니라면 우리는 우리의 전승이나 유산에 대한 우리의 관계를 재검토해 보아야만 한다. 계몽주의와 낭만주의 시대 그리고 심지어는 최근까지도 전통과 권위는 이성과 합리적 자유의 적으로 간주되어왔다. 그러나 더 이상 이런 식으로 전통과 권위가 평가절하되어서는 안 된다. 전통은 현재 우리를 둘러싸고 있는 제반 생각들의 흐름을 제공해주며 따라서 우리는 두 종류의 전제, 즉 풍부한 결실을 가져다줄 수 있는 전제와 그렇지 못하고 우리를 사고와 지각의 틀에 가두어두는 전제를 구별해야 한다.[29] 하여튼 이성의 요구와 전통의 요구 간에는 어떠한 본질적 대립 관계도 존재하지 않는다. 왜냐하면 이성은 항상 전통의 내부에 속해 있기 때문이다. 심지어 전통은 이성이 작용할 수 있는 기반이 되는 현실과 역사의 측면을 제공해준다. 궁극

---

28 드류 대학에서 개최된 해석학 학술대회(1964)에 보낸 하이데거의 편지를 참고하라. 그리고 Heinrich Otto, 〈신학에 있어서 비대상화된 사유와 말의 문제(Das Problem des nicht-objektivierenden Denkens and Redens in der Theologie)〉, 《ZThK》 LXI (1964) pp. 327~352도 참고하라.

29 《WM》, p. 263.

적으로 가다머가 주장하고자 하는 바는 무전제적인 이해란 결코 있을 수 없다는 원칙을 알게 되면, 우리는 이성에 대한 계몽주의적 해석을 거부하게 되고 또한 권위와 전통은 계몽주의 시대 이후로 누리지 못했던 지위를 되찾게 된다는 사실이다.

만일 무전제적인 해석이 결코 있을 수 없다고 한다면 그 자체로서 올바른 단 하나의 '올바른 해석'이라고 하는 개념은 충분한 사색에서 나온 이상이 아닐뿐더러 불가능한 것이다.[30] 현재와 관계를 맺지 않은 해석이란 있을 수 없다. 그리고 해석은 결코 영원불멸하거나 고정적인 것이 아니다. 전승된 텍스트는 그것이 성서건 셰익스피어의 희곡이건간에 현재와 관련하여 다시 말해서 그 텍스트가 속해 있는 해석학적 상황에서 이해되지 않으면 안 되는 것이다. 이는 셰익스피어나 성서가 중요하지 않음을 보이기 위하여 현재로부터 도출된 외적인 규준들을 과거에 부과시키겠다는 뜻이 아니다. 오히려 그 반대로 이는 '의미'가 대상의 불변적인 속성과 같은 것이 아니라 항상 '우리와 관련되어 있다'는 것을 인정하는 데서 나온 결론이다. 텍스트는 항상 우리의 역사성의 지평 내에서 다루어져야 한다는 주장은 그 텍스트가 원래의 독자들에게 보여주었던 것과 현재의 우리에게 보여지는 것 사이에서 의미가 절대적으로 달라야 한다는 것을 뜻하지 않는다. 오히려 위와 같은 사실은 의미가 현재와 관련되어 있는 해석학적 상황 속에서 생겨난다는 것을 주장하고 있다. 위대한 작품은 존재의 진리를 열어주기 때문에 우리는 그 작품의 '본질적인' 진리는 작품을 근원적으로 존재케 한 바로 그것이라고 가정할 수

---

30 앞의 책, p. 375.

있을 것이다. 따라서 이렇게 되면 우리는 진리 그 자체라든가 영원히 올바른 해석과 같은 용어를 쓰지 않아도 되는 것이다.

2. 시간적 거리의 개념

가다머에게 현재와 과거 사이의 긴장은 해석학에서 그 자체로 중심적이며 어느 정도로는 풍부한 결실을 가져온 요인이다. '낯섦과 친숙함 사이의 배치는 유산들의—역사적으로 의도적인—거리를 둔 객관성과 우리의 전통에의 귀속성 사이에 놓여 있다. 해석학의 진정한 위치는 바로 이 〈사이(Zwischen)〉에 있다.'[31] 따라서 해석학이 행하는 매개는 역사적으로 의도되었던 것과 전통 사이에 이루어진다. 하지만 이것이 곧 해석학의 과제가 이해를 위한 방법적 절차를 발전시키고 더 나아가 이해가 발생하는 제 조건을 해명하는 데 있다는 것을 의미하지는 않는다.[32]

텍스트에 의해 매개되는 사상(事象)은 해석자에게 그것의 원저자의 감정이나 견해로서 일차적인 중요성을 갖는 것이 아니라 지향된 어떤 것으로서 그 자체로 중요하다. 텍스트는 '삶'이나 여타의 것에 대한 '표현'으로서 중요성을 갖지도 않는다. 왜냐하면 관심을 갖는 것은 주체 자신이며, 우리는 주제와 관련해서 그 텍스트의 진리에 관심을 갖기 때문이다. 논리적으로 볼 때 오늘날 창작된 예술작품은 당대의 사람인 우리에게 가장 큰 의미를 가져야 한다. 하지만 우리는 단지 시간만이 의미 있는 것과 의미 없는 것을 구별해낼 수 있다는 것을 경험을 통해 알고 있다. 왜 이러한가? 가다머의 주장에 의하

---

31 앞의 책, p. 279.

32 앞의 책, 같은 곳.

면 시간적 거리가 주제에 대한 우리의 개별적이고 사적인 관심을 사상해버리기 때문이 아니라, 하나의 사상(事象) 속에 숨겨진 참된 의미가 드러날 수 있도록 해주면서 비본질적인 것을 제거하는 것이 바로 시간의 기능이기 때문이다. 그래서 시간적 거리를 부정적 기능과 긍정적 기능 모두를 갖게 된다.

> 시간적 거리는 주제의 본성에 속해 있는 일정한 선입견들이 사라지도록 할 뿐만 아니라 진정한 이해로 이끌 수 있는 선입견들이 두드러지도록 해준다.[33]

이리하여 우리는 '미학적 거리(aeshetic distance)'의 개념으로부터 유추해낸 현상, 즉 시간적 거리가 갖는 풍부한 결실을 누리게 된다. 여기에서 미학적 거리란 관객이 연극에서 의도하는 통일성을 파악하기 위해서는 무대로부터 일정한 거리에 있어야 하며 배우들의 분장에 의해 주의가 산만해져서는 안 된다는 뜻이다. 현재성, 즉 과거가 현재로 전환된다는 사실의 필연적 의미에도 불구하고, 우리는 시간이 흐른다는 것이 해석학적으로 중요한 의미를 갖고 있음을 알고 있다. 시간의 경과를 통해서만 우리는 '텍스트가 말하는 바'를 파악할 수 있다. 왜냐하면 텍스트의 진정한 역사적 의의는 오직 단계적으로만 드러나고 현재화되기 때문이다.

---

33 앞의 책, p. 282.

3. 텍스트의 저자에 대한 이해

해석학의 과제는 본질적으로 저자가 아닌 텍스트를 이해하는 데 있다. 이는 시간적 거리의 개념 및 역사적 이해에 있어서의 의미에 대한 강조를 통해 자명하게 드러난다. 텍스트가 이해되는 것은 개인들—즉, 저자와 독자—사이의 관계가 존립하기 때문이라기보다는 텍스트가 전달하고자 하는 주제에 함께 참여하기 때문이다. 또한 이러한 참여가 강조하고자 하는 바는 우리가 자신의 세계로부터 벗어나기보다는 텍스트가 우리의 현재의 세계 속으로 들어오도록 한다는 사실이다. 다시 말해서 우리는 텍스트가 우리에게 현재적으로 되도록 해야 한다.[34] 이해는 주관적 과정이 아니라 스스로를 전통 속에 위치 지움으로써 전통을 우리에게 전달해주는 '사건'에 참여하는 문제이다.[35] 이해는 전통의 흐름, 즉 과거와 현재가 뒤섞이는 순간에의 참여이다. 가다머는 이러한 이해 개념이 해석학 이론에서 수용되어야 한다고 주장한다.[36] 진정한 준거점은 저자나 독자의 주관성이 아니라 현재 우리에게 드러난 역사적 의미 자체이다.

4. 과거의 재구성에 관하여

고대의 텍스트를 이해할 때 반드시 나타나는 본질적인 역사성이 가져다주는 또 하나의 결과는 우리가 해석학적 전제를 다시 숙고하지 않으면 안 된다는 사실이다. 여기서 말하는 해석학적 전제란 해석학의 일차적인 과제는 예술작품의 세계를 재구성하는 데 있다는

34 앞의 책, p. 115 이하를 보라.

35 앞의 책, p. 275.

36 앞의 책, 같은 곳.

원리를 말한다. 슐라이어마허 이전까지는 주어진 텍스트의 역사적 배경을 재구성하고 그 텍스트가 처해 있는 역사적 맥락을 규정하는 일은 문법적 해석과 더불어 해석학의 근본적 관심사였다. 슐라이어마허는 해석학을 보다 심리학적이고 신학적인 방향으로 전환시켰다. 하지만 여전히 그는 역사적 맥락을 재구성하는 작업이야말로 모든 고대의 텍스트를 이해할 때 기본적인 것이라고 전제하고 있었다. 결국 성서는 영원불멸한 이념의 무시간적 담지자나 진리에 대한 진지한 요구가 결여된 시적 상상력의 단편이 아니라 역사적 인간에 의해 역사적 언어로 창조된 역사적 산물이다.

물론 작품이 생겨난 바탕이라 할 수 있는 세계의 재구성 및 예술작품의 원천의 재구성은 이해를 위해 꼭 필요하다. 하지만 가다머는 이러한 재구성을 해석학의 근본적 혹은 최종적 작업으로 간주하거나 심지어는 이해의 핵심으로 간주하려는 태도를 경계한다. 재구성의 과정에서 우리가 행하는 작업이 과연 진정으로 우리가 추구하는 작품의 '의미'인가? 재구성에서 우리가 원본의 창조와 마찬가지로 제2의 창조—즉 재창조—를 간취하려고 할 경우, 이해는 규정될 수 있는가? 결코 그렇지 않다. 왜냐하면 작품의 의미는 현재 우리가 어떤 문제들을 제기하는가에 달려 있다. 가다머는 '재생이 해석학에 있어 중심적인 역할을 하는 것은 사실이지만 이미 지나간 삶을 있는 그대로 회복시키고 재생하려는 노력만큼이나 불합리하다'[37]고 말한다. 해석학의 진정한 과제는 재생이 아니라 통합이다.

---

37 앞의 책, p. 159.

5. 적용(Application)의 의의

이해에서 역사성의 구조는 역사해석학과 문학해석학에서 오랫동안 무시되어온 요인, 즉 적용의 중요성을 제시해준다. 적용은 텍스트의 의미를 현재와 관련짓는 과정에서 해석이 행하는 기능이다. 예를 들면 적용이라는 요소는 성서해석학과 법률해석학 양자 모두에서 나타난다. 왜냐하면 이 양자의 경우 일반적인 방식으로만 텍스트를 이해하고 설명하는 것은 충분치 못하기 때문이다. 적용은 텍스트가 현재의 조건과 관계하는 과정에서 명백하게 드러난다. J. J. 람바하는 그의 저서 《Institutiones hermeneuticae sacrae》에서 해석은 세 가지 능력, 즉 이해력(subtilitas sintelligendi), 설명력(subtilitas explicandi), 적용력(subtilitas applicandi)을 포함한다고 말하고 있다.[38] 이들 세 가지는 각기 분리된 '방법'이 아니라 일정한 정신의 세련됨을 요구하는 능력이다. 이는 'subtilitas'가 능력을 뜻한다는 사실에서도 잘 알 수 있다. 그리고 이 세 가지 능력이 합해져서 이해를 완성시킨다.

슐라이어마허와 낭만주의 이후의 해석학 일반에서 앞의 두 요소—즉 이해와 설명—는 내적 통일성이 있는 것으로 주장되어 왔다. 왜냐하면 설명은 이해를 명백히 하는 것으로 간주되었고 그리고 이 두 요소의 강조는 적용이라는 요소에 대해서는 체계적인 위치와 중요성을 부여하지 않는 경향이 있어왔기 때문이다. 특히 슐라이어마허가 해석학을 대화의 이해이론으로 정립하면서 언어와 인식이 전면에 나오게 됨에 따라 이해의 영역 자체 내에서 적용은 체계적 위치

38 앞의 책, p. 291.

를 상실하고 말았다. 사실 슐라이어마허는 설명력이라는 계기에 대해서도 명백한 몇 가지 한계를 지었다. 그는 다음과 같이 말한다.

> 설명이 이해의 영역에서 벗어나자마자 그것은 표상(表象)의 기술로 바뀌어졌다. 그래서 에르네스티가 이해력이라고 불렀던 것만이 진정으로 해석학에 속하게 되었다.[39]

다른 한편으로 가다머의 분석에 따르면 이해 자체에서 '현재의 상황과 관련되어 이해되어야 하는 텍스트의 적용과 같은 문제가 항상 일어난다.'[40] 인식과 설명이라는 의미에서의 이해에는 이미 그 내부에 적용 내지는 현재에 대한 텍스트의 관계가 포함된다. 신학해석학과 법률해석학은 모든 이해에서의 이러한 측면에 크게 주목한다. 그래서 이 두 가지 해석학은 인위적으로 적용의 요인을 생략해버린 문헌학적 전통에서보다는 역사와 문학에서의 이해기능을 파악하기 위한 보다 나은 유형을 제공해준다. 이 점에 대해 가다머는 다음과 같이 상술한다.

> 법률해석학은 사실 하나의 '특수한 경우'가 아니라 역사해석학에 폭넓은 문제성을 부여하는 과제에도 적합하다. 법률해석학은(18세기에) 법률가, 신학자, 문헌학자 등이 공통적으로 직면했던 해석학적 문제의 낡은 통일성을 재구성할 수 있다.[41]

---

39 《H》, p. 31.
40 《WM》, p. 291.
41 앞의 책, p. 311.

여기에서 가다머는 독특한 생각을 제시하고 있다. 그것은 바로 법률해석학과 신학해석학이 문학 해석을 위한 모델이 될 수 있다는 생각이다.

그러면 이제 이 생각이 내포한 창조적 가능성들 중에서 몇 가지만 살펴보자. 법률해석학과 신학해석학은 둘 다 해석의 과제를 낯선 세계로 들어가려는 노력 및 텍스트와 현재의 상황 간의 거리를 극복하려는 노력이라고 규정한다. 해석이 판결이나 설교에서 적용되는 여부와는 관계없이 해석학은 텍스트가 그 자체의 세계에서 무엇을 의미하는지를 설명해야 할 뿐만 아니라, 텍스트가 현재의 순간과 관련해서 무엇을 의미하는지를 설명해야 한다. 바꾸어 말하면 '텍스트를 이해한다고 하는 것은 항상 이미 텍스트를 적용하는 것이다.'[42] 또한 법률해석학과 신학해석학은 둘 다 저자와의 동질성에 기초하여 텍스트가 이해되어야 한다는 생각—이는 낭만주의적 환상이다—을 거부하는 경향이 있다. 왜 그러한가? 앞서 말했던 바와 마찬가지로 이는 사실상 우리가 관계하는 것은 저자가 아니라 텍스트이기 때문이다.

또 다른 측면에서 법률해석학과 신학해석학은 문학 해석을 위한 유용한 모델을 제공한다. 법 해석과 신학 해석 양자에서 해석자는 방법을 적용하거나 응용하기보다는 자신의 사고를 텍스트의 사고에 적응시켜 따르도록 한다. 그는 하나의 소유물을 전유하는 것이 아니라 텍스트 자체의 지배적인 요구에 의해 전유된다. '법의 의지'나 '신의 의지'를 해석하는 것은 주제를 지배하는 형태가 아니라 그 주

42 앞의 책, p. 291.

제에 따르는 형태이다. 어떤 의미에서도 이것은 우리가 우리 자신의 전제들을 문제와 무관하게 만드는 절차가 아니며 더욱이 우리가 세계와 현상에 대한 우리의 이해를 위의 전제들에 기초하여 이루어진 방법들에 따르도록 하는 절차도 아니다. 오히려 이와는 반대로 해석자는 텍스트의 주도적인 요구에 비추어질 수 있도록 스스로의 입장을 재조정해야 한다. 그래서 가다머는 역사 해석에서조차도 이해는 적용의 기능을 수행한다고 주장한다. 왜냐하면,

> 이해는 명백하게 그리고 의식적으로 해석자와 텍스트를 갈라놓는 시간적 거리를 연결함에 의해서 텍스트의 의미를 수용하기 때문이다.[43]

역사해석학과 문학해석학에서 우리가 텍스트에 대해서 가하는 요구, 즉 텍스트 자체의 요구에 따라야 하며 동시에 그것을 현재의 빛에 비추어 해석해야 한다는 요구는 상당한 도전을 받게 된다. 이러한 접근법은 텍스트를 현재의 빛에 비추어 해석하기는 하지만 현재가 텍스트를 지나치게 지배하지는 않는다. 왜냐하면 해석자는 텍스트의 요구에 따라야 하는 동시에 그 요구의 의미를 번역해서 다시 현재 속으로 투영시켜야 하기 때문이다. 가다머의 주장은 우리가 무비판적으로 텍스트의 요구에 함몰되어서는 안 되며, 오히려 텍스트의 요구가 있는 그대로 나타날 수 있도록 해주어야 한다는 것이다. 상이한 지평들 간의 상호작용 및 융합 과정에서 해석자는 텍스트 자체를 존재케 했던 문제를 알게 된다. 현재의 요구를 균형 짓고 전통

---

43 앞의 책, p. 295.

과 맞서도록 하는 물음의 변증법은 뒤에 가서 문제시될 것이다. 하지만 이 단계에서는 분명히 법률해석학과 신학해석학은 최근 역사해석이나 문학 해석에서 명백하게 보여진 것 이상으로 이해의 보편적 역사적 구조와 조화되는 접근법을 제시해준다. 그래서 법률해석학과 신학해석학 양자는 문학해석자나 역사해석자들이 해석학적 문제를 보다 적절히 파악하는 데 큰 도움을 줄 것이다.

'탈신화화(demythologizing)'의 시도는 적용의 원리가 신학의 영역에서 나타난 경우이다. 예를 들면 루돌프 불트만의 해석학에서 탈신화화란 과거에 속해 있는 텍스트와 현재의 적용의 필요성 사이에서 생겨난 긴장의 결과이다. 예전에도 누차 지적되어왔지만 탈신화화는 이성의 요구에 비추어 모든 것을 측정함으로써 성서로부터 신화적 요소들을 전부 제거해버리려는 계몽주의적 노력이 아니다. 오히려 그것은 성서라는 텍스트의 요구를 현재의 우리에 비추어 재정립하려는 시도이다. 이러한 성서의 요구는 과학적 진리에 대한 요구가 아니라 인격적인 결단의 요청이다. 바로 이 때문에 성서에 대하여 '과학적인' 태도를 취하고서 이를 하나의 대상으로 간주하려 하는 입장은 결국 성서를 침묵케 만들 뿐이다. 이는 단순히 반대심문이 되어서는 안 된다. 왜냐하면 성서가 말을 할 때, 우리는 스스로 그 '대상'이 되어야 하기 때문이다. 성서의 메시지가 제대로 측정될 수 없는 확고부동한 기준이 채택되면 성서가 하는 말은 들리지 않는다. 다만 시험되고 있을 뿐이다. 하지만 불트만에 의하면 성서는 과학적 논문이나 비인격적인 전기가 아니라 선포(kerygma), 즉 메시지이다.

문학 해석에서 탈신화화하려는 노력은 우리가 어떻게 신화를 이해할 수 있는가 하는 의문이 제기되었을 때 나타난다. 신화 속에서 그리고 신화를 통해 무엇이 우리에게 말하고 있는가? 현재와의 관계 및 역사적 이해에 대한 분석을 항상 강조하는 불트만 신학은 문학작품을 읽는 행위가 단순히 과거의 세계로 되돌아가서 이를 '재구성' 하는 것이라는 환상을 깨뜨릴 것을 경고한다. 밀턴, 셰익스피어, 단테, 소포클레스, 혹은 호머 등의 '의미(meaning)'는 단순히 이들에 의한 각각의 위대한 작품이 곧추세우고 있는 세계에 의해서 결정되지 않는다. 왜냐하면 작품을 읽는다고 하는 것은 언제나 이미 시간 속에서 일어나는 사건이자 생기(生起)이기 때문이다. 그리고 또한 우리에게 그 작품이 가지는 의미는 우리 자신의 현재의 지평과 그 작품의 지평 간의 융합의 산물이기 때문이다. 탈신화화는 언제나 문학작품에 대한 모든 진지한 이해에서 일어난다. 그리고 현재에 대한 적용도 모든 이해행위 속에서 일어난다. 셰익스피어의 희곡을 읽을 경우, 우리가 현재의 지평을 벗어나 과거 '셰익스피어 자신의 세계 속으로 거슬러 올라간다'고 하는 환상은 기껏해야 예술적인 만남이란 '적용력(subtilitas applicatio)'을 간과할 수밖에 없다는 사실을 보여줄 뿐이다. 하지만 여기에서 우리는 아더의 궁정에 나오는 코네티컷 양키는 사물을 보는 데 있어 코네티컷 양키로서 볼 뿐이며, 원탁의 기사들 중의 한 사람이 보는 것과는 전혀 다르다.

셰익스피어의 연극이나 그 밖의 다른 연극을 공연할 때 생겨나는 상황은 지금 우리가 했던 말을 확증해준다. 무대의 각 장면은 우리가 과거로 돌아가는 데 정교하게 도움을 주며, 의상들도 당시의 풍습에 맞도록 아주 세심하게 만들어진다. 그럼에도 불구하고 사실상 그 연극은 시간적으로 현재, 바로 우리 눈앞에서 '우리의' 이해를 고려하며 공연된다. 연극의 사건이 발생하는 참된 위치는 무대가 아니라 관객들의 집합적 정신이다. 배우들은 이를 잘 알고 있으며 따라서 공연을 하는 과정에서도 항상 이를 고려한다. 예를 들어《맥베스》의 마녀를 연기하는 문제를 생각해보자. 근대 연출자들은 초자연적 요소를 무시해버리는 경향이 있으며 이런 상황에서 여자들은 맥베스의 군인을 따라다니는 늙은 마녀의 역을 맡는다. 그들의 예언은 음모를 야기하는 음울하게 확산된 목소리로 현재화된 채로 주어지며 전조를 알리는 복선의 역할을 한다. 또한 그들의 예언은 앞날을 보여주는 분위기를 만들어낸다. 이처럼 현재의 우리에게 마녀의 '의미는' 그 마녀가 무대에서 행하는 방식에 따라 새롭게 '해석'된다. 그래서 현대의 관중들에게 낡은 초자연주의가 야기할 수 있는 우스꽝스런 효과는 제거된다.

연극에서 과거의 세계에 가 있다고 느끼게 되는 연극적 환상은 장면이나 의상 심지어는 배우들의 가시적인 연기로부터 생겨나지 않는다는 사실을 염두에 두는 것도 중요한 일이다. 녹음기의 경우처럼 목소리를 연출해내는 것이야말로 진정으로 중요한 요소이다. 연극적인 환상이란 과거의 사건이 현재에서, 즉 역사적 과거가 아니라 체험적인 현재에서 일어나고 있는 듯이 느끼는 것을 말한다. 이러한 현상은 역사적 이해에서 적용(application)이 갖는 의의를 잘 해명해준다. 즉 연극적 환상은 현재의 외면성에 과거를 연결해주는 것이 아니다. 오히려 그것은 과거에 있어서의 본질적인 것을 현재 우리의 자기 이해, 좀 더 정확히 말해서 우리의 존재 체험과 연결시켜준다.[44] 우리는 스스로를 기만해서는 안 된다. 연극에 대한 우리의 이해—즉 그 연극이 '의미하는' 바를 우리가 '알게' 될 때, 우리는 연극을 이해했다고 할 수 있다—는 자기완결적이고 자기폐쇄적인 문제가 아니라 자기완결적인 놀이—연극도 일종의 놀이기 때문에—를 우리 자신의 현재와 미래에 관련짓는 문제이다. 그래서 가다머는 '이해는 언제나 현재에 대한 적용을 포함한다'고 말하는 것이다.

본래적인 역사의식

가다머는 자신이 비판했던 종류의(방법론적 차원의) 역사의식을 대신해서 진정한 역사의식을 기술하려고 시도한다. 이 새로운 의식을 그는 '영향사적 의식(wirkungsgeschichtliche Bewußtsein)'이라고 규정한다. 이를 풀어서 해석하면 '역사가 항상 그 위에서 작용하게 되는 의식' 혹은 '역사적으로 작용하는 의식'이다.[45] 가다머는 영향사적 의식은 헤겔적인 역사의식과는 다르다는 점을 분명히 한다. 왜냐하면 헤겔적인 의미의 역사적 의식은 반성의 영역에서 이루어지며 역사와 현재의 매개를 뜻할 뿐이기 때문이다. 물론 영향사적 의식은 사변적-변증법적 인식이다. 하지만 변증법은 이성의 자기매개가 아니라 경험 자체의 구조이기 때문이다.

가다머는 영향사적 의식이 본성을 정립하고 밝히는 데 도움을 주

44 앞으로 보게 될 것과 같이 여기에서의 '무엇(what)'은 인격적인 '무엇'이 아니라 우리가 그 속에 참여하고 있는 역사적인 '무엇'이다. 왜냐하면 '인격적인 체험'에 대한 언급은 곧 주관주의적 오류의 환상에 빠지는 것이기 때문이다.

45 '영향사적 의식'을 이해하는 데 나는 테오도르 키질의 도움을 받은 바가 크다.

기 위하여 세 가지의 나-너 관계(I-thou relationship)[46]—이는 마르틴 부버의 나-너 관계와 같은 것이 아니다—의 유형론을 사용한다. 1) 한 영역 내에서의 대상으로서의 너, 2) 반성적 투사(投射)로서의 너, 3) 전통의 발화자(發話者)로서의 너.[47] 가다머가 영향사적 의식으로 염두에 두고 있는 해석학적 관계는 세 번째 유형뿐이다.

첫 번째 나-너 관계에서 타자는 나의 경험 영역 내에 있는 특수한 것, 즉 나의 목표를 달성하기 위한 수단이 될 수 있는 것으로 간주된다. 타자는 나의 경험 영역에 있는 하나의 대상이며, 너는 보편자에 의해 이해된다. 모든 귀납적 사고의 목적론은 너에 대한 바로 이 접근법에 내재되어 있다. 만일 이 모델이 전통에 대한 해석학적 관계에 적용된다면 우리는 쉽게 '방법주의'와 '객관성'의 신화에 함몰되고 만다. 따라서 전통은 우리와는 분리된 하나의 대상이 되며 우리와는 전혀 무관한 사물처럼 드러나게 된다. 우리가 이러한 전통에 대한 관계의 모든 주관적 요인들을 제거하기만 한다면 전통에 대한 확실한 인식을 가질 수 있다고 하는 환상에 빠져 스스로를 기만하는 결과를 초래한다. 그 같은 방법지향적 '객관성'은 거의 자연과학을 지배하고 있으며, 최근에는 사회과학에서도—현상학적 사회과학을 주장하는 학자들을 제외하고[48]—그 영향이 강하게 나타나고 있다.

---

46 페르디난트 에브너의 〈말과 정신적 실재 : 정령설에 관한 단편(Das Wort und die geistigen Realitäten : Pneumatologische Fragmente)〉, 《전집》 I, pp. 75~342에서 '나-너 관계'의 초기 형태는 매우 중요하다.

47 《WM》, pp. 340~344를 보라.

48 Stephen Strasser, 《현상학과 인문학 Phenomenology and the Human Sciences》과 Severyn Bruyn, 《사회학의 인간적 전망 The Human Perspective in Sociology》을 보라.

그러나 이 객관성은 인간의 체험(혹은 경험)에 초점을 두는 분야들에 적용되어서는 안 된다. 그리고 또 그럴 수도 없다. 왜냐하면 그것은 영향사적 의식의 토대가 될 수 없기 때문이다.[49]

너를 경험하고 이해하는 두 번째 방식은 타자를—첫 번째 유형에서처럼 사물로 보는 것이 아니라—하나의 인격체로 본다. 하지만 가다머는 이러한 '인격적' 관계가 여전히 나 속에 갇혀 있을 수 있으며 사실상 나와 반성적으로 구성된 너와의 관계임을 보여준다.

> 이러한 나-너 관계는 직접적 관계가 아니라 반성적 관계이다…… 따라서 이 관계 속에 있는 인격체들은 각각 상대방의 반성적 활동을 무시할 가능성이 남아 있다. 각각의 인격체는 그 자신의 반성을 통해서 타자의 요구를 알게 되며, 그 결과 그는 타자 자신보다도 더욱 잘 타자를 이해하게 되는 것이다. 하지만 바로 이러한 반성적 성격은 자신의 주장에 놓여 있는 직접성의 관계를 결여하게 된다.[50]

해석학적으로 이야기해서 이 두 번째 관계는 가다머가 비판했던 종류의 역사의식을 근본적으로 특징짓는다. 이러한 역사인식은 첫 번째의 나-너 관계를 특징지었던 보편자와의 연관성 속에서가 아니라, 오히려 그것의 특수성에 의하여 타자의 타자성을 인식한다. 그렇기 때문에 타자의 타자성과 과거의 과거성은 내가 너를 인식하는 것과 똑같은 방식으로, 즉 반성을 통해서만 인식된다. 타자를 그의 모든 피제약성에서 인식해야 한다고 요구함에 있어—즉 객관적이

---

49 《WM》, p. 341.
50 앞의 책, 같은 곳.

어야 한다고 요구함에 있어—인식하는 자는 지배를 요구하고 있는 것이다. 하지만 바로 이런 식의 이해를 통한 미묘한 지배는, 단순히 '그 외부에서' 반성적으로 구성된 너를 보듯이 역사를 관찰하기 위하여 이해를 사용할 뿐이다. 왜냐하면 이런 식의 이해는 역사를 대상화(혹은 객관화)시켜버림으로써 결국은 역사의 진정한 유의미성(meaningfulness)을 파괴해버리기 때문이다.[51]

세 번째 종류의 나-너 관계는 너에 대한 본래적인 개방성을 그 특징으로 한다. 이는 나로부터 의미를 투사하는 관계가 아니라 '어떤 것이 저절로 말해지도록 하는' 진정한 개방성을 갖는 관계이다. '어떤 것이 〈자신에게〉 말해지도록 하는 사람은 근본적인 방식에서 개방적이다.'[52] 이러한 관계는 앞의 두 가지 관계에 비해서 부버의 진정한 나-너 관계에 더욱 가깝다. 이는 지배하려 하기보다는 들으려는 개방성이기 때문에 기꺼이 타자에 의한 자신의 변형을 감수한다. 이는 '영향사적 의식'의 기반이다.

이러한 의식은 텍스트가 결코 충분히 그리고 객관적으로 '타자'가 될 수 없는 그러한 역사와의 관계로 이루어져 있다. 왜냐하면 이해란 과거의 타자성(혹은 낯설음)에 대한 수동적인 '인식'이 아니라 타자의 요구에 맞추어 자기 자신을 순응시키는 행위이기 때문이다. 역사적인 텍스트가 말 그대로 '단지 역사적인 것'으로만 읽혀지게 되면 현재는 이미 독단화되어 문제의 영역에서 사라져버린다. 다른 한편으로 영향사적 의식은 현재를 진리의 정점으로 보지 않는다. 오히려 영향사적 의식은 작품의 진리가 자신에게 요구하는 것을 그대

51 앞의 책, pp. 341~343.

52 앞의 책, p. 343.

로 수용하기 위하여 스스로를 개방시킨다. '해석학적 의식은 방법적 자기확신에서 완성되는 것이 아니라, 독단적인 사람과는 달리 〈경험을 중요시하는〉 사람이 갖게 마련인 경험적 개방성에서 완성된다. 이것이 바로 영향사적 의식의 본질적 특성이다.'[53] '경험을 중요시하는' 사람은 단순히 객관화된 '지식'을 갖게 되기보다는, 오히려 그를 성숙시키고 그로 하여금 전통과 과거에 대해 개방적일 수 있도록 해주는 객관화할 수 없는 '경험'을 갖는다. 다음 장에서 보게 되겠지만 '경험(experience)'의 개념은 가다머의 해석학을 이해하는 데 있어 대단히 중요하다.

---

53 앞의 책, p. 344.

12. 가다머의 변증법적 해석학

경험의 구조와 해석학적 경험의 구조

가다머는 기존의 경험 개념을 비판함으로써 해석학적 경험(hermeneutical experience)에 대한 자신의 해명을 시작한다. 그가 볼 때 기존의 경험 개념은 지각적 행위로서의 인식과 개념적 집결체로서의 지식에 너무나 치중해 있다. 다시 말해서 오늘날의 우리는 전적으로 과학적 지식에 편중된 결과 경험의 내적 역사성을 전혀 무시한 채 경험을 정의하는 경향이 있다. 이렇게 함으로써 우리는 무의식중에 과학의 목표에 봉사하게 된다. 앞서 여러 가지 방식으로 표현된 바와 같이 과학의 목표란 '어떠한 역사적 계기나 요소도 부착되지 않을 정도로 경험을 객관화하는 것'[1]이다. 과학적 실험은 엄격한 방법적 절차를 통하여 한 대상을 그것의 역사적 순간으로부터 분리해 내어 그 방법에 적합하도록 재구성한다. 가다머에 따르면 신학과 문헌학도 모든 것을 객관적이고 검증가능하도록 바꾸어놓으려는 과학의 요구를 일정한 정도에서 반영하고 있는 '역사-비판적 방법

1 《WM》, p. 329.

(historical-critical method)'을 사용함으로써 과학과 유사한 목표에 봉사하고 있다.[2] 이러한 정신이 지배적인 한에 있어서는 검증 가능한 것만이 참된 것이다. 왜냐하면 이런 경우에 경험의 역사적이고 객관화할 수 없는 측면을 위한 여지는 전혀 존재하지 않기 때문이다. 결국 '경험'에 대한 정의 자체는 그 자신으로부터 신학이나 문헌학의 자료를 배제하고 있다.

순수하게 개념적이고 검증 가능한 인식이라는 신화에 반대하여 가다머는 자신의 역사적, 변증법적, '경험' 개념을 제시한다. 여기에서 인식은 단순한 지각들의 흐름이 아니라 생기, 사건, 더 나아가서 하나의 만남이다. 비록 가다머는 헤겔의 전제들과 결론은 수용하지 않지만 자신의 변증법적 해석학을 위한 출발점을 헤겔의 변증법적 경험 개념에서 찾는다. 그리고 이는 우리가 경험 개념을 해명하기 위한 출발점을 제시해준다.

헤겔의 정의에 따르면 경험은 의식과 대상과의 만남의 산물이다. 가다머는 이와 관련하여 헤겔을 인용한다. '의식에 대한 앎과 의식의 대상에서 이루어지는 변증법적 운동은 이로부터 새로운 진정한 대상이 생겨나는 한에 있어서 본래적인 의미에서 〈경험〉이라고 불릴 수 있다.'[3] 그러므로 헤겔에 따르면 경험은 항상 의식의 전도 혹은 재구성의 구조를 갖고 있다. 왜냐하면 경험은 변증법적인 운동이기 때문이다.

---

2 앞의 책, 같은 곳.

3 "의식이 자기 자신에 있어서, 즉 자신의 대상에 대해서와 마찬가지로 자신의 지(知)에 대하여, 그로부터 '새로운 참된 대상이 그 의식에 발생하는 한', 행사하는 변증법적 운동이 본래적으로 '경험(Erfahrung)'이라 불리는 것이다"(《Ho》, p. 115). 〈헤겔의 경험 개념(Hegels Begriff der Erfahrung)〉, 《WM》, p. 336.

이처럼 전도시키려는 경향의 근저에는 부정성(negativity)의 요소가 놓여 있다. 경험이란 무엇보다도 '아님'에 대한 경험이다. 즉 경험 대상은 우리가 가정했던 것이 아니라는 차원에서 경험된다. 우리의 경험 대상은 서로 다른 빛에서 조명되고 변화된다. 그리고 우리 자신도 그 대상을 인식하는 과정에서 변화된다. 새로운 대상은 낡은 대상을 지양한 진리를 담게 되는 반면에 낡은 대상은 '새로운 대상의 시간에만 기여할 뿐이다.'[4] 그러나 헤겔에게 경험이란 의식의 자기대상화이기 때문에 경험은 그것을 초월해 있는 견지로부터 접근된다. 그래서 헤겔은 의식에서 토대를 찾고 있지만, 가다머는 이 의식은 경험의 대상성에 의해 초월되어버린다고 주장한다.

가다머의 주장에 의하면, 경험은 '인식행위에서가 아니라 경험에 의해 자유롭게 이루어질 수 있는 경험에의 개방성 속에서'[5] 변증법적으로 완성된다. 분명 여기에서의 경험은 이런 것 저런 것에 대한 지식을 뜻하지 않는다. 가다머의 용어법에 있어 경험은 기술적인 용어라기보다는 일상 용법에 더욱 가까운 개념이다. 그것은 대상화되지 않고, 또 대개는 대상화할 수 없는 '이해'의 축적을 말한다. 여기서 말하는 이해는 우리가 흔히 말하는 지혜와 가깝다. 예를 들면 일생동안 사람들을 다루어온 사람은 그들을 이해할 수 있는 능력을 획득하는데, 우리는 이를 '경험'이라고 부른다. 그의 경험은 객관화할 수 없는 지식이지만 그 경험은 그가 사람들과 해석적으로 만나는 데 도움을 준다. 그렇다고 해서 이것이 순전히 개인적인 능력은 아니다. 오히려 그것은 사상(事象)들이 존재하는 방식에 대한 지식, 즉 사실

4 《WM》, p. 337.

5 앞의 책, p. 338.

상 개념적 어휘로 옮겨질 수 없는 '사람들에 대한 지식'이다.

경험은 종종 새로운 이해와 성장에 따른 고통을 수반한다. 경험은 끊임없이 지속되며 그 어느 것도 우리를 경험으로부터 구제해줄 수 없다. 우리는 자신이 겪었던 불유쾌한 '경험들'을 우리 자식들이 하지 않도록 해주고 싶지만 그들은 결코 경험으로부터 면제되지 않는다. 왜냐하면 이런 의미의 경험은 인간의 역사적 본성에 속하는 것이기 때문이다. 가다머는 말한다.

> 경험은 예기(豫期)에 바탕을 둔 다양화된 환멸의 문제이다. 경험은 오직 이런 식으로만 획득된다. '경험'이 고통스럽고 유쾌하지 못하다고 해서 경험이 무엇인지를 모르는 것은 아니다. 오히려 경험의 고통과 불유쾌함을 통해 우리는 경험의 내적 본성을 알게 된다.[6]

부정성과 환멸은 경험에서 본질적이다. 왜냐하면 인간의 역사적 실존의 본성에는 부정성의 계기가 들어 있는데 이 계기는 경험의 본성 속에서 드러나기 때문이다. '모든 경험은 만일 그것이 경험이라는 이름값을 하려면 예기와 맞부딪쳐야 된다.'[7]

이러한 여러 사실들을 고려해볼 때 가다머가 그리스 비극과 아이스킬로스의 공식인 'pathei mathos'에 대해 '고통스러운 배움'[8]이라고 언급하는 것은 전혀 놀랄 일이 아니다. 이 공식은 우리가 과학적인 지식을 획득한다는 뜻도 아니고 심지어는 거의 비슷한 상황에서

6 앞의 책, 같은 곳.

7 앞의 책, 같은 곳.

8 앞의 책, p. 339.

우리로 하여금 '미래보다 더 잘 알 수 있도록' 해줄 지식을 획득한다는 뜻은 더더욱 아니다. 오히려 우리는 고통을 통하여 인간적 실존 자체의 한계들을 배운다. 우리는 인간의 유한성을 이해하게 된다. 경험이란 유한성에 대한 경험이다.[9] 진정한 내적 의미에서의 경험은 우리에게 인간이 시간을 넘어서 있지 않음을 가르쳐준다. '경험을 많이 한' 사람만이 모든 기대의 한계와 인간이 세우는 모든 계획의 불확실성을 깨닫는다. 그러나 이것은 그를 폐쇄적이고 독단적으로 만들기보다는 새로운 경험에 대해 개방적이게 해준다.

경험 속에서 우리는 예기적 미래에 도달하기 때문에, 그리고 과거의 경험은 모든 계획의 불완전성을 가르쳐주기 때문에 여기에서 역사성의 구조—이에 대해서는 이미 앞에서 논의한 바가 있다—는 분명하게 드러난다.

가다머는 '진정한 경험은 자기 자신의 역사성에 대한 경험이다'[10]라고 주장한다. 인간의 능력과 계획은 경험의 과정에서 한계에 봉착한다. 역사 속에서 행위하고 있는 인간은 경험을 통해서 미래에 대한 통찰을 얻는다. 이런 경우에 인간은 미래 속에서 항상 기대와 계획을 갖게 된다. 인간으로 하여금 미래와 과거에 대해 참된 개방적 태도를 취하게끔 해주는 경험의 성숙은 바로 가다머가 말하는 영향사적 의식의 본질이다.[11]

이상의 통찰들을 염두에 두면서 '해석학적 경험'을 살펴보자. 이 경험은 기본적으로 우리가 전승이나 유산으로서 만나게 되는 것과

9 앞의 책, 같은 곳.
10 앞의 책, p. 340.
11 앞의 책, 같은 곳.

관계 있다. 해석학적 만남에 있어 경험되어야 하는 것은 바로 이 전승이다. 일반적으로 경험은 하나의 사건인 데 반해서 전승은 '우리가 경험을 통해서 인식하고 통제하게 되는 사건이 아니다. 오히려 그것은 〈언어〉, 즉 너(thou)와 마찬가지로 말을 하는 그 무엇이다.'[12] 전승은 우리가 마음대로 조작하고 통제할 수 있는 대상이 아니다. 우리는 그것을—심지어 그 속에 우리 자신이 속해 있는 경우에조차도—본질상 언어적 경험으로 이해하게 된다. 우리가 텍스트의 의미를 이해함에 따라 그에게 전수된 전승을 이해하게 된다. 그런데 우리는 이를 객관화할 수 없는 경험의 흐름의 일부분이자 우리 자신이 속해 있는 역사로서 이해한다.

가다머는 너로서 만나지는 텍스트는 '삶의 표현'(딜타이적인 개념)으로 간주되어서는 안 된다고 힘주어 주장한다. 텍스트는 그것을 이야기하는 사람과의 모든 연관에서 분리된 독특한 의미내용을 갖고 있다. '나'나 '너'라는 용어로는 텍스트의 의미내용을 올바르게 파악할 수 없다. 왜냐하면 말의 힘은 말하는 사람에게 있는 것이 아니라 말해진 바에 있기 때문이다. 가다머가 전승에 대해 나-너 관계를 통해 의미하고자 하는 바는 텍스트에서 전승은 독자에게 그와 전혀 무관한 것을 요구하는 것이 아니라 성숙성에 있어서 새로운 것을 요구한다는 것이다. 이를 위해서는 텍스트가 말을 할 수 있도록 해주어야 하는 동시에 독자는 텍스트를 대상으로서가 아니라 그 자체의 주제로서 수용하여 개방적인 태도를 취해야 한다. 바로 이러한 진정한 개방성이야말로 영향사적 의식의 나-너 구조와 관련하여 우

---

12 앞의 책, 같은 곳.

리가 이미 서술했던 바를 정확하게 지적해준다.

나-너 구조는 대화 관계 혹은 변증법을 암시한다. 물음이 텍스트에 제기되고, 그리고 보다 깊은 의미에서 텍스트는 해석자에게 물음을 제기한다. 경험 일반의 변증법적 구조 및 해석학적 경험 고유의 변증법적 구조는 모든 진정한 대화의 물음-대답의 구조 속에 반영되어 있다. 하지만 변증법을 사상(事象)에 기초를 두지 않고 사람과 사람의 관계로 생각하는 데 대해서는 경계할 필요가 있다. 대화에 있어서 사상(주제-내용)의 의의는 물음을 분석함으로써 잘 드러날 것이다.

해석학에 있어서 물음의 구조

경험의 변증법적 성격은 모든 진정한 물음에 내재된 부정성의 운동 및 부정성과의 만남에 반영되어 있다. 심지어 가다머는 '모든 경험에 있어서 물음의 구조는 전제되어 있다. 어떤 문제가 처음에 생각한 것과는 다르다고 하는 자각은 물음을 통한 이행 과정을 전제로 한다.'[13]고 말한다. 경험의 개방성은 물음의 구조를 갖고 있다. '그것은 이러한가, 저러한가?' 우리는 경험이 우리 인간의 유한성과 역사성에 대한 자각에서 이루어진다는 것을 보아왔다. 그래서 또한 물음에는 궁극적인 부정성의 벽이 들어 있다. 즉 무지에 대한 지(知)가 항상 들어 있다는 말이다. 이는 모든 물음에 놓여 있는 진정한 부정성

13 앞의 책, p. 344.

을 드러내주는 소크라테스적인 'docta ignorantia'를 생각하게 한다.

가다머는 참되게 묻는다고 하는 것은 곧 '개방적인 태도를 취한다'는 뜻이라고 말한다. 그 이유는 아직 대답이 결정되지 않았기 때문이다. 결국 수사학적인 물음은 진정한 물음이 아니다. 왜냐하면 말해진 사상(事象)이 제대로 '물어지지' 않을 때, 진정한 물음이란 존재할 수 없기 때문이다. '물음을 던질 수 있기 위해서는 알려는 의지가 있어야 하면 이는 네가 모른다는 것을 알고 있다는 뜻이다.'[14] 우리가 자신의 무지함을 알고 있으며, 그래서 우리가 방법(method)을 통해 단지 '이미 우리가 이해하고 있는 방식으로' 보다 철저하게 이해할 필요만이 있을 뿐이라고 가정하지 않는다면, 우리는 모든 진정한 물음을 특징짓는 개방성의 구조를 획득할 수 있다. 소크라테스는 그가 즐겼던 문답법의 유형, 즉 앎과 무지의 유형을 제시한다. 이 유형은 사상(事象)의 참된 본성에 제대로 접근하는지를 알기 위해 사상 자체를 시험한다.

그러나 물음의 개방성은 절대적이지 않다. 왜냐하면 물음이란 항상 일정한 방향을 갖고 있기 때문이다. 물음의 의미는 이미 그 물음에 대한 대답이 나올 수밖에 없는 방향을 내포하고 있다. 단 이 경우에는 그 물음이 유의미하고 적절한 것이라는 단서가 붙는다. 물음을 제기하는 순간, 물어지는 바는 일정한 빛을 받게 된다. 이는 이미 물어지는 바의 존재를 '폭로하는' 것이다. 이처럼 이미 폭로된 존재를 전개하는 논리는 이미 본질적으로 하나의 대답을 함축하고 있다. 왜냐하면 모든 대답은 물음에 의해서만 의미를 갖기 때문이다. 따라서

---

14 앞의 책, p. 345.

진정한 물음은 개방성—즉 대답이 아직 알려져 있지 않다—을 전제하면서 동시에 일정한 경계를 그어준다.

이런 현상은 올바른 물음을 획득하는 문제를 제기한다. 이미 대답을 알고 있는 입장은 좋지 않다. 만일 이렇게 되면 진정한 인식을 얻을 수 없다. 그래서 '나쁜 물음은 어떠한 대답도 얻지 못한다. 왜냐하면 대답은 물음이 제기되었던 일정한 방향에 놓여 있는 것이 아니기 때문이다.'[15] 가다머에 따르면 올바른 물음을 제기하는 길은 하나밖에 없다. 그것은 바로 주제, 즉 사상(事象) 자체에 대한 몰입을 통해서이다. 진정한 대화는 논증과 정반대의 것이다. 왜냐하면 물음에 대한 개방적인 대응을 억제하기 때문이다. '대화는 다른 사람을 논박하려는 것이 아니라 사상 자체에 비추어 자신의 주장을 검증하는 것이다.'[16] 플라톤에 있어서 사랑, 윤리, 정의 등에 대한 대화는 예상할 수 없는 방향으로 전개된다. 왜냐하면 대화에 참여한 사람들은 모두 다 공통된 주제에 몰입함에 의해 방향이 인도되기 때문이다. 한 사람은 다른 사람의 주장들을 시험하기 위해서는 그 주장들을 약화시켜서는 안 되며 오히려 그것들을 강화시켜야 한다. 즉 사상 자체 속에서 그 주장들이 갖는 장점들을 찾아내야 한다. 이것이 바로 플라톤의 대화편이 최고도의 현대적 의의를 갖는 한 가지 이유라고 가다머는 말한다.

---

15 앞의 책, p. 346. Zygmunt Adamczewski는 1967년 10월 27일 퍼듀 대학에서 개최된 '현상학과 실존철학의 협회'의 연례 모임에서 제출된 한 논문에서 이 문제를 논의하였다.

16 《WM》, p. 349.

따라서 해석학적 대화에서 해석자와 텍스트가 공히 몰두하게 되는 것은 바로 전통이다. 그러나 이 대화에서 한쪽 상대방은 문자의 형태로 이미 고정되어 있는 텍스트이다. 그러므로 대화가 제대로 이루어질 수 있는 방법을 찾아야만 한다. 이는 해석학의 과제이다. 그래서 텍스트도 해석자에게 물음을 던지고 해석자는 이에 답하고 하는 대화의 운동이 마련되지 않으면 안 된다. 해석학의 과제는 '(고정된 문자의 형태로) 소외되어 있는 텍스트에 대화의 생동력을 불어넣는 일이며, 이를 근원적으로 수행할 수 있는 것은 물음과 대답이다.'[17]

전승된 텍스트를 해석의 대상으로 삼게 되면 해석자는 해석을 통해 대답을 해야만 할 문제를 떠맡게 된다. 진정한 해석은 텍스트에 의해 '제기된' 물음과 관계한다(텍스트는 일정한 장소와 주제를 갖고 있다). 텍스트를 이해함은 바로 이 물음을 이해하는 것이다. 텍스트를 해석하기 위한 제1차적인 요건은 의미지평(horizon of meaning) 혹은 텍스트의 의미방향을 결정해주는 물음지평을 이해하는 일이다.[18]

하지만 텍스트 자체는 하나의 진술이다. 어떤 의미에서 텍스트는 물음—이때의 물음은 우리가 텍스트에 대해서 제기한 물음이 아니라 텍스트 자체가 제기한 물음이다—에 대한 대답이다. 이제 텍스트가 대답하고 있는 바로 그 물음에 의해 텍스트를 이해하게 되면, 우리가 텍스트를 이해하기 위해서는 계속 물음을 던지면서 그 텍스트의 배후로 파고들어야 한다는 사실은 분명해질 것이다. 또한 우리

---

17 앞의 책, p. 350.

18 앞의 책, pp. 351~352.

는 텍스트에서는 명시적으로 언표되지 않은 것에 대해서도 물음을 제기해야 한다. '언표된 것의 배후로 거슬러 올라가게 되면 우리는 필연적으로 언표된 것 이외의 영역에까지 나아간다. 우리는 여타의 모든 가능한 대답들을 반드시 포괄하는 물음지평을 획득하는 한에서만 텍스트의 의미를 이해할 수 있다.'[19] 모든 문장의 의미는 그 문장이 하나의 대답이게끔 해준 물음과 관련된다. 왜냐하면 문장의 의미는 필연적으로 명백하게 언표된 것을 넘어서 있기 때문이다. 텍스트에 대한 정신과학적 해석에 있어서 이는 결정적이다. 우리는 텍스트에서 이미 명백해진 것을 단지 보다 명백하게 하는 일에 만족해서는 안 된다. 왜냐하면 텍스트는 그것을 존재하도록 해주는 물음지평 속에 있기 때문이다. 역사 해석에 있어 이러한 원리를 따랐던 R. G. 콜링우드는 역사적 사건을 이해하기 위해서는 사람들의 역사적 행위를 야기한 물음을 재구성해야 한다고 주장했다.[20] 가다머에 따르면 콜링우드는 물음과 대답의 논리를 정식화시킨 근대의 몇 안 되는 사상가들 중의 한 명이다. 그러나 이러한 노력조차도 체계적이고 완벽하게 수행된 것은 아니었다.

하지만 텍스트나 역사적 행위를 야기한 물음을 재구성하는 일은 결코 자기폐쇄적인 작업으로 이해되어서는 안 된다. 역사의식에 대한 가다머의 비판에서 본 것처럼 텍스트나 역사적 행위가 속해 있는 의미지평은 해석자 자신의 지평 내에서 계속 물음을 던짐으로써 접근된다. 왜냐하면 우리가 텍스트를 해석한다고 할 때, 우리는 사실 우리 자신의 지평으로부터 벗어나는 것이 아니라 역사적 행위 혹은

---

19 앞의 책, p. 352.

20 R. G. Collingwood, 《자서전 Autobiography》을 보라.

텍스트의 지평과 우리의 지평을 융합시키기 위하여 우리 자신의 지평을 확대하는 것이다. 이는 결코 역사적 행위자나 텍스트의 저자의 의도를 찾아내는 문제가 아니다. 유산은 텍스트에서 스스로 말을 한다. 물음과 대답의 변증법은 지평들 간의 융합을 수행한다. 이를 가능하게 하는 것은 무엇인가? 사실 둘 다 어떤 의미에서는 보편적이고 존재에 근거를 두고 있다. 그래서 전승된 텍스트의 지평과의 만남은 사실상 우리 자신의 지평을 밝혀주며 자기-탈은폐와 자기 이해로 인도한다. 왜냐하면 이러한 만남은 존재론적 탈은폐의 한 계기이기 때문이다. 그리고 이러한 만남은 어떤 것이 부정성을 벗어나서 드러나게 되는 사건이다. 다시 말하면 우리가 몰랐던 어떤 것이 존재하고 있으며, 그것도 우리가 막연히 상정하고 있던 것과는 전혀 다르다는 것을 자각하는 사건이다.

바꾸어 말해서 탈은폐(disclosure)는 경험의 구조 및 물음과 대답의 구조를 갖고 있는 사건으로 나타난다. 그래서 탈은폐는 변증법적 문제이다. 그러면 이러한 존재론적 탈은폐가 물음과 대답으로서의 경험의 변증법적 사건에서 일어나도록 유인하는 매개체는 무엇인가? 서로 다른 지평들이 상호융합할 수 있도록 해주는 보편성을 가진 매개체는 무엇인가? 모든 역사적 인간들의 누적적인 경험이 축적되어 있고 숨겨져 있는 그러한 매개체는 과연 무엇인가? 경험 자체, 그리고 존재와 분리할 수 없는 바로 그러한 매개체는 무엇인가? 이것은 바로 언어일 것이다.

언어의 본성

1. 언어의 비도구적 성격

가다머의 언어관이 갖는 근본적인 면은 언어의 본성에 대한 '기호(Sign)'이론을 거부한다는 점이다. 가다머는 언어의 형식과 도구적 기능에 강조를 두는 기호이론을 반대하여 생동적인 언어의 특성 및 우리가 언어 속에 참여하고 있다는 사실을 내세운다. 가다머의 주장에 따르면 과학의 이상은 정밀한 묘사와 명석한 개념이기 때문에 과학의 근저에서는 항상 말이 기호로 변형되는 현상이 일어난다. 말을 기호와 동일시해버리는 견해는 너무나도 친숙해져 있고 그래서 자명한 듯이 보이게 되었다. 그 결과 '정확한 묘사라고 하는 과학의 이상 이외에 언어생활 자체가 과학에 아무런 영향도 주지 않는다는 사실을 상기하기 위해서는 정신의 노력을 필요로 한다.'[21] 말을 기호로 간주해버리면 말의 근원적 힘을 박탈하여 단순한 묘사수단으로 전락시켜버리는 결과를 가져온다. '말을 단순한 기호의 기능으로만 파악하는 곳에서는 말과 사고의 근원적인 관계가 도구적 관계로 전락되고 만다.'[22] 말은 사고의 도구이며 사고와 대립되어 있다. 말과 그것이 묘사하는 것 사이에는 어떠한 증명가능한 유기적 관계도 존재하지 않는다. 말은 단순한 기호일 뿐이다. 사고는 말과 분리되어 사물을 지시하시 위하여 말을 사용하는 듯이 생각된다.

서양 사상에서 언어를 기호로 간주하는 이론은 언제 생겨났는가? 가다머는 그리스 사상에 나타나는 '로고스(logos)' 개념에까지 거슬

21 《WM》, p. 410.

22 앞의 책, 같은 곳.

러 올라간다.

형상적인 것의 영역이 그 요소들의 다양성에 있어 '로고스'의 영역에 의해 표상된다면, 말은 수(數)와 마찬가지로 세련되고 미리 알려져 있는 단순한 기호가 된다. 그래서 물음은 원칙적으로 뒤바뀐다. 이제 우리는 매개자로서의 말의 존재(Sein)에 관해 묻는 물음 속에 내포된 사상(事象)에서 출발하는 것이 아니라 오히려 매개자 자체에서 '출발한다.' 그래서 우리는 기호가 기호의 사용자에게 무엇을 전달해주며 어떻게 전달해주는가에 대해서 물을 수 있게 된다. 바로 이 '기호'의 본성에는 기호의 적용성이야말로 기호의 존재이자 유일하게 참된 속성이라는 사실이 들어 있다.[23]

로고스는 묘사의 기능 속으로 사라져버린다. 왜냐하면 로고스는 이제 더 이상 그 자체로서는 중요성을 가질 수 없게 되고 단지 기호로서만 의의를 갖기 때문이다. 존재를 개시(開示)하는 로고스의 힘은 무시된다. 오히려 '로고스'는 이미 알려진 현실에 대해 기호를 부여할 뿐이다. 이렇게 되면 중요한 문제는 기호를 사용하는 주관의 입장에 놓여지게 된다. 말은 자신의 사상을 전달하기 위한 인간의 도구로 간주된다. 언어는 궁극적으로 사고되는 사상(事象)의 존재와는 완전히 분리된 주관성의 도구로 간주될 뿐이다.

이러한 언어관과 아주 밀접하게 연관된 것으로서 에른스트 카시러의 철학을 통해 우리와 친숙한 상징적 형식(symbolic form)으로서

---

23 앞의 책, p. 390.

의 언어관이 있다. 여기에서도 언어의 도구적 기능은 단순한 도구의 기능을 넘어서는 면이 없는 것은 아니지만 여전히 출발점이자 기초이다. 가다머는 근대의 언어학자이자 언어철학자인 카시러가 언어의 '형식'을 기본적이고 중심적인 초점으로 간주한 것은 잘못이라고 주장할 것이다. 과연 형식의 개념은 언어라는 현상에 적합한 것인가? 언어 자체는 상징적 형식인가? 그리고 형식의 개념은 진실로 정당하게 인간 경험의 언어성을 다룰 수 있는가? 아니면 그것은 언어의 사건으로서의 성격이나 말하는 힘 그리고 주관성의 단순한 도구를 넘어서 있는 지위를 한꺼번에 앗아가는 정태적 개념은 아닌가?

만일 언어가 인간에 의해 창안된 기호나 상징적 형식이 아니라면 도대체 무엇인가? 무엇보다 먼저 말은 인간에 속하는 것이 아니라 상황(situation)에 속하는 것이다. 우리는 상황에 속하는 말을 탐구한다. 누군가가 '저 나무는 푸르다'라고 했을 때, 말을 통해 전달되는 것은 인간의 반성이 아니라 사상(事象) 자체이다. 여기에서 중요한 것은 진술의 형식이나 진술이 인간의 주관성에 의해 이루어지고 있다는 사실이 아니라 나무가 어떠한 빛에 의해 탈은폐되고 있다는 점이다. 진술을 하는 사람이 말을 창안하는 것이 아니다. 오히려 그가 말을 따라 배운다. 언어를 배우는 과정은 전승의 흐름 속에 들어감으로써 단지 점차적으로 이루어진다. 그가 말을 만들어서 그것에 의미를 '부여'하는 것이 아니다. 왜냐하면 이런 식의 절차를 상상하는 것은 순전히 언어학 이론의 허구일 뿐이기 때문이다. 그래서 가다머는 주장한다.

'말'은 우리가 소유하고 있는 '기호'가 아니다. 그리고 그것은 우리가 만들어서 일정한 의미를 부여한 그런 것도 아니다. 다시 말해서 어떤 사물을 가시화(可視化)하기 위하여 임의적으로 만든 창안물이 아니다. 이는 완전히 틀린 생각이다. 오히려 의미의 원천은 '말 그 자체 속에' 놓여 있다. '말은 항상 이미 의미 있기 때문이다(Word is always already meaningful).'[24]

경험의 본성은 우리가 후속적으로 반성행위를 통하여 거기에 대응되는 말을 찾아야 하는 비언어적 소여가 아니다. 오히려 경험, 사고, 이해는 철두철미하게 언어적이어서 하나의 진술을 행함에 있어 우리는 이미 상황에 속해 있는 말을 사용하지 않을 수 없다. 경험을 서술하기 위하여 말을 고안해내는 일은 자의적인 행위가 아니라 경험 자체의 요구에 따르는 것이다.

따라서 말의 형성은 반성의 산물이 아니라 경험의 산물이다. 그것은 정신이나 마음의 표현이라기보다는 상황과 존재의 표현이다. '표현을 찾고자 하는 사고는 스스로 정신이 아니라 사상(事象)과 관계하고 있다.'[25] 말과 사고 그리고 언어의 밀접한 상호관계를 밝히기 위하여 가다머는 육화론(肉化論, the doctrine of Incarnation)을 언급한다. "육화의 삼위일체에 관한 신화(말은 그것이 육화되기 전에도 이미 말이었다)에 대응되는 사고와 말의 내적 통일은 정신의 내적인 언어가 '반성적 작용을 통해서 형성되는 것이 아니다'라는 생각을 내포하고 있다."[26] '자기 자신을 표현하는' 사람은 사실상 그의 의도가 아

---

24 앞의 책, p. 394. 이탤릭체로 부언했다.

25 앞의 책, p. 403.

26 앞의 책, 같은 곳.

니라 그가 생각하는 사상(事象)을 표현하고 있다. 물론 말은 정신작용의 과정에서 나타난다. 하지만 가다머가 주장하는 바는 말은 반성 자체의 자기대상화가 아니라는 사실이다. 언어 형성의 시작과 끝은 반성이 아니라 말로 표현되는 사상이다.

말과 언어를 인간의 반성과 주관성의 도구로 간주하는 것은 꼬리가 개를 흔든다는 주장과 꼭같다. 형식을 언어의 출발점으로 보는 태도는 본질적으로 형식을 미학의 출발점으로 볼 때와 똑같은 잘못을 저지르는 것이다. 이렇게 되면 언어라는 현상의 사건적 성격과 시간성은 상실되며, 보다 중요하게 표현되는 사상 자체의 본성보다는 인간의 주관을 확고한 준거점으로 설정하는 오류를 범하게 된다. 언어의 경우에서 핵심적이고 결정적인 사실은 그 형식이 아니라 말하는 힘(saying power)이다. 형식은 내용과 분리될 수 없다. 하지만 언어를 도구적 관점에서 보게 되면 우리는 자동적으로 형식과 내용을 분리하게 된다. 가다머에 의하면 언어는 형식이 아니라 언어가 역사적으로 우리에게 전승해주고자 하는 바로 그것에 의해 특징지어져야 한다. 언어는 사고(혹은 思想)와 분리될 수 없다.

언어와 사고의 통일 그리고 언어 형성의 비반성적 성격은 그 자체에 있어 기호로서의 언어 개념을 거부한다. 언어는 이해 자체와 마찬가지로 포괄적인 현상이다. 언어는 결코 '과학적 사실(fact)'로 파악될 수 없으며, 따라서 충분하게 객관화될 수도 없다. 이해와 마찬가지로 언어도 우리의 대상이 '될 수 있는' 모든 것을 포괄한다. 가다머의 주석에 따르면 초기의 그리스인들은 언어 자체에 대한 아무런 말이나 개념도 갖고 있지 않았다. 존재 및 이해와 마찬가지로 언어도 매개물이지 도구가 아니다. 그는 형식, 사고와 언어 그리고 이해의 상호불가분성, 그리고 언어의 비가시성 등에 대한 자신의 사상을 다음과 같이 정리한다.

> 생생한 말 속에 살아 있는 언어, 즉 텍스트에 대한 모든 이해와 해석자들을 포괄하는 언어는 사고 과정(그리하여 해석)과 너무나도 밀접하게 혼융되어 있다. 그렇기 때문에 만일 우리가 언어가 내용적으로 전달해주는 바를 무시하고서 언어를 형식으로 생각하게 되면, 우리가 얻는 것이라곤 하나도 없다. 언어의 무의식은 언어의 진정한 존재방식이다.[27]

언어와 세계의 탈은폐

언어의 기능이 사물을 지시하는 데 있는 것이 아니라면, 그리고 언어의 진행 방향이 주관성'에서' 출발하여 기호라는 도구를 '거쳐' 지시된 사물'에' 이르는 것이 아니라면, 우리는 새로운 언어 개념 및 언어의 기능을 필요로 하게 된다. 이때 새로운 언어의 방향은 사물 혹은 상황에서 출발하여 언어를 거쳐 주관성에 이르는 것이지 않으면 안 된다. 이를 위해서 가다머는 탈은폐(disclosure)라는 개념을 채택한다. 언어는 세계를 탈은폐한다. 이때의 세계란 우리 주변의 과학적인 세계가 아니라 생활세계이다. 가다머의 언어 개념을 이해하기 위해서는 반드시 그의 세계 개념도 함께 생각해야 한다. 왜냐하면

27 앞의 책, p. 382.

언어는 인간이 세계를 가질 수 있는 가능성을 만들어내기 때문이다.

세계는 환경과 같은 것이 아니다. 그 이유는 오직 인간만이 세계를 갖기 때문이다. '우리가 세계를 갖기 위해서는 우리 앞에 세계가 있는 그대로 개시될 수 있는 공간을 열어둘 수 있어야 한다. 세계를 갖는다고 하는 것은 동시에 언어를 갖는 것이다.'[28] 예를 들어 가다머는 동물들은 세계를 갖지 않으며 따라서 언어도 갖지 못한다고 주장한다. 물론 동물들도 서로서로를 이해하는 일정한 방식을 갖고 있다. 하지만 언어를 순전히 도구적인 관점에서 기호로 간주하는 과학자들을 제외하면 어느 누구도 이러한 이해방식을 언어라고 간주하지 않는다. 다시 말해서 동물들은 세계가 탈은폐될 수 있는 언어, 즉 공간을 열어놓는 힘으로서의 언어를 갖고 있지 않다. 예를 들면 동물들은 과거나 미래의 상황을 '이해'하기 위하여 자신들의 의사소통 수단을 사용하지 않는다. 상황을 이해할 수 있는 것은 오로지 세계를 개시할 수 있는 능력으로서의 언어뿐이다.

이러한 '세계'를 주관성의 소유물이나 속성으로 생각하면 잘못이다. 왜냐하면 이런 생각은 근대의 주관성-지향적인 사고에서 전형적으로 생겨난 오류이기 때문이다. 오히려 세계와 언어 양자는 초개인적인 사상(事象)이며 언어는 세계에 적합하도록 만들어져 있다. 그 결과 언어는 우리의 주관성보다는 세계의 명령을 따른다. 이런 의미에서 언어는 (과학적인 의미와는 전혀 다른 뜻에서) 객관적이다.

> 이 특수한 객관성(Sachlichkeit)은 세계에 대한 언어의 공속적 관계로부터 도출된다. 이때의 객관성은 상황을 말하며 이 속에는 사상(事

---

28 앞의 책, p. 419.

象)과 화자 사이의 거리를 전제로 하는 자족적인 타자성에 대한 인식이 들어 있다. 이러한 거리에 기초하여 '상황'과 같은 것은 정의될 수 있고, 궁극적으로는 다른 사람들이 이해할 수 있는 진술의 내용이 될 수 있다.[29]

세계는 비인격적인 것도 아니고, 그렇다고 해서 비유적으로 말하자면 정신과 지각들에 의해 만들어진 거대한 풍선처럼 고립된 개인을 둘러싸고 있는 것도 아니다. 보다 적절하게 표현하자면 세계는 사람과 사람 '사이에(between)'에 있다. 세계는 사람들 사이에서 공유된 이해이며 이러한 이해의 매개물이다. 그리고 세계를 가능하게 하는 것은 언어이다. 상호작용의 영역(realm of interaction)으로서의 언어는 결코 이해를 위해서 의식적으로 창안된 '도구(나 수단)'가 아니다. 이런 맥락에서 인간은 동물들 사이에도 존재하는 이해의 공동체와 같은 것 속에서 살고 있다. 하지만 인간에게 이것은 언어적 이해(linguistic understanding)이며 따라서 사람들 사이에 있는 것은 세계다. 가다머에 따르면 언어적 이해는 '그것이 일어나는 곳, 즉 세계를 과정으로 간주하며 그래서 그것을 부분들 사이에 위치시킨다. 세계는 그 속에서 의사소통하고 있는 모든 사람을 연결시키면서 모든 사람에 의해 인지되고 있는 공통의 지반이다.'[30]

인간이 존재하고 있는 열린 공간은 세계로서의 언어에 의해 이루어진 공유된 이해의 영역이므로 인간은 분명히 언어 '속에서' 실존한다. '언어는 인간이 자신의 세계 속에서 발견해낸 도구가 아니다.

29 앞의 책, p. 421.
30 앞의 책, p. 422.

오히려 언어 속에서 그리고 언어를 통해 인간은 세계를 가질 수 있는 가능성을 갖게 된다.'[31] 이는 곧 언어와 세계 양자가 하나의 대상이 될 수 있는 모든 가능성을 초월한다는 뜻이다. 우리는 어떤 종류의 인식이나 반성에서 언어나 세계를 초월하는 것이 아니다. 오히려 '세계에 대한 언어적 경험은 절대적인 것이다.'[32] 이미 언어 속에 머물고 있는 세계 경험은 모든 상대성과 존재자들의 관계들을 초월한다. 왜냐하면 모든 인식 대상은 언어의 세계지평 내에 포함되기 때문이다. 우리는 이를 세계에 대한 인간의 경험이 갖는 언어성(linguisticality)이라고 부를 수 있을 것이다.

이런 생각은 우리가 해석학적 경험(hermeneutical experience)을 바라보는 바탕이 되는 지평(horizon)을 엄청나게 확대시켜준다. 언어를 통해 이해된 것은 특정한 경험일 뿐만 아니라 그러한 경험이 탈은폐되는 세계이기도 하다. 언어의 탈은폐하는 힘은 시간과 공간조차도 초월한다. 그리고 오래전에 사멸된 민족의 텍스트도 이 같은 언어의 탈은폐를 통해 아주 정확하게 이해되어 그 민족 사이에 존재했던 사람들 간의 언어 세계도 이해할 수 있게 해준다. 따라서 우리의 언어 세계도 다른 전통들을 이해할 수 있다는 점에서 일정한 보편성을 갖는다. 여기서 가다머의 언급을 살펴보자.

> 우리 자신의 언어 세계, 즉 우리가 그 속에 살고 있는 이 세계는 있는 그대로의 사물들에 대한 인식을 방해하는 차단된 영역이 아니다. 오히려 그것은 기본적으로 우리의 통찰력이 닿을 수 있는 모든 것을

---

31 앞의 책, p. 419.

32 앞의 책, p. 426.

포괄하고 있다. 분명히 하나의 전통은 세계를 이해함에 있어 다른 전통과 다르다. 역사의 경로 속에 나타난 역사적 세계들은 분명히 서로서로 구별되며 오늘날의 세계와는 더더욱 다르다. 하지만 동시에 세계는 항상 인간의 세계이다. 다시 말해서 세계언어적으로 창조된 것이며, 따라서 이러한 세계는 어떠한 유산이나 전승에도 드러난다.[33]

이러한 언어의 말하는 힘으로 인하여 언어는 모든 것이 탈은폐되는 세계를 창조한다. 그리고 언어의 포괄성으로 인하여 우리는 언어로 표현된 모든 다양한 세계들을 이해할 수 있다. 끝으로 언어의 탈은폐하는 힘으로 인하여 상대적으로 짧은 텍스트조차도 우리 자신의 세계와는 다른 세계를 개시(開示)할 수 있다.

언어성과 해석학적 경험

이미 지적했던 바와 같이 해석학적 경험이란 전승된 텍스트의 형태를 취하고 있는 유산과 해석자의 지평과의 만남이다. 언어성은 양자가 만날 수 있는 공통된 지반을 제공해준다. 언어는 전통이 드러나고 전승되는 매개물이다. 경험은 언어에 선행하는 것이 아니라 경험 자체가 언어 속에서 그리고 언어를 통해 함께 일어난다. 언어성은 역사적인 인간의 세계-내-존재라고 하는 존재방식에 스며들어 있다. 우리가 앞서 관찰한 바와 마찬가지로 인간은 '세계'를 갖고 있

---

33 앞의 책, p. 423.

으며 언어를 기반으로 하여 세계 속에서 산다.

사람들은 일정한 집단에 '귀속되어 있다'고 말할 수 있듯이 사람들은 역사 속의 일정한 시간과 공간 그리고 일정한 나라에 귀속된다. 우리는 집단이 개인에게 귀속되어 있다든가, 역사는 개인의 주관성의 소유물이라든가, 아니면 개인은 자신의 삶을 규제하듯이 자기 나라를 규제할 수 있다는 식의 주장을 하지는 않는다. 개인이 그것들에 귀속되는 것이지 그것들이 개인에게 귀속되지 않는다. 왜냐하면 개인은 그것들 '속에' 참여하고 있기 때문이다. 이와 똑같은 방식으로 우리는 언어와 역사에 귀속되어 있다. 왜냐하면 우리는 언어와 역사 속에 참여하고 있기 때문이다. 우리는 언어를 소유하여 마음대로 조작하는 것이 아니라 언어를 배워서 언어의 길을 따를 뿐이다. 사상을 지배하는 언어의 힘은 언어에 있어서의 엄밀성의 문제가 아니다. 언어의 힘은 그것이 전달해주는 상황에 근거를 두고 있다. 우리는 항상 사고를 함에 있어 상황을 따라야 한다. 따라서 언어는 감옥이 아니라 전통에의 개방성에 바탕을 둔 무한한 팽창을 가능하게 해주는 존재에 있어서의 열린 공간이다.

귀속성(Zugehörigkeit)이라고 하는 이 현상은 해석학적 경험에 대해 중요한 의의를 갖는다. 왜냐하면 그것은 우리가 텍스트에서 우리의 전통과 만날 수 있는 가능성을 위한 바탕이기 때문이다. 우리가 언어에 귀속되어 있고 텍스트가 언어에 귀속되어 있음으로 인하여 공통된 지평은 가능해진다. 공통된 지평이 생겨나는 것을 가다머는 지평융합(fusion of horizons)이라고 부른다. 따라서 언어성은 진정한 역사의식(이것이 바로 영향사적 의식이다)을 위한 기반이 된다. 우리의 세계 경험의 매개체로서의 언어에의 귀속성, 혹은 그 언어에의 참여—이를 통해서 우리는 사물의 존재가 탈은폐될 수 있는 열린 공간으로서의 세계를 가질 수 있다—는 해석학적 경험의 진정한 토대이다.

이것이 방법론적으로 의미하는 바는 우리가 텍스트의 주인이 아니라 '봉사자'가 되려고 해야 한다는 것이다. 즉 우리는 텍스트에 나타난 것을 관찰하고 파악하려 해서는 안 되며, 오직 텍스트가 말하는 바를 따르고 거기에 참여하며 '귀 기울여야' 한다. 가다머는 '귀속성(Zugehörigkeit)'이란 단어가 내포하는 '듣기', '귀속', '봉사' 등의 관계를 탐구한다(Hören은 듣는다는 뜻이고, gehören은 귀속하다는 뜻이며, gehörig는 적합한 또는 적절한다는 뜻을 갖는다). 가다머에 따르면 듣는 것(hearing)은 보는 것(seeing)보다 훨씬 큰 힘을 갖고 있다. '모든 것은 언어를 통해서 귀로 들을 수 있다.'[34] 왜 그런가? 그 이유는 우리가 귀속되어 있는 '로고스', 즉 세계에 접근할 수 있는 것은 듣기라는 언어를 통해서이기 때문이다. 해석학적 경험이 해석자의 현재의 삶에 대한 의의를 가질 수 있는 것은 바로 이러한 깊은 차원, 다시 말해서 언어를 통해서 접근 가능한 존재론적 차원(ontological dimension) 때문이다.[35] 사물을 있는 그대로 드러낼 수 있는 언어의 고유한 객관성(혹은 事象性)은 언어를 보편적인 언어적 존재론에 정초시킨다. 그 존재에 있어 사물들을 밝힐 수 있는 힘의 원천으로서 언어의 보다 깊은 차원은 존재론적 보편성의 토대를 제공해주며, 이러한 보편성을 통해 해석학적 경험은 직접적으로 의미있는 존재론적 탈은폐가 된다. 그 결과 전통은 가식이나 인위적 조

---

34 앞의 책, p. 438.

35 앞의 책, 같은 곳.

작을 거침없이 직접적인 방식으로 우리에게 전달되는 것이다.[36]

그러므로 해석자와 텍스트를 포함하는 해석학적 상황(hermeneutical situation)에 적합한 방법은 해석자로 하여금 전통에 의해 부여된 개방성의 태도를 취하게 하는 것이다. 이 태도는 무언가가 일어날 것을 기다리는 예기의 태도이다. 그는 자기 자신이 대상을 탐구하면서 그것을 (주관적으로) 소유하고자 하는 인식자가 아니란 점을 자각하고 있다—그리고 이 경우에는 그가 선입견을 타파하고 진정으로 '열린' 마음을 갖게 될 때에만 '텍스트가 진정으로 의미하는 바가 무엇인가'를 알 수 있다. 오히려 방법적으로 훈련되어야 할 것은 바로 사물을 지배하여 주인이 되려고 하는 의지를 억제시키는 일이다. 그는 인식자가 아니라 경험자이다. 왜냐하면 해석자와 텍스트의 만남은 사물에 대한 개념적인 파악이 아니라 세계 자체가 해석자에게 드러나는 하나의 사건(혹은 생기)이기 때문이다. 각각의 해석자가 새로운 지평에 서게 되는 한 해석학적 경험에서 언어로 나타나는 사건은 새롭게 나타난 것이며, 따라서 그전까지는 존재하지 않았던 것이다. 언어성에 기초를 두고 있으며 전승된 텍스트의 의미와의 변증법적 만남에 의해 가능한 이 사건에서 해석학적 경험은 완성된다.

언어의 사변적 구조와 詩의 본성

가다머에 있어서 언어 자체는 본질적으로 사변적 구조(speculative structure)를 갖고 있다. 언어는 고정된 것도 아니고 독단적으로 확실

---

36 앞의 책, 같은 곳.

한 것도 아니다. 그것은 항상 탈은폐의 생기(일어남)로서의 과정 속에 있기 때문에 유동적이고 변화하며 사물을 이해해야 하는 자신의 사명을 완수하고 있다. 살아 있는 언어의 운동은 대담하게 이루어진 최종적인 진술들의 고정불변성에 끊임없이 저항한다. 회의의 세부 사항들을 기록하는 충실한 서기는 사건들을 체계적으로 진술로 환원시킨다. 이때의 진술은 회의에서 일어났던 바를 정리하여 그 의미를 포착하려고 노력한 산물이다. 하지만 이 진술은 그것이 진술이라는 이유로 해서 실제로 말해진 바를 왜곡하는 경향이 있으며, 방법적 정확성에 사로잡혀 진술이 속해 있는 의미지평을 은폐시킨다.

진정한 말, 즉 일상생활 속에서 서로를 이해하고 있는 사람들 사이에서 이루어지는 말은 말해지지 않은 것이 말해진 것을 동반하도록 한다. 그 결과 그 사람들은 하나의 통일성을 이루게 되는 것이다. 이는 말해진 것을 통해서가 아니라 말하는 것(saying)을 통해서 이해되는 통일성이다. 가다머에 따르면 이런 식으로 말을 하는 사람은

> 단지 가장 공통적이고 평범한 말들을 사용할는지 모른다. 하지만 그는 이런 말들을 통해서 말해지지 않은 것(what is unsaid)을 언어화할 수 있다. 말을 하고 있는 사람은 자신의 말이 '실재적인' 것을 모방하는 것이 아니라 존재전체성에 대한 관계를 표현하고 있다는 점에서 '사변적으로' 말하고 있는 것이다.[37]

말해진 모든 것은 사실상 파악할 수 없는 보다 큰 의미방향에 의해 질서 지어진다. 언어의 사변적 구조는 이러한 파악불가능을 통해

37 앞의 책, pp. 444~445.

명백해진다. 어떤 사물에 대한 감각을 아무리 순수하게 있는 그대로 진술하려고 해도, 그것은 결코 객관화될 수 없는 것을 배경으로 하지 않으면 안 된다.

이런 현상은 시적인 발언에서 극명하게 드러난다. 이런 발언에서도 우리는 하나의 진술과 만나게 된다. 우리는 시적인 진술 자체는 자족적이며, 그 진술을 이해하기 위하여 특별한 지식을 필요로 하지 않는다는 것을 정당하게 요구한다. 시적인 진술은 존재 개시에 대하여 시인의 주관적인 의견이나 경험에서 완전히 분리된 진술을 한다는 것이다. 하지만 과연 그러한가? 가다머는 결코 그렇지 않다고 말한다. 시어(詩語)는 서로를 이해하고 있는 사람들 사이에서 일상적으로 이루어지는 말과 꼭같은 성질을 갖고 있다. '언어는…… 일상생활의 말과 마찬가지로…… 사변적이다. 앞에서 보다시피 말하는 사람은 말을 함에 있어 존재와의 관계를 언어로 표현한다.'[38] 보다 정확하게 말하면 '시적인 진술 자체는 시어의 언어적 사건이 존재에 대한 시어의 특수한 관계를 자신의 입장에서 표현하는 한 사변적이다.'[39]

이 마지막 문장은 우리의 논의에 새로운 요소를 끌어들인다. 즉 시적인 말(詩語)은 명백하게 말해진 것이 말해지지 않은 것 속에서 이해될 필요가 있는 것을 말할 수 있기 위해서는, 말해지지 않은 것을 배경으로 해야 한다는 의미에서 사변적이다. 또한 시어는 존재에 대한 자기 자신의 관계를 가지며 말해진 것의 영역 속에 새로운 것을 끌어들인다. 왜 그러한가? 그 이유는 시인이란 탁월한 사변적 경

38 앞의 책, p. 445.

39 앞의 책, 같은 곳.

험자이기 때문이다. 다시 말해서 시인은 존재에 대한 자신의 개방성을 통해 존재의 새로운 가능성을 열어주기 때문이다. 횔덜린이 말한 바와 같이 시인은 우선 일상적, 관습적인 언어 사용에서 의식적으로 해방되어야 한다. 시인은 세계를 보는 데 있어 마치 그것을 처음 보듯이 해야 한다. 그의 앎과 전망 그리고 본성은 모두 개방성을 유지하기 위해서 일단 유보되어야 한다. 이는 전통적인 유형의 사고와 존재를 유보하는 것이다. 이러한 유보를 통해 위대한 시인은 새로운 사고방식과 지각방식을 창조해낸다. 그래서 가다머는 우리에게 다음과 같이 말한다.

> 시적인 진술은 그것이 현재 존재하고 있는 세계를 모방하지 않는 한, 기존의 지각방식을 단순히 답습하지 않는 한, 다시 말해서 새로운 세계에 대한 새로운 시각을 시적인 상상력의 매개를 통해 우리에게 보여주는 한에 있어서 사변적이다.[40]

우리는 지금 해석학적 경험이 아니라 시 창작의 사변적 성격에 대하여 이야기하고 있다. 하지만 여기에서 양자는 직접 결합되어 있기 때문에 해석학적 문제는 즉각 제기된다. 만일 누군가가 전통적인 사고방식을 견지하고 있다면, 그는 존재에 대한 새로운 관계를 열어줄 수 있도록 만들어진 시적 발언을 어떻게 이해할 수 있는가? 분명히 해석자는 시인이 소유하고 있는 새로운 가능성들에 대한 개방성의 일부를 공유하고 있어야 한다. 하지만 여기에서 우리는 역사의 외부

---

40 앞의 책, p. 446.

에는 해석자의 입각점이 없다는 사실을 상기해보자. 다시 말해서 하나의 주제나 사상은 영원성의 관점에서 결코 다루어질 수 없다. 가다머가 우리에게 이야기하는 바와 같이 전통의 모든 전유(혹은 자기화)는 그 자체가 바로 사상(事象) 자체를 보는 데 대한 경험이다. 이러한 전유는 전달되는 사상에 의해 인도된다. 하지만 이는 해석의 역설(paradox of interpretation)이다. 왜냐하면 사상(subject-matter)은 하나인데 해석은 각기 다르기 때문이다. '모든 해석은 사실상 사변적이다. 따라서 해석학은 마치 비판철학이 경험의 독단론을 통해서 스스로를 파악했듯이 무한한 의미에 대한 독단적인 믿음을 통해서 스스로를 파악해야 한다.'[41] 그러므로 텍스트에 대한 해석은 수동적인 개방성이 아니라 텍스트와의 변증법적인 상호작용이다. 왜냐하면 그것은 단순한 반복이 아니라 새로운 창조, 즉 이해의 새로운 사건이기 때문이다.[42]

따라서 사변성(speculativity)이란 말 속에는 운동, 유보 그리고 개방성 등의 뜻이 들어 있다. 이것들은 우리에게 존재와의 새로운 가능한 관계들을 알려주며, 우리가 이 관계들을 이해할 수 있도록 해준다. 시인에게 있어서 사변성이란 언어에 이르게 될 존재에의 개방성이다. 그리고 그것은 해석자에게 있어서는 텍스트의 의미와의 만남을 통해 생겨나는 새로운 존재 이해에 비추어 자신의 지평을 변경시킬 수 있는 개방성을 말한다. 궁극적으로 사변성은 존재의 본성인 창조적 부정성에 근거를 두고 있으며, 이러한 부정성이야말로 모든 실증적인 진술의 배경을 이루고 있다. 사변적 해석학은 모든 새로운

---

41 앞의 책, p. 448.

42 앞의 책, 같은 곳.

존재 탈은폐의 원천으로서, 그리고 독단론에 대한 계속적인 해독제로서 이 부정성에 큰 중요성을 부여한다.

해석학의 보편성

가다머는 《진리와 방법》의 결론 부분에서 다음과 같이 말하고 있다. 슐라이어마허 이전부터 딜타이를 거쳐 후설과 하이데거에 이르는 해석학적 문제의 전개는 '해석학'으로서의 문헌학의 방법적 자기이해에 관심을 가졌을 뿐만 아니라, 철학적 탐구 자체를 위한 체계적 입장으로 이끌어갔다. 그것은 단순히 텍스트에 대한 역사적·문헌적 이해에 적합한 문제 설정방식을 찾으려는 노력이라기보다는 인간의 이해 '자체'는 역사적이고 언어적이며 변증법적이라는 것을 보이려는 노력이었다. 주관-객관 도식의 제약을 넘어서서 문제를 제기하는 가다머의 해석학은 새로운 종류의 객관성, 즉 사상성(事象性, Sachlichkeit)을 제시한다. 이 사상성은 탈은폐된 것은 주관성의 기투(企投)가 아니라 스스로를 드러내면서 우리의 이해에 작용하고 있는 그 무엇이라는 사실에 바탕을 두고 있다.

진술의 고정적인 소여성을 거부하는 원리는 해석학적 경험에 대해서뿐만 아니라 경험 일반에 대해서도 적용할 수 있다. 변증법은 우리에게 경험을 주관의 활동으로 간주하지 않고 사상 자체 혹은 상황 자체의 작용으로 볼 수 있는 가능성을 부여해준다는 생각—즉 이러한 변증법이 말하는 사람을 사로잡고 있는 운동으로서의 경험을 사변적으로 볼 수 있게 해준다는 생각은 단순한 방법론적 중요성이상의 의의를 갖는다. 그의 저서의 말미에 나오는 한 구절에서 가다머는 자신의 주장을 요약하면서 그 주장이 보다 포괄적인 해석학의 요구에로 나아가는 길을 보여주고 있다.

우리는 이제 이러한 사변적 운동—이 운동은 전체로서의 존재에서 출발하며, 주관성이 아니라 사상들에 의해 인도된다—은 우리가 해석학적 경험에 대한 분석을 통해 역사의식과 미의식을 비판하였을 때 우리가 보았던 바로 그것이란 점을 알게 되었다. 예술작품의 존재는 결코 그 작품의 현상들의 반복이나 우연성과는 구별될 수 있는 즉자적 존재가 아니다. 왜냐하면 양자 중의 하나만을 주제화하는 과정에서만 우리는 '비미적인 것'에서 '미적인 것'을 구별해낼 수 있기 때문이다. 이는 전통과의 역사적 혹은 문헌학적 만남에 대해서도 그대로 적용된다. 우리와 대립되어 있는 듯이 보였던 것—사건의 의미 혹은 텍스트의 의미—은 우리가 단순히 확인하고 묘사할 수 있는 고정적이고 자기폐쇄적인 대상이 아니다. 왜냐하면 역사적 의식은 그 자신 속에 사실상 과거와 현재의 매개를 포함하기 때문이다. 이제 우리가 언어에서 이러한 매개를 위한 보편적인 매개체를 인식했기 때문에 처음부터—출발점은 미의식과 역사의식에 대한 비판이었다—우리의 '물음 설정'을 확대했다. 그 결과 우리는 물음을 위한 보편적 방향을 얻을 수 있었다. 왜냐하면 자신의 세계에 대한 우리 인간의 관계는 근본적으로 언어적이므로 이해될 수 있는 것이기 때문이다. 우리가 보았듯이 해석학은 철학의 보편적인 존재방식이며, 따라서 결코 정신과학을 위한 방법론적 기초가 될 수 없다.[43]

가다머는 계속해서 자신은 언어성과 존재론을 토대로 삼았기 때문에 결코 헤겔 식의 형이상학에 빠지지 않는다고 주장한다. 그에게 있어 언어는 주관의 도구가 아니며 그렇다고 언어가 무한한 지성의 자기명상 속에서 완성되지도 않는다. 오히려 언어는 유한하고 역사적이며 저장고이기 때문에 과거에 언어로 표현된 존재 경험의 담지자이다. 언어는 우리를 텍스트 이해로 인도해야 한다. 따라서 해석학의 과제는 언어와 경험의 언어성을 신중하게 탐구하여 진정으로 역사적인 해석학을 발전시키는 일이다.

역사와 예술작품은 둘 다 우리와 만나서 스스로를 드러낸다. 사변성은 이들 양자의 본성이다. 그리고 사변성은 우리가 만나게 되는 모든 사물의 본성에 놓여 있다. 만물은 '이해'되려고 시도하는 한에 있어서 자기 분열하며 말해지지 않은 것에서 말해진 것을 분리하고 현재로부터 과거를 분리한다. 자기 개시와 이해는 역사, 예술 그리고 문학의 특수한 성질이 아니라 보편적인 것이다. 이것은 가다머가 존재 자체의 보편적 특성이라고 보았던 사변성 때문이다. '해석학의 밑바탕에 깔려 있는 사변적 존재관은 이성과 언어라고 하는 보편적 척도이다.'[44] 만일 깊게 이해된다면 사변성은 가다머의 해석학을 이해하기 위한 핵심일 뿐만 아니라 해석학의 보편성에 대한 요구를 정당화할 수 있는 참된 밑바탕이다.

가다머에 있어 사변성이 무엇을 의미하는가가 이해되기만 하면 그의 해석학을 지금까지 해왔듯이 변증법적 해석학이 아니라 사변적 해석학이라고 부르는 것은 보다 큰 의미를 갖게 된다. 그러나 이

---

43 앞의 책, pp. 450~451.

44 앞의 책, p. 452.

용어는 가다머에게 있어서 특별한 의미를 가질 뿐만 아니라 하나의 제목은 한 장의 결론이라기보다는 서론을 지칭하는 것이므로, 나는 해석학과 관련하여 사변성을 생각할 수 있도록 해주는 사고 영역 속으로 인도하기 위하여 일부러 '변증법적 해석학'이라는 제목을 이 장의 표제어로 선택하였다.

결론

가다머는 《진리와 방법》을 통해 해석학을 새로운 이해의 차원으로 올려놓았다. 딜타이와 베티는 '정신과학'의 포괄적인 일반적 방법론으로서 해석학을 주장하였다. 그렇다면 자연과학에 대해서는 어떠한가? 자연과학은 정신과학과는 다른 이해를 필요로 하는가? 일반적으로 결론을 내리자면 역사적으로 전승된 텍스트에 대한 해석은 자연과학자에 의해서 행해지는 이해와는 전혀 다른 역사적 이해행위를 필요로 한다고 말할 수 있다. 하지만 가다머는 자연과학과 정신과학의 이러한 구별을 크게 문제시하지 않는다. 왜냐하면 그는 더 이상 해석을 텍스트나 '정신과학'에 엄격하게 제한된 것으로 생각하지 않기 때문이다.

가다머에 따르면 이해란 자연과학에서건 '정신과학'에서건 아니면 부엌에서건 간에 항상 역사적이고 변증법적이며 언어적인 사건이다. 해석학이란 이해의 존재론이자 현상학이다. 이때의 이해는 전통적인 방식에서 인간적 주관성의 행위나 작용으로 파악되어서는 안 된다. 그것은 '현존재'가 지닌 세계-내-존재의 근본적인 존재방식이다. 이해란 (자연과학이나 정신과학에서 행해지는) 조작이나 제어가 아니라 참여와 개방성이며, 인식이 아니라 경험이며, 방법론이 아니라 변증법이다. 그에게 있어 해석학의 목적은 '객관적으로 타당한' 이해를 위한 선행적인 조건들을 제시하는 데 있기보다는 오히려 이해 그 자체를 가능한 한 포괄적으로 생각하고 받아들이는 데에 있다. 그에 대한 비판자인 베티 및 히어쉬와 비교해볼 때 가다머의 관심은 보다 정확한 이해(그리하여 타당한 해석을 위한 제 규범을 마련하는 것)에 있는 것이 아니라 보다 깊고 더욱 참된 이해에 있다고 할 수 있을 것이다.

가다머는 존재론적이고 언어적인 측면에 더욱 강조를 두었던 하이데거의 후기 철학을 수용하면서 이해에 대한 하이데거의 독창적 정의를 더욱 심화시켰다. 이러한 심화 과정에서 그리고 체계적인 해석학을 다듬어가는 과정에서 그는 독일 철학의 위대한 추진력이라 할 수 있는 헤겔에게로 더욱 접근해갔다. 따라서 변증법이나 사변성에 대한 빈번한 언급은 즉각 헤겔을 생각나게 한다. 가다머의 이해의 현상학(phenomenology of understanding)과 헤겔의 정신현상학(phenomenology of 'Geist')과의 유사성은 바로 이런 이유로 해서 불가피하게 생겨난 것이다. 헤겔의 현상학과 가다머의 현상학과의 차이점들은 지금까지 누차에 걸쳐 언급되어왔다. 특히 출발점으로서의 주관성의 문제와 관련하여 그러하였다. 그러나 가다머에 있어서 사상(事象)의 객관성을 보는 태도와 헤겔에 있어서 '정신(Geist)'의 객관성을 보는 태도 사이의 유사성들은 보다 상세한 탐구를 필요로 한다.

따라서 가다머가 하이데거로부터 멀어져가는 한에 있어서 그는 헤겔 쪽으로 다가가고 있다고 하는 말이 있을 수도 있다. 하지만 과연 이 말이 사태와 합치되는 말이라고 할 수 있겠는가? 아마도 하이데거 자신은 이러한 방향의 움직임에 대해 커다란 의심을 품었을는지 모른다. 왜냐하면 그는 철학함의 출발점으로서의 현사실성에 관한 자신의 견해가 상실될 것에 대해 우려했기 때문이다. 이와 달리 가다머는 하이데거 자신의 사유의 내적 운동은 철저하게 변증법적임을 단호하게 주장한다.[45] 따라서 가다머 자신이 주장하는 변증법적 해석학은 하이데거의 사유 자체에 내재되어 있는 경향을 확대시킨 것에 불과하다. 그는 하이데거의 이해이론과 존재론 그리고 근대의 인간주의적 주관주의와 기술중심주의에 대한 비판을 수용하는 동시에 하이데거와 큰 모순을 일으킴이 없이 언어중심적이고 존재론적이며 변증법적이고 사변적인 해석학을 더욱 심화 발전시켰다.

기본적으로 하이데거적인 해석학이 담고 있는 가다머의 헤겔주의는 아마도 하이데거 자신의 사상을 더욱 개신(改新)시킨 결과라 할 것이다. 이러한 사실은 지극히 수동적인 어휘로 이해를 기술하려 했던 후기 하이데거의 경향을 살펴보기만 하면 분명해진다. 즉 하이데거는 자신의 후기 사상에서 이해란 더 이상 인간의 행위나 작용이 아니라 인간에게서 일어나는 사건 혹은 생기(生起)라고 보았다. 여

---

45 가다머, 〈'헤겔과 하이데거'라는 주제에 대한 주석(Anmerkungen zu dem Thema 'Hegel und Heidegger')〉, 《자연과 역사 : 칼 뢰비트를 위한 기념 논문집 Natur und Geschichte : Festschrift für Karl Löwith》, pp. 123~131. 그리고 헤겔과 하이데거에 관해서는 1968년 4월 27일 피츠버그 대학의 하이데거 학회에서 발표된 Thomas Langan의 논문 〈헤겔을 넘어선 하이데거 : '형이상학의 존재-신학-논리적 구성'에 관한 성찰(Heidegger beyond Hegel : A Reflexion on 'The Onto-theological Constitution of Metaphysics')〉을 보라.

기에는 인간이 언어와 전통의 흐름 속에 있는 하나의 수동적인 점으로 간주될 위험이 도사리고 있다. 가다머는 인간의 주관성을 이해에 관한 모든 사고의 출발점으로 간주하려는 또 다른 극단으로 나아가지는 않는다. 하지만 그는 자신의 '경험' 개념과 '지평융합'에 관한 사상을 통하여 더욱 큰 유연성을 열어놓는다. 이런 점에서 레비-스트로스와 미셸 푸코의 구조주의에 대한 장-마리 도므나크의 최근의 비판이 가다머보다는 하이데거를 더욱 많이 응용하고 있다는 사실은 아주 흥미를 끈다.

> 오늘날의 많은 철학자들은 자신들의 수렴적인 작업을 통하여 지금까지 철학을 이끌어온 용어들의 순서를 전도시키고 의식의 자율적 활동을 부정하고 있다. 나는 생각하는 것이 아니라 '나는 생각된다.' 나는 말하는 것이 아니라 '나는 말해진다.' 나는 무언가를 다루는 것이 아니라 '나는 다루어진다.' 모든 것이 생겨나는 곳은 언어이며 모든 것이 되돌아가게 되는 곳도 언어이다. 그 자신의 내부로부터 파악된 체계는 인간에 대한 지배를 선포한다…… 이 체계, 즉 냉정하고 비인격적이며 모든 주관성—그것이 개인적 주관성이건 집합적 주관성이건 간에—을 지양한 사고는 결국 표현과 독립적 행위를 할 수 있는 주관의 가능성 자체를 부정한다.[46]

따라서 인간을 설명의 중심에서 빼버린 순수한 체계의 객관성은 동시에 세계를 현상학적 접근으로부터 분리시킨다. 이때의 현상학

---

46 〈Le Système et la personne〉, 《Esprit》(1967년, 5월), pp. 772~773.

적 접근 방법은 생활세계를 자신의 기초로서 취하는 접근 방법을 말한다. 따라서 하이데거나 가다머를 객관적 구조주의자들과 동일시하는 것은 불합리하다. 하지만 특히 가다머가 변증법적이라 불렀고, 경험의 변증법적 성격을 자신의 해석학에서 근본적인 것으로 간주하였다는 사실을 척도로 해서 생각해볼 때, 그가 이해를 단지 '발생된' 사건으로서가 아니라 인격적 행위로 생각할 수도 있다고 주장한 것은 아주 흥미로운 일이다.

여기에서 우리는 하이데거에 전제되어 있는 윤리학과 인간론이 어떤 종류의 것인지에 대하여 묻지 않을 수 없다. 인간은 단순히 존재의 부름에 수동적으로 반응만 하면서 살아가는가? 그리고 이와 동일한 질문을 가다머에게 던져보는 것도 흥미 있는 일일 것이다. 이해에 있어서의 언어의 제 기능은 인간의 의지와 욕망의 제 기능을 어떻게 설명해줄 것인가? 이에 대해 가다머는 아마도《진리와 방법》에서의 자신의 분석은 이해의 여러 동기나 이해를 둘러싼 인격적 영향에 대한 것이 아니라 이해 자체의 사건에 관한 것이었노라고 대답할는지 모른다. 게다가 그는 자신이 목적하는 바는 윤리학이나 인간론이 아니라 존재론적 구조나 역동적 과정으로서의 이해를 있는 그대로 기술하는 것이라고 말할 것이다. 이는 사실일는지 모른다. 하지만 가다머가 이 질문에 대해 어떻게 답변하는가를 아는 것은 매우 계몽적인 의의를 가질 수 있다. 내가 믿는 바로는, 여기에서도 하이데거의 해석학과는 뚜렷이 구별되는 가다머 해석학의 변증법적 성격은 이해를 해석학적 경험으로 받아들이는 사람들에 의해 이루어진 기여에 보다 적절한 토대를 제공해줄 것이다. 이는 해석학적 경험을 다루게 될 이 책의 마지막 부분에 대한 중요한 보완이자 확장이다.

따라서《진리와 방법》은 해석에 관한 현대의 사고를 새로운 단계의 기초 위에 올려놓음으로써 해석학 이론의 고찰을 위한 전혀 새로운 지평을 열어놓았다. 하이데거의 해석학은 이미 이해라는 사건을 존재론적으로 생각했던 반면에 가다머는 이해의 존재론을 근대 미학과 역사 해석의 가장 기본적인 공리들을 의문시하는 변증법적 해석학으로 발전시켰다. 그리고 가다머의 해석학은 현대의 문학비평을 지배하고 있는 여러 가지 해석 개념들을 철저히 비판할 수 있는 철학적 토대를 제공하였다고 할 수 있다.

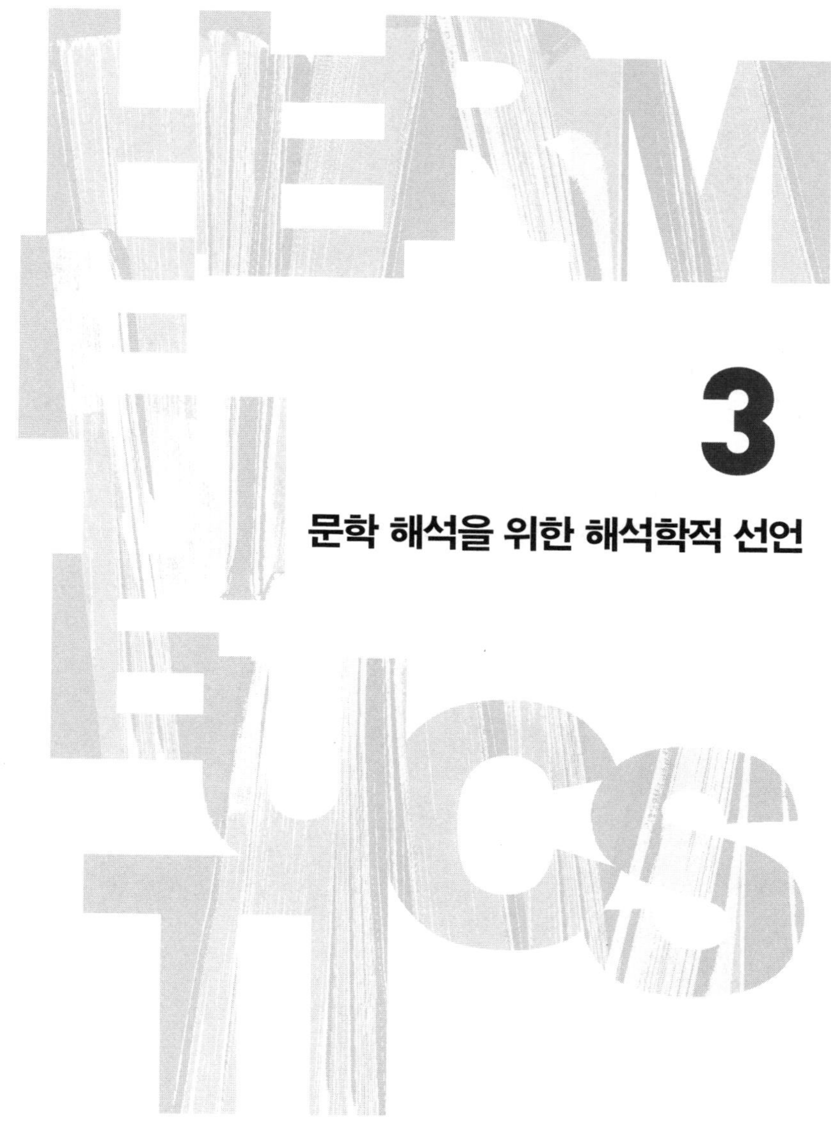

3

문학 해석을 위한 해석학적 선언

서 언

미국식의 문학 해석으로 중무장된 시각을 문제시해야 할 시기가 도래했다.[1] 이에 대해 '신비평'이 제공한 유용한 추진력도 영원히 지속될 수 없었다. 왜냐하면 오늘날에는 내용중심적 접근법이나 형식주의적 접근법, 특히 신화비평 등과 같은 갖가지 폭넓은 스펙트럼이 생겨났기 때문이다.[2] 하지만 비평활동의 풍부한 다양성과 문학 분석을 위한 무기의 대량생산에도 불구하고 문학 해석이란 어떤 활동인가에 대해서 불투명하고 혼란스러운 견해가 만연되어 있다. 그래서 '해석이란 무엇인가?'라는 물음을 철저히 되물어야 할 필요성이 절박하다.

미국의 문학비평이 현재 절실하게 필요로 하는 것은 문학작품을 '이해'하기 위한 수단이 아니라 미국의 해석관이 기초를 두고 있는 전제들에 대한 엄밀한 재검토이다. 철학적으로는 실재론(혹은 리얼리즘)의 전성시대가 끝나고, 현상학적 혁명이 실재론과 관념론 모두

---

1 Stanley Edgar Hyman, 《무장된 시각 The Armed Vision》을 보라.

2 John B. Vickery ed., 《신화와 문학 Myth and Literature》과 Northrop Frye, 《비평의 해부 Anatomy of Criticism》를 보라. 여러 가지 경향의 접근 방법들을 간략히 살펴보기 위해서는 Walter Sutton의 《현대 미국 비평 Modern American Criticism》을 보라.

에 대해 비판을 가하고 있다. 따라서 해석의 문제에 대한 재검토는 상식적 개념들에 기반을 두고서 소박하게 진행될 수 없으며, 이미 과거지사가 되어버린 실재론을 처음부터 전제하고 시작할 수도 없는 실정이다. 오히려 그 반대로 문학이론은 이제 에드문트 후설, 마르틴 하이데거, 한스 게오르크 가다머 등이 행한 실재론에 대한 현상학적 비판을 과감하게 탐구하지 않으면 안 된다. 가다머의 해석학은 현상학과 이해이론을 상호결합시킴으로써 우리에게 많은 결실을 가져다주었다. 왜냐하면 가다머에 의한 현상학과 해석학의 통일은 문학해석이론을 창조적으로 재검토할 수 있는 바탕이 되기 때문이다.

현상학적 해석학에 암묵적으로 내재되어 있는 기존의 문학 해석 개념에 대한 비판을 해명하고, 나아가서 이러한 해석학에 기초를 둔 문학이해이론의 성격을 예비적으로나마 설명하기 위하여 이 선언을 미국의 문학해석자들에게 공표하는 바이다.

13. 해석이란 무엇인가라는 물음의 재개

텍스트 이해란 무엇을 의미하는가?

미국의 문학해석자들과 문학이론가들은 대부분 자연주의적이고 기술론적 경향에 빠져 있다. 그들은 이러한 경향의 한계에 갇혀 있기 때문에, 그들이 반드시 제기하지 않으면 안 되는 문제인 '우리가 문학 텍스트를 이해한다고 할 때 도대체 어떤 일이 일어나는가?'에 대해서 유의미하게 의문을 제기할 수 없다. 이 같은 문제는 추상적이며, 논리적이고 기술론적인 방법으로 다루어질 수도 있고, 아니면 중요치 않은 것이라 하여 무시될 수도 있다. 왜냐하면 이 물음은 분석 대상보다는 그러한 분석을 행함에 있어서의 주관적인 경험을 다루고 있는 듯이 생각되기 때문이다.

하지만 이때 암암리에 가정되고 있는 것은 무엇일까? 미국의 문학해석자들은 작품이 우리의 그 작품에 대한 경험과 독립되어 있기 때문에, 그 형식과 '객관적 의미'에 의해 분석의 대상에 대해서 말할 수 있다고 가정하고 있다. 그래서 이해해가는 과정에서 대상의 분석과 그것에 대한 우리 자신의 경험 사이의 상호관계는 점점 사라지게 된다. 형식과 논리적 모순들에 대한 추상적 분석은 해석의 본질적 특징이며, 궁극적으로는 작품 경험의 역동성은 무의식중에 도외시되거나 '오류'로 이르는 길로 간주된다. 하지만 이러한 객관성은 작품에 대한 경험적 접근보다는 합리적 접근을 가정한다. 왜냐하면 자연주의적-기술론적 경향은 삶의 맥락을 독립시켜 해석을 행하며 그 결과 해석의 역사적 성격을 제거해버린다.

앞에서 우리는 해석의 주관-객관 모델이 실재론적 허구라고 말했었다. 이 모델은 이해의 경험으로부터 도출된 것이 아니라 머릿속에서 반성적으로 구성되어 이를 해석될 상황에 다시 투사시킨 결과로 나온 모델이다.

아무런 입장도 갖지 않은 주체란 있을 수 없으며, 따라서 무입장적인 이해란 것도 있을 수 없다. 이해는 항상 일정한 입장에서 이루어진다. 왜냐하면 이해는 역사 속에 주어진 일정한 시간적-공간적 범위에서 행해지기 때문이다. 문학작품을 이해하는 데 있어 역사와 개인의 이해지평으로부터 벗어나 있는 특권적인 접근법이란 결코 없다. 분명히 일부 해석자들은 이 같은 접근 방법이 가능하다고 원할 것이지만, 바람이 없는 현실을 만들어낼 수는 없다. 이해의 역사성과 공간성을 강조한다고 해서 그것이 곧 사소한 주관적 편견에 사로잡힌다는 뜻은 아니다(여기에서 '주관적'이란 말은 객관성과 대비되는 의미에서 사용되고 있다). 다시 말해서 이해의 역사성과 공간성은 우리의 자의적인 의도에 의해 변화될 수 없는 일정한 해석학적 상황에 대한 사실을 말하는 것이다.

이를 무시하게 되면 해석에 대한 우리의 생각이 약화된다. 왜냐하면 이해의 역사성과 공간성에 대한 무시는 일부 극단적인 형식주의적 비평가들에게 있어서 문학은 그 본성상 역사적이지 않으며, 따라서 문학의 이해도 결코 역사적 행위가 아니라고 하는 가정으로 나타나기 때문이다.

우리가 현대의 형식주의의 미래에 대해 이처럼 비판할 수 있는 이유는 그것이 역사의식을 결여하고 있기 때문이다. 여기에서 내가 '역사의식'이라고 부르는 것은 단순히 문학작품에서의 '역사적 요소'를 지칭하는 것이 아니라 작품의 이해 과정에서 끊임없이 작용하는 역사의 영향을 올바르게 파악하는 일과, 작품의 지평과 독자의 현재의 지평 간의 창조적 긴장을 파악하는 일을 말한다.

주관-객관 도식의 여러 결과

우리가 어떤 문학작품을 이해한다고 할 때 이 과정에서 어떤 일이 일어나는가에 관하여 의미 있는 물음을 제기하는 일은 곧 해석의 상황을 주관-객관 도식에 따라 규정하고 있는 기존의 갖가지 정의를 극복하는 것을 뜻한다. 그러면 이제 해석에 있어서 주관-객관 모델을 가정할 때 생기는 몇 가지 일반적 결과들에 대해서 살펴보자. 이러한 틀 내에서 해석자가 문학작품과 접하게 될 경우에 의식은 하나의 '대상'과 만나고 있는 것이다. 대상의 지위는 주관에 대한 대상 '으로서' 존재한다. 따라서 궁극적으로 그 지위는 전체적 세계의 지위와 마찬가지로 주관성에까지 거슬러 올라갈 수 있으며, 좀 더 구체적으로 말하면 이때의 주관성이란 정신의 반성작용이다. 예를 들면 '과학적 객관성'은 이러한 해석틀 내부에 존립하며, 따라서 이들 '대상'에 대한 아주 명석한 관념들을 필요로 한다. 수학적 기호야말로 가장 명석하고 추상적인 관념이다. 그렇기 때문에 수학적 기호는 특별한 중요성을 갖게 된다. 이렇게 되면 측정가능하고 반복될 수 있으며 도식으로 시각화될 수 있는 제반 사항들이 생겨난다. 일차적으로 표상적인 사고의 제 형태로 환원될 수 없는 지식과 경험은 비현실적이고 중요하지 않다고 하여 무시되어버린다.

해석을 이런 식으로 보는 틀에 있어서 언어와 역사가 인간의 실존에서 갖는 힘과 중요성은 파악되지 않는다. 언어는 '의미'를 전달하기 위한 수단으로 간주될 뿐이다. 인간은 가장 중요한 상징 체계라 할 수 있는 언어로 상징을 만드는 동물로 간주된다. 하지만 이 모든 것들은 데카르트 이래 근대적 전망의 잘못된 형이상학에 뿌리를 박고 있다.

오늘날 우리가 언어를 인간이 만든 일련의 기호 체계로 보고 역사를 단순히 (현재와는 독립된) 과거의 사건으로 파악하는 이유는, 아무런 의문도 없이 비역사적인 주관성을 모든 것을 위한 준거점이자 원천으로 간주하는 데 있다. 그래서 '객관성'이란 말을 그렇게 많이 사용하고 있음에도 불구하고 우리의 모든 과학적 성과물들의 중심은 주관성이다. 그러나 만일 모든 것이 주관성에로 소급되고 그 밖에는 어떠한 준거점도 없다고 한다면 인간의 권력에의 의지만이 인간 행동의 원천이 될 것이다. 이러한 천박한 주관주의는 기술론적 지식에 근대적 열광의 주요한 기반이 된다. 왜냐하면 인간의 주관성이 최고 법정이 되면 인간에게는 세계의 '대상들'을 보다 완전하게 통제하는 일 이외에 아무것도 남지 않을 것이기 때문이다.

인간중심적인 현대 비평에 있어서의 여러 가지 저항에도 불구하고 현대 문학 해석의 양식과 초점은 분석의 대상을 통제하는 기술론적인 데에 있다. '신비평'은 작품의 존재에 '순응'할 것을 요구하는 점과 작품에 대한 직접적 경험을 더욱 선호하면서 의역의 이단을 회피하려고 부단히 노력하는 점, 그리고 작품 외적인 제반 정보 속에 매몰되기보다는 작품의 형식과 내용을 집중적으로 논의하려는 그 의도에 있어 예외가 된다. 이러한 움직임은 문학 연구에 엄청난 활력과 의미를 되돌려주었을 뿐만 아니라, 건조한 역사주의와 문헌학으로부터 문학 연구를 구출해주었다. 하지만 '신비평'의 철학적 기초는 리얼리즘과 관념론 사이를 방황하면서 흔들리고 있었다.[3] '신비평'은 해석의 성격에 관하여 철학적으로 더욱 명쾌하게 해명할 필요가 있었다. 그리고 또한 '신비평'의 '문맥주의(혹은 맥락주의, contextualism)'는 '한 작품'의 진정한 위상을 파악하는 데 관심을 두지 않고 아리스토텔레스적인 리얼리즘, 유기체론 혹은 형식주의에 빠져버렸다. 하나의 대상으로서의 작품의 '형식'에 있어서라기보다는 경험에 있어서 그 근거가 불분명한 이 같은 형식주의는, 너무나 종종 무시간적이고 비역사적인 해석 개념의 희생물이 되었으며, 그래서 해석은 생동적 경험에 의해서가 아니라 정태적인 지식에 의해 이루어지는 것인 양 보이게 되었다.

이러한 해석 개념은 개념적 파악을 이해와 동일시하는 경향이 있다. (작품이 아니라) 대상으로 생각될 때의 작품은 공간화하는 표상과 분할 그리고 분석을 통하여 그에 대한 지식이 획득되는 실재에 불과한 것이 된다. 이러한 접근 방법은 세계를 기술론적으로 접근하는 입장에 대한 비판을 나타내 보인다. 즉 하나의 대상을 인식하듯

3 Murray Krieger, 《시를 위한 새로운 옹호론자들 The New Apologists for Poetry》을 보라.

이 작품에 접근하려는 태도이다. 이 때문에 문학적 이해에 대한 심히 그릇된 편견이 생겨나게 된다. 왜냐하면 이 경우에 비평가는 한 작품이 어떻게 구성되어 있으며 어떻게 전개되어가는가 혹은 궁극적으로 그 작품이 성공인가 아닌가(이는 일반적으로 논리적 모순과 아이러니를 파악해냄으로써 가능하다)의 문제를 탐구하는 것이 바로 자신의 과제로 생각하기 때문이다. 따라서 해석자는 이해를 방해하는 것들을 제거하는 일을 자신의 과제로 생각하지 않는 경향이 있다. 그 결과 이해의 사건은 제대로 발생하지 않으며, 작품도 그 자신의 진리와 힘을 말할 수 없게 된다. 오히려 이 경우의 해석자는 개념적 지배를 통해서 작품을 주관적 틀 아래에 두게 된다. 만일 한 비평가가 심오한 종교적 체험을 했을 경우에 그는 그 체험의 '구조와 유형'에 입각해서 체험에 대한 객관적이고 개념적인 언급을 할 수 있겠는가? (만일 그가 인간의 가장 추상적인 화신이 아닌 한에 있어서) 그것은 결코 불가능하다. 왜냐하면 여기에서 결정적인 것은 구조나 유형이 아니라 일어난 일(사건 혹은 생기)이기 때문이다. 종교적 체험을 절대적으로 파악할 수 있다고 생각하는 것은 분명히 잘못된 것이다. 하지만 문학적인 만남에 있어 작품을 제대로 파악하는 것은 충분히 가능한 일이다.

현대적인 스타일의 객관성 문제에 있어서 또 하나의 결점은 한 작품을 '작품'으로서가 아니가 '대상'으로서 보려는 데에 있다. 그 결과 독자는 텍스트로부터 거리를 두게 된다. 하지만 문학 해석의 진정한 목적은 작품과 독자의 거리감(소원함)을 극복하는 것이다. 정신분석학자가 자신의 환자가 지닌 문제들을 대하는 방식으로 작품에 접근하는 것으로는 충분치 못하다. 왜냐하면 문학 해석은 언어 사건을 파악할 수 있어야 하며, 동시에 해석자 자신을 변형시켜야 하기 때문이다. 분석지향적인 독자들이 주로 하듯이, 작품이 어떻게 그리고 왜 이렇게 구성되었는지를 알기 위하여 그 작품을 조각조각 분해한다고 해서 그 작품이 말하지는 않는다. 오히려 우리는 단어를 통해 말해진 것 및 분명하게 말로 표현되지는 않았지만 여전히 말의 배후에 있는 것들을 듣는 법을 앎으로써만 그 작품이 말을 하도록 할 수 있다. 이 문제를 마르틴 부버의 나-너 관계라고 하는 우리에게 익숙한 용어법을 이용해서 정리하면 다음과 같다. 작품은 내가 마음대로 할 수 있는 사물이 아니라 나에게 말을 건네는 너(thou)로 간주하는 것은 이 문제를 이해하는 데 큰 도움을 준다. 또한 이와 함께 의미(meaning)라는 것은 객관적이고 영원한 관념이 아니라 관계 속에서 생겨나는 것이라는 사실을 상기하는 것도 큰 도움이 될 것이다. 그래서 잘못된 관계는 왜곡되고 불완전한 의미를 산출할 것이다.

방법적인 물음으로 인하여 해석자는 작품 그 자체에 의해 인도될 수 있는 가능성이 차단될 위험에 처하게 된다.[4] 방법이란 제기된 문제들의 목록을 짜서 우리가 작품과 함께 갖게 될 만남을 미리 구성하는 것이다. 물론 그렇다고 해서 방법 혹은 방법적 분석이 갖는 이러한 위험들로 인하여 방법이 지닌 유용성이 사라지는 것은 아니며, 우리가 모든 방법적인 개념적 분석을 거부해야 할 필요도 없다. 다시 말해서 이 말은 우리가 문학 텍스트를 소박하게 읽기만 하고 개념적 사고의 엄밀성은 포기해야 한다는 뜻은 결코 아니다. 오히려 이 말의 진정한 의미는 해석자가 방법의 제 한계를 보다 포괄적인

4 《WM》, p. 435 이하를 보라.

차원에서 받아들일 필요가 있으며, 개념적 분석이 행하는 모든 방식은 경험적 이해를 대신하는 대체물로 봉사하여야 한다는 것이다. 이는 특히 우리가 문학이해 자체에 대한 적절한 개념을 전혀 갖고 있지 않은 경우에는 더욱 그러하다.

보다 포괄적인 이해 개념

주관-객관 도식에 사로잡혀 있던 낡은 이해 개념을 철저하게 극복하여 이해의 존재론적 성격을 밝힌 것은 마르틴 하이데거가《존재와 시간》에서 행한 중요한 공헌이다.[5] 하이데거에 따르면 이해란 인간의 소유하고 있는 여러 가지 기능이나 능력들 중의 하나가 아니라 세계-내-존재라고 하는 현존재의 근본적 양태이다. 우리는 이해를 통하여 우리가 처해 있는 방식을 알아차린다. 그리고 언어를 통하여 의미를 파악한다. 세계는 우리가 실존하는 지평이다. 만일 우리가 주관성에서 출발하게 되면 이해는 마치 인간이 지닌 한 기능이나 능력처럼 보일 것이다. 하지만 우리가 세계의 '현사실성'에서 출발하게 되면, 이해란 세계의 현사실성이 현존재에게 드러나는 방식을 지시하는 말이 될 것이다. 하이데거는 이 후자의 접근 방법을 택한다. 그 결과 이해는 인간의 자율적인 반성적 활동에 근거를 두는 것이 아니라 현존재에 있어서의 세계의 작용, 즉 세계의 현사실성에 정초하게 된다. 그러므로 이해는 세계가 인간에게 드러날 수 있도록 하

5 또한 하이데거의 〈과학과 성찰(Wissenschaft und Besinnung)〉과 〈형이상학의 극복(Überwindung der Metaphysik)〉, 《VA》, pp. 45~99를 보라.

는 매개체이다. 즉 이해는 존재론적 탈은폐의 매개체이다.

이해는—의식처럼—무엇을 위한 도구가 아니라 그 안에서 그리고 그것을 통해 우리가 실존하는 매개체이다. 이해는 결코 객관화될 수 없다. 그 이유는 모든 객관화(혹은 대상화)는 이해 내에서 이루어지기 때문이다. 실존하는 현존재는 외부로부터 이해를 탐구할 수 없다. 왜냐하면 이해란 항상 보여진 모든 것이 보여지는 장소이기 때문이다. 이제 이해는 공허하고 무형적인 것이 아니라 현재의 감각들로 가득찬 희미한 반투명체이다. 반면에 이해는 항상 필연적으로 전승된 감각(과거), 현재의 상황에 대한 이해(현재), 미래가 어떠할 것인가에 관한 느낌(미래)이라는 세 가지 성격을 갖고 있다. 따라서 우리의 이해를 떠받치고 있는 이 토대는 아주 일정한 지형도를 갖고 있으며 모든 이해작용은 그 지평 내에서 이루어진다. 과거를 저장하고 우리의 지각방식을 매개하는 것은 바로 언어이다. 언어는 이해와 마찬가지로 근원적이다. 왜냐하면 이해는 언어적이기 때문이다. 다시 말해서 세계가 우리 앞에 나타날 수 있는 것은 언어를 통해서이다. 이 세계는 공유된 세계이다. 왜냐하면 이 세계는 언어의 형태로 공유된 이해에 의해 만들어진 개방성의 영역이기 때문이다. 앞에서 지적했던 바와 마찬가지로 언어를 통한 공유된 이해에 의해 만들어진 개방성의 영역은 일정한 규정성을 갖고 있다. 이 영역은 유한하며 시간의 흐름에 따라 변화한다. 이는 곧 '그 영역이 역사적으로 형성된 것이며, 모든 이해행위는 이해 속에서 그리고 이해를 통한 역사의 행위를 내포하고 있다'는 의미이다.

따라서 우리는 이해란 언어적이고 역사적이며 더 나아가서 존재론적이라고 말할 수 있을 것이다. 하이데거는 이해를 분석함에 있어

이해의 현사실성을 그 분석의 출발점으로 취한다. 그래서 그의 분석에 따르면, 이해에서 생겨나는 것은 주관적인 어떤 것이 아니라 외부로부터 인간과 만나게 되는 그 어떤 것이며, 따라서 그것은 그 스스로 이해에 대해 세계로서 탈은폐된다. 따라서 이해는 반성적 의식의 투사(혹은 투영)가 아니라 상황이나 사상(事象)이 있는 그대로 탈은폐될 수 있도록 해주는 매개체이다. 하이데거는 이해는 결코 자신의 범우들을 세계에 덧붙이지 않는다고 주장한다. 오히려 이와는 반대로 세계의 사상(事象)이 이해에 대하여 자신을 부과하며 이해는 여기에 순응할 뿐이다. 하지만 이제 막 모든 이해는 시간 속에서 형성되고 언어에 의해 매개된 이해의 위상에 의해 이루어진다고 주장하지 않았는가? 만일 이렇다고 한다면 이러한 이해를 상황에 대해 투사하기만 하고 그러한 상황을 있는 그대로 수용하지 않는 주관이 존재하지 않는가? 결코 그렇지는 않다. 즉 스스로를 드러내는 것은 바로 대상의 존재이며 이 존재는 '있는 그대로의 존재'라고 말해버리면 우리는 형이상학적 사변에 빠지게 된다. 이 경우 과연 그 존재는 누구에게 있는 그대로 드러나겠는가? 인간적인 전망에 입각해서는 하나의 존재가 '진정으로' 무엇인지를 말할 수 없다. 다른 한편으로 주관이 이해 속에서 '투사'하는 것처럼 보이는 것은, 비록 그것이 비객관적이고 대개는 객관화할 수 없는 것이긴 하지만 그렇다고 해서 인격적인 것이거나 반성적인 것도 아니다. 주관은 자신의 언어를 통하여 이미 그 속에 주어진 공유된 이해세계 및 자신의 이해가 이루어지는 역사적 위치를 통해 (그 무언가를) 이해한다. 이를 주관적이라고 부르거나 혹은 이를 개인의 의식에까지 거슬러 올라가서 생각하는 태도는 올바르지 않다. 왜냐하면 개인은 공유된 이해와 언어를 창조하는 것이 아니라 단지 그 속에 참여할 뿐이기 때문이다. 한마디로 말해서 이해와 언어는 객관적으로 존재한다. 하지만 동시에 이러한 이해와 언어를 공허한 반성적 의식이나 선험적 자아에로 환원해서는 안 된다. 공유된 이해, 역사성 그리고 언어는 과학주의 및 주관-객관 도식의 주관중심주의를 넘어설 수 있는 입장을 창출해낼 수 있는 바탕이 된다. 사실 우리는 무의식적으로 이러한 도식을 수용하고 있으며, 이 도식은 심지어 기존의 대부분의 미학이론과 문학이론의 전제가 되어 있는 실정이다.

하이데거가 이해(Verstehen)를 존재론적 탈은폐의 구조로 정의함으로써 열리게 된 새로운 입장에 서면, 새로운 의미에서 언어의 '객관성'에 대해 말하는 것이 가능하게 된다. 새로운 의미란, 바로 언어는 사상(事象) 그 자체이며 우리는 그 언어에 순응하기만 하면 된다는 뜻이다. 예를 들어 다른 사람에게 하나의 상황을 전달하기 위하여 어떤 사람이 그에 적합한 말을 찾고 있는 경우를 상정해보자. 그는 한 단어를 생각해내고 그러고 나서 마음에 들지 않으면 다른 단어를 생각하고 해서, 마침내는 만족스러운 단어나 말을 생각해낼 것이다. 그렇다면 여기에서 우리는 반듯이 자신을 '표현하는' 반성적 의식에 관해서 말해야 할 필요가 있는가? 꼭 그렇지는 않다. 왜냐하면 여기서 표현되는 것은 바로 그 상황의 존재, 즉 상황이 우리에게 탈은폐되는 방식이기 때문이다. 만일 상황이 이런 식으로 드러날 수 있는 가능성을 그 스스로 갖고 있지 못하다면 상황은 결코 (말에 의해) 표현될 수 없다. 그가 불만족스럽게 생각했던 첫 번째 말이나 두 번째 말이 세 번째—즉 마지막으로 생각해낸—말보다 못한 것은 상황 자체가 세 번째 것을 요구했기 때문이 아니면 무엇이겠는가?

바로 이러한 이유로 인하여 우리는 언어의 (새로운 의미에서의) 객관성을 이야기할 수 있게 된다.

언어를 기본적으로 '의사소통의 도구'로 간주하는 잘못된 이론이나 언어관은 하나의 생각이 주관-객관적 사고틀이나 표상작용을 선호하는 과학적 편견, 혹은 인간을 우주의 지배자이자 도구들의 조작자로 보는—힘에의 의지(will-to-power)에 입각한—기술만능주의적 인간관에 의해 왜곡되는 과정을 드러내 보여준다. 언어란 비언어적인 사고내용과 비언어적인 경험을 인간이 의미를 부여해온 형식으로 전환시키는 수단이 아니다. 왜냐하면 사고나 이해 그리고 경험은 모두 언어적이기 때문이다. 다시 말하면 우리가 대상의 경험을 가질 수 있는 기반이 되는 이해의 세계를 갖게 되는 것은 바로 언어를 통해서이기 때문이다. 언어는 자의적으로 창안되거나 고안된 것이 아니다. 하나의 단어에 의미가 '부여'되는 경우는 지극히 인위적인 상황에 국한될 뿐이다. 오히려 단어는 이미 일반적인 의미, 즉 상황을 표현하기 위해 선택된 일반적 의미를 갖고 있다. 종종 일부 단어는 상황 속의 특수한 일을 표현하기 위하여 특이하게 사용되는 경우가 전혀 없는 것은 아니지만, 이 단어에 새로운 의미나 의의를 부여하는 것도—단어의 사용자가 아니라—상황 속에 특수한 일 자체이지 않은가?

이렇기 때문에 우리는 마음대로 의미들을 창안해내지 않는다. 과학자가 새로운 용어를 만들 경우, 그는 일반적으로 이미 사용되어온 단어를 택하여 그 단어에 매우 제한된 의미를 부여한다. 그렇다면 이것은 새로운 단어를 만드는 것이라기보다는 특수하고 협소한 개념을 창안하기 위하여 원래의 단어가 지닌 근원적인 말하는 능력을 저하시키고 부분적으로는 파괴하는 것이다. 어떠한 단어도 임의로 소리를 결합한다고 해서 이루어지지 않는다. 만일 이렇게 해서 단어가 된다고 할지라도 그때의 단어는 조잡스럽고 무의미할 뿐이다. 실험을 위해서 인위적으로 언어를 만들어내는 몇 가지 경우 때문에 언어에 관한 우리의 해석학적 입장이 반박될 수는 없다. 왜냐하면 이러한 인위적 언어는 오직 우리가 실제로 사용하는 살아 있는 언어를 기반으로 해서만 그것이 힘을 얻을 수 있기 때문이다. 따라서 인간이 언어를 창조해낸 다음 그것을 도구처럼 사용한다고 하는 도구적 언어관은 과학지향적인 상상력에서 비롯된 소박한 허구이기 때문에 얼마든지 반박될 수 있다. 즉 우리는 결코 마음대로 언어를 창안해내지 않으며, 또한 의미가 말하고 있는 바와 다른 어떤 것을 표현하기 위해서, 그 의미를 우리의 주관대로 사용할 수 없다고 하는 것은 너무나도 분명한 사실이다. 이것이 바로 새로운 의미에서 언어의 객관성이다. 그래서 항상 그리고 충분히 언어적인 것으로서의 이해 구조는—완전히 잘못된 의식 개념에 기초를 두고 있을 뿐만 아니라 이해가 어떻게 이루어지는지에 대해서도 전혀 무지한—언어의 '기호이론(sign theory)'이 잘못된 실재론적 제 전제에 근거를 둔 단순한 이론적 구성물에 불과함을 보여준다.

가다머는 자신의 《진리와 방법》에서 언어는 우리가 '세계'를 가질 수 있도록 해주는 매개체임을 분명하게 밝혔다. 그 이유는 언어는 존재의 탈은폐가 이루어지는 열려진 장소이기 때문이다.[6] 이러한 탈은폐는 인격적이거나 사적인 것이 아니라 공유된 이해를 말한다.

6 특히 제3부 〈언어를 단서로 한 해석학의 존재론적 전환(Ontologische Wendung der Hermeneutik am Leitfaden der Sprache)〉, 《WM》, pp. 361~465를 참고하라.

우리는 언어를 통해서 일차적으로 이러한 이해를 갖게 되며, 그 다음은 언어를 통해서 그러한 이해를 전달할 수 있게 된다. 우리는 우리의 마음대로 언어를 만들거나 조작할 수 없다. 왜냐하면 우리는 항상 언어에 참여하고 있으며 하나의 상황은 언어를 통해 우리에게 다가오기 때문이다. 언어는 이해와 마찬가지로 세계 내에 있는 한 대상일 수 없다. 왜냐하면 언어를 통해 우리는 세계란 우리가 모든 사물을 볼 수 있게 해주는 매개체임을 알게 되기 때문이다. 따라서 이해를 비언어적인 것으로 간주하는 아주 잘못된 견해를 따르게 되면, 언어는 단지 세계 속에 있는 일련의 대상들일 뿐이며, 그 결과 이런 언어는 개인적인 변적에 따라 조작되고 변형될 수 있다는 잘못된 확신에 이르게 된다.

경험에 의한 이해의 정의[7]

이해를 단순히 개념적 인식 정도로 간주하려는 지극히 잘못된 견해가 가장 잘 드러나는 분야는 아마도 문학 해석의 분야일 것이다. 그 결과 대부분의 문학 해석들을 잘 살펴보면, 그것들 중의 어느 것도 작품 자체의 말하는 힘(saying power)을 해방하여 우리로 하여금 그 힘을 경험할 수 있도록 해주지 못한다. 모든 문학적 분석이나 해석은 그것이 이해의 언어 사건을 얼마나 심화시키고 있는가에 비추어 그 수준이 측정되어야 한다. 일부의 분석은 무의미한 문제들을

7 〈경험의 개념과 해석학적 경험의 본질(Der Begriff der Erfahrung und das Wesen der hermeneutischen Erfahrung)〉, 앞의 책, pp. 329~344를 보라.

제기함에 의해 이해의 얄팍한 개념적 사건에 머물게 함으로써 오히려 작품에 해악을 끼치기도 한다.

한 작품을 이해한다고 하는 것은 그것을 경험하는 것이다. 이때의 경험(experience)은 주관-객관 이분법의 틀 내에 있는 하위체계가 아니다. 또한 경험은 공허하고 비공간적인 의식이 감각이나 지각들의 복합체를 수용하는, 시간과 공간의 외부에 놓여 있는 비역사적이고 비시간적이며 추상적인 인식이 아니다. 경험은 살아 있는 역사적 현존재에서 생겨나는 것이다. 그러면 여기서 잠시 세계 인식의 과학적 모델의 추상성으로부터 벗어나서, 경험에서 일어나는 것은 과연 무엇이며 또한 '경험(experience)'이란 단어의 일상적인 의미가 무엇인지를 살펴보자.

우리는 경험을 통해서 배운다고 한다. 교훈을 통해서 배우는 것은 단지 부차적일 뿐이다. 이 표현에는 부정성(negativity)의 요소가 숨겨져 있다. 왜냐하면 이때의 경험은 근본적으로 우리가 경험하기 전에는 알지 못했고 또 기대하지 않았던 것을 배우게 되는 부정적이고 고통스러운 경험이기 때문이다. 따라서 경험에는 기대했던 바의 무산이 포함된다. 그러고 나면 우리는 보다 현명해진다. 우리는 우리 아이들을 고통스러운 경험으로부터 벗어나게 해주고 싶어 한다. 특히 우리 자신이 겪었던 힘든 경험들의 경우에서는 더욱 그러하다. 그러나 그 어느 것도 우리 아이들을 경험에서 벗어나게 할 수는 없다.

경험의 구조를 외부에서 관찰할 경우 즉각적으로 눈에 띄는 것은—과거에 일어났고 현재 지속되고 있으며 미래에도 계속될—여러 가지 기대들에 대한 경험의 관계가 지닌 시간적 성격이다. 앞에서 보았던 바와 같이 경험은 갖가지 기대들과 모순된다. 그래서 경험은 가장 훌륭한 교사인 것이다. 왜냐하면 그것을 대신할 만한 것은 어디에도 없기 때문이다. 언어와 마찬가지로 경험도 우리에 대한(for us) 대상이 아니라 모든 이해의 사건에 불가분하게 참여하고 있다. 사람들을 판단하는 '경험'을 해본 사람은 절대 자신의 경험을 교훈의 형태로 바꾸려 하지 않는다. 그는 '외관상의 성격을 어떻게 판단할 것인가'에 관한 책을 쓸 수 있을는지 모르지만, 그가 이 책을 통해 전달하고 있는 것은 그 자신의 판단력이 아니라 공허한 지식에 불과하다.

참으로 경험을 많이 한 사람, 즉 정확한 지식보다는 지혜를 갖고 있는 사람은 모든 기대의 한계와 유한성을 배워서 알고 있다. 경험은 그 사람에게 동일한 문제를 다음 번에는 더욱 잘 풀 수 있도록 해주는 사실들의 창고를 가르쳐주는 것이 아니라, 기대해서는 안 되는 것이 무엇이며 또한 새로운 경험에 대해서 어떻게 개방적인 태도를 취할 것인가를 가르쳐준다. 간단히 말해서 경험은 그에게 경험의 풍부함과 비교되는 지식의 빈곤함을 가르쳐준다.

문학 해석을 할 때 우리가 경험의 구조로부터 얻는 교훈은 바로 문학 해석의 차원들이 모든 개념화의 차원을 뛰어넘어 있다는 사실을 깨닫게 하는 일이다. 따라서 텍스트를 이해하는 경험의 풍부함 및 텍스트 자체의 경험의 풍부함은 천박한 지식의 범주들로 환원되어서는 안 된다. 그리고 이는 개념적 지식의 한계들과 관련해서 텍스트에 대한 변증법적 개방성이 갖는 의의를 보여준다.

해석학적 경험에 있어서 물음과 대답의 변증법

역사적으로 전승된 작품과의 만남은 단순한 인식이 아니라 경험—이를 해석학적 경험이라 부를 수 있을 것이다.[8]—의 구조를 갖고 있다. 이러한 만남은 위에서 서술된 바와 같이 포괄적이고 객관화할 수 없는 성격을 가질 뿐만 아니라 역동적인 변증법적 성격도 갖고 있다. 진정한 물음—이런 물음은 본질적으로 가르치고 변형시키는 경험에서의 부정성이다—이 지닌 창조적 부정성은 해석학적 경험의 핵심이다. 왜냐하면 경험한다는 것은 보다 잘 이해한다는 뜻이 아니라 서로 다르게 이해한다는 뜻이기 때문이다. 즉 경험이란 우리가 기대하는 바를 말해주기보다는 그러한 기대들을 넘어서서 부정하는 경향이 있기 때문이다. '깊은' 경험은 우리가 이미 부분적으로 이해하고 있던 바를 더욱 잘 이해하도록 하기보다는 우리가 잘못 이해하고 있었다는 사실을 가르쳐준다.

그러나 만일 우리가 모든 물음에 대해 의문을 제기하게 되면 우리는 서로 '상이하게' 이해할 수 없다. 결국 하나의 물음은 예비적인 지각방식을 갖고 있다. 왜냐하면 비공간적이고 공허한 이해가 불가능한 것과 마찬가지로, 물음도 기대지평(horizon of expectations)이 없이는 생겨날 수 없기 때문이다. 문제는 우리의 전제들이 (이것들이 우리의 기대들의 근거가 된다는 이유로) 절대적인 것으로 받아들여져서는 안 되며 언제든지 변화할 수 있는 것으로 수용되어야 한다는 점이다. 그러나 분석과 방법적인 물음은 그 자체로 끌어낸 전제들을

8 앞의 책, 같은 곳.

문제시하기보다는 그 전제들의 체계 내에서 작용하는 경향이 있다. 그 결과 대답은 항상 잠재적으로나마 드러나 있으며 그 체계 내에서는 미리 예견된다. 따라서 분석과 방법적 물음은 진정한 물음의 형태라기보다는 단지 검증하고 시험해보는 것에 불과한 것이 된다.

하지만 경험은 일정한 체계 내에서 문제를 해결해가는 위와 같은 모델를 따르지 않는다. 오히려 경험은 그 체계를 벗어나는 수단이다. 따라서 경험은 그 체계를 파괴하거나 창조적인 극복을 하기 위한 수단이다. 진정으로 위대한 예술작품이나 문학작품을 대하게 되었을 때, 이 경험은 사람의 이해를 변형시킨다. 왜냐하면 이 경험은 인생을 바라보는 데 있어 새로운 방식을 열어주기 때문이다. 하나의 작품이 계속 읽히는 것은 바로 이러한 '새로움' 때문이다. 왜냐하면 이 새로움을 통해 우리는 분석적 시각(이는 아마도 '분석적 맹목성 analytical blindness'이라고 불러도 좋을 것이다)을 벗어날 수 있기 때문이다. 대부분의 방법들에는 창조적 부정성(creative negativity)의 요소가 결여되어 있다. 왜냐하면 참으로 창조적인 계기는 바로 방법 자체의 새로운 창조 속에 놓여 있기 때문이다. 그리고 대부분의 경우에 있어서 이러한 계기는 방법적으로 획득되지 않는다. 따라서 창조적 부정성은 진정한 변증법적 물음의 생명이자 지반이라 할 수 있을 것이다.

문학 해석은 변증법적 물음을 필요로 한다. 이러한 변증법적 물음은 텍스트를 문제시할 뿐만 아니라 텍스트에서 말해진 사상(事象)에 대해 물음을 제기한다. 또한 해석자 자신의 지평을 문제시하며, 주제에 대한 우리의 이해를 근본적으로 변형시킨다. 이는 해석자의 지평을 부정하는 것도 아니고, 그렇다고 대부분의 분석과 방법에 암묵적으로 전제되어 있는 것처럼 그 자신의 지평을 절대화하는 것도 아니다. 왜냐하면 변증법적 대화는 창조적인 지평융합(fusion of horizons)이기 때문이다. 그러나 우리는 오직 우리 자신의 지평 내에서만 그리고 이러한 지평을 통해서 무언가를 이해할 수 있다고 하는 것은 부분적으로는 사실이다. 만일 이것이 사실이라면 어떠한 지평도 변화되지 않을 것이다. 그런데 진정한 경험에서는 오히려 자신의 지평에 대한 부분적인 부정이 생겨난다. 그리고 이를 통해서 보다 포괄적인 이해가 나타난다. 소크라테스의 변증법적 접근법은 모든 진정한 변증법적 물음을 위한 모델이 될 수 있다. 왜냐하면 지(知)와 무지(無知) 사이를 왔다 갔다 하면서 하나의 주제를 여러 각도에서 다양하게 고찰하는 그의 접근법에는, 모든 것을 내던져 사상(事象) 자체로부터 교훈을 얻고 배우겠다는 강한 의지가 들어 있다. 소크라테스의 능수능란함의 배후에는 사상(事象) 자체에 주도권을 주려는 깊은 의도가 놓여 있다. 그는 항상 새로운 접근을 시도하면서 주제(혹은 사상)에 대해 유연하고 개방적이며 비독단적으로 취급하려고 노력한다. 그는 자신의 상대방의 주장을 약화시키려 하기보다는 그 주장이 지닌 강점을 찾아내어 문제에 대한 자신의 이해를 변형시키려고 노력한다. 오늘날의 문학해석자는 텍스트에서 '말해지고' 있는 것에 대해 이런 종류의 개방성을 취할 필요가 있다. 물음 및 물음에 놓여 있는 존재는 텍스트와의 대화를 통해 함께 나아가야 한다.

텍스트가 말하지 않은 바를 들을 수 있는 능력

말한 바를 제대로 듣는 사람은 훌륭한 청취자이다. 그러나 말해진 것에 비추어 말해지지 않은 바를 듣는 사람은 훨씬 더 훌륭한 사람이다. 텍스트가 명시적으로 언급하고 있는 것의 긍정적 성격에만 초점을 맞추게 되면 해석학적 과제를 올바르게 수행할 수 없다. 텍스트가 말하지 않았던 것—그리고 아마도 텍스트가 말할 수 없었던 것—을 찾아내기 위하여 텍스트의 배후에로 거슬러 올라가는 일은 꼭 필요하다.[9]

모든 물음이 예비적인 진술(assertion)을 내포하고 있는 바와 같이 모든 진술은 하나의 물음에 대한 대답으로 간주될 수 있을 것이다. 문학의 텍스트가 바로 이 같은 진술의 일종이다. 진술은 독립적이고 독자적인 실재가 아니라 하나의 물음에 대한 대답이며 그 의미는 일정한 사고의 지평 내에 있기 마련이다. 그러므로 작품을 해석한다는 것은 곧 텍스트가 속해 있는 물음의 지평 속으로 들어가는 것을 의미한다. 그러나 작품의 해석은 또한 해석자가 여러 대답들이 가능한 지평 속으로 들어가는 것을 의미한다. 작품이 말하고 있는 바를 우리가 이해하는 것은 이 여러 대답들에 의해서—작품의 시간적 맥락에서 그리고 또한 현재라는 시간에서—이다. 바꾸어 말하면 말해진 바는 오직 말해지지 '않은' 것에 의해서 이해될 수 있다.

텍스트를 존재케 해주는 물음의 재구성은 단순한 역사적 재구성의 문제나 단순한 '복구'의 문제가 아니다. 왜냐하면 이러한 분류나

---

9 《KPM》, p. 181을 보라. 그리고 영역본은 p. 206을 보라.

구분은 영원한 것을 찾으려는 노력만큼이나 불합리한 것이다. 그렇다고 그것이 단순히 저자의 원래의 의도들을 찾아내는 일도 아니다. 물론 물음의 재구성에 있어서 저자의 의도들도 매우 중요하다. 왜냐하면 텍스트에서 말해지고 있는 것은 그 텍스트가 다루고 있는 사상(事象), 즉 텍스트를 존재케 해주는 물음이다. 하지만 해석자는 또한 텍스트에 대해 물음을 통해 접근하며, 그리고 텍스트는 해석자의 지평 혹은 공허하고 추상적인 이해 과정을 밝혀주어야 한다. 여기에서의 역사적 과제는 과거의 텍스트에서 현재 그것이 우리에게 말하는 바를 듣는 일이다. 즉 과거에는 말하지 않았고, 또 말할 수 없었던 바를 지금 듣는 일이다. '텍스트에 대해 폭력을 가한다'고 해서 행하는 비난이 텍스트의 명료성의 배후에 놓여 있는 '무엇(즉 事象)'을 듣고자 하는 해석학적 과제를 무시해야 하는 데 대한 변명이 될 수는 없다.

적용이 현재에 대해 지니는 의의

텍스트의 드러난 의미만을 다루는 해석들이 해석학적 과제를 제대로 파악하지 못하는 바와 같이, 과거의 의미지평에 만족해버리는 해석이론들도 역시 해석의 과제에 대해 잘못된 견해를 갖고 있다. 이러한 이론들은 해석을 기본적으로 과거의 재구성과 복구로 간주한다. 이런 경향은 객관성을 이상으로 삼았던 19세기의 사상노선(예를 들면 레오폴트 폰 랑케)을 따르고 있다. 이 노선에 있어서 역사적 이해란 과거의 시대를 단순히 재구성하는 문제로 생각되었다. 그러나 이런 견해는 이해의 변증법을 잘못 생각한 데서 비롯된 것이다.

우리는 텍스트에 대해 하나의 물음을 제기한다. 이때의 물음은 우리 자신의 지평에서 나온 것이다. 만일 다른 지평에서 물음을 던지게 되면 우리는 맹목적으로 역사적 연구에 참여하게 된다. 우리는 이해를 하고자 하는 나름의 이유를 갖고 있다. 그리고 이러한 이유는 사실상 텍스트에 제기된 물음을 통해 나타난다. 따라서 모든 해석에는 현재에 대한 적용(application to the present)이 발생한다.[10]

따라서 문학 해석은 문헌학과 역사 연구의 객관주의적 전망으로부터 방법론적으로 인도될 것이 아니라, 신학 해석이론과 법률 해석이론으로부터 문제들을 배워야 한다. 왜냐하면 신학해석학과 법률해석학은 이해를 다른 세계 자체를 알고 싶어 하는 골동품 취미로서가 아니라 텍스트와 현재의 상황 간의 거리를 메우려는 노력으로 간주하기 때문이다. 그것이 판결을 내리는 것이건 아니면 설교를 하는 것이건 간에 해석의 계기는 텍스트가 의미하는 바를 그 자체로서 설명하는 것이라기보다는 그 텍스트가 현재의 우리에게 의미하는 바이기 때문이다. 법률해석학과 신학해석학은 둘 다 다음과 같은 견해—즉 우리가 텍스트를 '이해'할 수 있는 이유는 텍스트의 저자와 우리 사이에 약간의 동질성이 있기 때문이라는 견해—를 거부하는 경향이 있다. 왜냐하면 우리는 개인적으로 저자를 인정하지 않더라도 신학의 텍스트나 법률 텍스트를 이해할 수 있기 때문이다. 텍스트는 동질성을 기반으로 하여 이해되기보다는 텍스트의 주제 혹은 사상(事象)이 공통된 것이기 때문에 우리에게 이해된다. 이러한 공

10 《WM》, pp. 290~295, 312~316, 322, 381을 보라.

통성의 기초는 단순히 개인적인 것이 아니라 바로 언어이다. 우리는 언어 속에서 그리고 언어를 통하여 존재하며 자신의 존재(Sein)도 언어를 통해 해석한다. 심지어 우리가 서로 다른 두 언어 사이의 간격을 연결해야 할 경우에도, 우리는 여전히 존재가 언어로 나타나는 언어적 세계 내에서 해석을 한다.

문학해석자들은 또 다른 측면에서 법률 해석과 신학 해석으로부터 도움을 받을 수 있다. 이 두 해석의 목적을 텍스트를 이해하고 주제를 개방하는 것이다. 해석자는 관찰되는 대상으로서의 텍스트에 대해 방법을 적용하기보다는 오히려 자신의 사고를 그 텍스트에 적응시키려고 노력한다. 그는 자신의 지식을 늘리기 위하여 다른 사람의 지식을 전유(혹은 자기화)하는 것이 아니라 텍스트의 지배적인 요구에 따라 스스로 전유된다. 바꾸어 말하면, 법의 의지나 신의 의지를 해석하는 일은 텍스트의 주제를 지배하는 일이 아니라 오히려 그 주제에 순응하는 것이라 할 수 있다.

법률해석자와 성서해석자는 둘 다 과거와 현재 사이에서 극심한 긴장감을 느끼고 있음이 틀림없다. 둘 다 무엇이 적용할 수 있고 의미 있는 것이며, 무엇이 부차적이고 적용할 수 없는 것인지를 알고 있어야 한다. 이렇게 하는 것은 사실상 텍스트의 배후에까지 파고들어 그 텍스트를 존재케 한 물음이 무엇인지를 파악하는 것이다. 다시 말하면 그것은 텍스트가 말하지 않은 부분 혹은 말할 수 없었던 부분에까지 의문을 던지는 것이다.

텍스트의 지평과 해석자의 지평 사이에 놓여 있는 긴장을 창조적으로 극복하는 일은 해석의 과제이므로 본래적인 역사의식의 근본적인 중요성은 전혀 논란될 수 없다. 미국의 문학해석자들은 문학 해석이란 시간거리(temporal distance)를 메우는 것이기 때문에 본질상 역사적 행위이며 따라서 문학 해석은 역사적 만남—왜냐하면 해석학적 경험은 바로 역사적 만남이기 때문이다—의 본성을 이해할 필요가 있다는 사실을 항상 마음에 새겨야 할 것이다.

미학적 범주 및 이에 대한 몇 가지 잘못된 견해

예술작품에 있어서의 '미학적인 것(the aesthetic)' 혹은 순수하게 '미학적인' 요소에 관한 사상—이것은 계몽주의에서 유래된 것이다—은 반성의 과정을 거쳐 얻어진 하나의 허구이다.[11] 특히 문학작품의 미학적 차원은 그것의 의미, 즉 작품에서 사용된 단어들의 의미 및 그 작품의 '역사적' 의미와 분리해서 고찰될 수 없다. 문학작품과 관련하여 '즐거움'이나 '기쁨'이란 단어는 한 작품의 '순전히 형식적인' 측면, 그 작품의 구성 그리고 작품 구성의 탁월한 능력에 대한 반응을 표현하기 위해 사용된 것으로 생각해서는 안 된다. 오히려 훌륭한 시나 문학작품에 대한 올바른 반응은 사실상 '그 작품이 말하는 바' 다시 말하면 그 작품의 내용과 분리될 수 없다. 그런데 마치 형식과 내용을 분리할 수 있는 듯이 믿는 태도는 칸트 이래 근대의 주관주의화된 미학이 저지른 오류에서 비롯된 것이다.[12] 왜냐하면 이처럼 주관주의화된 미학은 예술작품의 만남을 단지 지각하는 주관의 입장에서만 고찰하기 때문이다.

---

11 앞의 책, pp. 77~96, 특히 p. 83.

12 앞의 책, pp. 39~52.

아리스토텔레스는 자신의 《윤리학 Ethics》에서 '즐거움(pleasure)'을 한 기관의 고유한 기능의 부산물이라고 정의함으로써 이 개념에 대한 훌륭한 전망을 제시하였다. 그는 직접적으로 즐거움(쾌락)을 추구하는 인생은 바람직하지 못하다고 지적하였다. 우리는 덕(德, virtue)을 목적으로 해야 하며, 즐거움은 덕스러운 활동의 부산물로 생겨난다. 문학에 있어서도 작품 감상(reading)의 즐거움은 형식에서의, 그리고 형식을 통한 이해의 즐거움이다. 왜냐하면 그 즐거움은 형식 자체에 대한 반응에서 생겨나는 것이 아니기 때문이다. 작품의 내용(what is said)을 형식과 분리시키는 것은 하나의 반성적 행위, 즉 경험 자체에서 생겨나는 이분법이 아니라 철학적으로 잘못된 경험 개념에 기초를 둔 개념적 구성행위일 뿐이다. 이 잘못된 경험 개념에 따르게 되면, 사고와 진리는 그 형식에 있어서 감정이나 '감각적 쾌락'과 분리된다. 그래서 여러 감각들의 혼합은 그 자체가 감각적인 것으로서 쾌락인 것처럼 생각하게 된다. 예를 들면 독일어를 할 줄 모르는 사람에게 괴테의 시를 읽게 한 다음 그에게 과연 그 시가 추한지 아름다운지를 물어보아라.

내용과 형식을 분리하는 태도는 예술에 대한 근대의 주관주의화된 접근법이 빚어낸 또 하나의 중요한 오류다. 예술작품에 대한 미학적 경험에 있어서 가장 중요한 것은 형식이나 내용이 아니라, 자신의 역동성을 갖고 있는 형상(image)과 형식을 통해 철저하게 매개되어 있는 사상(事象) 자체이다. 시(詩)와의 예술적인 만남에 있어서 사람들은 시의 원재료들을 분리해내지 않는다. 그리고 음악 연주나 연극 공연을 감상함에 있어서 우리는 작품과 연주(혹은 공연)를 의식적으로(reflexively) 구별하지 않을 경우에만 그 작품을 예술로서 경험한 것이 된다. 원재료들—작품 및 그 작품의 공연이나 연주—을 구별하게 되면 진정한 미학적 경험을 할 수 없게 된다. 하나의 작품이 수행되는 동안 우리는 그 작품이 말하고자 하는 사상(事象)에 의해 사로잡힌다. 만일 이런 관점을 유지함이 없이 이 수행(performance)을 수행으로 간주하거나 작품의 내용적 측면들을 원재료로 간주하게 되면 작품과의 만남에 내재된 미학적 계기는 무시되어버리고 말 것이다. 만일 우리가 작품과 그것의 수행 중에서 어느 한쪽이라도 무시하게 되면, 예술작품은 더 이상 말하는 주체가 아니라 사고의 반성 과정에 의해 판단되고 평가되는 대상 혹은 객관으로 전락해버린다. 따라서 작품의 '말하는 기능'을 무시해버리고 형식 자체에만 몰두하게 되면 그 작품의 진정한 '미학적' 측면은 보지 못하고 미학적 계기 자체를 상실하게 된다. 미학적 쾌락은 형식에 대한 감각적인 반응이 아니라 예술작품의 형식 속에서 의미의 전체적 운동을 파악하는 데서 생겨난다. 이를 좀 더 분명하게 이야기하면 다음과 같다. 미학적 쾌락(예술적인 즐거움)은 예술작품의 세계 속에서 드러나는 새로운 존재 진리(truth of being)와의 만남에서 생겨나는 부산물이다.

예술에서 '진리'에 관한 갑작스런 언급을 이해하고, 동시에 '순수한 감성적 형식'으로서의 형식 개념이 왜 의미와 분리되는가를 알기 위해서는 반성적 사고가 필요하다. 그러면 예술작품을 '예술'이게끔 해주는 것이 무엇인지를 해명해보자. 예술작품은 기예나 순수한 형식의 조화에 대한 호소를 그 자체의 목적으로 하지 않는다. 예술작품은 세계를 질료적 형식으로 표현함으로써 예술로서의 존재를 갖는다. 그렇다고 해서 이런 주장이 예술의 형식적 측면을 무시하지는 않는다. 오히려 형식은 예술에 있어서 중심이다. 그러나 '형식주의자들'이 생각하는 형식과는 다른 의미에서이다. 따라서 예술작품으로부터 얻는 쾌락은 형식주의적 의미의 형식에서가 아니라 예술작품을 진정으로 예술이게끔 해주는 형식에서 획득된다. 예술에서의 형식을 통해 알려진 세계는 원재료의 배열을 통해서 이루어지기 때문에 '사고'는 세계와 분리될 수 없을 뿐만 아니라 '미학적' 요소도 '비미학적' 요소와 구별될 수 없다.[13]

하이데거가 자신의 저서 《예술작품의 근원 Der Ursprung des Kunstwerkes》에서 밝힌 바와 같이, 그리스의 사원은 '존재의 열려진 공간'을 창조하기 때문에 우리는 이러한 해명을 할 수 있게 된다.[14] 이를 하이데거의 존재론적 어휘로 표현하면, 그것은 모든 위대한 예술작품에 다 적용된다. 그 사원은 자신의 형식을 통해 존재가 생겨날 수 있는 세계를 창조한다. 존재는 구체적인 실재가 아니라 이해의 지평인 세계와 관련하여 통일성의 한 부분으로 이해된다. 따라서 현상학적으로 이야기하면 형식은 형식에 선행하는 한 관념의 표현으로 파악되어서는 안 된다. 왜냐하면 형식과 관념은 세계라고 하는 불가분의 통일체 속에 한데 얽혀 있기 때문이다. 세계는 예술작품에서 드러나는 통일체이며, 예술작품은 이런 의미에서의 세계를 만들어내는 한에서만 예술일 수 있다.

따라서 예술이란 궁극적으로는 감각지각에 의한 인식의 대상이 아니라 이해의 사상(事象)이다. 우리가 훌륭한 예술작품을 경험하게 되면 우리의 이해지평, 세계를 보는 방식, 그리고 자기 자신에 대한

---

13 앞의 책, p. 88.

14 《Ho》, pp. 7~68 ; 《UK》, pp. 7~101.

이해가 훨씬 넓어진다. 우리는 '다 빛에 비추어' 보게 되고 가끔은 전혀 새롭게 보기도 한다. 그러나 이 과정을 통해 우리는 더욱 많은 경험을 쌓게 되어 보다 '경험이 많은' 시각으로 보게 된다. 이는 예술작품에서의 세계가 우리 자신의 세계로부터 분리되어 있는 세계가 아님을 보여준다. 왜냐하면 이 세계는 우리의 세계와 동질적이며 심지어 우리가 그 세계를 이해하는 과정에서 우리 자신에 대한 이해가 이루어지기 때문이다. 훌륭한 예술작품과의 만남에서 우리는 시간과 역사를 초월해 있는 전혀 낯선 세계로 나아가는 것이 아니다. 왜냐하면 우리는 '미학적이지 않은 영역'을 벗어나 '미학적인 영역'으로 나아가기 위해서는 결국 우리 자신의 전체적 이해와 미학적 이해를 분리해서는 안 되기 때문이다. 오히려 우리는 우리 자신을 보다 충분히 이해하게 된다. 우리가 위대한 문학예술작품을 이해할 경우 우리는 우리의 모든 것을 동원한다. 작품을 이해한다는 것, 즉 작품의 세계를 우리의 세계와 충분하게 융합시킨다는 것은 바꾸어 말하면 자기 이해(self-understanding)의 균형을 유지시킨다는 뜻이다. 해석자가 감각적인 쾌락의 조화를 소유하는 단순한 대상을 탐구한다는 신화는 이제 끝났다. 왜냐하면 거꾸로 예술작품이 그에게 물음을 던지고 있기 때문이다. 이때의 물음은 바로 그 작품을 존재케 해주는 그런 물음을 말한다. 예술작품의 경험은 아주 포괄적이고 자기 이해의 통일성과 연속성 속에서 일어나기 때문에, 그 경험은 형식적 조화의 제 규범이 아니라 진리에 의해 평가되어야 한다. 예술은 존재를 드러내고 '사상(事象)들의 존재방식(the way things are)', 즉 진리를 탈은폐시킨다.

이런 이유로 인하여 우리가 하나의 위대한 예술작품의 세계 속에 들어갈 경우에, 우리는 우리의 자기 이해의 규범들이 흔들리게 되는 것이다. 그래서 우리는 '귀향'하게 된다. 이때 우리는 존재론적 인식에 도달한 기쁨으로 탄성을 지르게 된다. 바로 이것이다. 예술가는 '존재'에 관해 말한 것이다. 예술가는 결코 존재하지 않는 지평에 의해 마법에 걸린 것이 아니라, 우리가 살고 있는 경험과 자기 이해의 세계를 그 근저에서부터 뒤흔든다. 따라서 예술의 보편성은 존재론적 보편성이다. 왜냐하면 모든 위대한 예술은 존재를 드러내기 때문이다. 예술가에 의한 존재의 형상화는 자신의 주관적 내면의 표현이 아니다. 즉 그의 '감정'이 형식을 통해 형상화된 것이 아니다. 이러한 존재의 형상화는 사실상의 진리, 즉 예술작품의 통일성으로 나타나는 존재 진리이다. 예술의 정당성은 그것이 미적 쾌락을 주는 데 있는 것이 아니라 존재를 드러내는 데 있다.

'미학적 현상(aesthetic phenomenon)'을 예술의 순수한 감각적 형식과 동일시하고 예술적 만남의 현상학(phenomenology of aesthetic encounter)에서는 아무런 자리도 차지할 수 없는 형식-내용의 이분법을 고수함으로써 '미학적 현상'에 대해 인위적으로 가해졌던 고립은 이제 폐기되어야 한다. 이러한 형식과 내용의 분리는 예술을 해명하는 데 기여하기보다는 오히려 지난 세기말에는 해악을 끼치기까지 했다. 우리는 '예술적인 것'의 고립, 즉 '예술을 위한 예술'의 불합리성에서 예술의 참된 모습—예술은 우리에게 진리를 드러내 준다—의 상실, 예술 이해의 역사성의 상실, 사회에서의 예술가의 지위의 상실, 그리고 더 나아가 사회 내에서의 예술 자체의 지위의 상실을 목격하였다. 문학의 경우 만일 시의 목적이 쾌락과 기쁨에 있다면 많은 학생들은 다른 쾌락들을 찾아서 가버릴 것이다. 그리고 만일 쾌락 자체를 재는 기준이 쾌락의 외부에 있지 않다면 쾌락들 사이에는 어떠한 논란도 없을 것이다. 그러나 주관-중심적인 미학은 예술의 객관적인 정당성을 제시할 수 없다. 이제 우리는 인간의 주관성의 무의식적인 작용을 우리의 준거점으로 삼아서는 안 된다. 그리고 예술이 우리에게 어떻게 영향을 주는가라는 물음을 제기해서는 안 된다. 우리는 예술작품의 존재방식에서 시작해야만 한다. 예술작품의 존재방식은 탈은폐(disclosure), 즉 세계의 탈은폐이다. 이러한 탈은폐는 존재가 생기하는 하나의 사건(event)이다. 예술의 정당성은 그것이 우리의 자기 이해에 대해 존재를 탈은폐함으로써 우리의 세계, 즉 우리가 그 속에 살고 있고 활동하며 우리의 전실존이 걸려 있는 지평을 확장하는 데 있다. 아름다움은 진리'이다(is)'. 즉 그것은 예술을 통해 우리에게 스스로를 탈은폐시키는 존재 진리이다.[15]

이제 우리는 예술작품과의 만남이라는 경험이 세계를 열어 보인다는 것을 알게 되었다. 이는 특히 언어로 이루어지는 예술작품의 경우에는 명백하다. 하지만 여기에서는 예술작품의 총체적인 모습과는 고립되어 있는 '순수하게 예술적인 것'을 거부할 수 있는 근거를 밝히기 위해서, 그리고 예술의 존재론적 내용인 그것의 '진리' 가치를 해명하기 위해서는 언어로 되어 있지 않은 예술에서의 '예술적 현상'에 관심을 돌릴 필요가 있다.

---

15 '아름다움은 진리이다'라는 진술의 의미가 불명료하게 심지어는 우리로부터 완전히 은폐된 채로 남게 되는 이유는, 부분적으로는 하이데거가 보여주었던 바와 같이 우리가 대응이나 일치로서 진리를 이해하는 주관-중심적인(역설적이게도) '객관적' 정의에 사로잡혀 있다는 사실에 기인한다. 만일 이렇게 되면 진리는 검증 가능한 진술로 정의될 것이다.

예술작품이 말하는 바에 대한 전체적인 경험의 맥락에서 '예술적인 것'을 이해하는 이런 견해에다가 물음, 경험, 이해, 언어, 역사의식 등에 관해서 앞서 말했던 바를 추가하면 해석학적 경험(hermeneutical experience)에 관한 통일된 생각이 성립하게 된다. 우리는 이런 생각에 기초해서 문학 해석의 제 요소가 무엇인지를 살펴볼 수 있다. 이를 보다 확고히 하기 위해서 나는 문학 해석, 혹은 해석학적 경험에 관한 30개의 테제를 정식화하였다. 이는 다음 장에서 서술된다.

14. 해석에 관한 서른 개의 명제

해석학적 경험에 관하여

1. '해석학적 경험(문학예술작품과의 만남)은 본질적으로 역사적이다.' 그러나 역사, 이해, 언어, 문학작품의 존재론적 지위 등에 대한 기존에 팽배해 있는 잘못된 견해들로 인하여 이것이 무엇을 의미하는지조차 파악하기 어렵다. 이러한 실패는 현재 만연되어 있는 역사의식의 부재에 대한 명백한 증후이다.

2. '해석학적 경험은 본질적으로 언어적이다.' 언어가 '언어성'의 지평 내에서, 즉 조작적인 의식의 도구로서가 아니라 세계가 우리에게 드러날 수 있도록 해주는 매개로서 파악되지 않으면 이 말의 충분한 중요성을 깨닫는 것은 거의 불가능하다.

3. '해석학적 경험은 변증법적이다.' 이러한 사실이 풍부한 결실을 맺기 위해서는 경험이 대상들을 지각하는 의식으로서가 아니라 자기 이해를 확장시켜주고 조명해주는 부정성과 직면할 수 있는 이해로서 간주되지 않으면 안 된다.

4. '해석학적 경험은 존재론적이다.' 이 말의 의미는 이해와 언어의 존재론적 기능이 밝혀져야만 드러날 수 있다. 이해와 언어는 둘 다 존재론적이다. 왜냐하면 둘 다 사물들의 존재를 탈은폐시켜주기

때문이다. 하지만 이해와 언어는 존재를 주관성에 대립된 대상으로 탈은폐하는 것이 아니라 우리가 이미 속해 있는 존재를 탈은폐시켜 준다. 탈은폐된 존재는 단순히 대상의 존재가 아니라 우리 자신의 존재, 즉 '존재 그 자체'이다.

5. '해석학적 경험은 하나의 사건—즉 〈언어 사건〉이다.' 문학은 개념적 인식의 정태적 범주로 서술되면 고유의 역동성과 말하는 힘을 상실한다. 단순한 개념적 인식이 아니라 사건의 체험으로서 작품의 존재와의 만남은 정태적이거나 표상적이지 않으면 모든 시간과 시간성으로부터 벗어나 있지 않다. 오히려 그러한 만남은 은폐로부터 벗어나서 작품을 개념과 대상성(내지 객관성)의 차원으로 축소시키려는 모든 노력을 거부하는 진리이다.

6. '해석학적 경험은 〈객관적〉이다.' 이 말은 기존의 관습적인 '객관성'에 대한 정의, 즉 '과학적' 정의가 거부되지 않는 한 왜곡된 의미로 이해될 것이다. 편협하고 고루한 신앙, 미신, 전통의 무비판적 수용 등에 대한 계몽주의의 투쟁에서 생겨난 이 정의에 따르면, 객관성이란 주관적 선입견이나 편견에서 벗어난 명석한 개념적 지식을 획득할 수 있는 수단이다. 결국 이성의 '자연의 빛'은 실험을 통해 '검증할' 수 있다는 사실을 수용한다. 그래서 검증하는 이성은 최고 법정의 지위에 오르게 되며 모든 진리는 그 타당성을 정신의 반성작용, 즉 주관성에서 찾게 된다. 이처럼 '주관적인' 형태의 객관성은 '해석학적 경험이 객관적이다'라고 말할 때의 객관성과 전혀 관계가 없다. 이때의 객관성이란 과학적 객관성이 아니라 진정으로 역사적인 '객관성'을 말한다. 이런 의미의 객관성을 사용하게 되면, 문학작품에서 드러나는 언어로 표현된 존재는 정신의 반성활동의 산

물이 아니라고 하는 말이 제대로 이해될 수 있다. 다른 한편으로 현상(現象)한 것은 시간과 역사를 초월하여 의미를 가질 수 있는 독립적 실재가 아니다. 오히려 우리가 만들지도 않았고 임의대로 통제할 수도 없는 세계의 저항에 부딪히면서 우리는 우리에게 역사적으로 전승되어온 유산, 즉 세계를 이해하고 지각하는 방식의 전통 내에서 활동하면서 살고 있다.

언어, 역사, 세계 등에 대해 인간이 맺고 있는 관계를 가장 적절하게 표현해주는 것은 '참여'이다. 즉 우리는 언어나 역사 혹은 세계를 '사용'하고 있기보다는 그것들 속에 '참여'하고 있다. 왜냐하면 사람들은 개인적으로 언어, 역사 혹은 자신들의 '세계'를 만드는 것이 아니라 자신들의 활동을 그것들에 순응시키고 따르도록 하기 때문이다. 언어란 인간의 도구나 수단이 아니라 존재가 드러나는 방식이다. 우리가 어떠한 상황 속의 존재를 알고자 할 때 우리는 거기에 맞는 언어를 고안해내는 따위의 일을 하지 않으며 또 할 수도 없다. 따라서 언어로 표현되는 것은 인간의 '반성의 산물'이 아니라 상황 그 자체이다. 왜냐하면 말은 일차적으로 주관성과 관련된 기능이 아니라 상황과 관련된 것이기 때문이다. 객관성의 기초는 말하는 사람의 주관성에 있는 것이 아니라 언어로 표현되는 현실에 있다. 따라서 해석학적 경험은 그 기초를 바로 이런 의미의 객관성에서 찾지 않으면 안 되는 것이다.

7. '해석학적 경험은 텍스트에 의해 인도되어야 한다.' 텍스트는 대화의 상대방으로 충분히 비유될 수는 없다. 왜냐하면 대화에서의 상대방은 스스로 말을 할 수 있는 데 비해 텍스트는 말을 하기 위해 도움을 필요로 하므로 이는 진정한 해석학적 경험에 고유한 난점들

을 야기하기 때문이다. 그 난점이란 곧 텍스트를 우리의 주관성에 맞서 있는 단순한 대상(객관 혹은 객체)으로 전락시키지 않고서도 충분한 개방성 속에서 텍스트의 객관적 요구를 듣는 일이다. 우리는 해석의 일차적 과제를 분석(analysis)에서 구해서는 안 된다. 이렇게 되면 텍스트는 한갓 대상의 차원에 머물고 만다. 해석의 일차적 과제는 '이해'다. 이해는 그것이 자족적이고 인식하는 의식으로서가 아니라 존재에 의해 파악될 수 있는 그 무엇으로 생각되는 한 매우 개방적이다. 해석의 '행위'는 무엇을 강제적으로 빼앗는 텍스트의 강탈이 아니라, 해석학적 대화에서의 두 대화자라 할 수 있는 해석자와 텍스트 간의 충분한 가능성 등을 고려할 수 있는 애정 어린 결합이다.

그러므로 해석자가 텍스트에 굴복하는 것은 절대적인 굴복이 아니라, 노자(老子)의 《도덕경 道德經》에 나오는 유연함과 마찬가지로 아래로부터 극복하는 것이다.[1] 해석학적 만남은 한 개인의 지평을 거부하거나 부정하는 것이 아니라(왜냐하면 누구나 자신의 지평을 통해서 보아야 하고, 또 그 지평이 없이는 아무것도 볼 수 없기 때문이다) 자신의 자유로운 개방을 위해 기꺼이 그 지평을 희생시키는 것이다. 폴 틸리히는 사랑을 분열의 극복이라고 정의한다.[2] 그렇다면 텍스트와 해석자의 결합은 텍스트의 역사적 거리감(혹은 낯설음)을 극복하는 것이며, 존재(즉 언어와 역사)의 공통적 지반에 의해 가능한 결합

---

1 Arthur Waley, 《도와 덕 : '도덕경'과 중국사상에 있어서 그것의 위치에 대한 연구 The Way and Its Power : A Study of the 'Tao Tê Ching' and Its Place in Chinese Thought》, 특히 6과 28번째 시를 주목하라.

2 P. Tillich의 《사랑, 권력 그리고 정의 Love, Power, and Justice》를 보라.

이다. 해석학적 경험의 핵심이라 할 수 있는 지평들 간의 융합에 있어서 해석자의 지평이 지닌 요소들 중에서 몇 가지는 부정되고 다른 몇 가지는 긍정된다. 또한 텍스트의 지평에 있어서도 몇 가지 요소는 사라지고 다른 몇 가지는 전면에 나오게 된다(이는 곧 탈신화화됨을 말한다). 그러므로 이런 의미에서 모든 진정한 해석학적 경험은 새로운 창조, 즉 존재의 새로운 탈은폐이다. 왜냐하면 해석학적 경험은 이렇게 됨으로써 현재와 확고한 관계를 갖게 되고 또 이런 사건은 역사적으로 이전까지 결코 일어난 적이 없는 새로운 생기(生起)이기 때문이다. 다시 말해서 이는 전혀 새로운 방식으로 인간이 존재의 생성에 '참여'하는 것이라 할 수 있을 것이다.

8. '해석학적 경험은 말해진 바(what is said)를 현재의 빛에 비추어 이해한다.' 이를 달리 이야기하면, 모든 참된 해석은 현재에 대한 '적용'을 포함하고 있다는 말이다. 그렇다고 해서 이것이 시가 의미하는 바를 그 시의 역사적 지평의 맥락에 비추어 문법적으로 이야기하면 된다는 뜻이 아니다. 해석은 문헌학적 재구성을 위한 분류작업이 아니다. 해석이란 한 작품의 현재의 의미를 명백하게 드러내는 일이다. 왜냐하면 해석은 해석자의 지평과 텍스트의 지평에 가로놓여 있는 역사적 거리를 메우는 작업이기 때문이다. 신학 해석과 법률 해석 모두에 있어 적용(application)이라는 계기는 분명히 필요로 하며 중심적이기까지 하다. 문학 해석은 신학과 법학의 사례를 연구함으로써 역사적 거리감을 극복하는 방법을 배울 수 있을 것이다. 왜냐하면 신학과 법학은 문학 해석이 그동안 상실하고 있던 역사의식을 되찾을 수 있도록 해줄 해석학적 상황에 대한 몇 가지 유용한 모델을 제공해줄 수 있기 때문이다.

9. '해석학적 경험은 진리의 탈은폐이다.' 현재의 해석자는(앞에서 서술했던) 새로운 의미의 객관성과 새로운 진리 개념이 없이는 진리의 탈은폐(disclosure)가 의미하는 바의 본질을 알 수 없다. 진리는 '사실(fact)'과 그에 대한 진술의 대응(correspondence) 혹은 일치가 아니다. 진리란 존재가 역동적으로 현현함을 말한다.[3] 진리는 결코 총체적이거나 명확하지 않다. 오히려 '탈은폐'는 동시에 진리를 은폐한다. 진리는 부정성에 근거를 두고 있다. 그래서 진리의 발견은 부정성이 힘을 발휘하는 변증법에서 가장 잘 이루어진다. 해석학적 경험에서 진리의 출현은 이 경험에 내재된 부정성과의 만남에서 이루어진다. 이 경우 해석학적 경험은 '미학적 계기' 혹은 '언어 사건'으로 나타난다. 진리는 개념이나 사실이 아니다. 진리는 생기(生起)한다.

10. '미학은 해석학에 포함되어야 한다.' '미학적 계기'는 형식에서의 감각적 쾌락에 의해서보다는 하나의 예술작품을 진정으로 '예술'이게끔 해주는 요소, 즉 존재의 공간을 열어주고 존재 진리를 드러나게 하는 세계가 생겨날 수 있다는 사실에 의해 규정되어야 한다. 소위 미학적 계기는(현상학적으로 말하자면) 해석학적 경험의 역동성과 분리되어 존재할 수 없다. 왜냐하면 해석학적 경험으로부터 미학적 계기를 분리해내려는 시도는 근본적으로 잘못된 것이기 때문이다. '미학적인 것'과 '미학적이지 않은 것' 사이의 모든 구별은 미학적 계기의 참된 경험적 성격으로부터 벗어나는 짓이다. 미학적 계기는 총체적인 해석적 만남과 분리되어서는 결코 이해될 수 없다.

---

3 《PL-BH》에 있는 《PL》을 보라.

주관-객관 도식의 극복에 관하여

11. 현재 미국의 문학 해석이 해야 할 가장 중요한 과제는 주관-객관 도식을 극복하는 일이다. 이러한 도식에 입각하게 되면 작품은 해석자로부터 멀리 떨어져 분석의 대상으로 전락하고 만다. 현상학은 이 극복을 위한 길을 열어준다. 하이데거와 가다머에 의한 독일의 해석학도 이러한 과제를 수행하는 하나의 길이다. 또 다른 길은 프랑스의 현상학적 문학비평(사르트르, 블랑쇼, 리샤르, 바슐라르)[4]과 현대 프랑스의 현상학적 철학(리쾨르, 뒤프레, 귀스도르프, 메를로-퐁티)[5]에 의해 놓여졌다. 그 밖에도 많은 길이 개방되어 있다.

예술작품의 자율성과 객관적 지위에 관하여

12. 예술작품의 자율성 문제에 관한 한 '신비평'의 입장은 본질적으로 옳다. 저자의 주관적 의도를 알기 위해 작품을 보는 것을 오류(의도 추구의 오류)라고 보는 점에서 신비평은 올바르다. 그리고 저자의 의도들에 비추어 저자를 검증하는 일은 전혀 받아들일 수 없는 것으로 간주하는 것도 올바르다. 예를 들면 우리는 천상으로부터 곤두박질쳐서 내려온 대천사에 관한 밀턴 자신의 의도나 감정들에 대해서는 크게 관심을 갖지 않는다. 오히려 여기서는 사탄을 보는 방

---

4 Neal Oxenhandler, 〈미국과 프랑스에 있어서 존재론적 비평(Ontological Criticism in America and France)〉, 《MLR》, LV(1960) pp. 17~23.

5 이들에 의한 저작은 노스웨스턴 대학 출판부에서 많이 번역되어 나와 있다.

식이 텍스트에서 드러난다. 우리의 관심은 '말해진 사상(事象)' 자체일 뿐 밀턴의 의도나 성격이 아니다. 텍스트에는 하나의 '현실'이 생겨난다. 《실낙원 Paradise Lost》에 나오는 에덴 동산의 장면에서 하나의 현실이 생겨난다. 우리는 밀턴이 실제로 이러한 감정들을 가졌었는지에 대해 깊은 관심이 없다. 또한 아담과 이브가 '실제로' 가졌던 감정들이 무엇인지에 대해서도 전혀 개의치 않는다. 왜냐하면 그 감정들에는 보다 깊고 보편적인 어떤 것이 표현되어 있다. 그것은 바로 존재 진리이다.

방법 및 방법들에 관하여

13. 방법이란 해석자의 측면에서 측정하고 제어하려는 노력이다. 그래서 방법은 현상(Phenomenon)과는 반대편에 놓여 있다. '경험'의 개방성—이 말은 텍스트 쪽에서 해석자 자신을 변형시키는 것을 뜻한다—은 방법과 대립된다. 따라서 방법은 작품과 해석자의 중간에 서서 양자를 분리시키고 더 나아가 작품을 충분하게 경험하는 것을 방해하는 일종의 독단론이다. 분석적인 지각은 경험과는 무관하다. 그래서 그것은 분석적 맹목성이라 불린다.

14. 현대의 기술중심적 사고방식 및 이 근저에 놓여 있는 힘에의 의지로 인하여 우리는 '주관을 숭상하면서 동시에 사상(事象)을 무시'하는 경향이 있다. 문학에 있어서 이 같은 기술중심적 시각은 텍스트를 하나의 '대상'으로 간주하는 태도에서 보여진다. 이러한 해석이론은 너무나 주관중심적이고 독단적이며 폐쇄적인 작품 접근법이기

때문에 경화(硬化)된다. 구조와 유형에 관한 경화된 분석을 통해서 문학의 '즐거움'을 찾고자 하는 시도는 단 일보도 전진하지 못한다.

15. '형식은 절대 문학 해석의 출발점이어서는 안 된다'. 혹은 형식의 계기가 분리되어 진정으로 '예술적인' 요소로 간주되어서도 안 된다. 오히려 형식이 내용, 즉 작품의 전체적인 의미상의 통일성과 분류될 수 있다고 하는 믿음은 잘못된 철학적 전제들에 기초를 둔 오류이다. 예술을 위한 예술이 있을 수 없듯이 순수하게 예술적인 것도 있을 수 없다. 주제를 그것의 형식과 분리시키는 것은 순전히 반성적 행위이다. 왜냐하면 그러한 분리는 작품 자체와의 경험적 만남과는 전혀 무관하게 일어나기 때문이다. 따라서 한 작품의 예술적 요소는 비예술적 요소와는 분리되는 그 작품의 형식에 들어 있다는 주장은 전혀 타당성이 없다. 예술적인 것과 비예술적인 것 사이의 어떠한 구별도 잘못된 정의에 근거를 둔 말장난에 지나지 않기 때문이다. 그 이유는 예술적 계기란 세계가 생겨나는 통일성이기 때문이다. 이 세계의 의미는 작품의 감각적 형식과 분리될 수 없으며, 또한 예술적 만남의 순간에서 더더욱 분리될 수 없다. 내용과 형식의 분리는 예술적으로 전혀 타당성이 없으므로, 그리고 그러한 분리는 경험이 생겨난 이후의 반성적 사고의 결과이므로 형식에 대한 고찰에서 문학 해석이 출발하게 되면, 문학 해석은 처음부터 예술적 계기의 통일성과 충만성으로부터 벗어나게 된다.

16. 문학 해석의 출발점은 작품 자체를 경험할 때 일어나는 언어 사건—즉 작품이 '말하고' 있는 바—이어야 한다. 문학작품의 말하는 힘은 우리가 작품과 의미 있게 만날 수 있는 바탕이며, 그 힘은 형식과 떨어져 있는 것이 아니라 형식 속에서 그리고 형식을 통해

말을 한다. 형식과 말해진 바(事象)의 내적 통일은 진리와 예술적 경험의 내적 통일을 위한 근거가 된다. 문학작품이 하는 말은 존재의 탈은폐이다. 왜냐하면 그 말은 존재 진리의 힘을 표현하기 때문이다. 예술가는 존재 진리를 드러내기 위해서 재료들(소리의 구조, 금속의 딱딱함과 그것의 광채, 색깔의 힘)의 내적인 힘을 사용할 줄 아는 능력을 가진 사람들이다. 언어는 세계를 드러낼 수 있는 말하는 힘을 갖고 있다. 이는 바로 하이데거가 횔덜린에 관하여 이야기하면서 우리 인간은 지상에서 '시적으로' 거주하고 있다고 말한 바의 참된 의미이다.[6]

17. 문학에 대한 참된 사랑은 순수한 형식에서의 기쁨이 아니며 지금까지도 그렇지 않았다. 문학에 대한 사랑은 문학의 말하는 힘에 대한 응답이다. '예술적 기쁨'을 주기 위해서 복슬강아지를 치장하는 것이 동물 자체에 대한 깊은 사랑과는 무관한 한갓 이기주의에서 나온 행동인 것과 마찬가지로, 문학을 단순한 놀이나 오락 정도로 간주하는 견해는 문학을 제대로 이해하지 못한 데서 생겨난 것이라 할 수 있다. 개념적 지배만을 요구하는 오만한 태도는 사랑이 아니라 문학을 사육하고 질식시키는 것에 지나지 않는다.

18. 텍스트의 의미를 파악하는 사람이 해석자가 아니다. 오히려 텍스트의 의미가 해석자를 사로잡는다. 우리가 놀이나 연극을 구경하거나 혹은 소설을 읽을 경우, 우리는 대상을 명상하는 주관으로서 그것을 초월하여 있는 것이 아니다. 오히려 우리는 전개되고 있는 사상의 내적 운동에 의해 사로잡혀 있는 것이다. 이 점은 문학에 대

---

6 〈횔덜린과 시 창작의 본질(Hölderlin und das Wesen der Dichtung)〉, 《EHD》; 《EB》, pp. 270~291.

한 기술중심적 접근 방법에 의해 무시되어온 해석학적 현상이다. 만일 우리가 스스로를 상황의 지배자나 조종자로 생각하게 되면 해석학적 상황을 잘못 해석하게 된다. 우리는 참여자일 뿐이다. 우리는 상황을 바꾸어놓기 위해 상황 속에 들어가는 것이 아니다. 그것을 바꾸기에는 우리가 너무나 무력하다.

19. 예술에 대한 접근 방법들 중에서 일부는 기법이나 테크닉을 강조한다. 그러나 신발이나 가구 혹은 부엌용품을 만드는 데도 기술은 요구된다. 예술작품은 도구가 아니다. 예술의 기쁨은 단순히 형식에 대한 감각적 기쁨이 아니다. 왜냐하면 예술작품은 값싼 오락물이 아니기 때문이다. 물론 기술이나 감각적 쾌락이 예술에 포함됨은 분명한 사실이다. 그러나 이것들을 예술의 출발점이나 핵심으로 간주하는 것은 너무나 소박한 환원주의(reductionism)에 빠지는 것이다. 예술은 그것이 우리 앞에 세계를 드러내놓는 한에서만 예술이다. 그리고 훌륭한 예술은 우리 자신의 지평을(부분적으로라도) 뒤흔들 정도의 존재 진리를 갖고 있기 마련이다. 그리고 또한 '경험'이라는 범주에 의해서만 이해될 수 있을 정도의 이해의 새로움이 생기할 수 있는 작품이라야 훌륭한 작품이 되는 것이다. 훌륭한 예술작품과의 만남은 항상 근원적인 의미에서의 경험이다.

20. 따라서 하나의 작품을 읽는다고 하는 것은 관찰이나 반성을 통해 개념적인 지식을 획득하는 것이 아니다. 그것은 자신의 낡은 지각방식을 파괴해가는 '경험'이다. 해석자가 작품을 조정하는 것이 아니다. 왜냐하면 작품은 고정되어 있기 때문이다. 오히려 작품이 해석자에게 영향을 주어서 해석자를 변화시킨다. 따라서 해석자는 경험을 통해서 상실해버린 원래의 자기지평을 결코 다시 획득할 수

없다.

21. 오늘날 문학작품을 '이해'하고자 하는 여러 방법들은 해석학적 경험에는 부합되지 않는 '이해'에 대한 개념적 정의에 기초하여 작업을 하고 있다. 또한 그 방법들은 '이해'에 대한 정의를 작품도 대하기 전에 미리 규정한다. 이 방법들은 아이러니와 역설, 반복적인 형상들 그리고 원형적인 상황들을 미리 상정한다. 따라서 이 방법들은 작품에 귀를 기울이기보다는 그것들이 미리 상정한 바에 따라 작품을 이리저리 분해해버린다. 문학의 해석에는 아리스토텔레스적인 형식적 분석(formal analysis)—범주에 따라 분류하는 것—의 성격이 들어 있지 않다. 왜냐하면 문학작품을 이해하게 되는 과정을 소크라테스의 변증법적으로 순환하는 대화와 비슷하며, 이는 물음과 대답을 통해 주제 자체에로 접근해가는 것이기 때문이다. 자신의 입장을 확신한 상태에서 하나의 대답을 찾고 있는 분석자가 던지는 물음과 자신의 불확실성을 전제한 상태에서 자기물음부터 나오는 진정한 물음 사이에는 큰 차이가 있다. 분석가는 '~하다는 것이 그렇지 않겠는가?'라고 묻는다. 그러나 참된 물음은 (주관-객관을 분리하는 용어법을 빌어 표현하자면) '대상(객관)'에 대한 것이 아니라 '주관'에 대한 것이다.

22. 하나의 방법은 그것이 작용하는 경우에만 타당성이 있다. 그렇다면 이제 예술작품의 존재방식—세계를 탈은폐하는 사건—이 오늘날의 방법들에서 무시되고 있다면, 그 방법들과 현상 자체의 본성과의 공통성이 전혀 없다고 하는 과학적인 기반에 입각하더라도 그 방법들의 성과는 별로 가치가 없다. 즉 과학적인 근거에서조차 그 방법들은 타당성을 상실한다.

23. 텍스트를 이해한다는 것은 단순히 독자(혹은 해석자)가 일방적으로 수많은 질문을 텍스트에 퍼붓는 것이 아니라 텍스트가 독자에게 제기하는 물음을 이해하는 것이다. 이는 텍스트의 배후에 놓여 있는 물음, 즉 그 텍스트를 존재케 해주는 물음을 이해하는 것이다. 문학 해석은 듣기의 역학과 기술을 발전시킬 필요가 있다. 또한 창조적 부정성을 위한 개방성을 발전시킬 필요가 있다. 그래야만 텍스트가 예기할 수 없었고 예측할 수도 없었던 것을 새로이 배울 수 있기 때문이다.

문학 해석에 있어서 역사의식의 필요성

24. 현재 미국의 문학 해석이 지닌 가장 커다란 결점은 역사의식(historical consciousness)의 부족이다. 그 결과 문학이 지닌 본질적 역사성을 통찰할 능력이 없다. 현재 미국의 대다수의 문학 교사들은 '형식주의자'나 '골동품 수집가'로 분류될 수 있을 것이다. 형식주의자는 주관주의화된 미학의 오류들에 의해 무의식중에 영향을 받고 있기 때문에 미학적인 만남의 본질은 근본적으로 형식의 문제에 있다고 믿는다. 이 때문에 문학작품과의 만남은 정태적이고 무시간적인 범주들에 의해 다루어지게 되어 문학의 '역사적' 성격은 상실되어버린다. 골동품 수집가들은 문학 해석을 형식적 분석으로 바꾸려 하지 않는다는 점에서 형식주의자와 구별된다. 그러나 그들의 목적은 작품을 그 자체에 의해서 그리고 그 작품이 만들어진 시대에 비추어 이해하려 하기 때문에 18세기 문학의 연구자는 가능한 한 18세

기의 삶 속에 파고들려고 노력한다. 이들은 자신이 살고 있는 현재보다 18세기를 더욱 중요시한다. 왜냐하면 그때의 작품이 상징하고 있는 카페와 분위기는 오늘날에는 그리 분명치 못하기 때문이다. 그러나 과거 자체를 탐구하려는 골동품 수집가나 문학을 형식적 분석으로 환원시켜버리는 형식주의자는 모두 진정한 역사의식을 보여주지 못한다. 오히려 그들은 역사란 무엇인가를 제대로 이해하지 못하는 현대인들의 결점을 드러내줄 뿐이다.

25. '문학은 본질적으로 역사적이다.' 우리는 문학작품의 이해를 위해서 형식적이거나 과학적인 범주들을 최우선적으로 사용해서는 안 된다. 오히려 우리는 이해의 선구조(prestructure)에 입각하여 우리 자신과 세계에 대한 역사적 시각을 가져야 한다. 우리의 의도나 선입견 혹은 지각방식 등의 형성—이것은 과거로부터 전수된 것이다. 그래서 우리는 역사적으로 형성된 자신의 이해세계 속에서 움직이며 존재하는 것이다. 우리가 문학작품을 대하는 순간 그 작품은 우리에게 새로운 '세계'를 열어 보인다. 이 세계는 독자의 세계와 완전히 단절되어 있는 세계가 아니다. 오히려 우리는 이 작품을 진지하게 경험함으로써 우리의 자기 이해를 심화시키게 된다. 다시 말하면 문학작품과의 만남을 통해서 우리의 역사적으로 형성된 이해는 더욱 보완되고 확대된다. 따라서 위대한 문학작품을 읽는다고 하는 것은 진정으로 '역사적인' 경험이다.

'경험'은 대단히 의미심장한 말이다. 왜냐하면 경험이란 말 자체는 그 특성상 역사적 성격을 갖고 있기 때문이다. 경험이란 '세계'에 대한 우리의 이해가 형성되는 방식이다. 일상생활에서의 경험이 우리에게 이전까지는 잊고 있거나 몰랐던 것을 가르쳐주듯이 문학작품과의 만남도 참된 '경험'이며 우리 자신의 역사의 한 부분, 즉 우리가 그 속에서 살아가고 있는 전승된 이해의 흐름의 한 부분을 이룬다.

26. '따라서 해석의 과제는 역사적 거리를 메우는 일이다.' 과거로부터 전승된 텍스트를 해석함에 있어 해석자는 자신의 주관을 완전히 배제할 수 없다. 즉 현재로부터 절대적으로 떠날 수 없다. 해석자는 문학작품의 지평과 자신의 지평과의 변증법적 만남에서 그 텍스트를 이해하고자 한다. 역사적 재구성의 이념, 즉 과거를 그 자체로서 인식하겠다는 생각은 낭만적인 신화이며 '무전제적인 해석'의 이념과 마찬가지로 전혀 있을 수 없는 일이다. 문학 해석에서 역사적 재구성과 같은 것은 절대 불가능하다. 따라서 문학 해석은 성서 해석이나 법률 해석과 마찬가지로 현재와 관계된다. 현재에 속해 있는 우리와 아무 관련 없는 문학에 대한 해석은 이미 죽은 것이다. 이렇게 되면 해석의 과제는 사라져버린다. 해석의 참된 과제는 현재, 즉 미래에 대한 기대들의 현재적 지평과 현재의 세계에 대한 작품의 관계를 보여주는 데 있다. 탈신화화(Demythologizing)—이것은 신화를 배제하려는 시도가 아니라 신화에서 의미 있는 부분을 찾아내려는 시도이다—는 원칙적으로 문학 해석의 과제에도 부합된다. 오늘날 해석자들이 역사의식을 갖고서 문학 해석에서의 역사적 문제들을 파악할 경우에만, 그들은 문학에 대한 탈신화화의 의의와 중요성을 포착할 수 있을 것이다.

27. '현재의 우리에게 있어서 역사적 이해와 역사의식은 과학적 세계관에 대한 현상학적 비판의 형태로 나타난다.' 이러한 비판을 위한 기초는 선이해에 대한 현상학적 분석이다. 왜냐하면 바로 이 선

이해가 우리의 이해와 우리의 세계가 필연적으로 갖고 있는 역사성을 드러내주기 때문이다. 그리고 이러한 분석의 가장 중요한 성과는 시간성의 발견이다. 문학 혹은 여타의 예술작품에 대한 이해는 언제나 시간성의 양태들 내에서 이루어진다. 다시 말해서 우리는 '현재'에서 작품을 이해하지만, 그 기초에는 회상(이것은 역사적으로 형성된 이해이다)과 예기(우리의 이해가 미래를 기투하는 방식이다)가 함께 놓여 있다. 이해는 시간의 외부에서 이루어지는 정태적 인식이 아니라 항상 특정한 시간과 공간 속에—즉 역사 속에서—이루어진다. 이해가 구체적으로 행하는 해석은 그것이 현재의 독자에게 지금 이 시간에 이 장소에서 드러남에 따라 서로 다른 성격을 갖는다.

28. 따라서 문학작품의 이해는 공간적이고, 정태적이며, 비시간적인 개념적 인식의 범주들에 의해 이루어지지 않는다. 왜냐하면 이해는 사건(역사)이라는 성격을 갖고 있기 때문이다. 문학작품의 의미는 동태적이고, 시간적이며, 인격적이다. 개념적 인식에서는 오직 주관의 일부분만이 포함되지만, 문학 이해에서는 우리의 총체적인 자기 이해가 작용한다. 작품은 우리에게 하나의 인격체로서 나타나며 작품과의 만남은 결코 도구적 효용성이 아니다. 간단히 말해서 문학은 개념적 인식이 아니라 경험이다.

29. 과학과 개념적 인식은 서로 밀접한 연관을 갖고 있다. 이에 대응하여 경험과 역사도 마찬가지의 연관을 갖는다. 문학 해석은 경험과 역사에 속함으로써만 본래적 기능을 다하게 된다. 그렇다고 해서 이런 주장이 개념적 인식을 배제하겠다는 것은 결코 아니다. 우리는 개념적 인식을 넘어서서 그것을 포괄해야 한다.

30. 따라서 현재의 우리에게 주어진 해석의 과제는 과학적 객관

성의 이상과 과학자의 지각방식을 파괴하고 실존의 역사성을 회복하는 것이다. 이처럼 기술중심적인 사고의 전망을 극복해야만 산만하게 흩어져 있는 순간들 속에서도 우리는 우리의 역사성을 통찰할 수 있게 된다.

우리는 어떠한 해석도 '단 한 번 그리고 모두에게 있어서 올바른 해석일 수 없다'는 것을 인정하게 되면, 해석의 역사적 성격을 거부하게 된다. 왜냐하면 시대마다 플라톤, 단테, 셰익스피어, 밀턴 등과 같은 과거의 훌륭한 인물들을 재해석하기 때문이다. 우리는 현재의 예술과 문학에 대한 시도 앞에서 이러한 사실을 보게 된다. 우리는 현재의 장 바르트나 존 업다이크 그리고 제임스 볼드윈에 대해 많은 평가와 대담한 비평을 하지만 앞으로 이들에 대한 역사의 평가가 어떠할지에 대해서는 전혀 알 수 없다. 사실 헤밍웨이나 포크너 그리고 T. S. 엘리엇에 대한 평가는 결코 끝난 것이 아니다. 우리는 역사를 벗어나서 그것들에 대한 우리의 자기 이해를 전혀 포함하고 있지 않은 이론적이고 과학적인 그리고 시각화할 수 있고 수학적인—참으로 정태적이고 기계적이며 순전히 형상적인 것들의 사이비 객관성을 의심할 경우에만 역사성을 알게 된다. 우리는 '인격적 지식(personal knowledge)'[7]에 대한 선언에서, 그리고 기원과 인과성 및 신경학적 내력 등을 탐구하는 과학자의 조급성에서, 그리고 문학 해석의 구체적 삶이 갖는 풍부함과 복합성에로 돌아가자는 선언[8]에서

---

7 Michael Polanyi, 《개인적 지식 Personal Knowledge》.

8 Maurice Natanson, 〈현상학과 문학이론(Phenomenology and the Theory of Literature)〉, 《문학과 철학 그리고 사회과학 Literature, Philosophy and the Social Sciences》, pp. 79~100.

역사적인 것을 회복하게 된다. 우리는 과학적 개념들에 의한 명확한 세계와 일상생활에서 부딪히는 갈등하고, 애매하며 고통스러운 세계를 병립시킴으로써 실존의 역사성을 간파한다. 왜냐하면 '체험(lived experience)'은 그 구조상 역사적이기 때문이다. 언어는 우리의 전체 문화가 가진 세계관의 저장소라는 점에서 역사적이다. 간단히 말해서 해석 자체는 역사적이다. 만일 언어와 해석의 역사성에 대한 이런 견해를 무시하거나 과소평가하게 되면, 우리는 해석을 궁핍하게 만들게 되며 그 결과 우리 자신도 궁핍하게 만들고 말 것이다.

문헌 목록

이 문헌 목록은 세 부분으로 이루어져 있다. A는 이 책에서 논의된 네 명의 주요 해석학 이론가들에 의한 그리고 이들에 관한 논문들과 저작들을 담고 있으며, 또한 이 책에서 인용했던 일반적인 해석학 이론에 관한 몇몇 저자들을 포함하고 있다. B는 신학적 해석학 분야의 논문들과 저작들을 담고 있으며, 에벨링과 푹스, 로빈슨 그리고 '신해석학'에 속하는 여러 사람들의 저작들도 포함하고 있다. C는 위의 두 범주에는 속하지 않지만 본문에서 인용되었던 논문들과 저작들을 담고 있다. 특히 여기에는 저자가 보기에 해석의 일반적 본성에 관한 이론화를 위해 중요한 생각들을 제공해줄 것으로 생각되는 제목들을 목록화했다.

여기에서는 네 명의 이론가들에 관하여 우리가 이용할 수 있는 모든 2차 자료들을 망라하려는 시도는 하지 않았다. 슐라이어마허에 관한 문헌은 타이스의 최근 목록을 참고하였고, 딜타이에 관한 2차 저작의 유용한 목록은 뮐러-폴머로부터 얻을 수 있었다. 하이데거에 관해서는 뤼베와 쉬네부르거 그리고 마콤버를 보라. 다행히도 가다머의 산만한 논문과 저작들의 목록은 그의 《소논집 Kleine Schriften》에 나와 있다. 그래서 《소논집》에 약간 빠진 부분이 있긴 하지만, 일부러 가다머의 목록을 만들 필요는 없다. 해석학에 관한 상세하고 체계적인 문헌 목록은 1968년 후반이면 노버트 헨릭스에 의해 출판될 것이다.

C는 해석학 이론 및 그것의 의의와 관련되는 다양한 분야들에 대해서는 단지 선택적일 수밖에 없다. 나는 언어철학에 관한 대부분의 독일 책들은 이 책을 위한 연구가 거의 다 행해진 취리히의 '해석학 연구소'의 도서관에 소장되어 있는 책들이다.

A. 해석학의 이론과 이론가들

Apel, Karl Otto. 〈과학론, 해석학, 이데올로기 비판 : 인간학 인식의 관점에서의 과학론의 기획 Szientifik, Hermeneutik, Ideologie-Kritik : Entwurf einer Wissenschaftslehre in erkenntnisanthropologischer Sicht〉, 《M&W》, I(1968), pp. 37~63.

Betti, Emilio. 《정신과학의 일반적 방법론으로서의 해석학 Die Hermeneutik als allgemeine Methodik der Geisteswissenschaften》, Philosophie und Geschichte series, Pamphlet Nos. pp. 78~79. Tübingen: J. C. B. Mohr, 1962, 64pp.

______, 《해석의 일반이론 Teoria generale della interpretazione》, 2권, Milan : Dott. A Giuffrè, 1955, 634pp., 348pp. 이는 원저자에 의해 독역되었다. 《정신과학의 방법론으로서의 일반적 해석론 Allgemeine Auslegungslehre als Methodik der Geisteswissenschaften》, Tübingen : J. C. B. Mohr, 1967, 771pp.

______, 《일반적 해석론의 정초를 위하여 Zur Grundlegung einer allgemeinen Auslegungslehre》, Tübingen: J. C. B. Mohr, 1954, 89pp. 〈에른스트 라벨을 위한 기념 논집 Festschrift für Ernst Rable〉, Tübingen : J. C. B. Mohr, 1954, II, pp. 79~168.

Bollnow, Otto Friedrich. 《딜타이 : 그의 철학 입문 Dilthey : Eine Einführung in seine Philosophie》, 2d ed. Stuttgart : Kohlhammer, 1955, 224pp.

______, 《이해 : 정신과학의 이론에 관한 세 개의 논문 Das Verstehen : Drei Aufsätze zur Theorie der Geisteswissenschaften》, Mainz : Kirchheim, 1949, 112pp.

Castelli, Enrico. ed., 《해석학과 전통 Herméneutique et tradition》. 1963년 1월 10일에서 16일까지 진행됐던 로마 국제 학술회의에서 발표된 논문들을 편집한 것. Paris : Vrin, 1963.

Dilthey, Wilhelm. 《빌헬름 딜타이와 바르텐부르크의 파울 요크 공작간의 서신교환 Briefwechsel zwischen Wilhelm Dilthey und dem Grafen Paul Yorck von Wartenburg》, 1877~1897. Halle-an-der-Salle : Niemeyer 1923, 280pp.

______, 《체험과 문학 Das Erlebnis und die Dichtung》, 13th ed., Stuttgart : B. G. Teubner, 1957, 428pp.

———, 《슐라이어마허의 생애 Das Leben Schleiermachers》, Vol. I. Ed. Hermann Mulert. Berlin : Reimer, 1870 688pp. Reprinted Berlin : W. de Gruyter, 1922, 879pp. To be reissued as Vol. XIII of 《GS》.

———, 《슐라이어마허의 생애 Das Leben Schleiermachers》, Vol. II. Ed. Martin Redeker. Göttingen : Vandenhoeck & Ruprecht, 1967, 811pp. Vol. XIV of 《GS》. (1967).

———, 《전집 Gesammelte Schriften》, 14vols. Göttingen : Vandenhoeck & Ruprecht, 1913~1967. Vols. I~XII reissued Stuttgart : B.G. Teubner, 1958.

Diwald, Hellmut. 《빌헬름 딜타이 : 인식론과 역사철학 Wilhelm Dilthey : Erkenntnistheorie und Philosophie der Geschichte》, Göttingen : Musterschmidt, 1963, 262pp.

Gadamer, Hans-Georg. 〈'헤겔과 하이데거'란 주제에 관한 주해 Anmerkungen zu dem Thema 'Hegel und Heidegger'〉, 《자연과 역사 : 칼 뢰비트 탄생 70주년 기념 논집 Natur und Geschichte : Festschrift für Karl Löwith zum 70. Geburtstag》, Stuttgart : Kohlhammer, 1967, 470pp.

———, 〈헤겔과 고대의 변증법 Hegel und die antike Dialektik〉, 《헤겔 연구 Hegel-Studien》, I (1961), pp. 173~199.

———, 〈해석학과 역사주의 Hermeneutik und Historismus〉, 《PhR》, IX(1962), pp. 241~276. 《WM》의 2판에 부록으로 재출판.

———, 《소논집 Kleine Schriften》, Vol. I : 《Philosophie/Hermeneutik》, Vol. II : Interpretationen, Tübingen : J.C. Mohr, 1967, 230pp., 234pp. Vol. III. 준비중.

———, 〈현상학적 운동 Die phänomenologische Bewegung〉, 《PhR》, XI (1963), pp. 1~45.

———, 《플라톤과 시인 Plato und die Dichter》, Frankfurt : Klostermann, 1934, 36pp.

———, 《플라톤의 변증법적 윤리학 : '필레보스'에 대한 현상학적 해석 Platos dialektische Ethik : Phänomenologische Interpretationen zur 'Philebos'》, 교수자격 취득강연, Leipzig : Meiner, 1931, 178pp.

———, 《역사적 양심의 문제 Le Problème de la conscience historique》, 루뱅에서 행한 강연, 1959, Louvain : 루뱅 대학 출판물, 1963, 89pp.

———, 〈슐라이어마허의 해석학에 있어서 언어의 문제 The Problem of

Language in Schleiermacher's Hermeneutics〉, 이 논문은 슐라이어마허 탄생 200주년을 기념하여 테네시 주의 내슈빌 시에 있는 밴더빌트 신학교에서 1968년 2월 29일에 행한 강연인데 따라 출판되지는 않았다. 1968년 3월 동안 가다머는 노스웨스턴 대학, 존스 홉킨스 대학, 텍사스 대학, 예일 대학, 하버드 대학 등을 포함한 많은 대학에서 연속적으로 강연을 하였다. 이들 강연은 슐라이어마허에 관한 것과 다른 두 가지 테마에 관한 것이었다. 그 두 가지 테마는 '형상과 말(Image and Word)'과 '소크라테스 이전의 철학에 있어서 신성의 개념(The Concept of the Divine in Pre-Socratic Philosophy)'이다. 이들 세 가지 강연은 모두 개별적으로 미국의 학술 잡지에 게재될 것이므로 우리는 곧 가다머의 최근의 저작들을 영어로 이용할 수 있게 될 것이다. 그의 한 논문 〈미래의 계획을 위한 몇 가지 제언 Notes on Planning for the Future〉은 《Daedalus》, XCV(1966), pp. 572～589에 실려 있다. 그런데 이것은 해석학에 국한된 논문은 아니다.

______, 《헤르더의 사상에 있어서 민족과 역사 Volk und Geschichte im Denken Herders》, 파리에서 행한 강연, 1941년 5월 29일 Paris. Frankfurt : Klostermann, 1942, 24pp.

______, 《진리와 방법 : 철학적 해석학의 근본 특징 Wahrheit und Metthode : Grundzüge einer philosophischen Hermeneutik》, Tübingen : J. C. B. Mohr, 1960, 476pp. 2d ed., 1965, 512pp. 이 책에는 부록으로서 새로운 머리말과 논문 〈해석학과 역사주의 Hermeneutik und Historismus〉가 수록되어 있다. 이탈리아어와 프랑스어 번역판은 준비중에 있다. 영역판은 런던의 Sheed and Ward 출판사에서 곧 나올 것이다.

______, 와 H. Kuhn eds., 《Philosophische Rundschau : Eine vierteljahresschrift für philosophische Kritik》, Tübingen : J. C. B. Mohr. 이 잡지는 1953년 가다머와 쿤에 의해 창간된 이래 지금까지도 이들이 책임을 맡고 있다. 가다머의 많은 서평과 논문들에 대해서는 이 잡지의 개별호들을 참고하라. 《현대의 사유에 있어서 그리스의 현재성 : 한스 게오르크 가다머의 60회 생신 기념 논문집 Die Gegenwart der Griechen im neueren Denken : Festschrift für Hans-Georg Gadamer zum 60. Geburtstag》, Dieter Henrich, Walther Schultz, 그리고 Karl-Heinz Volkmann-Schluck ed., Tübingen : J. C. B. Mohr, 1960, 316pp.

Heidegger, Martin. 《횔덜린의 시에 대한 해명 Erläuterungen zu Hölderlins Dichtung》, 2d ed., Frankfurt : Klostermann, 1951, 144pp. 《EB》에 부분

적으로 번역되어 있다.

———, 《실존과 존재 Existence and Being》, 워너 브록이 편집하고 상세한 분석적 해석을 추가한 영역본. Chicago : 양장본, 1949: 페이퍼백, 1961, 369pp.

———, 《Gelassenheit》, Pfulling : Neske, 1959, 73pp. John M. Anderson과 Hans Freund의 영역본 《사유에 관한 담론 Discourse on Thinking》, New York : Harper, 1966, 90pp.

———, 《숲속길 Holzwege》, 4th ed., Frankfurt : Klostermann, 1963, 345pp. 《UK》에 번역되어 있는 첫 번째 논문 ; 아래의 목록을 참고하시오.

———, 《동일성과 차별성 Identität und Differenz》, Pfullingen : Neske, 1957, 76pp.

———, 《형이상학 입문 An Introduction to Metaphysics》, Ralph Manheim 번역, New Haven : Yale University Press, 1959, 214pp.

———, 《칸트와 형이상학의 문제 Kant und das Problem der Metaphysik》, Frankfurt : Klostermann, 1951, 222pp.
James S. Churchill의 《Kant and the Problem of Metaphysics》 영역본, Bloomington : Indiana University Press 1962, 252pp.

———, 《플라톤의 진리론 : '휴머니즘'에 관한 서한을 게재 Platons Lehre von der Wahrheit : Mit einem Brief über den 'Humanismus'》, Berin : Francke, 1947, 119pp. William Barrett와 H.D. Aiken eds.의 두 에세이의 번역본 《Philosophy in the Twentieth Century》, 4vols. New York : Random House, 1962, III, pp. 251~270, pp. 270~302.

———, 《존재와 시간 Sein und Zeit》, Halle : Niemeyer, 1927. 인용문은 개정되지 않은 7판에서 사용. Tübingen: Niemeyer, 1963. 437pp. John Macquarrie와 Edward Robinson의 영역본 《Being and Time》, London : SCM Press, 1962, 589pp.

———, 《언어에의 도상 Unterwegs zur Sprache》, Pfullingen : Neske, 1959, 270pp. Harper 출판사에서 나온 번역.

———, 《예술작품의 근원 Der Ursprung des Kunstwerkes》, 한스 게오르크 가다머의 서론이 붙어 있음. Stuttgart: Reclam, 1965, 126pp. 이 논문의 번역은 알버트 호프스타터에 의해 이루어졌으며, A. 호프스타터와 리차드 쿤스가 편집한 책 《예술과 미의 철학 Philosophies of Art and Beauty》, New York : Random House, 1964, 701pp.에 실려 있다.

______, 《근거의 본질에 관하여 Vom Wesen des Grundes》 5판, Frankfurt : Klostermann, 1965, 54pp. Bilingual ed., English translation by T. Malick, 《근거의 본질 The essence of Reasons》, Evanston : Northwestern University Press, 1969.

______, 《진리의 본질에 관하여 Vom Wesen der Wahrheit》, 5th ed., Frankfurt : Klostermann, 1967, 27pp.

______, 《강연집 Vorträge und Aufsätze》, Pfullingen : Neske, 1954, 284pp.

Henrichs, Norbert. 《해석학의 문헌 목록과 슐라이어마허 이해 해석학의 응용 영역 Bibliographie der Hermeneutik und ihrer Anwendungsbereiche zeit Schleiermacher》, 뒤셀도르프 대학의 철학 연구소에서 펴낸 소목록집. Düsseldort : Philosophia-Verlag, 1968, 250pp.

〈Hermeneutics〉, 《OED》, V(1933), p. 243.

Herrmann, Friedrich Wilhelm von. 《마르틴 하이데거의 자기해석 Die Selbstinterpretation Martin Heideggers》, Meisenheim : Anton Hain, 1964, 278pp.

Hirsch, E. D., Jr. 《해석의 타당성 Validity in Interpretation》, New Haven : Yale University Press, 1967, 274pp.

Hodges, H. A. 《빌헬름 딜타이의 철학 The Philosophy of Wilhelm Dilthey》, London : Routledge & Kegan Paul, 1952, 368pp. 이 책은 같은 저자이자 간행자에 의해 출판된 보다 이전의 훨씬 더 짧은 《빌헬름 딜타이의 철학에 대한 입문 Introduction to the Philosophy of Wilhelm Dilthey》과 혼돈해서는 안 된다.

Hopper, Stanley Romaine, and David L. Miller, eds. 《해석 : 유의미한 시 Interpretation : The Poetry of Meaning》, New York : Harcourt, Brace & World, 1967, 137pp. See esp. Heinrich Ott, 《해석학과 인격 Hermeneutics and Personhood》, pp. 14~33.

Kimmerle, Heinz. 〈해석학 이론인가 존재론적 해석학인가 Hermeneutische Theorie oder ontologische Hermeneutik〉, 《ZThK》, LIX(1962), pp. 114~130. Translated in 《HH》, pp. 107~121.

______, 〈메타 해석학, 적용, 해석학적 언어형성 Metahermeneutik, Application, hermeneutische Sprachbildung》, 《ZThK》, LXI(1964), pp. 221~235.

Kockelmans, Joseph J. 《마르틴 하이데거 : 그의 철학에 대한 하나의 입문 Martin Heidegger : A First Introduction to His Philosophy》, Pittsburgh :

Duquesne University Press, 1965, 182pp.

Langan, Thomas.《하이데거의 의미 : 실존주의적 현상학에 대한 비판적 연구 The Meaning of Heidegger : A Critical Study of an Existentialist Phenomenology》, New York : Columbia University Press, 1959, 247pp.

Larenz, Karl.《법학의 방법론 Methodenlehre der Rechtswissenschaft》, Berlin : Springer, 1960, 381pp.

Lipps, Hans.《해석학적 논리에 대한 연구 Untersuchungen zu einer hermeneutischen Logik》, Frankfurt : Klostermann, 1959, 144pp.

Lohmann, Johannes.〈가다머의 '진리와 방법'(Gadamers 'Wahrheit und Methode')〉, Gnomon, XXXVII(1965), pp. 708~718. A review ; for a list of other reviews of《WM》, see《WM》, 2d ed., p. xiii.

Lonergan, Bernard J.F.《통찰 : 인간적 이해에 관한 연구 Insight : A Study of Human Understanding》, London : Longmans, 1964, 785pp.

Lübbe, Herman.〈하이데거 문헌 목록, pp. 1917~1955 Bibliographie der Heidegger-Literatur 1917~1955〉, Zeitschrift für Philosophische Forschung, XI(1957), pp. 401~452.

Macomber, W.B.《각성의 해부학 : 마르틴 하이데거의 진리 개념 The Anatomy of Disillusion : Martin Heidegger's Notion of Truth》, Evanston : Northwestern University Press, 1967, 277pp.

Mayr, Franz.〈언어의 변화에 비추어본 철학 : '해석학'의 문제에 관하여 Philosophie im Wandel der Sprache : Zur Frage der 'Hermeneutik'〉,《ZThK》, LXI(1964), pp. 439~491.

Meier, Georg Friedrich.《보편적인 해석기술의 정립을 위한 시도 Versuch einer allgemeinen Auslegungskunst》, Düsseldorf : Stern-Verlag, 1965, 136pp. Photomechanical reproduction of the 1757 edition.

Müller-Vollmer, Kurt.《현상학적 문학이론을 위하여 : 빌헬름 딜타이의 '시론'에 관한 연구 Towards a Phenomenological Theory of Literature : A Study of Wilhelm Dilthey's 'Poetik'》, Stanford [University] Studies in Germanics and Slavics, The Hague : Mouton, 1963, 217pp. Available in U. S. through Humanities Press.

Noller, Gerhard.《존재와 실존 : 하이데거의 철학과 탈신화화의 신학에 있어서 주-객 도식의 극복 Sein und Existenz : Die Ueberwindung des Subjekt-Objektschemas in der Philosophie Heideggers und in der Theologie der Entmythologisierung》, Munich : Kaiser, 1962, 167pp.

Pannenberg, Wolfhart. 〈해석학과 보편사 Hermeneutik und Universalgeschichte〉, 《ZThK》, LX(1963), pp. 90~121. Translated in 《HH》 pp. 122~152.

Pöggeler, Otto. 《마르틴 하이데거의 사상 Der Denkweg Martin Heideggers》, Pfullingen : Neske, 1963, 318pp.

Richardson, W. J. 《마르틴 하이데거 : 현상학을 통하여 사유에로 Martin Heidegger : Through Phenomenology to Thought》 The Hague : Nijhoff, 1964, 764pp.

Ricoeur, Paul. 《해석 : 프로이트에 관하여 De l'interprétation : essai sur Freud》, Paris : Editions du Seuil, 1965, 533pp.

______, 〈실존과 해석학 Existence et herméneutique〉, 《Dialogue》, IV(1965~1966), pp. 1~25.

Rothacker, Erich. 《정신과학에서의 독단적인 사고방식과 역사주의의 문제 Die dogmatische Denkform in den Geisteswissenschaften und das Problem des Historismus》, Mainz : Verlag der Akademie der Wissenschaften und der Literatur, 1954, 55pp.

______, 《정신과학 서론 Einleitung in die Geisteswissenschaften》, 2d ed., Tübingen : J. C. B. Mohr, 1930, 280pp. Originally published in 1919.

______, 《정신과학의 논리와 체계론 Logik und Systematik der Geisteswissenschaften》, Bonn : H. Bouvier, 1948, 172pp.

Schleiermacher, Fr. D. E. 《해석학 Hermeneutik》, Ed., and with an introduction by Heinz Kimmerle. Heidelberg : Carl Winter, Universitätsver lag, 1959, 166pp.

______, 《해석학과 비판 : 특히 신약성서와 관련하여 Hermeneutik und Kritik : mit besonderer Beziehung auf das Nene Testament》, Ed. Friedrich Lucke. Vol. VII of the First Division of his 《Sämmtliche Werke》, Berlin : Reimer, 1838.

Schneeberger, Guido. 《하이데거-문헌 목록에 대한 보완 Ergänzungen zu einer Heidegger-Bibliographie》, Berlin : Horchfeldstrasse 88(Privately published by author), 1960, 27pp.

Schultz, Werner. 〈슐라이어마허의 해석학에 있어서의 무한운동과 그것이 현대의 해석학적 상황에 미친 영향 Die unendliche Bewegung in der Hermeneutik

Schleiermachers und ihre Auswirkung auf die hermeneutische Situation der Gegenwart〉, 《ZThK》, LXV(1968), pp. 23~52.

Seidel, George Joseph. 《마르틴 하이데거와 소크라테스 이전의 철학 : 하이데거 사상 입문 Martin Heidegger and the Presocratics : An Introduction to His Thought》, Lincoln : University of Nebraska Press, 1964, 169pp.

Sinn, Dieter. 〈하이데거의 후기 철학 Heidegger's Spätphilosophie〉, 《PhR》, XIV(1967), pp. 81~182.

Thulstrup, Niels. 〈해석학의 과거와 현재에 대한 고찰 An Observation Concerning Past and Present Hermeneutics〉, 《OL》, XXII(1967), pp. 24~44.

Tice, Terrence N. 《슐라이어마허 목록 : 간결한 입문, 주석, 색인 첨부 Schleiermacher Bibliography : With Brief Introductions, Annotations, and Index》, Princeton Pamphlets, No. 12. Princeton : Princeton Theological Seminary, 1966, 168pp.

Versényi, Laszlo. 《하이데거, 존재 그리고 진리 Heidegger, Being and Truth》, New Haven : Yale University Press, 1965, 210pp.

Wach, Joachim. 《이해 : 19세기 해석학의 역사의 근본 특징 Das Verstehen : Grundzüge einer Geschichte der hermeneutischen Theorie im 19. Jahrhundert》, 3vols, Tübingen : J. C. B. Mohr, 1926~1933. Vol I : 《위대한 체계 Die grossen Systeme》, 1926, 266pp. Vol. II : 《슐라이어마허에서 호프만에 이르는 신학적 해석학 Die theologische Hermeneutik von Schleiermacher bis Hoffmann》, 1929, 379pp. Vol. III : 《랑케로부터 실증주의에 이르기까지의 역사론에 있어서의 이해 Das Verstehen in der Historik von Ranke bis zum Positivismus》, 1933, 350pp. Reprinted, I Vol., Hildesheim : Georg Olms, 1965.

Wolf, Friedrich August. 〈고대 학문의 개념, 범위, 목적 그리고 가치에 관한 서술 Darstellung das Altertumswissenschaft nach Begriff, Umfang, Zweck und Wert〉, 《고대 학문의 박물관 Museum der Altertumswissenschaft》, ed. F. A. Wolf and Ph. Buttmann, Vol. I. Berlin : Reimer, 1807, 584pp.

———, 《고대 학문의 백과사전에 관한 강의 Vorlesung über die Enzyklopadie der Altertumswissenschaft》, Vorlesungen über die Altertumswissenschaft series, ed. J. D. Gürtler, Vol. I. Leipzig: Lehnhold, 1831, 498pp.

B. 신학적 해석학

Barr, James.《해석에 있어서의 낡은 것과 새로운 것 Old and New in Interpretation》, New York : Harper 1966, 215pp.

Barthel, Pierre.《Interprétation du langage mythique et théologie biblique : étude de quelques étapes de l'evolution du problème de l'interprétation des représentation d'origine et de structure mythique de la foi chrétienne》, Leiden : Brill, 1963, 399pp.

Bartsch, Hans Werner, ed.,《케리그마와 신화 Kerygma and Myth》, Trans. Reginald H. Fuller, 2vols. 2d ed., London : Billing, 1964, 228pp. 358pp.

Behm, Johannes.《Ermēneuo, ermēneia》, Article in the《TDNT》, trans. Geoffrey W. Bromiley. Grand Rapids, Mich : Eerdmans, 1964. Originally in《신약성서를 위한 신학사전 Theologische Wörterbuch zum Neuen Testament》, 1935.

Blackman, E. C.《성서의 해석 Biblical Interpretation》, Philadelphia : Westminster Press, 1957, 212pp.

Braaten, Carl E.《역사와 해석학 History and Hermeneutics》, New Directions in Theology Today series, ed. William Hordern, Vol. II. Philadelphia : Westminster Press, 1966, 205pp.

Brown, James.《키르케고르, 하이데거, 부버 그리고 바르트 : 근대 신학의 주체와 대상 Kierkegaard, Heidegger, Buber, and Barth : Subject and Object in Modern Theology》, New York : Collier Books, 1962, 192pp.

Bultmänn, Rudolf.《신앙과 이해 : 논문 선집 Glauben und Verstehen: Gesammelte Aufsätze》, 4vols. Tübingen : J.C.B. Mohr, 1952~1965. 336pp., 293pp., 212pp., 198pp. Vol. II translated by J. C. G. Greig as《수상 : 철학과 신학 Essays : Philosophical and Theological》, New York : Macmillan, 1955, 337pp. Other essays appear in《실존과 신앙 : 루돌프 불트만 선집 Existence anf Faith : Shorter Writings of Rodolf Bultmann》, ed. and trans. Schubert M. Ogden, London : Hodder and Stoughton, 1961, 320pp.

______,《역사와 종말론 History and Eschatology》, Edinburgh : The University Press ; New York : Harper, 1957, 155pp.

______,《공관 복음서적 전통의 역사 The History of the Synoptic Tradition》,

Tans. John Marsh, Oxford : Black well, 1963, 456pp.

———, 《예수 Jesus》, Berlin : Deutsche Bibliothek, 1926, 204pp. Reprinted Tübingen : J. C. B. Mohr, 1958, English translation by Louise Pettibone Smith and Erminie Huntress Lantero, 《예수와 말씀 Jesus and the Word》, New York : Scribner's 1958, 226pp.

———, 《예수 그리스도와 신화학 Jesus Christ and Mythology》, New York : Scribner's 1958, 96pp.

———, 《신약성서의 신학 Theology of the New Testament》, Trans. Kendrick Grobel. 2vols, London : Lowe & Brydone, 1959, 395pp., 278pp.

Castelli, Enrico, ed., 《Demitizzazione e immagine》, Padua : A. Milani, 1962. 351pp. Papers from the International Colloquium at Rome, January, 1962, by Ricoeur, Ott, Bartsch, Mathieu, and Others.

———, ed., 《Il Problema della demitizzazione》, Padua : A. Milani, 1961, 334pp. Papers from the International Colloquium at Rome, January, 1961, by Bultmann, Danièlou, Ricoeur, Gadamer, Bartsch, Anz, Marlé, and others. A list of titles from other years may be obtained from the publisher.

Dobschütz, E. 〈해석(Interpretation)〉, 《ERE》, VII(1914), pp. 390~395.

Doty, William G. 《새로운 발언 : 신약 해석학에 대한 연구 A New Utterance : Studies in New Testament Hermeneutics》, New York : Herder & Herder, forthcoming in late 1969.

Ebeling, Gerhard. 《복음주의적 복음 해석 : 루터의 해석학에 대한 연구 Evangelische Evangelienauslegung : Eine Untersuchung zu Luthers Hermeneutik》, Munich : Kaiser, 1942, Reissued Darmastadt : Wissenschaftliche Buchgesellschaft, 1962, 520pp.

———, 《신과 말씀 God and Word》, Trans. James W. Leitch. The Earl Lectures at Pacific School of Religion, 1966, Philadelphia : Fortress Press, 1967, 49pp.

———, 〈해석학 Hermeneutik〉, 《RGG》, III(1959), pp. 242~264.

———, 《성서 해석의 역사로서의 교회사 Kirchengeschichte als Geschichte der Auslegung der Heiligen Schrift》, Tübingen : J. C. B. Mohr, 1947, 28pp. Reprinted as the first essay in 《신의 말씀과 전통 Wort Gottes und

Tradition》.
_______, 《신앙의 본성 The Nature of Faith》, Trans. Ronald Gregor Smith Philadelphia : Fortress Press, 1961, 191pp.
_______, 《교회와 그것의 복음에 있어서 역사성의 문제 The Problem of historicity in the Church and its Proclamation》, Trans. Glover Foley. Philadelphia : Fortrss Press, 1967, 120pp. Originally published in German in 1954.
_______, 《신학과 복음 : 루돌프 불트만의 대화 Theologie und Verkündigung : Ein Gespräch mit Rodolf Bultmann》, Tübingen : J.C.B. Mohr, 1962, 146pp.
English translation by John Riches, 《Theology and Proclamation》, Philadelphia : Fortress Press, 1966, 187pp.
_______, 《말씀과 신앙 Word and Faith》, Trans. James W. Leitch. Philadelphia : Fortress Press, 1963, 442pp.
_______, 《신의 말씀과 전통 : 고백의 해석학에 대한 연구 Wort Gottes und Trandition : Studien zu einer Hermeneutik der Konfessionen》, Göttingen : Vandenhoeck & Ruprecht, 1964, 235pp.
Ebner, Ferdinand. 《선집 Schriften》, 3vols, Munich : Kösel, 1963, 1965, 1086pp., 1190pp., 808pp.
Ernesti, Johann August. 《Institutio interpretis Novi Testament》, 4th ed., with observations by Christopher Fr. Ammon. Leipzig : Weidmann, 1792, (1st ed., 1761) English translation by Moses Sturt, 《해석의 제 요소 Elements of Interpretation》, 3d. ed. ; Andover : M. Newman, 1827, 124pp. 4th ed. ; New York : Dayton and Saxton, 1842. Another English translation is by Charles H. Terrot, 《성서해석의 제 원리 Principles of Biblical Interpretation》 2vols, Edinburgh : T. Clark, 1832~1833.
Farrar, Frederic W. 《해석의 역사 History of Interpretation》, Grand Rapids, Mich. : Baker Book House, 1961, 553pp. Originally published in 1884.
Forstman, H. Jackson. 〈언어와 신 : 게르하르트 에벨링의 신학 분석(Language and God : Gerhard Ebeling's Analysis of Theology)〉, 《해석 Interpretation》, XXII(1968), pp. 187~200.
Frör, Kurt. 《성서해석학 : 설교와 강의에서의 문헌해석 Biblische Hermeneutik : Zur Schriftauslegung in Predigt und Unterricht》, Munich : Kaiser, 1961,

396pp. 3d ed., rev., appeared as 《문헌해석의 제 방법 : 강의와 설교를 위한 성서해석 Wege zur Schriftauslegung : Biblische Hermeneutik für Unterricht und Predigt》, Düsseldorf : Patmos, 1967, 414pp. English translation forthcoming, James Thin, Edinburgh.

Fuchs, Ernst. 《로마서 7장 7절에서 12절까지와 21장에서 23장까지에 대한 실존론적 해석 Existentiale Interpretation von Romer 7, 7～12 und 21～23》, 《ZThK》, LIX(1962), pp. 285～314.

———, 《신앙과 경험 : 신약에 있어서의 그리스도론적 문제 Glaube und Erfahrung : Zum christologischen Problem im Neuen Testament》, Tübingen : J. C. B. Mohr, 1965, 523pp.

———, 《해석학 Hermeneutik》, Stuttgart : R. Müllerschön, 1963, 271pp. Originally published in 1954.

———, 《마르부르크의 해석학 Marburger Hermeneutik》, Tübingen : J. C. B. Mohr, 1968, 277pp.

———, 《역사적인 예수에 관한 연구 Studies of the Historical Jesus》, Trans. Andrew Scobie, London : SCM Press, 1964, 239pp.

———, 《신학에 있어서 해석학의 문제 Zum hermeneutischen Problem in der Theologie》, Tübingen : J. C. B. Mohr, 1959, 365pp.

Funk, Robert W. 《언어, 해석학 그리고 신의 말씀 Language, Hermeneutic, and Word of God》, New York : Harper, 1966, 317pp. (Another book by Professor Funk on language and hermeneutics is in preparation.)

———, and Gerhard Ebeling, eds., 《불트만의 성서해석학파 : 새로운 방향인가? The Bultmann School of Biblical Interpretation : New Directions?》, Journal of Theology and the Church series, Vol. I. New York : Harper, 1965, 183pp.

———, eds., 《역사와 해석학 History and Hermeneutic》, Journal of Theology and the Church series, Vol. IV. New York : Harper, 1967, 162pp.

Grant, Robert M. 《성서해석의 약사 A Short History of the Interpretation of the Bible》, Rev. ed., New York : Macmillan, 1963, 224pp.

Heinrici, Georg. 〈해석학 Hermeneutik〉, 《RPTK》, VII(1899), 719pp.

Herzog, Frederick W. 《신에 대한 이해 Understanding God》, New York : Scribner's 1966, 191pp.

Kraus, Hans-Joachim. 《종교개혁으로부터 현재에 이르기까지 구약성서에 대한 역사적-비판적 연구의 역사 Geschichte der historisch-kritischen Erforschung des Alten Testaments von der Reformation bis zur Gegenwart》, Neukirchen : Verlag der Buchhandlung der Erziehungsvereins, 1956, 478pp.

Lessing, Gotthold E. 《레싱의 신학선집 Lessing's Theological Writings : Selections》, Trans. and with an introductory. essay by Henry Chadwick. Stanford : Stanford University Press, 1957, 110pp.

Lorenzmeier, Theodor. 《주석과 해석학 Exegese und Hermeneutik : Eine verglichende Darstellung der Theologie Rudolf Bultmanns, Herbert Brauns, und Gerhard Ebelings》 Hamburg : Furche, 1968, 232pp.

Macquarrie, John. 《실존주의적 신학 : 하이데거와 불트만의 비교 An Existentialist Theology : A comparison of Heidegger and Bultmann》, London : SCM Press, 1955, 252pp.

______, 《탈신화화의 전망 : 불트만과 그에 대한 비판 The Scope of Demythologizing : Bultmann and His Critics》, London : SCM Press, 1960, 255pp.

Marlé, Rene. 《해석학 입문 Introduction to Hermeneutics》, Trans. from the French 《L'herméneutique》 by E. Froment and R. Albrecht, New York : Herder & Herder [1967], 128pp.

Michalson, Carl. 《신앙의 합리성 : 신학적 이상에 대한 역사적 비판 The Rationality of Faith : An Historical Critique of Theological Reason》, New York : Scribner's 1964, 160pp.

Müller-Schwefe, Hans-Rudolf. 《언어와 말씀 : 복음의 기초 Die Sprache und das Wort : Grundlagen der Verkündigung》, Hamburg : Furche, 1961, 268pp. The book consists of four parts : 〈언어의 구조 Die Struktur des Sprache〉, 〈언어와 실존 Sprache und Existenz〉, 〈언어와 역사 Sprache und Geschichte〉 and 〈언어와 신의 말씀 Die Sprache und das Wort Gottes〉.

Neill, Stephen. 《신약성서의 해석 The Interpretation of the New Testament》 : 1861~1961, London : Oxford University Press, 1964, 358pp.

Niebuhr, Richard R. 《슐라이어마허의 예수론과 종교론 : 새로운 입문 Schleiermacher on Christ and Religion : A New Introduction》, New York : Scribner's 1964, 267pp.

Ogden, Schubert M. 《신화 없는 예수 Christ without Myth》, New York : Harper, 1961, 189pp.

______, 《신의 존재와 그 밖의 논문 The Reality of God and Other Essays》, New York: Harper, 1966, 237pp.

Ott, Heinrich. 《사유와 존재: 마르틴 하이데거의 길과 신학의 길 Denken und Sein : Der Weg Martin Heideggers und der Weg der Theologie》, Zollikon: Evangelischer Verlag, 1959, 226pp.

______, 〈신학에 있어서 비-객관화된 사유와 말의 문제(Das Problem des nicht-objecktivierenden Denkens und Redens in der Theologie)〉, 《ZThK》, LXI(1964), pp. 327~352.

Ramsey, Ian. 《종교적 언어: 신학적 구절의 경험적 정립 Religious Language: An Empirical Placing of Theological Phrases》, New York : Macmillan, 1957, 191pp.

Robinson, James M. 《역사적 예수에 대한 새로운 문제 A New Quest of the Historical Jesus》, London: SCM Press, 1959, 128pp.

______, 〈번역으로서의 신학(Theology as Translation)〉, 《Theology Today》, XX(1964), pp. 518~527.

______, 〈현대 신학과 신약 신학에 있어서의 세계(World in Modern Theology and in New Testament Theology)〉. in 《Soli Deo Gloria : New Testament Studies in Honor of William Childs Robinson》, Richmond, Va.: John Knox Press, 1968, Chap. 7.

______, and John B. Cobb, Jr., eds. 《후기 하이데거와 신학 The Later Heidegger and Theology》, New Frontiers in Theology series, Vol. I. New York: Harper, 1963, 212pp.

______, eds. 《새로운 해석학 The New Hermeneutic》, New Frontiers in Theology series, Vol. II. New York : Harper, 1964, 243pp. See the valuable Introduction, pp. 1~77.

______, eds. 《역사로서의 신학 Theology as History》, New Frontiers in Theology series, Vol. III. New York: Harper, 1967, 276pp.

Schultz, Werner. 〈슐라이어마허의 해석학에서의 무한운동과 현재의 해석학적 상황에 대한 그것의 영향(Die unendliche Bewegung in der Hermeneutik Schleiermachers und ihre Auswirkung auf die hermeneutische Situation der Gegenwart)〉, 《ZThK》 LXV(1968), pp. 23~52.

Smalley, B.《중세에 있어서 성서에 대한 연구 The Study of the Bible in the Middle Ages》, 2d ed., Oxford: Blackwell, 1952, 406pp.

Smart, James D.《성서해석 The Interpretation of Scripture》, Philadelphia: Westminster Press, 1961, 317pp.

Spiegler, Gerhard.《영원한 약속: 슐라이어마허에 의한 문화신학의 시도 The Eternal Covenant: Schleiermacher's Experiment in Cultural Theology》, New York: Harper, 1967, 205pp.

Spinoza, Benedict de.《신학-정치 논고 A Theologico-Political Treaties》, Trans. R. H. M. Elwes. 성 요한 기획 시리즈의 고전. Ann Arbor, Mich: Edwards Brothers, 1942, 278pp.

Steiger, Lothar.《교리문제로서의 해석학 Die Hermeneutik als dogmatisches Problem》, Gütersloh: Gerd Mohn, 1961, 200pp.

Wood, James D.《성서해석: 역사적 서론 The Interpretation of the Bible: A Historical Introduction》, Naperville, III: Alec R. Allenson, 1958, 179pp.

C. 해석학과 관련되어 있는 그 밖의 저자

Adorno, Theodor W.《인식론의 메타 비판을 위하여: 후설과 현상학적 이율배반에 관한 연구 Zur Metakritik der Erkenntnistheorie: Studien über Husserl und die phänomenologischen Antinomien》, Stuttgart: Kohlhammer, 1956, 251pp.

Albrecht, Erhard.《인식론에 대한 기여와 언어 및 사유의 관계 Beiträge zur Erkenntnistheorie und das Verhältnis von Sprache und Denken》, Halle: Niemeyer, 1959, 570pp.

Ammann, Hermann.《인간의 말: 언어철학적 연구, 1부와 2부 Die menschliche Rede: Sprachphilosophische Untersuchungen, Teil I und II》, Darmstadt: Wissenschaftliche Buchgesellschaft, 1962, 337pp.

Arens, Hans.《언어학: 고대로부터 현재에 이르기까지의 언어학의 발전 과정 Sprachwissenschaft: Der Gang ihrer Entwicklung von der Antike bis zur Gegenwart》, Munich: Verlag Karl Alber, 1955, 568pp. A methodical and well-documented history of including coverage of American, French, Russian, and other developments in the twentieth century. Extensive bibliography.

Aristotle. 《기초 저작 The Basic Works》, Ed. Richard Mckeon, New York : Random House, 1941, 1487pp.

______, 《해석에 관하여 On Interpretation, Peri hermēneias》, Commentary by St. Thomas and Cajetan, Trans. from the Latin and with an introduction by Jean T. Oesterle, Milwaukee : Marquette University Press, 1962, 271pp.

______, 《기관 Organon》 Vol. I : 《범주론 Categories》, 《해석에 관하여 On Interpretation》, 《분석학 전서 Prior Analytics》, Loeb Classical Library, p. 325 ; Cambridge : Harvard University Press, 1938, 542pp.

Ast, Friedrich. 《문법론, 해석학, 그리고 비판에 대한 개요 Grundlinien der Grammatik, Hermeneutik und Kritik》, Landshut : Thomann, 1808, 227pp.

______, 《문헌학 강요 Grundriss der Philologie》, Landshut : Krüll, 1808, 591pp.

Auerbach, Erich. 《미메시스 : 서구 문학에 있어서 현실의 반영 Mimesis : The Representation of Reality in Western Literature》 Princeton : Princeton University Press, 1953, 563pp.

Bachelard, Gaston. 《La Formation de l'esprit scientifique : contribution a une psychanalyse de la connaissance objective》, Paris : Vrin, 1938, 256pp.

______, 《Le Nouvel esprit scientifique》, 5th ed., Paris : Presses Universitaires de France, 1949, 179pp.

______, 《공간의 시학 Poetics of Space》, Trans. Maria Jolas, New York : Orion Press, 1964, 214pp.

______, 《La Poétique de la rêverie》, 2d ed., Paris : Presses Universitaires de France, 1961, 183pp.

______, 《불의 정신분석 Psychoanalysis of Fire》, Trans. A. C. Ross. Boston : Beacon Press, 1964, 115pp.

Bollnow, Otto Friedrich. 《삶의 철학 Die Lebensphilosophie》, Berlin : Springer, 1958, 150pp.

Bosserman, Phillip. 《변증법적 사회학 : 조지 거비치의 사회학에 대한 분석 Dialectical Sociology : An Analysis of the Sociology of Georges Gurvitch》, Boston : Extending Horizons Books, 1968, 300pp.

Brekle, Herbert E., ed., 《보편적 문법학 Grammatica Universalis》, A series of volumes in linguistics and philosophy of language; selections from the seventeenth century to the present. First volume forthcoming in 1969, Frommann-Holzboog, Stuttgart.

Brillouin, Léon. 《과학적 불확실성과 정보 Scientific Uncertainty and Information》, 2d ed., New York: Academic Press, 1962, 164pp.

Brunner, August. 《역사성 Geschichtlichkeit》, Bern/Munich: Francke, 1961, 204pp.

Bruyn Severyn T. 《사회학에 있어서의 인간적 전망 The Human Perspective in Sociology》, Englewood Cliffs, N. J.: Prentice-Hall, 1966, 286pp.

Burke, Kenneth. 《동기의 문법과 수사학 A Grammar of Motives and A Rhetoric of Motives》, Meridian Books. Cleveland: World, 1962, 868pp.

______, 《문학적 형태의 철학 The Philosophy of Literary Form》, Rev. ed., New York: Vintage Books, 1957, 330pp.

Campbell, Joseph. 《신의 가면들 : 원시적인 신화 The Masks of God : Primitive Mythology》 New York: Viking, 1959. 504pp.

Campbell, Paul N. 《말과 문학의 화자 The Speaking and the Speakers of Literature》, Belmont, Calif.: Dickenson, 1967, 164pp.

Cassirer, Ernst. 《인간론 An Essay on Man》, New Haven : Yale University Press, 1944, 237pp.

______, 《상징적 형식의 철학 Philosophy of Symbolic Forms》, 3vols, New Haven: Yale University Press, 1953, 1955, 1957, 328pp., 269pp., 501pp.

Castelli, Enrico, ed., 《Tecnica e casistica》, Papers from the international Colloquium at Rome, January, 1964[?], Padua: A. Milani, n. d.

Chomsky, Noam. 《구문론의 제 측면 Aspects of the Theory of Syntax》, Cambridge: M.I.T. Press, 1965, 251pp.

______, 《언어학 이론의 현대적 문제점 Current Issues in Linguistic Theory》, New York: Humanities Press, 1964, 119pp.

______, 《생성문법이론의 제 문제 Topics in the Theory of Generative Grammer》, New York: Humanities Press, 1966, 95pp.

Collingwood, R. G. 《자서전 An Autobiography》, Oxford: Oxford University Press, 1939, 167pp.

______, 《역사철학론 Essays in the Philosophy of History》, ed. William

Debbins, Austin : University of Texas Press, 1965, 160pp.
______, 《역사의 개념 The Idea of History》, Oxford : Clarendon Press, 1946, 339pp.
Corbin, Henry. 《아비센나와 시각적 암송 Avicenna and the Visionary Recital》, Trans. W. R. Trask, Princeton : Princeton University Press, 1960, 423pp.
Dagognet, François, 《가스통 바슐라르 Gaston Bachelard》, Paris : Presses Universitaires de France, 1965, 116pp.
Dance, Frank E. X., ed., 《인간의 의사소통이론 Human Communication Theory : Original Essays》, New York : Holt, 1967, 332pp.
Danto, Arthur C. 《분석적 역사철학 Analytical Philosophy of History》, Cambridge : Cambridge University Press, 1965, 313pp.
Diemer, Alwin. 《에드문트 후설 : 현상학에 대한 체계적 서술의 시도 Edmund Husserl : Versuch einer systematischen Darstellung seiner Phänomenologie》, Meisenheim and Glan : Hain, 1956, 397pp.
Dufrenne, Mikel. 《Jalons》, The Hague : Nijhoff, 1966, 221pp.
______, 《언어와 철학 Language and Philosophy》, Bloomington : Indiana University Press, 1963, 106pp.
______, 《선천성의 개념 The Notion of the A Priori》, Trans. Edward S. Casey, Evanston : Northwestern University Press, 1966, 256pp.
______, 《미적 체험의 현상학 Phénomenologie de l'expérience esthétique》, Paris : Presses Universitaires de France, 1953, 688pp.
______, 《시학 La Poétique》, Paris : Presses Universitaires de France, 1963, 196pp.
Durand, Gilbert. 《상징적 상상력 L'Imagination symbolique》, Paris : Presses Universitaires de France, 1964, 120pp.
______, 《상상력의 인간학적 구조 Les Structures anthropologiques de l'imaginaire》, Paris : Presses Universitaires de France, 1960, 513pp.
Edie, James M., ed., 《현상학에의 초대 : 경험의 철학에 대한 연구 An Invitation to Phenomenology : Studies in the Philosophy of Experience》, Chicago : Quadrangle, 1965, 283pp.
______, ed., 《미국의 현상학 : 경험의 철학에 대한 연구 Phenomenology in America : Studies in the Philosophy of Experience》, Chicago : Quadrangle,

1967, 306pp.

《통찰력: 게르하르트 크뤼거를 위한 기념 논문집 Einsichten: Festschrift für Gerhard Krüger》, Ed. Klaus Oehler and Richard Schaeffler, Frankfurt: Klostermann, 1962, 398pp.

Eliade, Mircea. 《우주와 역사: 영원회귀의 신화 Cosmos and History: The Myth of the Eternal Return》, New York: Harper Torchbook, 1959, 176pp.

_______, 《금지된 숲 Le Forêt interdit》, Paris: Gallimard, 1957, 645pp.

_______, 《신화와 현실 Myth and Reality》, Trans. Willard R. Trask, New York: Harper, 1963, 204pp.

_______, 《신화, 꿈 그리고 신비 Myths, Dreams and Mysteries》, New York: Harper Torchbook, 1961, 256pp.

Fallico, Arturo B. 《예술과 실존주의 Art & Existentialism》, Spectrum Books, Englewood Cliffs, N. J.: Prenticer-Hall, 1962, 175pp.

Findlay, J. N. 《헤겔, 재평가 Hegel, A Re-examination》, London: George Allen & Unwin, 1964, 372pp.

Fink, Eugen. 《존재, 진리, 세계, 현상 개념의 문제에 대한 선행적 문제제기 Sein, Wahrheit, Welt, Vor-Fragen zum Problem des Phänomen-Begriffs》, The Hague: Nijhoff, 1958, 156pp.

_______, 《세계상징으로서의 놀이 Spiel als Weltsymbol》, Stuttgart: Kohlhammer, 1960, 243pp.

《로만 잉가르덴을 위하여, 현상학에 관한 아홉 개의 논문 For Roman Ingarden, Nine Essays in Phenomenology》, The Hague: Nijhoff, 1959, 179pp.

Foucault, Michel. 《말과 사물: 인문과학의 고고학 Les Mots et les choses: une archéologie des science humaines》, Paris: Gallimard, 1966, 405pp.

Frank, Erich. 《철학적 이해와 종교적 진리 Philosophical Understanding and Religious Truth》, New York: Oxford University Press, 1945, 209pp.

Frye, Northrop. 《비평의 해부 Anatomy of Criticism》, Princeton: Princeton University Press, 1957, 394pp.

Garelli, Jacques. 《시의 중력 La Gravitation poétique》, Paris: Mercure de France, 1966, 217pp.

Geiger, Don. 《문학의 소리, 의미, 그리고 작업 The Sound, Sense, and Performance of Literature》 Chicago : Scott, Foresman, 1963, 115pp.

Gipper, Helmut. 《언어내용의 연구를 위한 초석 : 정신과학 및 자연과학과 관련한 새로운 언어 고찰 Bausteine zur Sprachinhaltsforschung : Neuere Sprachbetrachtung im Austausch mit Geistes und Naturwis-senschaft》, Sprache und Gemeinschaft series, ed. Leo Weisgerber, Vol. I. Düsseldorf : Pädagogischer Verlag Schwann, 1963, 544pp.

Glinz, Hans. 《언어이론에 관하여 Ansätze zu einer Sprachtheorie》, Beihefte zum Wirkenden Wort series, Pamphlet No. 2. Düsseldorf : Pädagogischer Verlag Schwann, 1962, 93pp.

Gogarten, Friedrich. 〈서양의 역사사상 : 에리히 아우어바흐의 '미메시스'에 관한 고찰(Das abendländische Geschichtsdenken : Bemerkungen zu dem Buch von Erich Auerbach 'Mimesis'))〉, 《ZThK》, LI(1954), pp. 270~360.

Güntert, Hermann. 《언어학의 근본문제 Grundfragen der Sprachwissenschaft》 2d ed. Ed., Dr. Anton Scherer. Heidelberg : Quelle & Meyer, 1956, 155pp.

Günther, Gotthard. 《비-아리스토텔레스적 논리학의 이념과 개요 Idee und Grundriss einer nicht-Aristotelischen Logik》, Hamburg : Meiner, 1959. 417pp. Vol. I : 《이념과 그 철학적 제 전제 Die Idee und ihre philosophischen Voranssetzungen》.

Gurvitch, Georges. 《변증법적 사회학 Dialectique et sociologie》, Paris : Flammarion, 1962, 242pp.

Gurwitsch, Aron. 《의식의 영역 The Field of Consciousness》 Pittsburgh : Duquesne University Press, 1964, 427pp.

______, 《현상학과 심리학에 관한 연구 Studies in Phenomenology and Psychology》, Evanston, III. : Northwestern University Press, 1966, 452pp.

Gusdorf, Georges. 《말 La Parole》, Trans. and with an introduction by Paul T. Brockelman. Evanston, III. : Northwestern University Press, 1965, 132pp.

Güttinger, Fritz. 《목표언어 : 번역의 이론과 기술 Zielsprache : Theorie und Technik des Uebersetzens》, Zürich : Manesse, 1963, 236pp.

Haering, Theodor. 《이해의 철학, 모든 인식행위의 체계적-인식론적 정초의 시도 Philosophie des Verstehens, Versuch einer systematischerkenntnis-theoretischen Grundlegung alles Erkennens》, Tübingen : Niemeyer, 1963, 103pp.

Hart, Ray L. 〈상상력과 정신작용의 크기(Imaginaton and the Scale of Mental Acts)〉, 《Continuum》, III(1965), pp. 3~21.

______, 〈플라톤에 있어서 상상력(The Imagination in Plato)〉, 《International Philosophical Quarterly》, V(1965), pp. 436~461.

______, 《무한한 인간과 상상력 Unfinished Man and the Imagination》, New York : Herder & Herder, 1968.

Hartmann, Eduard von. 《변증법적 방법에 관하여. 역사적-비판적 탐구 Uber die dialektische Methode. Historisch-Kritische Untersuchungen》, Darmstadt : Wissenschaftliche Buchgesellschaft, 1963, 124pp.

Hartmann, Peter. 《언어의 인식 Sprache und Erkenntnis》, Heidelberg : Carl Winter, Universitätsverlag, 1958, 160pp.

______, 《언어의 본질과 작용 : 레오 바이스게르버의 이론에 비추어 Wesen und Wirkung der Sprache : im Spiegel der Theorie Leo Weisgerbers》, Heidelberg : Carl Winter, Universitätsverlag, 1958, 168pp.

Hatzfeld, Helmut A. 《애정문학에 응용된 새로운 문체론의 비판적 문헌 목록, 1900~52 Critical Bibliography of the New Stylistics Applied to the Romance Literatures, 1900~52》, New York : Johnson Reprint, 1953.

______, with Yves Le Hir. 《프랑스와 로마의 문체론에 대한 비판적 문헌 목록, 1955~60 Essai de bibliographie critique de stylistique française et romance, 1955~60》, Paris : Presses Universitaires de France, 1961, 313pp.

Hausman, Carl R. 〈새로운 존재(The Existence of Novelty)〉, 《Pacific Philosophy Forum》, IV(1966), pp. 3~60.

______, 〈이해와 창조행위(Understanding and the Act of Creation)〉, 《RM》, XX(1966), pp. 89~112.

Heeroma, Klaas. 《언어에 비추어본 인간 Der Mensch in seiner Sprache》, Translated from the Dutch by Arnold Rakers. Witten : Luther, 1963, 262pp. Sixteen Collected lectures, including 〈Tekt und Auslegung〉, 〈Literatur und Wissenschaft〉, 〈Sprache als Wahrheit〉, 〈Sprache als Freiheit〉, 〈Dichtung als Wahrheit〉 and 〈Die Sprache der Kirche〉.

Hegel, George Wilhelm Friedrich. 《정신현상학 Phänomenologie des Geistes》, Hamburg : Meiner, 1952, 598pp. English Translation, with an introduction and notes, by J. B. Baillie, 《정신현상학 The Phenomenology of Mind》, 2d. ed., rev., London : George Allen & Unwin, 1964, 814pp.

Hilgard, Ernest R., and Gorden H. Bower. 《학습이론 Theories of Learning》, 3d. ed., New York : Appleton-Century-Crofts, 1966, 661pp.

Hülsmann, Heinz. 《에드문트 후설의 언어이론에 관하여 Zur Theorie der Sprache bei Edmund Husserl》, Munich : Anton Pustet, 1964, 255pp.

Husserl, Edmund. 《데카르트의 성찰: 현상학에 대한 서론 Cartesian Meditations : An Introduction to Phenomenology》, Trans. Dorion Cairns, The Hague : Nijhoff, 1960, 157pp.

______, 《경험과 판단 Erfahrung und Urteil》, Ed. and rev. by Ludwig Landgrebe, Hamburg : Claasen, 1964, 478pp.

______, 《제 이념 : 순수현상학을 위한 일반적 서론 Ideas : General Introduction to Pure Phenomenology》, Trans. W. R. Boyce Gibson, New York : Collier Books, 1962, 444pp.

______, 《유럽 학문의 위기와 선험적 현상학 Die Krisis der europäischen Wissenschaften und die transzendentale Phänomenologie》, Husserliana, Vol. VI, The Hague : Nijhoff, 1952, 557pp. A protion (pp. 314~348) of the appendixes, a lecture entitled 〈Die Krisis des europäischen Menschentums und die Philosophie〉, appears in 《Phenomenology and the Crisis of Philosophy》.

______, 《현상학과 철학의 위기 Phenomenology and the Crisis of Philosophy》, Trans. and with an introduction by Quentin Lauer, New York : Harper, 1965, 192pp.

______, 《내적 시간의식의 현상학 The Phenomenology of Internal Time-Consciousness》, Ed., Martin Heidegger, trans. James S. Churchill, with introduction by Calvin O. Schrag, Bloomington : Indiana University Press, 1964, 188pp.

______, 《엄밀학으로서의 철학 Philosophie als strenge Wissenschaft》, Ed. Wilhelm Szilasi. Quellen der Philosophie series, ed. Rudolph Berlinger. Frankfurt : Klostermann, 1965, 107pp. 영역본은 위에서 나온 《현상학과 철학의 위기 Phenomenology and the Crisis of Philosophy》에 포함되어 있다.

Hyman, Stanley Edgar. 《무장된 시각 : 현대 문학비평의 제 방법에 관한 연구

The Armed Vision : A Study in the Methods of Modern Literary Criticism》, Rev. ed., New York: Vintage, 1955, 402pp.

Ingalls, Daniel H. H.《나바-냐야 논리학의 연구를 위한 자료집 Materials for the Study of Navya-Nyāya Logic》, Cambridge: Havard University Press, 9151, 181pp.

Ingarden, Roman.《문학적 예술작품 Das literarische Kunstwerk》, 2d. ed., rev., Tübingen : Niemeyer, 1960, 430pp. 영역본은 Northwestern University Press에서 발행할 예정.

Jolles, André.《단순한 형식들 : 전설, 우화, 신화, 수수께끼, 격언, 사건, 회상록, 소문, 기지 Einfache Formen: Legende, Sage, Mythe, Rätsel, Spruch, Kasus, Memorabile, Märchen, Witz》, Darmstadt : Wissenschaftliche Buchgesells-chaft, 1958, 272pp. 원래는 1930년에 출간되었었다.

Jünger, Friedrich Georg.《언어와 사유 Sprache und Denken》, Frankfurt : Klostermann, 1962, 232pp.

Kaelin, Eugene F.《실존주의적 미학: 사르트르의 이론과 메를로-퐁티의 이론 An Existentialist Aesthetic: The Theories of Sartre and Merleau-Ponty》, Madison: University of Wisconsin Press, 1962, 471pp.

Kainz, Friedrich.《언어심리학 Psychologie der Sprache》 4 vols. Stuttgart : Ferdinand Enke Verlag, 1940~1956. Vol. I.《일반적 언어심리학 개요 Grundlagen der allgemeinen Sprachpsychologie》, 1940 ; 3d ed., 개정 없이 1962년에 재판이 나옴. 373pp. Vol. Ⅱ.《비교-발생적 언어심리학 Vergleichend-genetische Sprachpsychologie》, 1943 ; 2d ed., 개정, 증보되어 1960년에 다시 나옴. 760pp. Vol. Ⅲ:《언어과정의 생리학적 심리학 Physiologische Psychologie der Sprachvorgänge》, 1954, 571pp. Vol. IV:《특수 언어심리학 Spezielle Sprachpsychologie》, 1956, 537pp.

Kamlah, Wilhelm.《세속적인 인간 Der Mensch in der Profanität》, Stuttgart: Kohlhammer, 1949, 216pp.

______,《과학, 진리, 실존 Wissenschaft, Wahrheit, Existenz》, Stuttgart: Kohlhammer, 1960, 73pp.

kaufmann, Fritz.《아름다움의 영역 : 예술철학을 위한 초석 Das Reich des Schönen : Bausteine zu einer Philosophie der Kunst》, Ed. H.-G. Gadamer, Stuttgart: Kohlhammer, 1960, 404pp.

Kitto, H. D. F.《연극에 있어서의 형식과 의미 Form and Meaning in Drama》,

New York : Barnes & Noble, 1957, 341pp.

———, 《포이에시스 Poiesis》, Berkeley : University of California Press, 1966, 407pp

Koestler, Arthur. 《창조의 행위 The Act of Creation》, New York : Macmillan, 1964, 751pp. 위에서 인용된 Hausman의 〈이해와 창조행위(Understanding and the Act of Creation)〉에 서평이 있다.

Krieger, Murray. 《시에 대한 새로운 옹호론자들 The New Apologists for Poetry》, Bloomington : Indiana University Press, 1963, 225pp.

Krüger, Gerhard. 《자유와 세계관 : 역사철학에 관한 논집 Freiheit und Weltanschauung : Aufsätze zur Philosophie der Geschichte》, Freiburg/Munich : Alber, 1958, 254pp.

———, 《철학의 근본문제 : 역사, 진리, 과학 Grundfragen der Philosophie : Geschichte, Wahrheit, Wissenschaft》, Frankfurt : Klostermann, 1958, 288pp.

Kwant, Remy C. 《현상학에서 형이상학에로 : 후기 메를로-퐁티의 철학적 삶에 관한 탐구 From Phenomenology to Metaphysics : An Inquiry into the Last Period of Merleau-Ponty's Philosophical Life》, Pittsburgh : Duquesne University Press, 1966, 246pp.

———, 《메를로-퐁티의 현상학적 철학 The Phenomenological Philosophy of Merleau-Ponty》, Pittsburgh : Duquesne University Press, 1963, 257pp.

———, 《언어의 현상학 Phenomenology of Language》, Pittsburgh : Duquesne University Press, 1965, 270pp.

Lacan, Jacques. 《Ecrits de Jacques Lacan : le champ frendien》, Paris : Editions du Seuil, 1967, 911pp.

———, 〈무의식에 있어서 문자의 요구(The Insistence of the Letter in the Unconscious)〉, 《YFS》, Nos. pp. 36~37(1967), pp. 112~147.

Landmann, Michael. 《절대적 시 : 철학적 시학에 관하여 Die absolute Dichtung : Essais zur philosophischen Poetik》, Stuttgart : Ernst Klett, 1963, 212pp.

Leeuw, Gerardus van Der. 《종교의 본질과 현상 : 현상학에 대한 연구 Religion in Essence and Manifestation : A Study in Phenomenology》, Trans. J. E. Turner, London : Allen & Unwin, 1938, 709pp. Rev. ed., 2 vols, Harper, 1963.

Levi, Albert William. 《문학, 철학 그리고 상상력 Literature, Philosophy, and the Imagination》, Bloomington: Indiana University Press, 1962, 346pp.

Liddell, Henry G. and R. Scott. eds., 《그리스어-영어 사전 Greek-English Lexicon》, New York: Oxford University Press, 1940.

Lipps, Hans. 《언어의 구속력 : 언어철학과 논리학에 대한 연구 Die Verbindlichkeit der Sprache : Arbeiten zur Sprachphilosophie und Logik》, Ed. Evamaria von Busse. 2d ed., Frankfurt: Klostermann, 1958, 240pp.

Litt, Theodor. 《역사적 의식의 재각성 Die Wiedererweckung des geschichtlichen Bewußtseins》, Heidelberg: Quelle & Meyer, 1956, 243pp.

Longfellow, Henry Wadsworth. 《산문집 Prose Works》 Vol. II. Boston : Houghton Mifflin, 1886, 486pp.

Löwith, Karl. 《역사의 의미 Meaning in History》, Chicago : University of Chicago Press, 1957, 257pp.

______, 《자연, 역사 및 실존주의 그리고 역사철학에 관한 그 밖의 글 Nature, History, and Existentialism, and other Essays in the Philosophy of History》, Ed. and with a critical introduction by Arnold Levison, Evanston: Northwestern University Press, 1966, 220pp.

McKellar, Peter. 《상상력과 사고 : 심리학적 분석 Imagination and Thinking : A Psychological Analysis》, New York : Basic Books, 1957, 219pp.

Marrou, Hanri-I. 《역사적 지식에 관하여 De la connaissance historique》, 4th. ed., rev., Paris : Editions du Seuil, 1959, 301pp.

Merleau-Ponty. 〈눈과 마음(Eye and Mind)〉, trans. Carleton Dallery, in 《지각의 우위와 기타 논문 The Primacy of Perception and Other Essays》, ed., James M. Edie. Evanston : Northwestern University Press, 1964, 228pp.

______, 《지각의 현상학 Phenomenology of Perception》, Trans. Colin Smith. London : Routledge & Kegan Paul, 1962, 466pp.

______, 《기호 Signs》, Trans. and with an introduction by Richard C. McCleary, Evanston : Northwestern University Press, 1964, 355pp.

Miller, James E., Jr., ed., 《신화와 방법 : 근대 소설이론 Myth and Method : Modern Theories of Fiction》, Lincoln : University of Nebraska Press, 1960, 164pp.

Mohanty, J. N. 《에드문트 후설의 의미이론 Edmund Husserl's Theory of

Meaning》, The Hague : Nijhoff, 1964, 148pp.

Moles, Abraham A.《정보이론과 미적 지각 Information Theory and Aesthetic Perception》, Trans. Joel C. Cohen, Urbana : University of Illinois Press, 1965, 217pp.

Natanson, Maurice.《문학, 철학 그리고 사회과학 : 실존주의와 현상학에 대한 기여 Literature, Philosophy and the Social Sciences : Essays in Existentialism and Phenomenology》, The Hague : Nijhoff, 1962, 220pp.

Nehring, Alfons.《언어기호와 언어행위 Sprachzeichen und Sprachakte》, Heidelberg : Carl Winter, Universitätsverlag, 1963, 227pp.

Nida, Eugene A.《번역학을 위하여 : 특히 성서번역에 내포된 원리 및 절차들과 관련하여 Toward a Science of Translating : With Special Reference to Principles and Procedures Involved in Bible Translating》, Leiden : Brill, 1964, 331pp.

Nishida, Kitarō.《이해가능성과 무의 철학 Intelligibility and the Philosophy of Nothing》, Trans. R. Schinzinger, Honolulu : East-West Center Press, 1966, 251pp.

Oxenhandler, Neal.〈미국과 프랑스에서의 존재론적 비평(Ontological Criticism in America and France)〉,《MLR》, LV(1960), pp. 17~23.

〈La Pensée sauvage et le structuralisme〉,《Esprit》(1963년 11월), 구조주의에 관한 특집.

Pepper, Stephen C.《예술에 있어서 비평의 기초 The Basis of Criticism in the Arts》, Cambridge : Havard University Press, 1956, 177pp.

Phillips, Leslie, and Joseph G. Smith.《Rorschach Interpretation》, New York : Grune & Stratton, 1959, 385pp.

Polanyi, Michael.《인격적 지식 : 후기 비판철학을 위하여 Personal Knowledge : Towards a Post-Critical Philosophy》, Chicago : University of Chicago Press, 1958, 428pp.

Porzig, Walter.《언어의 경이 : 현대 언어학의 제 문제와 방법 그리고 성립 Das Wunder der Sprache: Probleme, Methoden und Ergebnisse der modernen Sprachwissenschaft》, 2d ed., Bern: Francke, 1957, 423pp. 원래는 1950년에 출판되었다. 제4장은 '언어와 영혼'의 문제를 다루고 있으며, 제5장은 '언어공동체'의 문제를 탐구하고 있다.

Quillet, Pierre.《바슐라르 Bachelard》, Paris : Seghers, 1964, 220pp.

Rapaport, David, ed.,《사고의 조직과 병리학 Organization and Pathology of Thought》, New York : Columbia University Press, 1951, 786pp.

Richard, Jean-Pierre.《현대시에 대한 11개의 연구 Onze études sur la poésie moderne》, Paris : Editions du Seuil, 1964, 302pp.

______,《샤토브리앙의 풍경화 Paysage de Chateaubriand》, Paris : Editions du Seuil, 1967, 184pp.

______,《시와 오묘함 Poésie et profondeur》, Paris : Editions du Seuil, 1955, 248pp.

______,《말라르메의 상상의 세계 L'Univers imaginaire de Mallarmé》, Paris : Editions du Seuil, 1961, 653pp.

Richards. I. A.《실제 비평 : 문학적 판단력에 대한 연구 Practical Criticism : A Study of Literary Judgment), New York : Harcourt, Barce & World, 1966, 362pp. 원래는 1929년에 출판되었다.

Ricoeur, Paul.《역사와 진리 History and Truth》, Trans. C. A. Kelbley Evanston : Northwestern, University Press, 1965, 333pp.

______,《후설 : 현상학의 분석 Husserl : An Analysis of His Phenomenology》, Trans. Edward G. Ballard와 Lester E. Embree, Evanston : Northwestern University Press, 1967, 238pp.

______, 〈구조, 말, 사건(La Structure, le mot, l'événement)〉,《M & W》, I. pp. 10~30.

______,《악의 상징 The Symbolism of Evil》, Trans. Emerson Buchanan, New York : Harper, 1967, 357pp.

Rugg, Harold.《상상력 Imagination》, New York : Harper, 1963, 361pp.

Ruitenbeek, H. M., ed.,《창조적 상상력 Creative Imagination》, Chicago : Quadrangle, 1965, 350pp.

Ryle, Gilbert,《마음의 개념 Concept of Mind》, New York : Barnes & Noble, 1949, 330pp.

Schon, Donald.《개념의 탐구 The Displacement of Concepts》, London : Tavistock, 1964, 208pp.

Schrag, Calvin O. 〈구체화된 언동의 현상(The Phenomenon of Embodied Speech)〉,《The Philosophy Forum》, VII(1968), pp. 189~213.

Shannon, Claude E and Warren Weaver.《수학적 의사소통이론 Mathematical Theory of Communication》, Urbana : University of Illinois Press, 1949,

117pp.

Snell, Bruno.《언어의 구조 Der Aufbau der Sprache》, 2d ed., Hamburg : Claasen, 1952, 208pp.

———,《정신의 폭로 : 그리스에 있어 유럽적 사고의 성립에 관한 연구 Die Entdeckung des Geistes : Studien zur Entstehung des europäischen Denkens bei den Griechen》, 3d ed., Hamburg : Claasen, 1955, 448pp.

Sontag, Susan.《해석에 반대하여, 그밖의 논문들 Against Interpretation, and Ohter Essays》, New York : Farrar, Straus, & Giroux, 1966, 304pp.

Spiegelberg, Herbert.《현상학 운동 : 역사적 개관 The Phenomenological Movement : A Historical Introduction》, 2 vols. 2d ed., rev., The Hague : Nijhoff, 1965, 765pp.

Spranger, Eduard.《정신과학에 있어서 무전제성의 의미 Der Sinn der Voraussetzungslosigkeit in den Geisteswissenschaften》, Darmstadt : Wissen-schaftliche Buchgesellschaft, 1963, 31pp.

Staiger, Emil.《시학의 기초 개념들 Grundbegriffe der Poetik》, Zürich : Atlantis, 1963, 256pp.

———,《해석의 기술 : 독일문학사에 대한 연구 Die Kunst der Interpretation : Studien zur deutschen Literaturgeschichte》, Zürich : Atlantis, 1963, 273pp.

Steinthal, H.《그리스와 로마의 언어학사 연구 : 특히 논리학과 관련하여 Geschichte der Sprachwissenschaft bei den Griechen und Römern: mit besonderer Rücksicht auf die Logik》, Hildesheim : George Olms, 1961, 742pp. 원래는 1863년에 출간되었음. 현재의 판은 1890년에 출간된 재판의 영인본임.

Störig, Hans Joachim., ed.,《번역의 문제 Das Problem des Übersetzens》, Darmstadt : Wissenschaftliche Buchgesellschaft, 1963, 489pp. 루터, 노발리스, 괴테, 슐라이어마허, 훔볼트, 하이데거, 가다머, 그리고 외팅어 등의 번역론 선집.

Strasser, Stephen.《현상학과 인문학 Phenomenology and the Human Sciences》, Pittsburgh : Duquesne University Press, 1963, 339pp.

Strawson P. F.《개별자들 : 기술형이상학론 Individuals : An Essay in Descriptive Metaphysics》, London : Methuen, 1959, 247pp.

〈구조주의(Structuralism)〉,《YFS》(1967)의 특별 주제, Nos. 36~37. 272pp.

〈구조주의 : 이데올로기와 방법(Structuralismes : idéologie et méthode)〉, 《Esprit》 XXXV, No. 360(1967). p. 769~976. 이는 구조주의의 문제를 특집으로 다루었다.

Sutton, Walter. 《현대 미국 비평 Modern American Criticism》, Englewood Cliffs, N. J. : Prentice-Hall, 1963, 298pp.

Suzuki, D.T. 《선불교 Zen Buddhism》, Ed. William Barrett. Garden City, N. Y. : Doubleday, 1956, 294pp.

Szilasi, Wilhelm. 《에드문트 후설의 현상학 입문 Einführung in die Phänomenologie Edmund Husserls》, Tübingen : Niemeyer, 1959, 142pp.

Thévenaz, Pierre. 《현상학이란 무엇인가? What is Phenomenology? and Other Essays》, James M. Edie가 편집하고 서문을 달았다. 번역은 J. M. Edie, Charles Courtney, Paul Brockelman이 맡았다. Chicago : Quadrangle, 1962, 191pp.

Tillich, Paul. 《사랑, 권력 그리고 정의 : 존재론적 분석과 윤리적 적용 Love, Power, and Justice : Ontological Analysis and Ethical Applications》, New York : Oxford University Press, 1954, 127pp.

Tylor, Edward Burnett. 《미개문화 Primitivy Culture》, 2 vols. New York : Harper, 1958, 416pp., 539pp. 원래는 1871년에 출간되었다.

Ullmann, Stephen. 《언어와 문체 : 선집 Language and Style : Collected Papers》, New York : Barnes & Noble, 1964, 270pp.

______, 《프랑스 소설의 문체 Style in the French Novel》, Cambridge : Cambridge University Press, 1957, 272pp.

Verene, Don. 〈칸트, 헤겔 그리고 카시러 : 상징적 형식이론의 기원(Kant, Hegel, and Cassirer : The Origins of the Theory of Symbolic Forms)〉, 《Journal of the History of Ideas》, (1969).

______, 〈플라톤의 철학관과 시관(Plato's Conceptions of Philosophy and Poetry)〉, The Personalist, XLIV(1963) pp. 528~538.

Vickery, John B. ed., 《신화와 문학 Myth and Literature》, Lincoln : University of Nebraska Press, 1966, 391pp.

Vivas, Eliseo. 《예술적 사건 The Artistic Transaction》, Columbus : Ohio State University Press, 1963, 267pp.

Waley, Arthur. 《도와 덕 : '도덕경'에 대한 연구와 중국사상에서의 그 위치 The

Way and Its Power : A Study of the 'Tao Tê Ching' and Its Place in Chinese Thought》, New York : Grove, 1958, 262pp.

Wartenburg, Graf Paul Yorck von. 《의식상태와 역사 Bewußtseinsstellung und Geschichte》, Ed. Iring Fetscher, Tübingen: Niemeyer, 1956, 220pp.

Wein, Hermann. 《현대의 언어철학 : 20세기 유럽과 미국의 언어철학 Sprachphilosophie der Gegenwart : Eine Einführung in die europäische und amerikanische Sprachphilosophie des 20. Jahrhunderts》, The Hague : Nijhoff, 1963, 84pp.

Weinrich, Harald. 《거짓의 언어학 : 언어는 생각을 숨길 수 있는가? Linguistik der Lüge : Kann Sprache die Gedanken verbergen?》, Heidelberg : Lambert Schneider, 1966, 78pp.

Weisgerber, Leo. 《문장의 설계도에 관한 총괄적 고찰: '그는 친구의 어깨를 툭툭 쳤다' Die ganzheitliche Behandlung eines Satzbauplanes : 'Er klopfte seinem Freunde auf die Schulter'》, Beihefte zum Wirkenden Wort series, No. 1. Düsseldorf : Pädagogischer Verlag Schwann, 1962, 34pp. 이것은 바이스게르버에 대한 훌륭한 입문서이다.

———, 《언어연구의 기초로서의 언어의 법칙 Das Gesetz der Spracheals Grundlage des Sprachstudiums》, Heidelberg : Quelle & Meyer, 1951, 200pp. '언어사회학', '언어심리학', '언어철학'을 위한 기초를 찾기 위하여 언어를 사회 및 인간과 관련지으려는 노력이다.

———, 《독일어의 힘에 관하여 Von den Kräften der deutschen Sprache》, 4vols. 3d ed., rev. Düsseldorf : Pädagogischer Verlag Schwann, 1962, Vol. II : 《세계의 언어적 형성 Die sprachliche Gestaltung der Welt》, 455pp.

Weizsäcker, Carl Fr. 《물리학의 세계관 Zum Weltbild der Physik》, 4th ed., Leipzig : Hirzel, 1949, 183pp.

Wellek, René and Austin Warren, 《문학의 이론 Theory of Literature》, Rev. ed., New York : Harcourt, Brace & World, 1962, 305pp.

Whalley, George. 《시의 창작과정 Poetic Process》, New York : Hillary, 1953, 256pp.

Whorf, Benjamin. L. 《언어, 사고 그리고 실재 Language, Thought, and Reality》, Cambridge, Mass. : Technology Press of M.I.T., 1956, 278pp.

Wimsatt, William K., Jr.《말의 우상: 시의 의미에 관한 연구 The Verbal Icon: Studies in the Meaning of Poetry》, Lexington : University of Kentucky Press, 1954, 299pp.

Wittgenstein, Ludwig.《철학적 탐구 Philosophical Investigations》, G. E. M. Anscombe의 번역, Oxford: Blackwell, 1963, 229pp.

______,《철학적 고찰 Philosophische Bemerkungen》, Ed. Rush Rhees, Oxford: Blackwell, 1964, 347pp.

옮긴이의 말

이 책은 리처드 팔머(Richard E. Palmer)의 《해석학 : 슐라이어마허, 딜타이, 하이데거, 가다머에 있어서 해석이론 Hermeneutics : Interpretation Theory in Schleiermacher, Dilthey, Heidegger, Gadamer》(1969)을 완역한 것이다. 이 책의 저자 팔머는 미국의 일리노이 주에 있는 맥머레이 대학에 비교문학 조교수로 재직하고 있다. 이 책은 1969년에 초판이 나온 이래 1972년, 1975년, 1977년, 1980년까지 5판이나 나올 정도로 널리 읽히고 있으며 내용이 알차고 신뢰할 만한 책으로 정평이 나 있다.

이 책의 기본적인 내용은 '해석학이란 무엇인가?'라는 물음에 대하여 네 명의 위대한 사상가들을 통해 답하는 것으로 이루어져 있으며 그런 점에서 해석학의 입문서라 할 수 있다.

현재 우리말로 된 해석학 관계 서적이나 논문은 몇 가지가 있다. 쉽게 구해 볼 수 있는 것들만 간단히 예를 들어보면 다음과 같다. 첫째, 김용옥, 《동양학 어떻게 할 것인가》에서는 동양의 해석학과 비교하면서 서양의 해석학이 소개되어 있다. 둘째, 《하이데거의 철학사상》에는 해석학의 역사를 개관하는 심상태 교수의 논문이 들어 있다. 이 양자는 번역이 아니라 직접 저술했다는 점에서 큰 의의를 갖는다고 생각한다.

다음은 번역서로서 브라이어의 《현대 해석학 Contemporary Hermeneutics》이 있는데, 이 책은 현대 해석학의 제 경향—특히 가다머와 하버마스 그리고 리쾨르와 잔트퀼러 등—을 원문과 함께 일목요연하게 서술하고 있다는 점에서 대단히 중요하다. 하지만 초보자가 이해하기에는 좀 벅차다는 점이 이 책의 결점이라 할 수 있다. 그리고 코레트의 《해석학》은 문제 중심으로 현대 해석학을 서술하고 있다. 이 책은 저자 자신의 존재론적-신학적 입장이 곳곳에 배어 있기 때문에 입문서로는 그렇게 적합하지 않을는지 모르지만 내용상으로 해석학을 이해하는 데는 다른 어떤 책보다도 큰 도움을 줄 것이다. 그 밖에 비멜의 《해석학》이 있는데, 이 책은 해석학의 범위를 너무 광범위하게 잡았기 때문에 잡다한 느낌을 줌과 동시에 내용 면에 있어서 빈약하다는 감을 준다.

여기에서 역자로서 아쉬운 점은 최근 2~3년 사이에 석사논문이나 학술잡지를 통해 해석학에 관한 많은 업적이 이루어졌지만 이를 제대로 소개하지 못하는 것이다.

그러면 우리는 이 책을 어떤 맥락에서 읽어야 할 것인가? 이 물음은 곧 해석학을 어떤 맥락에서 이해할 것인가 하는 문제와 거의 같은 것이다.

19세기 초 헤겔의 거대한 체계철학(Systemsphilosophie)이 종언을 고한 후, 특히 마르크스가 《포이에르 바하에 관한 테제》에서 '철학은 지금까지 세계를 해석만 해왔다. 하지만 이제 중요한 것은 세계를 변혁하는 것이다'라고 한 선언을 정점으로 하여 철학은 극심한 자기 위기에 시달리기 시작했다. 이처럼 철학이 정체성위기(Identity-

Crisis)에 시달리게 된 배후에는 자연과학의 엄청난 발전이 놓여 있었다. 이러한 위기의식은 특히 E. 후설에게서 명확하게 나타났다.

이러한 위기에 직면한 철학—특히 독일 철학—은 헤겔 이전의 철학, 즉 칸트 철학에 복귀함으로써 새로운 정체성을 확립하려고 노력하였다. 이러한 노력은 빈델반트와 리케르트 등에 의해 대표되는 신칸트주의에서 절정에 이른다. 신칸트주의의 기본 특징은 논리학을 중심으로 한 과학론적-인식론적 정향이다. 이는 20세기 초 하이데거와 신헤겔주의자에 의한 형이상학과 존재론의 복권이 이루어지기까지 강단철학을 철저하게 지배하였다.

이처럼 신칸트주의가 판을 치고 있던 무렵, 딜타이는 밀의 《논리학》의 영향을 받아 '정신과학(Geisteswissenschaft)'의 인식론적 정초를 마련하기 위해 일생을 바쳤다. 그러나 딜타이도 자연과학의 논리 혹은 방법론을 비판하고 정신과학의 논리를 확립하려 했다는 점에서 실증주의나 과학주의(scientism)와는 구별되지만, 그래도 여전히 '정신과학'의 논리와 방법론에 몰두했다는 점에서 신칸트주의와 유사한 입장을 갖고 있었다.

그 후 M. 하이데거는 《존재와 시간 Sein und Zeit》에서 딜타이의 철학과 신칸트주의를 공공연하게 비판하면서 존재론의 복권을 제창했다. 그의 비판은 과학의 한계에 대한 비판이었기 때문에 과학에 압살되어온 철학이 새로이 자기 영역을 확보하려는 노력에 큰 힘이 되었다. 그런데 이 책과 관련해서 하이데거의 과학비판이 중요한 의의를 갖는 까닭은 그러한 비판을 수행하는 절차 내지 방법이 바로 하이데거 자신의 해석학이기 때문이다. 이런 점에서 가다머는 하이데거의 입장을 전적으로 수용하기 때문에 따로 그의 철학을 논할 필요는 없다.

이 책에서 논의된 해석학을 이해하는 데 가장 중요한 문제는 과학 혹은 과학성(Wissenschaftlichkeit)이다. 물론 여기에서 말하는 과학은 자연과학뿐만 아니라 사회과학 심지어는 인문(과)학까지도 모두 포함한 것이다.

현대의 해석학—이것은 특히 하이데거의 해석학의 영향을 받은 가다머, 아펠, 하버마스 등을 말한다—은 과학의 전제(이것을 해석학적 용어로 바꾸면 선이해Vorverständnis이다)를 문제 삼는다는 점에서 과학의 무전제성을 인정하고 과학 자체에서 무비판적으로 출발하는 영미 계통의 과학철학(philosophy of science)과는 확연히 구별된다. 다만 그 전제를 무엇으로 규정하느냐에 따라 현대의 해석학은 입장이 달라진다.

그런데 서로의 입장 차이에도 불구하고 대부분의 해석학자들이 인정하는 전제로서는 역사, 언어 그리고 실천이 있다. 이 중에서도 가장 중요한 것은 역사이다.

역사라는 개념이 철학의 전면에 최초로 나타난 것은 볼테르에 의해서이다. 그러나 철학의 중요한 테마가 된 것은 헤겔에 이르러서이며, 그 후 마르크스와 역사주의에 오면 가장 핵심적인 테마가 된다. 그래서 20세기 초에 이르면 역사 자체를 사유하는 진정한 의미의 역사철학이 탄생하게 되는 것이다. 하이데거가 말하는 존재(Sein)도 이러한 역사 혹은 역사성에 대한 사유 없이는 결코 이해될 수 없다.

따라서 이 책의 내용 혹은 해석학을 이해하는 데 중요한 축으로 들 수 있는 것은 '과학'과 '역사'이다. '언어'와 '실천'도 이런 맥락에서 보면 훨씬 쉽게 이해될 것으로 생각된다.

아무쪼록 이 미약한 번역서가 우리나라 독자들에게 해석학에 대한 관심을 환기시켜서 이에 대해 좀 더 많은 공부를 할 수 있는 동기가 된다면 역자로서는 더 이상 바랄 나위가 없겠다. 그리고 번역과 관련하여 사과드리고 싶은 점은 해석학이란 분야가 우리나라에서는 아직 제대로 확립되어 있지 않기 때문에 적절한 번역어를 제대로 찾아내지 못해 어색한 부분이 많고 또 독일 철학을 영어로 쓴 책이라서 역자로서는 영어에 해당하는 독일어를 다 찾아낼 수가 없어서 다소의 오역을 피할 수 없었다는 점이다. 이 점에 대해서는 독자 여러분의 가차 없는 비판과 너그러운 양해를 구한다.

그리고 언제나 모자라는 옮긴이에게 용기와 격려를 주시는 문예출판사의 전병석 사장님과 이하 편집부 여러분께도 깊은 감사를 드린다.

옮긴이 **이한우**

고려대학교 영문과와 동 대학원 철학과를 졸업하고, 한국외국어대학교에서 박사 과정을 마쳤다. 《문화일보》, 《조선일보》 학술 담당 기자를 거쳐 《조선일보》 편집국 선임기자로 활동 중이다. 저서로 〈이한우의 군주열전〉 시리즈, 〈이한우의 사서삼경〉 시리즈, 《조선의 숨은 왕》, 《조선사 진검승부》 등이 있으며 번역서로 W. H. 월쉬 《형이상학》, 리처드 팔머 《해석학이란 무엇인가》, 조셉 블레이처 《해석학적 상상력》, 칼 뢰비트 《역사의 의미》, 라인홀드 니버 《도덕적 인간과 비도덕적 사회》, 길버트 라일 《마음의 개념》 등이 있다.

해석학이란 무엇인가

1판 1쇄 발행 1988년 6월 30일
2판 1쇄 발행 2011년 4월 5일
2판 5쇄 발행 2023년 4월 1일

지은이 리차드 팔머 | **옮긴이** 이한우
펴낸곳 (주)문예출판사 | **펴낸이** 전준배
출판등록 2004. 02. 12. 제 2013-000360호 (1966. 12. 2. 제 1-134호)
주 소 04001 서울시 마포구 월드컵북로 21
전 화 393-5681 | **팩 스** 393-5685
홈페이지 www.moonye.com | **블로그** blog.naver.com/imoonye
페이스북 www.facebook.com/moonyepublishing | **이메일** info@moonye.com

ISBN 978-89-310-0052-8 93100